国家自然科学基金青年科学基金项目 "乡村振兴中生态资本的投资
绩效评价与投资模式创新研究"（项目编号：71804196）

农业生态资本投资效应研究

潘世磊 ○ 著

西南财经大学出版社
Southwestern University of Finance & Economics Press

中国·成都

图书在版编目(CIP)数据

农业生态资本投资效应研究/潘世磊著.—成都:西南财经大学出版社,
2023.2
ISBN 978-7-5504-5358-6

Ⅰ.①农… Ⅱ.①潘… Ⅲ.①农业投资—生态经济—研究—中国
Ⅳ.①F323.9

中国国家版本馆 CIP 数据核字(2023)第 020904 号

农业生态资本投资效应研究
NONGYE SHENGTAI ZIBEN TOUZI XIAOYING YANJIU

潘世磊 著

策划编辑:王 琳
责任编辑:刘佳庆
责任校对:植 苗
封面设计:何东琳设计工作室 张姗姗
责任印制:朱曼丽

出版发行	西南财经大学出版社(四川省成都市光华村街 55 号)
网 址	http://cbs.swufe.edu.cn
电子邮件	bookcj@swufe.edu.cn
邮政编码	610074
电 话	028-87353785
照 排	四川胜翔数码印务设计有限公司
印 刷	四川煤田地质制图印务有限责任公司
成品尺寸	170mm×240mm
印 张	18
字 数	392 千字
版 次	2023 年 2 月第 1 版
印 次	2023 年 2 月第 1 次印刷
书 号	ISBN 978-7-5504-5358-6
定 价	98.00 元

前　言

改革开放四十多年来，中国农业和农村经济得到快速发展，农民收入持续增长，但传统的以牺牲自然资源和生态环境为代价的生产方式导致农业生态环境和农村生态环境恶化。尤其是近年来城市污染不断向农村转移，农村生产和生活污染逐渐加重，农村生态环境堪忧，严重制约了农业农村生态、经济和社会的绿色可持续发展。与此同时，农业农村生态环境治理投资水平较低，治理效果不明显，农业生态资本存量减少。随着"绿水青山就是金山银山"绿色发展理念的提出，生态建设被摆在社会发展的突出位置，农村的"绿水青山"能否以及如何转变为经济社会发展的"金山银山"将直接影响全面建成小康社会战略的实施效果。农业生态资本投资以生态建设和生态修复为主线，注重在保护"绿水青山"的过程中进行开发利用，将其转变为农村经济社会发展的"金山银山"。因此，研究农业生态资本投资对农村生态、经济和社会发展的影响对保障农业强、农村美和农民富的乡村振兴战略的顺利实施具有重要的理论和现实意义。

本书以农业生态资本投资效应为研究主题，是依托国家自然科学基金面上项目"农业生态资本运营的益贫效应及其与精准扶贫协同机制研究"（项目编号：71673302）和国家自然科学基金项目"乡村振兴中生态资本的投资绩效评价与投资模式创新研究"（项目编号：71804196）所做的延伸和拓展。本书首先采用文献研究法，梳理相关研究成果，然后通过比较分析与规范分析、定性分析与定量分析相结合的方法，较为系统地分析农业生态资本投资产生生态效应、经济效应和社会效应的作用机理，并实证检验农业生态资本投资效应，以期通过农业生态资本投资来促进农村发展，为实现农业强、农村美和农民富的乡村振兴战略提供一定的理论依据和决策参考。

本书研究内容共分为七章：第一章绪论。阐述本书研究背景和研究意义；回顾相关国内外研究文献；介绍研究内容、研究方法和全书技术路线；本研究可能的创新点以及不足之处。第二章对农业生态资本、农业生态资本投资和农业生态资本投资效应的基本概念进行界定，阐述生态资本等与本研究相关的理论基础。第三章分析农业生态资本投资效应的实现机理以及构建农业生态资本投资效应的分析框架。

四~六章为本书核心内容。第四章是对农业生态资本投资的生态效应分析。采用 PSTR 模型和空间面板模型对农业生态资本主动型投资和被动型投资的生态效应的非线性结构以及空间效应进行分析。第五章是对农业生态资本投资的经济效应分析。采用 PSTR 模型和空间面板模型对农业生态资本主动型投资和被动型投资的经济效应的非线性结构以及空间效应进行分析。第六章是对农业生态资本投资的社会效应分析。采用 PSTR 模型和空间面板模型对农业生态资本主动型投资和被动型投资的社会效应的非线性结构以及空间效应进行分析。第七章为研究结论与展望。

基于以上较为系统的研究内容，本书主要结论如下：

第一，就农业生态资本投资的生态效应而言：①农业生态资本主动型投资和被动型投资平均来说能降低沙化土地面积占比，提高自然生态环境质量。②在考虑空间作用的前提下，农业生态资本主动型投资总体上无益于生态环境的改善；农业生态资本被动型投资显著提高沙化土地面积占比，且跨区域差异明显。③整体上，农业生态资本主动型投资和被动型的生态作用的非线性和影响空间效应已然显现，且存在差异，同时具有一定的提升空间。

第二，就农业生态资本投资的经济效应而言：①农业生态资本主动型投资将显著非线性地促进农村经济发展，但在较高水平上将不利于农村恩格尔系数所代表的农村经济发展。②农业生态资本被动型投资整体上无益于促进农村经济发展。③考虑空间作用的情形下，农业生态资本主动型投资和被动型投资对农村经济发展无明显影响。

第三，就农业生态资本投资的社会效应而言：①农业生态资本主动型投资在较高水平时能明显提高农村社会发展程度，但同时也能提高人口增长率，不利于农村社会发展程度的大幅提高。②农业生态资本被动型投资仅在其较低水平时能显著降低自然灾害救济费，促进农村社会发展。③在考虑空间作用的前提下，农业生态资本主动型投资的增加将不利于农村居民生活水平的提高；农业生态资本被动型投资的增加将显著降低农村医疗设施发展水平，不利于农村社会发展。整体上看，农业生态资本主动型投资和被动型投资对农村社会发展的非线性作用明显，而空间效应不明显。

综上所述，本书力图在以下三个方面进行创新：

（1）从农业生态资本投资视角研究农村生态、经济和社会发展问题，选题角度上具有创新性和原创性，同时构建了农业生态资本投资与农村发展的分析框架，拓展和延伸了农业生态资本投资理论和农村发展理论体系。现有研究农业生态资本投资的理论主要探讨农业生态资本投资与农业经济增长或农业绿色可持续发展的关系；大多数关于农村发展的研究关注农村经济或农业经济抑或是农民收入增加，鲜有直接涉及农业生态资本投资与农村生态、经济和社会发展之间的关系。

（2）将农业生态资本投资划分为农业生态资本主动型投资和农业生态资本被动型投资两种基本类型研究，并对其投资水平进行探索性测算。现有关于农业生态资本投资的研究主要探讨农业生态资本投资的内涵、功能等，由于农业生态资本投资理论尚处于发展初期以及直接以农业生态资本投资为统计项的统计内容与数据缺失，因此现有研究鲜有涉及农业生态资本投资水平的测算。

（3）农业生态资本投资对农村生态、经济和社会发展的非线性结构识别与验证；农业生态资本投资对农村生态、经济和社会产生作用的空间效应识别与检验。以上分析及研究方法在一定程度上丰富了农业生态资本投资效应的研究，为学者进一步深入研究农业生态资本投资效应提供了参考。

潘世磊

2022 年 5 月

目　录

第一章 绪论

第一节 研究背景与意义

一、研究背景

随着经济和社会的不断发展进步，人类活动对自然生态环境的影响越来越大，在一定时期内甚至超越自然生态的承载能力，出现一系列的生态环境问题，比如极端气候的不断出现、自然资源的耗竭和空气、水等污染事件的频发等等，严重危害人类和其他生物的可持续发展。

世界自然基金会（WWF）发布的《2016 地球生命力报告》最新数据显示，1970—2012 年，全球鱼类、鸟类、两栖类、哺乳类和爬行类动物的数量已经减少58%。物种种群数量和生物多样性的减少，将对自然生态系统、人类赖以生存的生命支持系统产生不利影响，甚至导致生态系统崩溃。生态系统不仅具有为人类提供基本生存所需的清洁的空气、干净的水源、丰富的食物、能源等的基本生命支持功能，还具有净化空气和水源、调节气候、控制害虫和疾病、为植物授粉、帮助种子传播等生态功能，同时具有为人类提供经济发展所需的自然资源、促进经济发展的经济功能，以及提供健康、医疗、休闲娱乐等的精神与社会功能。但近年来随着世界人口的不断增长，世界人口已经从20世纪初的 16 亿左右增加到如今的 78 亿。世界人口的爆炸式增长，以及经济社会的不断发展和技术的不断进步，人们对自然资源的使用日益增加，在经济快速增长的同时，也对全球生态系统产生了恶劣的影响。全球足迹网络（Global Footprint Network，GFN）的一项研究表明，人类目前正在使用 1.6 个地球的资源来满足人类每年的产品和服务需求，而我们只有一个地球。而斯德哥尔摩环境恢复中心的研究指出，在维持地球生命力的条件下，目前人类使用的资源已经超过9个地球体系运转的权限值（地球承载力极限指标）中的 4 个。随着人类对地球资源的掠夺式开发和对生态环境的肆意破坏，人类赖以生存和发展的生态系统逐渐恶化。不可持续的农业耕种、过度的渔业资源开发、工业化和城镇化对土地资源和淡水资源的浪费和污染等行为，导致对人类生存具有重要支撑作用的诸如空气、水、植物、动物、矿产、土壤等不可再生资源以及可再生资源等自然资本存量大幅减少。自然资本虽然具有一定程度的自我修复与更新能力，但人类使用自然资本的速度远远超过自然资本自我恢复的速度，进而导致一系列严重后果。随着时间的推移，这些严重后果导致人类赖以生存的空气、水和土地等资源更加紧缺，粮食生产受限、食品安全问题频发、商品价格上涨等，经济持续增长乏力。并且，自然资本的稀缺和人类需求的不断增长，势必导致人类对自然资本的争夺更加剧烈，由此带来的资源争夺冲突不断、区域移民增长，以及诸如水灾、旱灾、地质灾害、气候极端变化等自然灾害频繁发生。冲突的加剧和自然灾害的频发使得人们的物质生活、精神生活水平下降，社会福祉、幸福感下降，将进一步导致冲突、移民以及自然环境的进一步恶化。

农业作为满足人类基本食物需求的产业，深受消费者选择倾向、生产方式、生活方式、消费方式和分配方式的影响。另外，为满足日益增长的人口、经济增长需求等预期的增加，农业和食物生产将进一步导致农业土地资源过度开发、水土流失、水土污染加重乃至生物多样性丧失。因此，减少农业生产对生态环境的影响和食物生产的食物链消费，将有助于建立良好的农业生态环境和保护自然生态系统多样性①。

就我国生态环境而言，近年来随着经济发展和环境污染治理力度的加大，虽然我国局部生态环境得到改善，但整体仍旧不乐观。具体表现如下：①空气质量有所改善，但污染问题依旧存在。2017 年，全国 338 个地级及以上城市中，有 99 个城市环境空气质量达标，占全部城市数的 29.3%；239 个城市环境空气质量超标，占 70.7%。338 个城市发生重度污染 2 311 天次、严重污染 802 天次，以 PM2.5 为首要污染物的污染天数占重度污染天数的 74.2%。若不扣除沙尘影响，338 个城市中环境空气质量达标城市比例为 27.2%，超标城市比例为 72.8%。②地表水和流域水质量仍有较大提升空间。2017 年，全国地表水 1 940 个水质断面（点位）中，Ⅰ~Ⅲ类水质断面（点位）1 317 个，占总体的 67.9%；Ⅳ、Ⅴ类 462 个，占 23.8%；劣Ⅴ类 161 个，占 8.3%。2017 年，长江、黄河、珠江、松花江、淮河、海河、辽河七大流域和浙闽片河流、

---

① 资料来源：世界自然基金会，《2016 地球生命力报告》（全文）.

西北诸河、西南诸河的 1 617 个水质断面中：Ⅰ类水质断面 35 个，占 2.2%；Ⅱ类 594 个，占 36.7%；Ⅲ类 532 个，占 32.9%；Ⅳ类 236 个，占 14.6%；Ⅴ类 84 个，占 5.2%；劣Ⅴ类 136 个，占 8.4%。西北诸河和西南诸河水质为优，浙闽片河流、长江和珠江流域水质为良好，黄河、松花江、淮河和辽河流域为轻度污染，海河流域为重度污染。③根据第一次全国水利普查结果，中国现有土壤侵蚀总面积 294.9 万平方千米，占普查范围总面积的 31.1%。④生物多样性面临威胁。对全国 34 450 种高等植物的评估结果显示，需要重点关注和保护的高等植物达 10 102 种，占评估物种总数的 29.3%；对全国 4 357 种已知脊椎动物受威胁状况的评估结果显示，需要重点关注和保护的脊椎动物达 2 471 种，占评估物种总数的 56.7%。⑤森林生物灾害。2017 年，全国主要林业有害生物发生 1 240.16 万公顷，比 2016 年上升 2.38%[①]。

现阶段我国面临的主要生态问题有：一是随着城镇化和工业化的持续推进，城镇基础设施建设、工业自然资源开发和交通水利设施建设等不断侵占自然生态空间。生态环境破坏事件不断发生，导致生态空间和生态环境的整体性遭到破坏，并有碎片化趋势。二是城镇化的快速发展使得城镇生态产品供给不足，城镇绿化不足使得利用城镇自然生态系统净化空气、缓解城镇热岛效应的作用有限；全国水土流失、土地沙化、土壤侵蚀和土壤污染等问题突出。从全国生态系统分布看，草地生态系统和灌丛生态系统质量为低差等级的面积占比分别高达 68.2% 和 60.3%，整体上全国生态系统质量和生态系统服务功能较低。三是由于自然资源的过度开发利用、气候的不断变化和经济的粗放式发展，我国生态资源和生物多样性的可持续发展受到威胁。我国高等植物的受威胁比例达 11%，特有高等植物受威胁比例高达 65.4%，脊椎动物受威胁比例高达 21.4%；遗传资源丧失和流失严重，60% ~ 70% 的野生稻分布点已经消失；外来入侵物种危害严重。总体上，生物多样性加速下降的总趋势并未得到显著有效的遏制[②]。

中国农业资源环境遭受着内源性污染和外源性污染的双重压力，农业可持续发展遭遇瓶颈。我国农业已超过工业成为我国最大的面源污染产业，总体状况不容乐观。我国土壤和水体污染及农产品质量安全风险日益加剧，一方面是工矿业和城乡生活污染向农业转移排放，导致农产品产地环境质量下降；另一方面是化肥、农药长期不合理且过量使用，畜禽粪便、农作物秸秆和农田残膜

---

① 资料来源：《2017 中国生态环境状况公报》。

② 资料来源：《全国生态保护"十三五"规划纲要》。

等农业废弃物不合理处置，造成农业面源污染日益严重①。

农业资源环境是农业生产的物质基础，也是农产品质量安全的源头保障。随着人口增长、膳食结构升级和城镇化不断推进，我国农产品需求持续刚性增长，对保护农业资源环境提出了更高要求。目前，我国农业资源环境遭受着外源性污染和内源性污染的双重压力，已成为制约农业健康发展的瓶颈约束。打好农业面源污染防治攻坚战，确保农产品产地环境安全，是实现我国粮食安全和农产品质量安全的现实需要，是促进农业资源永续利用、改善农业生态环境、实现农业可持续发展的内在要求。同时，农业是高度依赖资源条件、直接影响自然环境的产业，加强农业面源污染防治，可以充分发挥农业生态服务功能，把农业建设成为美丽中国的"生态屏障"，为加快推进生态文明建设做出更大贡献②。

中国农业环境问题的现状：农业自然资源短缺，耕地资源少，耕地相对数量少，后备资源不足，区域分布不均，耕地数量减少趋势加大（田志会 等，2005）。

耕地总体质量不高，高产田仅占28%，中产田为40%，低产田为32%，且优质耕地占用过快，耕地污染退化严重，耕地面临着严重的酸化、盐渍化、养分非均衡化、沙漠化和污染化等耕地质量的蜕化，耕地保护内在基础薄弱（苏高华 等，2008）。

根据《全国土壤污染状况调查公报》公布的数据分析，全国土地污染超标的比重为16.1%，用于耕种的超标土地比重甚至也高达19.4%（莫欣岳，2016）。

再者，我国部分地区土壤污染严重，土壤污染类型多样，呈现出新老污染物并存、无机有机复合污染的局面。水资源短缺，我国水资源短缺且分布极端不均，我国人均拥有的水资源只相当于世界平均水平的1/4左右（任景明等，2009）。水资源短缺，成为北方地区农业发展越来越严重的制约因素。农业生产每年大约缺水300亿 m^3，导致粮食每年至少减产500万吨（陈锡文，2002）。

在农村，生态环境的破坏突出表现在植被被破坏引起的水土流失、土地沙漠化。

不少贫困地区由于粮食与燃料的压力，受环境条件的限制，商品经济难以

---

① 资料来源：《农业部关于打好农业面源污染防治攻坚战的实施意见》.
② 资料来源：《农业部关于打好农业面源污染防治攻坚战的实施意见》.

发展，为了生存，不得不以原始落后的生产方式"靠山吃山"，对土地实行掠夺式经营，盲目开发利用自然资源，对农村的生态环境造成严重的威胁（刘海林 等，2007；朱兰保 等，2007）。环境污染严重，农药的大量使用造成生态平衡失调。物种多样性减少，使农村本就脆弱的农业生态系统更加脆弱。城市污染向农村转嫁加速了农村环境污染，主要包括三类：一是工业污染向农村转移；二是城市生活污染向农村转移；三是旅游污染向农村转移。乡村旅游相关产业的飞速发展所带来的生活污染和交通污染，人文景观和娱乐设施开发造成的生态破坏，也给农村生态环境造成了伤害（任景明 等，2009）。

农业和农村生态环境不断恶化，农产品质量安全问题频发，农业健康发展、农民持续快速增收困难，部分农村处于衰败的边缘，农业和农村自然生态环境的恶化越来越成为制约农村经济发展和提高农民收入的瓶颈。

二、研究意义

（一）理论意义

第一，有助于进一步理清农业生态资本投资的基本内涵，探索农业生态资本投资水平的衡量方法，助推农业生态资本投资相关理论研究的不断深入。生态资本概念的提出虽然在一定程度上反映出学术界乃至公众对生态环境和生态资源的重视程度以及对生态价值的重新认识，但生态资本基本内涵及其相关理论众说纷纭，尚未形成统一认识，生态资本及其相关理论发展仍处于探索阶段或初级发展阶段。就农业生态资本的基本内涵及其相关理论而言，学术界研究成果较少，尤其是农业生态资本基本内涵及农业生态资本投资的相关研究更少。由于农业生态资本投资涉及经济学、管理学和投资学等众多学科，研究者往往从各自不同的研究领域结合各个研究目的进行研究从而得出相应结论。显然，这种从不同研究视角得出的结论虽然拓展了生态资本投资相关研究，但研究结论不具有可比性。同时，现有关于生态资本投资以及农业生态资本投资的研究多局限于定性研究，定量研究成果相当有限。因此，本书在已有生态资本投资以及农业生态资本和农业生态资本投资相关研究成果基础上，从经济学视角，探索农业生态资本投资基本内涵以及农业生态资本投资水平的定量衡量方法，并测算出农业生态资本投资水平，以期拓展和丰富农业生态资本投资相关理论。

第二，有助于丰富中国农村可持续发展理论体系和农业生态资本投资效应相关理论，为实现中国农村生态、经济和社会协调发展提供理论参考。本书从农村生态、经济和社会三个维度分别构建农村生态、经济和社会发展的指标体系，并采用熵权综合指数法测算农村生态、经济和社会发展程度，拓展和延伸了农村可持续发展的基本内涵以及农村生态、经济和社会发展程度的衡量方法。同时，从农业生态资本投资视角，创造性地探寻农业生态资本投资对农村发展的生态效应、经济效应和社会效应，丰富了农村可持续发展理论体系。

（二）现实意义

第一，有助于改变人们的财富观以及促进农业生态资本投资的持续不断发展，从而有利于改善农村生态环境，为实现生态、经济和社会的协调发展创造基础。农业生态资本投资将彻底改变生态资源无价值的陈旧观念，改变人们特别是农村居民的财富观，提高人们的生态环境保护意识，调动人们保护生态环境的积极性。农业生态资本的价值性促使政府、企业组织和个人等积极参与到农业生态资本投资进程中来，使农业生态资本在经济发展过程中至少保持存量的非减性，从而有利于生态、经济和社会的持续健康发展。

第二，有助于促进农村全面可持续发展实践，提高农村整体发展的持续性和有效性。"三农"问题由来已久，产生的原因也多种多样，纷繁复杂，尤其是今年来随着整体发展进入新阶段，农业、农村环境问题频发，食品安全堪忧，农民持续大幅增收困难重重，传统依靠大量消耗资源和污染环境的发展方式进行发展的方式难以持续。因此，如何提高农村发展的可持续性、长久性，实现农业、农村绿色发展成为新时期实现乡村振兴面临的难题。通过农业生态资本投资进而提高农村生态资本存量，农村生态资本存量的增加又为农村经济发展提供坚实的发展基础，提高农村整体"造血"能力，从而为农村经济发展和生态保护协同发展提供思路。总体上，通过农业生态资本投资提高农村发展的能动性将推动农业、农村绿色发展实践，加快实现乡村振兴战略进程，具有重要的实践和现实意义。

第二节　相关研究文献综述

一、生态资本研究

（一）生态资本的概念界定

生态资本作为一种兼具生态和资本二重特性的新型资本，其概念目前在学术界尚未达成一致。关于生态资本的概念有环境资本、自然资本等多种提法，也有部分学者认为生态资本概念的提出是在环境资本和自然资本概念的基础上发展而来的，是生态资本和自然资本概念的深化。在对生态资本概念的界定上，国内外学者由于研究视角和认识深度的不同也分别对生态资本的概念做出了不尽相同的理解。

国外学者对生态资本概念界定的研究。国外学者对生态资本概念大多从环境资本或自然资本概念的角度进行研究，抑或是将环境资本和自然资本等同于生态资本进行研究。具体而言，从生态资本概念的形成过程看，主要包括以下几个方面：一是"功能派"，即从生态资本的功能来进行界定。首先是提供基本的生命系统支撑功能。尼斯（Kneese）等（1970）认为资源环境体系能为经济系统提供原料，为生命系统提供基本支撑服务，为人类提供舒适的环境服务以及分解系统废弃物等功能，并指出资源和环境是国家重要的财富，该种提法初步具备了生态资本的基本内涵。珀克等（Perk et al.，1999）指出自然资本是环境资本的一部分，生态资本是自然资本的重要组成部分。欣特贝格尔（Hinterberger）等（1996）从生态学视角认为自然资本的提法不能反映生态系统变化的动态性，因而这种提法无任何意义。其次是提供基本的发展功能。沃格特（Vogt，1948）认为自然资源是一个国家发展的重要财富和发展资本，自然资源的不断减少会降低国家的偿债能力，提出自然资源即是自然资本。塞拉杰尔丁（Sarageldin，1995）从国家宏观角度研究国家财富和可持续发展问题，认为在经济社会发展中至少存在人造资本、人力资本、社会资本和自然资本四种基本的资本，并在以上资本的比较分析中指出生态资本就是一切自然资源。

二是"资产派"，即将生态资源或环境作为一种资产来看待。史密斯和克里（Smith & Kerry，1996）认为自然资源和环境由于具有重要的外部经济性和提供服务的多样性，可以将自然资源和环境视作一种有价资产。戴利（Daily）等（2000）通过大洋中再生的鱼群、森林中再生的树木等实例指出自然资本是能在现在或未来提供有用的产品流或服务流的自然资源以及环境资产的存量。科斯坦萨（Costanza）等（1997）认为生态资本是在一个时间点上存在的物质或信息的存量，每一种生态资本存量形式自主地或与其他生态资本存量形式一起产生一种可以增加人类福利的服务流。

三是"资本派"，即从生态资本的增值性来界定生态资本内涵。弗内什（Fenech）等（2003）从经济社会发展和生态环境保护有效统一的视角，提出自然资本的概念应该将自然视为一种具有投资价值、保存价值和更新价值的资本。

相较于以上学者的提法，皮尔斯和特纳（Pearce & Turner，1990）对生态资本概念的界定由于具有较强的概括性和系统性，得到了国内外研究者的普遍认同，具有较强的权威性。他们对生态资本概念界定为：①能直接进入当前社会生产与再生产过程的自然资源，即自然资源总量和环境消纳并转化为废弃物的能力（环境的自净能力）；②自然资源及环境的质量变化和再生量变化，即生态潜力；③生态环境质量，主要指生态系统的水环境和大气等各种生态因子为人类生命和社会生产消费所提供的必需的环境资源；④生态系统作为一个整体的使用价值，即所呈现出的各种环境要素的总体状态对人类社会生存和发展的有用性，如美丽的风景给人们提供美感、娱乐休息空间，以至满足人类精神和道德需求等生态服务功能。

可以看出国外学者生态资本概念的形成和界定，经历了从生存、发展到未来增值性认识的过程，与人类经济社会的发展规律基本吻合，反映了随着经济社会发展生态资本概念不断发展变化的过程。

国内学者对生态资本概念的探讨主要集中在以下几个方面：

一是从人类改造自然的角度，指出生态资本是一种人造资产或资本。国内最早对生态资本概念做出探讨的是刘思华（1997），他在对可持续发展经济理论进行分析时指出，生态资本是存在于自然界中经过人类改造的并可用于人类生产、生活等社会活动的自然资产。余华银（1998）指出生态资本是存在于自然界中的可用于人类社会经济活动的自然物质或人造自然物产，主要包括自然资源总量也即自生产能力、环境自净能力、生态潜力、环境质量和生态系统整体效用。黄九渊（1999）在分析流域生态经济战略时指出生态资本包括资源环境、生态潜力、生态质量和生态系统四个方面，生态资本本质上是人造自然资产。范金等（2000）在指出生态资本是一个综合的概念后，认为生态资本实质上是一种人造自然资产，并指出生态资本主要包括自然资源总量、环境的自净能力、生态潜力和生态系统整体的有用性四个方面；郑梦山（2001）也持同样的观点。

二是生态资本的自然性，认为生态资本是自然资源、生态环境本身或是二者的综合并且认为其是有价值的。王万山（2001）从生态经济学的生态资本观认为生态资本包括生态圈以及构成生态圈的资源和环境，并指出这是大自然赐予人类的自然财富，是有价值的资本。牛新国等（2002、2003）指出生态环境作为资源是有价值的或有价格的，而这种价值是可以通过资本化来实现的，即生态资本化，同时认为生态资本除具有资本和生态的一般属性外，还具有整体增值性、长期受益性、共进竞争性、开放融合性和不动逃逸性等特殊属性。刘江宜、余瑞祥（2004）将生态资本限定在自然资源数量、质量等方面进行分析，指出生态资本是存在于自然界中能给人类带来持续收益的自然资产。穆治辊（2004）从生态资本的综合效益视角提出生态资本的概念为能够带来经济社会收益的生态资源和生态环境。温素彬、方苑（2008）从多元资本共生的角度，采用资本形态分类法将企业资本分为货币、人力、生态和社会资本四类，认为生态资本就是能为企业带来价值的生态资源和生态环境的总称，体现了企业与自然生态环境之间的关系，是一种具有生态价值的资本。巩芳等（2009）在分析草原生态系统的基础上，提出生态资本就是能为人类带来经济、社会效益的生态资源和生态环境的总称，是生态环境的资本化。

三是生态资本的复合化，认为生态资本是一个多样化和复合化的概念。王海滨（2005）以北京密云区为例界定生态资本概念，认为生态资本是在一个边界相对清晰的"生态—经济—社会"复合系统内具有生态服务价值或生产支持功能的生态环境质量要素的存量、结构和趋势的总称，具有生态环境的自然属性、一般资本的经济属性、自然生态系统与社会经济系统相互作用产生的新生属性这三重属性。严立冬等（2009，2010）指出生态资本是所有能创造效益的自然资源、人造资源以及生态服务系统，具有生态服务价值或者生产支持功能的生态环境质量要素的存量、结构和趋势。宋宪萍、李健（2011）认为生态资本是由资源、生命系统和生态系统所形成的具有自我调节、自我平衡、自我修复和能增值的复合资本形态。张媛（2015）认为生态资本内涵丰富，是一个历史概念，只有在生态资源具有稀缺性、价值性、所有权明晰和可进行交换以及流转等条件后，才能转变为生态资本。

国内生态资本概念的界定是从人的需要视角逐步发展而来的，是逐渐由生态资本的来源、生态资本的构成发展到生态资本的价值性、增值性再到生态资本的一个复合性过程。

（二）生态资本价值

关于生态资本价值的研究，国外学者大多采用自然资本或环境资本的概念进行研究，研究成果主要包括以下几个方面：

一是生态资本价值概念和理论的提出。最早提出自然资本价值的学者为克鲁提拉（Krutilla，1988），他首次明确定义了自然环境价值，提出生态资本价值的代际分配问题以及自然环境的存在价值理论，将存在价值引入经济学研究领域，为后来生态资本价值核算提供了坚实的理论基础。

二是生态资本价值的核算以及核算方法的多样化发展。科斯坦萨（Costanza）等（1997）生态经济学家首次对全球生态资本价值进行核算，分别对全球生态服务系统的17个功能指标进行赋权，测算出全球生态系统每年的生态服务价值为33万亿美元。该测算结果大大超出人们的预期，在一定程度上引发人们对生态系统价值的认识。费尼切尔和阿尔伯特（Fenichel & Abbott，2014）

认为目前的生态系统服务价值评估方法对自然资本价值的核算作用很小，他们综合生态学和经济学的价值评估方法，开发了一个数值方法来近似资本的价值，揭示自然资本价值核算的跨学科性。费尼切尔（Fenichel）等（2016）提出一个完全符合资本理论的指导性定量分析框架，来衡量自然资本价值，并以堪萨斯州的水资源为例进行验证，提出要重视自然资本价值计量以便为自然资本投资提供信息。库马尔（Kumar, 2012）提供了生态系统价值核算的基本原理，并提供了具体的操作方法，同时采用效益转移法核算了研究区域内陆湿地净损失。保利（Paoli）等（2018）采用能值分析法测算了波尔托菲诺（PF）和五岛（CT）的海洋保护区内的自然资本存量和价值。沃森（Watson）等（2018）采用序列 T 检验分析（STARS）和港口生态系统中的广义相加模型（GAM）两种方法分析驱动因素与自然资本资产流动之间的关系，获得阈值和临界点信息，为生态系统以及生态资本价值研究打下基础。

可以看出，国外学者的研究重点在生态资本价值的核算，而对生态资本价值基本内涵和相关理论的研究发展相对较为缓慢。

国内关于生态资本价值的研究成果颇丰，大致可分为以下几个方面：

一是生态资本价值核算方法的总结。李世聪、易旭东（2005）在论述生态资本价值理论后，指出目前生态资本价值的主要核算方法有补偿价值法、总经济价值法、租金或预期收益资本化法、边际机会成本法、总和价值法和替代价值法六种方法。武晓明等（2005）从资本市场发展情况的角度出发，将生态资本价值的核算方法分为直接市场评估法、间接市场评估法和意愿调查法三种方法，并指出生态资本价值评估中存在的问题，提出要建立生态资本价值评估指标体系。黄铭、白林（2008）指出生态资本的价值由生态资本的天然价值、人工价值、稀缺价值和服务价值四部分构成；生态资本的价格主要由边际机会成本法、现值法、净价格法、再生产补偿法、替代市场价值法和影子价格法六种方法来测算。

二是生态资本价值的核算。李海涛等（2005）以能值理论为基础，对天山中段北坡森林区生态系统的生态资本存量和能值流量进行实证分析，为生态资本价值测算提供了一种新思路。李世聪、易旭东（2006）采用布莱克-斯科尔斯期权定价模型，分析市场因素对生态资本价值的影响，测算生态资本期权价格，进而得出生态资本价值。王敏等（2011）采用市场价格法和替代成本法对山东近海生态系统中生态资本提供的供给服务价值进行测算，并分析该种生态资本价值的空间分布特征。

三是生态资本价值理论发展研究。谢斐（2013）则对生态系统服务价值以及生态资本价值的文献进行综述分析，阐明生态资本价值理论发展的现状。

国内学者对生态资本价值的研究同国外学者研究的状况基本相似，均是侧重生态资本价值核算以及方法的总结，而与之相关的理论发展则较为欠缺。这和理论发展需要较长时间的发展规律密不可分，符合理论发展规律。

（三）生态资本与经济增长

国内外关于生态资本与经济增长的研究主要集中在自然生态环境和自然资源对经济增长影响两个方面。对国外研究而言，大致可以分为以下两个方面：一是生态资本与经济增长的负向关系，即经济发展将不利于生态环境或自然资源保护。克劳特克雷默（Krautkraemer，1985）检验了自然资源所处的自然环境的最佳条件，指出初始资本存量是自然环境保持最佳水平的一个重要决定因素，而消费和商品价格的下降并不足以保持这种最佳水平，初步指出生态资本与经济增长的负向关系。奥尔森（Olson，1990）采用多部门模型证明当自然环境被用于生产目的时，由于自然环境的不可逆性和生产的独立性将不利于自然环境的保护，因为保护自然环境将会减少生产品未来的消费机会。克罗嫩伯格（Kronenberg，2010）研究了转型期经济体之间经济增长率变化的原因，认为很大一部分原因是自然资源的诅咒，在控制其他因素后，自然资源的丰富度与经济增长之间存在强烈的负向相关关系，并进一步分析了产生资源诅咒的重要原因。金姆（Kim）等（2017）采用异质面板协整方法研究发展中国家自然资源丰度与经济增长之间的关系，认为平均来说自然资源是一种诅咒，而且自然资源丰度对各国经济增长的影响存在明显的异质性。格里姆索普和帕皮拉基斯（Gilberthorpe & Papyrakis，2015）则在分析资源诅咒研究的局限后，采用跨学科、多尺度的方法研究解决该问题的方法。

二是生态资本与经济增长的非负向影响。穆苏和莱恩斯（Musu & Lines，1995）提出一个具有可再生的良性和有限可再生资源的内生增长模型，指出在均衡增长条件下，当环境资产的存量保持不变的情况下，可再生产品的产量能以稳定的速度增长，论述持续的经济增长与环境保护的关系。英国（England，2000）探讨了资本积累与经济增长的关系，通过将自然资本引入一个简单的经济增长模型，讨论自然资本耗竭、自然资本和社会资本以及技术知识的积累对经济增长的影响，认为自然资本在生产过程中的作用必须首先发生，然后才能评估其经济前景。芝华士（Chavas，2004）认为经济增长具有内生性，检验了外部性和经济增长的相互作用关系，认为内生贴现是环境库兹涅茨曲线背后的经济学动力，研究了经济增长与环境质量之间的关系。波特雷尔（Pautrel，2008）使用加入人力资本积累的拉布兰查德的重叠生成模型，证明环境质量对经济长期最优的影响可以通过污染对预期寿命的不利影响来解释，而且绿色偏好将有助于经济增长和福利的改善。高迪（Gowdy，2010）认为自然资本是一个由生态关系支配和市场规律支配的相互矛盾的概念，用标准的经济方法检验环境商品的经济价值，并探讨了环境可持续与经济增长的可能路径。布兰特（Brandt）等（2016）采用经合组织生产力数据库和世界银行数据，将自然资本作为附加输入因素加入生产函数，分析自然资本对经济增长和经济增长效率的影响，结果表明自然资本是经济增长的来源；若不考虑自然资本投入，生产率往往会高估。

国外学者对生态资本与经济增长关系的研究结果多样，看似存在分歧实则为辩证认识生态资本与经济增长之间的真实关系提供思考。

国内学者关于生态资本与经济增长的研究，主要集中在以下几个方面：

一是生态资本对经济增长、社会发展重要性的论述。冯静（2000）指出以生态资本存量的增长与优化为根本的生态发展是经济社会可持续发展的基础。邓玲等（2000）从企业管理的角度出发，认为将生态资本归入企业管理中能给企业带来收益并且能解决经济发展中的矛盾和问题。郑梦山（2001）从山西省生态利用中存在的问题着手，提出生态资本是经济社会可持续发展的基础和前提，要善待生态资本。

二是生态资本能促进经济增长、社会发展，强调生态资本对经济增长的正向影响。史仕新、刘鸿渊（2004）将生态资本加入生产函数中，研究生态资本、物质资本和人力资本等对经济增长和经济资源分配的影响，认为生态资本不仅能促进经济增长，还对社会文化、社会经济基础和精神文明等有更为重要的作用。田东芳、程宝良（2009）将生态资本纳入经济增长模型中，得出要使生态资本存量保持在一定水平，不仅能保持生态系统稳定还能促进经济增长。华志芹、温作民（2011）基于碳市场模式将生态资本加入经济增长模型中，分析生态资本存量变化的动态性，得出只有在新知识和生态资本规模报酬满足一定条件时，才能实现生态经济的平衡稳定增长。黄茂兴、林寿富（2013）认为环境具有一定的再生能力，并将其作为特殊生产要素加入罗默（Romer）模型，分析环境污染、环境管理等要素对经济增长的影响，结果表明环境的有效管理是促进经济增长的重要因素。马兆良、田淑英（2017）基于外部性视角分析生态资本影响经济长期增长的作用机制，研究表明生态资本通过促进技术进步和人力资本积累两条基本途径来促进经济的长期增长；马兆良等（2017）在增广 MRW 模型框架下分析生态资本、人力资本与经济增长的关系，同样得出类似的结论。刘燕等（2018）将生态资本加入内生增长模型，得出生态资本积累是促进经济增长的重要途径的结论。

国内学者主要关注生态资本对经济增长、社会发展的正向影响，而较少关注经济增长对生态资本的影响。相对国外研究而言，研究成果的广度和深度不足。

（四）农业生态资本

农业生态资本是生态资本理论在农业领域的细化和应用，农业生态资本理念的提出为农业健康可持续发展提供了新的研究方向。国外农业生态资本相关的研究成果很少见到，而国内相关研究成果相对较为丰富，其中严立冬教授团队的研究成果最为出色。其研究成果主要集中在以下几个方面：

一是农业生态资本概念。严立冬等（2009）认为绿色农业生态资本是以资源和生态服务的形式存在，绿色农业生态资本数量以某一地区生态环境质量和生态价值综合评估作为参考，并考察了绿色农业生态资本运营机制的构成要素和运营机理等问题。严立冬等（2009）从生态资本的基本概念着手，认为农业生态资本同样是经过自然和人为因素的共同作用而形成的，是农业可持续发展的重要因素，并对农业生态资本的价值评估和定价模型进行了有益探讨。

二是农业生态资本的积累、运营内涵、模式以及运营收益等相关理论探讨。严立冬等（2011）采用多学科交叉分析的方法，探讨绿色农业生态资本积累机制与相关政策，认为绿色农业生态资本的积累是通过自然和人为积累的两重积累机制实现的，并提出了促进绿色农业生态资本积累的政策。邓远建（2012）从绿色农业生态资本安全运营的角度，基于生态原理分析绿色农业生态资本安全运营应该遵循生态位原理、食物链原理等，并提出应该健全绿色农业生态补偿机制。邓远建（2014）提出可以通过农业生态资本运营来发展生态农业，而且农业生态资本运营的模式主要有贫式绿色农业生态资本运营、循环和低碳农业生态资本运营三种模式。陈光炬（2014）从现代农业、农业现代化的重点和任务出发，研究分析了农业生态资本运营的内涵、运营的条件以及运营过程，认为生态化发展是世界农业发展的趋势。严立冬等（2015）运用生态经济学基本原理对绿色农业生态资本运营收益持续量问题进行探讨，认为绿色农业生态资本运营收益的持续量处于动态变化中，而遵循生态规律是获取该收益的前提，并对收益持续量的最优控制等问题进行了探讨。

三是生态资本运营效率、运营安全的协调度等内容。屈志光等（2014）采用 SBM-DEA 模型对中国各省份农业生态资本效率进行了测度，并对影响农业生态资本效率的因素进行分析。邓远建等（2015）对生态脆弱区农业生态资本运营的安全调控机理进行分析，测算贵州省农业生态资本运营安全的系统协调率和综合协调度，认为农业生态资本运营安全呈现阶段性动态变化特征。

国内学者对农业生态资本的研究尚处于探索阶段，目前主要的研究重点还是农业生态资本相关内涵、模式和作用机理等方面的探索。

二、农业生态资本投资研究

（一）生态资本投资

国外关于生态资本投资的研究大致集中在以下几个方面：

一是从保护自然生态系统出发，强调通过投资来保护自然生态系统诸如生物多样性等。麦卡锡（Mccarthy）等（2012）从保护生物多样性的角度，指出保护生物多样性面临严重的财政成本问题，要完成生物多样保护目标需要投入大量的资金。格拉迪纳鲁（Gradinaru，2014）认为人们投资"绿色"成果的兴趣逐渐增加的原因是越来越吸引人的环境话语权以及能降低交易成本与出现的新市场机会，而且从商业的角度看，投资自然生态系统可以发现它是如何有效和迅速地保护地球生态支持系统。

二是生态资本投资策略、决策等。布莱恩（Bryan，2010）指出在环境投资中如何识别好的投资是复杂的，他开发了一个稳定的、有效的投资模型分析自然资本和生态系统服务投资，研究不确定条件下的投资组合策略。凯瑟（Kaiser，2015）指出全球经济面临严重的资本保护赤字，没有将自然的价值纳入经济发展中导致全球系统性的资源配置不当，提出：通过自然资本投资中心投资具有保护效应和财政回报的投资品来部署资本投资；通过领导、研究和投资者开拓来建立自然资本投资领域。吴（Wu）等（2011）在分析了火灾和气候变化对美国西部森林恢复的不利影响后，提出加大自然资本投资，以经济因素克服森林修复的障碍，同时指出非市场生态系统服务以及生态恢复作为经济刺激的能力应该被纳入决策过程。

三是生态资本投资收益、投资回报率以及影响因素分析等。克罗斯曼（Crossman）等（2011）指出在优先投资自然资本时，场地尺度指标越来越重要，他们开发了18个景观规模和14个场地规模的指标，运用层次分析法进行量化，并给农业环境计划和生态系统服务投资提供一定参考建议。克罗希尔（Clothier）等（2011）以土壤生态系统服务为研究对象，提出3个例子说明投资土壤的自然资本可以确保获得可持续的收益；同时，基于自然资本的概念制定管理政策，以确保土地使用者能最大化他们投资自然资本的收益。贝尔特和布莱克（Belt & Blake，2015）认为全球生命支持系统的价值被排除在市场之外导致人们和经济对自然资本的依赖程度被低估，他们讨论了自然资本投资的特征和变化背景，并通过生态系统服务的方法重点阐述实现自然资本投资回报率的关键方面在于空间、时间和价值。

四是从人、企业以及社会发展与自然和谐发展的角度研究生态资本投资，强调生态资本投资的重要性。维穆里（Vemuri，2004）采用一种新的方法研究自然环境对生活质量的贡献，研究表明自然环境与邻里满意度有直接关系，与生活满意度有间接关系，自然环境能影响人们的主观幸福感，因此要投资和保护自然环境。德林和埃格尔克劳特（Döring & Egelkraut，2008）以波罗的海鳕鱼渔业为例，认为应该以生态系统为基础，通过自然资本投资实现可持续发展与海洋生态系统保护相结合，并提出将自然资本投资作为渔业管理的策略。莫尔和梅特卡夫（Mohr & Metcalf，2017）从商业的角度分析生态修复在企业间存在的各种利益关系和面临的挑战，指出企业在进行生态修复时应该兼顾收益、生态和社会效果。

国内关于生态资本投资的研究重点侧重于以下几个方面：

一是生态资本投资与资本增值、经济增长关系的研究。朱洪革（2007）在拓宽宏观资本内涵的基础上，认为森林就是一种自然资本，而要实现资本增值必须要进行自然资本投资，并分析了短线和长线投资手段。蔡中华（2008）将自然资本引入内生增长模型中，构建了一个可持续发展视角下的自然资本投资模型，讨论各个投资比例对经济产出的影响，认为为追求经济的长期增长应该重视对自然资本的投资和维护，避免自然资本枯竭而导致经济衰退。诸大建（2015）指出投资自然资本不是传统的被动的环境治理，而是主动的能创造经济正外部性和具有经济效益的事情，是能增加区域资本总量和促进经济增长的新动力。

二是生态资本投资主体、投资路径、投资方式以及投资策略等与生态资本投资自身相关的研究。肖国兴（2006）认为自然资本投资只有成为以企业为主体的投资和商业投资时，才能为经济发展提供坚实的物质基础，从法律制度层面提出要建立公平、有效和自由的中国自然资本投资法律制度。武晓明、罗剑朝（2005）对我国生态资本投资的主体、投资方式和投资制度激励进行了简要分析，认为生态资本投资是一个新兴的领域且尚处于初级发展阶段。陈兴华（2011）认为向自然资本投资是基于权利观的路径选择，是发展与保护完美结合的一种设计，是实现可持续发展的一种路径。严立冬（2013）指出我国经济社会处于转型期，生态资本相对匮乏，应该通过生态资本投资增加生态资本存量和供给，且生态资本投资主要有建设式、替代式、获偿式、储蓄式和调动式五种投资方式。刘加林（2015）阐述国内外生态资本投资理论发展状况后，分析生态资本投资机制存在的问题，提出生态资本投资机制的创新策略。

比较国内外研究成果可以发现，国外在生态资本投资研究的广度和应用层面均优于国内研究，国内研究虽然取得一定进步，但与国外还有一定差距。

（二）农业生态资本投资

农业生态资本投资作为一个较为新颖的研究主题，国内外关于农业生态资本投资的研究很少。目前部分研究成果主要是结合农业可持续发展来谈自然资本或生态资本投资问题。董捷（2003）在分析自然资本退化的代价以及对农业的影响后，提出要加大自然资本投入才能实现农业的可持续发展。

周淑景（2007）分析农业发展中自然资本的结构矛盾后，认为自然资本是农业发展的基础，要实现农业增长的持续，必须要加大自然资本投资。

三、农业生态资本投资与农村发展关系研究

目前，在中国知网中并未查询到直接以农业生态资本投资或农业自然资本投资与农村发展关系的研究。原因为：①农业生态资本投资理念和概念提出时间较短，同时在基本内涵上尚存在分歧，缺乏广泛开展相关研究的基础；②关于农村发展尤其是可持续发展的研究多集中于采用传统经济学研究方法研究农村经济的增长或发展问题等，而很少从农业生态、农村生态环境角度对农村可持续发展问题进行研究。因此，从农业产业的生态角度研究农村发展的研究成果稀少。我们可以认为农村经济发展的对立面为农村贫困问题，如果农业生态或生态环境问题是导致农村贫困的重要原因之一，那么初步认为可以通过农业生态资本投资或生态资本投资来降低贫困程度，促进农村经济发展甚至是农村整体全面发展。基于此思路，我们对国内外关于农业生态或生态导致农村贫困的研究进行了一个简单梳理，以期为农业生态资本投资促进农村经济发展提供思路。对国外学者研究成果来说，阿鲁科（Aluko，2004）认为环境退化导致尼日尔三角洲的生态系统遭到破坏，致使农田、渔场等遭受损失，最终导致人民陷入贫困。亚伦（Aaron，2005）分析了尼日利亚三角洲土著民族贫困的原因，认为石油跨国公司的活动造成当地生态破坏，生态破坏使得当地农民赖以生存的农业和渔业变得毫无用处，进而导致贫困，而贫困又进一步导致生态环境恶化。布尔纳（Boerner）等（2007）指出在支持森林政策利益普遍减弱的情形下，农业和自然环境在生态系统服务中的交换逐渐减缓，常常对农村贫困产生负面影响。格伯（Gerber）等（2014）以土地退化为例，认为土地退化减少了陆地生态系统提供的服务和为人类提供的福利水平，强调环境退化与贫困之间因果关系的复杂性和多样性。

从国内研究成果来看，农业、农村生态环境恶化导致农村贫困即农村经济欠发展的成果较为丰富，主要集中在以下几个方面：

一是生态环境恶化导致农村贫困即农村经济欠发展。何景熙（2001）认为农业是对自然资源和生态环境依赖性最强的弱质产业，西部地区生态环境的恶化导致农业、农村发展的不可持续，加重农村居民贫困程度。王碧玉（2006）认为中国农村贫困地区大多分布在自然环境恶劣、生态环境破坏严重的地区，同时产业以农业为主，恶劣的生态环境不利于农业发展，进而不利于农村居民收入提高，导致贫困程度加剧。张娣英（2007）研究转型期工业化对自然资本的负外部性导致农村自然资本的匮乏的问题，认为农村自然资本供给的不足致使农业发展缺乏动力，进而使农民持续增收困难，导致严重的农村贫困。卢江勇、陈功（2012）以中西部水土流失较为严重的农村贫困地区为研究对象，分析认为水土流失对农业生产力和农业产值产生负向影响，易导致农村贫困，提出要转变农业发展方式，走生态化农业道路才能摆脱农村贫困。曾志红、曾福生（2013）指出自然环境因素是我国农村贫困产生的重要原因之一，其中，自然灾害频发、毁林开荒、严重的水土流失等制约贫困地区农业发展，进一步导致农村贫困的加剧。王瑜、汪三贵（2016）分析特殊类型贫困地区造成农户贫困的原因，认为自然灾害阻碍农民收入的增加，是增加农村贫困发生概率的重要因素。

二是生态环境恶化与农村欠发展甚至贫困互为因果。第宝锋等（2006）分析中国水土流失与贫困的关系后，认为贫困与水土流失具有空间耦合性，水土流失是导致生态恶化和贫困的根源，水土流失与贫困互为因果。

三是保护自然生态环境能促进农民增收、农村发展等。胡明（2012）以安塞区为例分析水土保持对农业发展的影响，结果表明水土保持有利于改善农业生态环境，促进农业和农村经济发展，降低农村贫困程度。谭灵芝等（2018）分析气候投入与农户收入的关系后，认为贫困程度越高的农户对农业和畜牧业的依赖程度越高，而气候投资能促进农户收入增加，起到气候投入的减贫作用。

从国内外学者研究成果看，虽然没有直接以农业生态资本投资和农村发展关系为主题直接进行研究，但国内外学者均指出生态环境的破坏或生态环境恶化是导致农村贫困的重要原因，尤其是国内学者从农业生态环境恶化导致农业发展受阻，农民增收困难，最终导致农村贫困的发生等所做的相关研究。从国内外学者的研究成果可以得出正是农业生态环境的恶劣、农业生态资本匮乏导致农业发展受阻、农民增收困难，农村可持续发展困难重重。因此，从国内外学者的以上研究成果可以初步推断，通过生态资本投资尤其是农业生态资本投资可以促进农村可持续发展，为我们的后续研究提供一种有益借鉴。

四、相关研究评述

综上所述，生态资本理论虽然起步较晚，但发展速度较快，已经形成经济学、管理学、生态学、社会学等多学科交叉的情形，研究成果相对新颖、丰富，但也同样由于多学科交叉性的特征，生态资本理论研究成果存在争议。关于生态资本投资以及农业生态资本投资的研究成果相对较少，属于较新的研究课题。而关于农业生态资本投资对农村发展影响的研究，以及农业生态资本投资效应的研究成果更是鲜见。总体而言，生态资本、农业生态资本以及农业生态资本投资及其效应的研究，具有以下基本特征：

（一）生态资本理论成果丰富，但存在争议

生态资本理论研究成果丰富，目前主要集中在两大方面：一是生态资本理论自身内容的发展和丰富；二是生态资本理论的应用和扩展。具体来说，就生态资本理论自身内容而言，目前生态资本理论的研究主要集中在：生态资本概念界定、生态资本价值衡量、生态资本功能识别、生态资本属性分析、生态资本投资和生态资本运营等方面，研究成果相对丰富。就生态资本理论的应用和扩展方面而言，主要集中在生态资本理论在具体产业中的应用，如农业生态资本理论研究、海洋生态资本理论研究、森林生态资本理论研究和草原生态资本理论研究等；生态资本与经济增长关系研究、生态资本理论与社会可持续发展研究、生态资本理论与社会科学发展研究等。生态资本及其理论的延伸和扩展虽然相关研究成果丰富，但是由于这些研究成果的多学科交叉性、复杂性和边缘性，同时由于不同学科研究方法迥异、研究视角和研究重点的不同，研究结论呈现多元化，难以形成统一观点。从生态资本及其相关理论发展的过程可以看出，生态资本投资以及该投资对经济、社会和生态的影响研究将是生态资本理论发展的重要方向之一，生态资本理论发展仍然任重道远。

（二）农业生态资本投资研究开始发展

从现有研究成果看，关于农业生态资本投资的研究主要集中在农业可持续发展与农业生态资本或自然资本投资方面，且国内外研究成果很少。农业生态资本投资是生态资本投资理论在农业领域的应用和发展，关于生态资本投资的研究成果相对较为丰富，可以为农业生态资本投资理论的发展提供一定的参考。具体而言，生态资本投资理论的研究重点在于分析生态资本投资与经济增长、环境保护、社会可持续发展的关系等方面；研究生态资本投资与产业结构优化调整、经济发展方式转型升级甚至生态文明建设等方面。整体上，生态资本投资研究尚处于初步探索期，生态资本投资研究虽然通过实证在企业层面、产业层面以及国家宏观层面取得了一定研究成果，但生态资本投资缺乏权威、统一和一致认同的概念和衡量方法，因此生态资本投资更多的是一种理念倡导。从生态资本投资研究脉络看，生态资本投资以及生态资本投资在具体产业中的应用，比如农业生态资本投资及其对相关经济、社会等指标的影响研究将是研究的重点、难点，同时也是研究的重要方向之一。

（三）农业生态资本投资的效应研究处于探索期

农业生态资本投资研究是一个全新的研究课题，而关于农业生态资本投资与农村可持续发展的研究更是一个全新的探索。现有关于生态资本投资产生收益的研究，成果虽然相对较少，但却为通过生态资本投资产生的收益促进农村发展提供了一种可能思路。通过农业生态资本投资，使农业产业收益增大化、多元化，进而实现农民增收，农村可持续发展，研究视角虽新，但农业生态资本投资效应的研究也尚处于探索期。

然而，农业生态资本与农村发展的关系怎么样？农业生态资本投资对农村发展产生怎样的影响？农业生态资本投资产生效应的作用机理如何？农业生态资本投资又该如何界定和衡量？以上这些问题的解答无疑对农业生态资本投资效应的研究具有重要意义。显然，以上问题正是本书试图回答和解决的问题，农业生态资本投资效应的研究不但能为生态资本投资理论尤其是农业生态资本投资理论的发展提供新思路，更能为实现农村生态、经济和社会全面可持续发展提供借鉴，为全面建成小康社会、实现乡村振兴提供有益参考。

第三节　研究内容、方法与技术路线

一、研究内容

本书共分为七章，各章内容及结构安排如下：

第一章绪论。阐述本书研究背景和理论研究意义与现实意义；回顾相关国内外研究文献，并对现有研究成果进行评述；介绍研究内容、研究方法和全书技术路线；最后提出本书的可能的创新点以及不足之处。

第二章，核心概念与理论基础。本章对农业生态资本、农业生态资本投资和农业生态资本投资效应的基本概念进行界定，阐述生态资本等与本书相关的理论基础，并对现有理论进行评析。

第三章，农业生态资本投资效应的实现机理及效应分析框架。本章首先对农业生态资本投资与农村发展的关系进行分析，然后分别就农业生态资本投资的生态效应、经济效应和社会效应实现机理进行阐释。在以上分析的基础上提出农业生态资本投资效应的分析框架，从整体上概述本书主要内容的分析结构。

第四章，农业生态资本投资的生态效应分析。本章在已有研究基础上构建农村生态状况的评价指标体系，并采用熵权综合指数法分别测算、分析不同省份以及不同区域农村生态状况。采用 PSTR 模型对农业生态资本主动型投资和被动型投资的生态效应的非线性结构进行分析。考虑到农业生态资本投资和农村生态可能存在的空间关系，采用空间计量模型对农业生态资本主动型投资、农业生态资本被动型投资和农村生态指标的空间相关性进行检验，并采用空间模型分析农业生态资本主动型投资和被动型投资对农村生态影响的空间效应。

第五章，农业生态资本投资的经济效应分析。本章在建立农村经济状况评价指标体系后，分别从各省份和四大经济区对农村经济状况的发展趋势进行比较分析。采用 PSTR 模型从农业生态资本主动型投资和被动型投资两个不同方面研究其对农村经济发展的非线性影响；采用空间面板回归模型检验农业生态资本投资对农村经济发展的空间效应，并分别对农业生态资本主动型投资和被动型投资对农村经济发展的空间效应分析。

第六章，农业生态资本投资的社会效应分析。本章首先就农村社会状况建立评价指标体系，之后分别对农村社会发展的区域差异进行比较分析。采用 PSTR 模型研究农业生态资本主动型投资和被动型投资对农村社会发展考察指标的非线性影响。采用空间检验方法检验农业生态资本主动型投资、被动型投资和农村社会发展主要指标的空间相关性，运用空间面板回归模型检验分析农业生态资本主动型投资和被动型投资对农村社会发展影响的空间效应。

第七章，研究结论与展望。本章结合农业生态资本主动型投资和被动型投资作用与农村生态、经济和社会发展的作用机制以及实证研究结论，提出进一步优化农业生态资本投资以及农村绿色、可持续发展的政策措施，并指出本书的不足之处以及需要进一步重点研究的方向。

二、研究方法

农业生态资本投资以及农业生态资本投资的效应研究作为一个相对较为前沿和创新性的课题，涉及经济学、生态学以及投资学等多学科理论。因此，本书首先采用文献研究法，梳理相关研究成果，然后通过比较分析和规范分析、定性分析与定量分析相结合的方法，较为系统地分析农业生态资本投资效应。具体用到的研究方法如下：

（一）文献研究法

通过文献研究法有针对性地收集文献、整理文献和进行相关文献综述，梳理农业生态资本投资文献成果与相关理论成果，分析农业生态资本投资生态效应、经济效应和社会效应的实现机理，构建农业生态资本投资对农村生态、经济和社会产生效应的分析框架，并做出系统性的阐述。

（二）比较分析法

根据农村生态、经济和社会发展的不同特征，分别就农村生态、经济和社会发展程度的发展阶段和区域性特征进行比较分析。同时，在比较得出农村生态、经济和社会发展的阶段性和区域性变化特征后，进一步在农业生态资本主动型投资和被动型投资比较分析框架下，比较二者对农村生态、经济和社会产生作用的差异性。

（三）规范分析法

本书对农业生态资本投资等相关理论进行梳理和评述；分析农业生态资本投资与农村发展的作用关系，阐释农业生态资本投资的生态效应、经济效应和社会效应实现机理，构建农业生态资本投资对农村生态、经济和社会产生效应的分析框架，并采用实证检验得出相关结论并进一步提出提升农业生态资本投资效应的措施。

（四）定性分析与定量分析相结合

本书采用定性分析法对农业生态资本投资现状和农村生态、经济和社会发展现状进行定性分析；采用熵权综合指数法测算农村生态、经济和社会发展程度；采用 PSTR 模型和空间面板回归模型实证分析农业生态资本投资效应。

三、技术路线

本书的技术路线如图 1-1 所示。

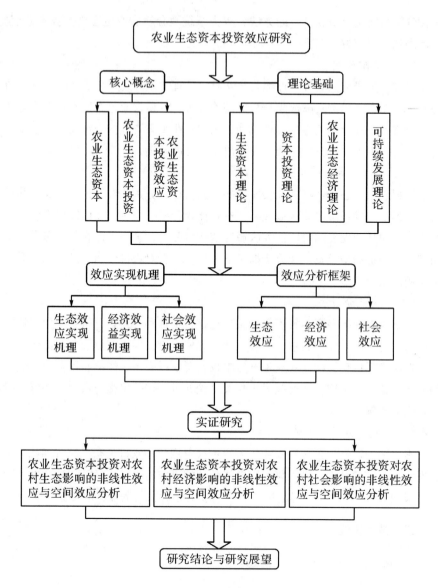

图 1-1　本书的技术路线

第四节　可能的创新点与不足

一、研究可能的创新点

（1）从农业生态资本投资视角研究农村生态、经济和社会发展问题，选题上具有创新性和原创性，同时构建了农业生态资本投资与农村发展的分析框架，拓展和延伸了农业生态资本投资理论和农村发展理论体系。现有研究农业生态资本投资的理论主要探讨农业生态资本投资与农业经济增长或农业绿色可持续发展的关系；关于农村发展的研究大多数主要关注农村经济或农业经济抑或是农民收入增加，鲜有直接涉及农业生态资本投资与农村生态、经济和社会发展之间关系的研究。本书构建农业生态资本投资与农村发展的分析框架，研究农业生态资本投资对农村生态、经济和社会产生效应的实现机理以及效应大小，在一定程度上拓展和延伸了农业生态资本投资理论和农村发展理论体系。

（2）将农业生态资本投资划分为农业生态资本主动型投资和农业生态资本被动型投资两种基本类型研究，并对其投资水平进行探索性测算。现有关于农业生态资本投资的研究主要探讨农业生态资本投资的内涵、功能等，由于农业生态资本投资理论尚处于发展初期以及直接以农业生态资本投资为统计项的统计内容与数据缺失，因此现有研究鲜有涉及农业生态资本投资水平的测算。本书根据现有统计数据，同时考虑到关于农业领域投资资金的用途，尝试性地将农业生态资本投资划分为农业生态资本主动型投资和被动型投资两种类型，并用相关替代指标对部分缺失指标数据进行替换，进而测算出农业生态资本两种投资类型的投资水平。该种对农业生态资本投资的划分和测算方法虽然有较强的主观性和可能存在的争议性，但却为农业生态资本投资的种类划分和测算的进一步研究提供了一种新的探索思路与方法。

（3）农业生态资本投资对农村生态、经济和社会发展的非线性结构识别与验证；农业生态资本投资对农村生态、经济和社会产生作用的空间效应识别与检验。本书采用 PSTR 模型分别就农业生态资本主动型投资和被动型投资对农村生态、经济和社会产生影响的非线性效应进行多指标的比较分析，检验和验证了农业生态资本投资对农村生态、经济和社会发展的非线性效应。采用空间面板回归模型检验和验证农业生态资本投资对农村生态、经济和社会发展的空间效应。以上分析及研究方法在一定程度上丰富了农业生态资本投资效应的研究，为进一步深入研究农业生态资本投资效应提供参考。

二、研究的不足之处

（1）现阶段农业生态资本投资的基本内涵尚存在一定的争议，因此，基于有争议的基本内涵而进行的农业生态资本类型划分以及相应的测度也难免会产生争议。这虽然是本书可能的创新之处，但也恰恰是本书研究的不足之处，需要持续地进一步完善。

（2）由于关于农村生态、经济和社会发展方面的衡量指标体系较少，本书虽构建相应的评价指标体系，但受限于部分指标数据获取的不可获取性，因此舍弃了部分对农村发展有重大影响的指标，使研究结果出现一定的偏误。同时，农业生态资本主动型投资和被动型投资水平在其测度上，本书只做初步性探索，相关指标选取以及替代指标选取主观性较大。因此，为进一步提高农业生态资本投资对农村生态、经济和社会产生效应的科学性和准确性，需要对农业生态资本投资以及农村生态、经济和社会发展指标和数据做出不断改进和完善。

（3）研究层面上，本书以省级层面作为基本研究单元，研究结论虽然能为相关研究人员和决策部分提供一定理论参考，但研究层面相对较为宏观，研究结论的可操作性不强。因此，今后可通过实地调研来获取微观数据进行研究，比如针对某乡村或县乡或某地区农户等，多层次多角度来研究农业生态资本投资效应。

（4）研究方法上，首先是采用熵权综合指数法获取农村生态、经济和社会三个不同层面相应的指标，虽然指标获取较为客观，但如果能结合相应地区的实际状况，同时再考虑将主观和客观因素融合在一起综合考虑后获取指标，将使研究结果更具科学性。其次，本书均是采用静态分析方法研究农业生态资本效应，且在空间权重的使用上较为单一。因此，后续可以在农业生态投资效应的动态性和空间权重的多样性上做进一步研究，丰富农业生态资本投资效应的研究成果。

第二章　核心概念与理论基础

第一节　核心概念界定

一、农业生态资本

农业生态资本是指在确保农产品安全、确保生态安全、确保资源安全以及提高农业综合经济效益的基础上，在自然因素和人为投资双重作用下，依赖生态系统及其功能产生的农业生态资源和农业生态环境的总和。

严立冬等（2009）指出农业生态资本是人为有意识投资的产物，就其价值而言，具有功能价值、补偿价值和时间价值。就其属性而言，具有二重属性，分别为：一是农业生态资源和农业生态环境的自然属性，具有生态功能，遵循生态规律，表现为农业生态资本的使用价值；二是具有资本的一般属性，以保值、增值为目的，遵循市场供求与竞争规律，表现出农业生态资本的价值。

农业生态资本是生态资本概念在农业领域的应用，因此本书在借鉴现有生态资本研究和严立冬等（2009）对农业生态资本概念界定的基础上，将农业生态资本概念简单界定为广义与狭义两种。

广义的农业生态资本是指在确保农产品安全、生态安全、资源安全以及提高农业生态、经济和社会综合效益的基础上，能够提高人们尤其是农村居民生存、生产和生活福利以及创造生态、经济与社会财富的农业生态因素的总和，具有包括与农业相关的农业生态资源、农业生态环境以及农业生态系统提供的生态服务诸如生态观光、生态文化、生态技术与制度等。

狭义的农业生态资本是指以生产要素形式进入社会经济生产系统，通过与人力资本、社会资本等传统资本共同作用，利用生态技术进行生产与再生产，以生态产品或生态服务的形式实现价值转化，依靠生态市场实现其保值、增值的农业生态因素的总和。狭义的农业生态资本包括农业生态资源和生态环境的数量与质量以及农业生态系统的整体生态服务。

农业生态资本是自然因素和人为投资双重作用下的结果，从投资的角度看，农业生态资本需要具有实体可观性、投资可操作性以及投资可控性等特征。因此，考虑到本书的研究目的，本书的农业生态资本概念为狭义的农业生态资本。

二、农业生态资本投资

农业生态资本投资作为投资的细分项，具有投资的一般属性和自身特性。首先，就投资的含义而言，投资具有二重性，既指"经济主体为获取预期收益，投入一定量货币或其他资源，进而形成资产（资金），来从事某项产业的经济活动"[①]，又指"经济主体为了获取预期效益而不断转化为资产（资金）的一定量货币"[②]。可以看出，投资活动是特定行为主体为了获取现期或预期收益，暂时放弃当期消费或生产而进行的有目的的活动，而投资的对象产生的收益为资产或资金。"生态资本投资是指通过一系列有目的、有计划的生态恢复建设、环境污染治理、生态技术研发等活动，对特定范围内的生态资源进行一定的投入（货币或实物），并经过与研发对象的有机结合，使生态资源质量及数量指标有所改善，并且这种改善最终反映在生态资本存量增加上的投资行为"（屈志光，2015）。农业生态资本投资作为生态资本投资在农业领域的应用，首先具有生态资本投资内涵的共性，然后才是农业生态资本投资的特性。因此，本书借鉴屈志光（2015）对生态资本投资的定义，认为农业生态资本投资是指以农业生态资源安全、农业生态环境安全以及农业生态系统的可持续发展为基本目标，有目的、有计划地对特定范围的农业生态资源、生态环境和生态服务能力进行一系列实物或货币投入，通过提高农业生态技术水平、农业生态基础设施建设、农业自然灾害防治、农业与农村污染治理等活动，使农业生态资本存量不断增加，促进农业、农村经济发展，最终达到农业农村生态、经济和社会的协调可持续发展。

我国的自然资源和环境所有权归国家或集体所有，个人或企业组织只具有除所有权以外的诸如使用权等。因此，我国农业生态资本投资具有以下明显特

---

① 博迪，凯恩，马库斯. 投资学［M］. 朱宝宪，吴洪，赵冬青译. 北京：北京机械工业出版社，2000：3.

② 博迪，凯恩，马库斯. 投资学［M］. 朱宝宪，吴洪，赵冬青译. 北京：北京机械工业出版社，2000：3.

征：首先，农业生态资本投资以政府为主，企业、社会团体和个人参与为辅。其次，农业生态资本投资的对象为农业生态资源、农业生态环境和农业生态系统服务能力。再次，农业生态资本投资不以牺牲生态或经济等某一方面利益而达到其他方面利益最大化为目标，而是要实现生态、经济和社会的共同发展。最后，农业生态资本投资具有投资回报期长、投资收益相对滞后以及投资风险较难控制等特征。

三、农业生态资本投资效应

效应是指在有限的环境条件下，某种或某些因素或动因所产生的自然或社会现象，反映的是因素或动因与现象之间的因果关系，多用来表示由此产生的自然和社会现象。就本书中农业生态资本投资效应而言，简要来说是指通过农业生态资本投资这一动因而产生的一定的自然或社会现象和影响，反映的是通过投资这一主观能动性作用于客观自然或社会而产生的结果。

农业生态资本投资效应具有以下基本特征：一是投资主体的动态变化性。首先，农业生态资本和自然生态系统具有明显的准公共产品或公共产品的性质，农业生态资本投资必然产生显著的正外部性。而作为经济人或理性的社会人不会为了获取正的收益而付出成本，产生搭便车行为，没有动力对农业生态资本进行投资。此时政府作为公共事业的管理者，具有为社会提供公共产品的职责和能力，政府作为投资主体对农业生态资本进行投资，为社会大众提供良好生态服务产品。而随着农业生态资本投资活动的不断推进，农业生态资本投资不仅仅产生正外部性，与此同时生态资本存量会减少，农业生态资本稀缺。另外，社会生产尤其是农业生产需要高质量的生态资本，农业生态资本投资的经济效益凸显。非政府组织以及个人逐渐加入农业生态资本投资行列，农业生态资本投资主体实现动态多元化，形成以政府为主体，多种社会组织或个人参与的投资形式。二是投资客体的多样性。农业生态资本投资的对象概括来说是农业生态资本，而农业生态资本的组成要素是随着农业生态资源或生态环境构成的稀缺性而变化的。当农业生态资源或环境不具备稀缺性和增值性时，就不能将其称作农业生态资本。因此，随着农业生态资本构成的变化，农业生态资本投资的对象也呈现多样变化性。三是投资收益的长期性和多样性。农业生态资本投资主体和客体的多样性、动态变化性决定了不同投资主体所期望获得的收益具有不完全一致性，农业生态资本投资收益具有多样性，由此而产生的效应同样具有多样性。农业生态资本投资首先要遵循自然生态系统发展规律，农业生态资本投资过程不是一蹴而就的，需要长期持续不断的投入，而投资产生的收益也需要一个漫长的过程。农业生态资本投资收益以及由此产生的投资效应具有长期多样性。

就本书而言，考虑到研究的现实可操作性，在现有研究基础上将农业生态资本投资效应划分为生态效应、经济效应和社会效应三大部分。由于农业生态资本投资效应影响的广泛性，本书仅以农村为研究范围，研究农业生态资本投资的生态效应、经济效应和社会效应。其中，农业生态资本投资的生态效应是指通过农业生态资本投资对农业和农村生态环境产生的影响；农业生态资本投资的经济效应是指通过农业生态资本投资使得农业经济得到发展进而对农村经济产生一定影响；农业生态资本投资的社会效应是指通过农业生态资本投资促使农村和农业经济得到发展，农村整体经济发展水平的提高为提高农村社会福利以及农村社会发展提供坚实的物质基础，进而促进农村社会发展。但需要明确指出的是，本书中农业生态资本投资的生态效应、经济效应和社会效应的分析研究仅仅考虑到指标体系的可操作性，并未穷尽农业生态资本投资所产生的诸如良好生态所带来的美的享受等正外部性效应。

第二节　相关理论基础

一、生态资本理论

20世纪六七十年代，随着西方发达资本主义国家工业化和城市化进程的加快，资源大量消耗浪费和环境严重污染问题愈发凸显，资源消耗和环境污染已经严重影响到人们的日常生产和生活。环境保护理念和环境保护运动应运而生，资源和环境有价的思想开始萌芽，环境资本的概念也逐渐形成。随着人们环境保护意识的加强和资源环境对生产生活的约束越来越严重，自然资源连同自然环境逐渐成为经济社会发展的核心动力，自然资本的概念随之被提出。自然资本概念的提出得到生态经济学、环境经济学等学科研究人员的积极响应，随着研究的不断拓展和不断深入，进一步提出了生态资本的概念，尤其是1987年布伦特兰委员会提出环境和生物圈是最基本的生态资本之后，生态资本理论就生态资本概念、属性和价值等方面的研究不断发展（严立冬 等，2009）。

生态资本理论的提出和发展是经济社会与自然生态环境矛盾激化的结果，也是经济社会文明发展和可持续发展的要求。就现阶段生态资本理论研究成果而论，国内刘思华和严立冬教授团队的研究成果具有明显的代表性，其生态资本理论的主要观点包括：

（1）生态资本的概念和基本构成。国内刘思华（1997）最早提出生态资本的概念及其构成，指出生态资本是存在于自然界经过人化并可用于人类社会活动的自然资产，是一种新型的、可持续发展的核心资产。他指出生态资本主要包括四个方面：能够直接进入当前社会生产与再生产过程的资源环境，即自然资源的总量（可更新的和不可更新的）和环境消纳并转化废物的能力（环境的自净能力）；自然资源（及环境）的质量变化和再生量变化即生态潜力；生态环境质量；生态系统整体作为一个整体的使用价值。严立冬等（2010）指出生态资本的构成要素包括生态资本使用价值、生态资本产权、生态技术和生态市场等。

（2）生态资本的形成过程以及生态资源、生态资产与生态资本的关系问题。严立冬等（2009）指出生态资源是构成生态环境的具有生态服务功能或生态承载能力的各类自然和人工要素；生态资产是具有明确所有权且在一定技术经济条件下能够给所有者带来效益的稀缺自然资源；生态资本则是具有资本增值性的能产生未来现金流的生态资产。同时，严立冬等（2009）分析了生态资源、生态资产和生态资本之间的关系，即生态资源只有具有稀缺性、产生效益和明晰所有权时才能转化为生态资产；生态资产的所有者只有在能自由有偿转让生态资产并获得其未来收入流时，才能将生态资产转变为生态资本，且生态资本是生态资源的最终转化形态。

（3）生态资本运营方面。邓远建（2011）认为生态资本运营就是将生态资源和环境作为资本，通过社会经济系统的生产和再生产过程实现价值增值的过程；生态资本运营机制框架体系包括生态资本运营的积累机制、转换机制、补偿机制和激励机制。严立冬等（2009）将生态资本运营的理念运用到农业领域，认为农业生态资本运营是指在农业生态化发展过程中，将农业生态资产作为生产要素通过自然和经济再生产过程实现其形态和价值转化，达到农业生态资本的保值增值，为最终实现农业生态资本长期收益整体最大化而进行的全部经营活动和管理过程。严立冬等（2011）对绿色农业生态资本积累机制与相关政策进行了有益探索；严立冬等（2015）对绿色农业生态资本运营的收益持续量的约束条件和动态变化进行了研究，指出需要农业经营者加大投入才能在绿色农业生态资本运营的动态收益中获得最佳持续量。

生态资本及生态资本理论的提出与发展是经济社会发展的必然，将生态资源和生态环境作资本等同视之，不仅可以逐渐改变人们的财富观，而且是对资本概念与理论的扩充，无论是理论层面还是在实践层面都具有一定价值和意义。就本书而言，生态资本以及其理论为研究农业生态资本投资效应提供坚实的理论基础。

二、资本投资理论

投资理论主要研究的问题是何时何地应该投入或撤出资本，以及投入或撤出多少资本等决策问题（王涛，2012）。从西方经济学投资理论的演变过程分析，主要有以下几种理论：

（1）古典投资理论。古典投资理论以马歇尔和凯恩斯为代表，以马歇尔为代表的古典投资以长期与短期均衡为分析要点，分析利率对投资方向以及投资时机的影响，主要回答了是否投资以及何时投资的问题，但并未回答投资多少的问题。基于此问题，凯恩斯在其宏观经济分析以及后来凯恩斯学派继承者的投资分析中，分别将资本边际效率加入传统投资函数中，并通过加速数原理研究投资量的问题，因此，凯恩斯主义投资理论研究的重点在于投资量的大小以及投资影响因素问题。

（2）新古典投资理论。以萨缪尔森为代表的新古典经济学家将产出水平、产出价格及资本使用成本三个主要影响因素加入投入函数中，研究投资不同因素对投资水平的影响（王涛，2012）。

在20世纪60年代以戴尔·乔根森为代表的经济学家明确回答了理想状态下的投资水平决定问题。戴尔·乔根森以柯布—道格拉斯为基本分析函数，以产出和资金的使用成本为主要研究变量分析稳定状态下的理想投资水平以及决定影响因素之间的关系（周继红，2003）。托宾（Tobin）的q理论又将资本的边际调节成本加入投资函数中，分析资本投资的动态变化过程，研究资本使用成本以及劳动等综合影响。

（3）现代投资理论。古典和新古典投资理论主要研究个体在静态状态下的最优投资行为及其决策，而现实中的投资是一个不断动态变化的过程，因此，古典和新古典投资理论在实践上存在明显的不足。以理性预期理论为基础，在投资领域出现了不可逆投资理论，该理论通过随机最优化的方法分析解决投资最优原则；主要回答触发企业一次性投资以及企业进行投资调整应具备什么条件的问题（周继红，2003）。

随着资本基本内涵的扩展、资本种类的不同分类和研究视角的不同，延伸出多种多样的资本投资理论。比如舒尔茨（1961）的用于解释经济增长谜团的人力资本投资理论，指出人力资本投资不仅是收益最佳的投资还是经济增长的主要源泉；马克思和列宁从生产关系角度提出的对外投资理论（蔺叶坤，2013；张宗斌 等，2018）等，而关于生态资本投资及其理论的研究尚处于发展阶段，研究成果相对较少。

武晓明等（2005）对生态资本投资的主体、投资方式的类型和投资的制度激励进行了探讨，指出政府是生态资本投资的主体，生态资本投资类型主要有债权型投资、股权型投资、基金型投资和咨询顾问型投资四种；赵志远（2012）和袁青、王雪（2014）对生态资本投资的内涵等进行了有益探索，为生态资本投资理论的发展提供了一定参考。

总体来看，资本投资理论体系庞大，各类资本投资理论相对完善，而关于生态资本投资的理论尚处于探索期。但显然生态资本投资理论是在现有投资理论体系基础上不断延伸发展而来的，具有资本投资理论的一般特征，又有生态资本投资的特性。因此，对资本投资理论的发展演绎的梳理和归纳将有助于为生态资本投资理论以及农业生态资本理论乃至实践的发展提供有益借鉴。

三、农业生态经济理论

农业生态经济理论是在生态经济理论基础上产生和发展起来的，是农业生态理论和农业经济理论的有机结合体。马克思主义农业理论指出农业是自然再生产和经济再生产的过程，农业生态经济学是把马克思关于农业自然再生产和经济再生产原理以及农业生产中的生态与经济平衡综合运用到农业生态以及农业经济学的研究成果（邓宏海，1984）。

农业生态经济学从农业经济的角度研究农业生态系统和农业经济系统有机结合而成的农业生态经济系统的结构以及其运动变化规律（马传栋，1984）。

农业生态经济理论是农业经济学不断发展的理论基础，农业生态经济学研究的重要内容也成为农业生态经济理论的重要组成部分。本书借鉴严立冬教授研究团队关于农业生态经济学的研究成果，将农业生态经济理论的主要内容归纳如下：

（1）农业生态经济原理。首先农业生态经济系统是农业生态系统和农业经济系统的复合体，具有物质循环、能量转化、信息传递与价值增值功能，具有生态、经济和社会价值；其次是农业生态经济发展规律，农业生态经济发展规律是农业生态需求递增规律、农业生态产业化发展规律和农业生态经济科学发展规律组合成的规律体系；最后是农业生态经济平衡，其是指构成农业生态系统及经济系统的各组成要素之间达到一种动态均衡状态，而要维持农业生态经济系统平衡，需要合理开发利用自然资源、循环利用物质和坚持效益性原则等（严立冬，2015）。

（2）农业生态经济实践。一是农业生态经济模式，主要包括循环农业、低碳农业、生态农业和绿色农业等多种模式，以上新型农业经济发展模式均注重农业资源、农业生态系统和经济系统的可持续发展。二是农业生态经济规划，主要包括农业生态经济产业规划、农业生态经济区域规划和农业生态经济园区规划等多种规划形式，农业生态规划从农业自身产业发展、区域地理优势和农业农村特色资源进行综合规划的系统工程。三是农业生态经济评价，从生态平衡可持续发展的角度研究、分析农业生态和农业经济的综合效益，以提高农业生态系统的生产力，取得良好的农业生态、经济和社会效益。四是农业生态资本运营，其内涵是农业生态资本的拥有者通过将农业生态资本投入农业生态经系统经过农业生态系统的自然再生产和经济再生产过程，生产出生态农产品和提供生态服务流，经由市场机制实现农业生态资本的价值转化。五是农业生态经济补偿。农业生态系统具有明显的正外部性，农业生态环境和生态资源的保护者或修复者为农业生态系统提供持续的生态服务不断付出，而生态服务的使用者并未对此付出任何成本。因此，为进一步保护农业生态经济系统的良好可持续性，需要对农业生态系统的保护者或修复者提供相应的生态经济补偿（严立冬，2015）。

（3）农业生态经济政策。一是农业生态环境治理，农业生态环境作为公共资源，涉及的主体众多，而公共产品的属性决定了农业生态环境治理以政府为主体，多种社会组织和个人参与的治理模式；二是农业生态经济安全，主要是指农业生态和经济系统的结构、功能以及需求的彼此相互一致，而农业生态安全评估的内容主要包括农业用地、用水、农业物种和农产品安全评估等；三是农业生态文明建设，农业生态文明作为生态文明的一部分，直接反映着农业自然系统和经济系统协调发展，农业生态、经济和社会全面可持续发展前景；四是农业生态经济管理，从管理层面上可以划分为宏观、中观和微观生态经济管理，主要包括人口管理、资源和环境管理三个领域；五是农业生态经济制度，是指一切能促进农业生态经济发展社会制度的综合，在实践应用中主要有农业生态经济的财政补贴制度、生态补偿制度、金融支持制度、组织保障制度和技术保障制度等；六是农业生态经济发展战略，该战略的重点是如何在全局上保障某地区在未来一定时期内实现农业经济和农业生态健康、安全和可持续的发展，具有长远性和全局性特征（严立冬，2015）。

关于农业生态经济理论，严立冬教授团队做了大量较为系统的研究，本书同样采用严立冬教授团队研究成果，作为后续研究的理论基础。

四、可持续发展理论

可持续发展理论发端于可持续发展概念的提出，可持续发展的理论经历了漫长的发展，而直到1987年挪威首相布伦特兰夫人领导的世界环境与发展委员会在其出版的《我们共同的未来》一书中才正式提出可持续发展的概念和基本理论。其基本含义为"可持续发展是既满足当代人的需要，又不对后代人满足其需要的能力构成危害的发展"[①]。

该定义虽然为人们所熟知，但并未得到普遍认同，比如吉丁斯（Giddings）等（2002）指出可持续发展概念不清晰；但许多地方却过于夸大甚至制度化该术语，并将其作为预期变化的指导方针，在可持续发展定义模糊不清晰的情况下这样做毫无疑问容易产生分歧（克雷格，2006）。与之相对的是，雷德克里夫（1987）等一批学者则十分信奉可持续发展理论并将其逐渐发展为一种真理，而霍姆伯格（1992）的观点较为中立，认为可持续发展的概念是在不同时间和空间下不断发展演变的。但无论如何，可持续发展概念以及其理论对人们认识人类经济发展与自然生态环境保护，实现经济、社会和生态长期稳定可持续发展具有重要而深远的影响。

可持续发展理论强调本代人之间的横向公平和代际的公平发展，生态系统的可持续生产以及人类社会的共同发展，具有公平性、持续性、共同性和和谐性等原则（任龙，2016）。

可持续发展理论的内容主要是关于生态、经济和社会三者可持续协调统一的发展，要求人们保护自然生态环境、提高经济效率和维护社会公平正义，最终实现人的全面、自由发展。具体而言，在自然生态环境方面，可持续发展理论强调自然生态环境是经济发展和社会稳定的重要基础。经济社会发展必须充分考虑自然生态环境的可承载能力，必须在自然生态环境承载力范围内，发展经济的同时必须保护和改善自然生态环境。但是并不是意味着保护生态环境和发展经济之间是相互对立的，相反二者之间是一种互补关系，经济发展水平的提高能显著增强保护自然生态环境的能力，而自然生态环境质量的提高又能促进经济的发展。因此，可以认为经济的发展是一种有限的发展，是在自然生态环境允许范围内的发展。可持续发展理论客观上要求人们转变经济发展方式，从根源上保护自然生态环境，实现自然生态环境的可持续发展。在经济发展方面，可持续发展理论强调转变传统高投入、高消耗和高污染的粗放型经济发展

---

① 世界环境与发展委员会. 我们共同的未来 [M]. 长春：吉林人民出版社，1997：52.

方式，通过清洁生产、循环生产和绿色发展等节约资源、经济效率高和排放少的集约型生产方式，实现经济数量和质量的双重高质量发展。可持续发展理论中经济的可持续发展更注重通过最少的投入实现最大的产出，更注重经济质和量的高度统一。在社会发展方面，可持续发展理论指出虽然世界各国所处的经济社会发展阶段和发展目标不尽相同，但发展的最终目的是实现人的全面发展，发展的最终目标应该包括提高人类的健康水平，改善生活质量，保障人人享有公平接受教育、医疗、住房等基本权利，保障人人享有平等、自由、基本人权不受侵害的一个良好的社会环境和全面发展的权利。

可持续发展理论表明自然生态环境是经济发展的基础，经济发展为自然生态环境保护和社会的可持续发展提供了重要的物质基础。可持续发展揭示了发展、协调和持续的系统本质，反映了动力、质量和公平的有机统一，创建了和谐、稳定和安全的人文环境（牛文元，2012）。

因此，可持续发展理论最终要实现生态、经济和社会三者构成的复合系统的协调、稳定、健康可持续发展。

第三节　理论评析与思考

一、生态资本理论的缺陷与不足

生态资本理论的形成和发展时间较短，虽然该理论具有一定的创新性，但尚未能形成共识的理论体系，因此生态资本理论存在一定的缺陷与不足也在所难免。据目前生态资本及其理论研究的成果分析来看，生态资本理论存在的缺陷主要表现在生态资本概念界定、生态资本存量及价值量衡量、生态资本运营、生态资本投资等内生性和外延性概念、理论内容上存在的分歧，难以形成统一认识。

生态资本以及生态资本理论来源于经济学、环境学和生态学等多学科的交叉融合，学科种类的多重性、复杂性也致使生态资本及其理论具有多学科性、复杂性的特征。就生态资本的概念而言，现有研究中不乏生物资本、环境资本和自然资本等多种提法，基本概念的不确定性虽然为研究生态资本和延伸生态资本理论提供了多种参考，但也造成概念的混乱、难以统一，阻碍了后续生态资本理论的进一步发展。产生的原因可能是不同学科背景的研究者基于不同研究目的和研究视角，会对生态资本的基本属性和特征做出不同的理解；另外，人们对生态资本理论的认知和演绎是随着生态资本相关理论的不断发展和人们认知能力的不断提高而不断动态变化的。因此，人们对生态资本的存在形式、功能属性、价值判断等的认识也经历了从现象到本质不断深化的过程。显然，生态资本概念的权威化、统一化将有助于深入开展生态资本及其相关理论的研究。

在生态资本存量和价值衡量方面，由于目前生态资本存量及价值评价体系尚未建立，还处于探索阶段，故而不同学科背景的学者根据研究的需要，借鉴经济学、生态学等学科研究方法，建立评价模型和指标体系进行分析。纵览国内外研究文献，生态资本存量及价值的核算方法主要有影子价格法、机会成本法、生态足迹法、现值法、替代市场价值法和意愿调查法等方法，虽然以上各种方法在衡量不同类型生态资本时各具优势，但易产生同一生态资本采用不同核算方法而价值不同，让人对生态资本的真实价值产生疑惑。另外，在核算方法上有过于理论化和过于繁琐的趋势，不仅不利于生态资本价值存量的核算，且易使生态资本理论过于脱离现实，缺乏实践指导作用。

就生态资本运营和生态资本投资研究而言，部分研究者从区域的角度研究区域生态资本运营的机理和各种运营机制，虽在理论层面上对生态资本运营进行探讨，但研究内容过于理论化导致实际价值不大。另外，研究中也不乏从不同产业的角度对生态资本运营以及投资进行研究的学者，比如关于森林生态资本运营或投资的研究、对农业生态资本运营方面的研究和对海洋生态资本运营抑或是投资方面的研究，等等。以上研究在一定程度上拓展和丰富了生态资本理论，但也仅仅是止于探索阶段，研究成果并未得到充分认可。

生态资本理论存在种种缺陷和不足，也恰恰是继续深入研究生态资本理论的契机和方向。因此，如何在现有生态资本理论基础上拓展生态资本相关研究是每一位与生态经济相关的研究者必须思考和面对的问题。

二、对农业生态资本投资效应研究的思考

农业土壤污染、农业用水污染、化肥农药污染已经成为造成农产品不安全的重要因素，同时随着资源和环境约束趋紧，农业生产和农村发展形势严峻，自然生态环境已然成为制约农业和农村发展的重要因素之一。加之农业是农村和整个国民经济的基础产业，广大农村地区依然处于经济欠发达状态，农业对农民收入和农民福利仍然具有不可替代的作用。农村经济水平的提高同样伴随着农村环境恶化、收入不平等加剧和社会问题凸显。因此，如何通过改善生态环境尤其是与农村、农民密切相关的农业生态环境，增加农业生态资本投资，增加农业生态资本存量，促进农村和农业发展，不仅对农业生产甚至对整个农

村生态、经济和社会绿色健康发展都具有重要意义。

要理清通过农业生态资本投资促进农村发展的作用机制和影响程度，首先要回答农业生态资本能否投资，农业生态资本投资的收益怎样，然后是农业生态资本投资对农村发展的作用如何，生态资本可以进行投资并能产生收益，生态资本投资有助于缓解收入不平等和缩小收入差距，对贫困地区生态资本投资还能获得更高的收益率（屈志光，2015）。

农业生态资本作为生态资本的一种，具有生态资本的共性，同样也可以进行投资并能产生收益进而缓解收入不平等和缩小收入差距，提高农村地区经济社会发展水平。然而，虽然在理论分析上农业生态资本投资似乎对农村发展起到一定作用，但如何进行实证研究，论证农业生态资本投资对农村发展尤其是生态、经济和社会发展的作用程度却是一个不小的挑战。原因是农业生态资本作为一种新型资本，具有生态和资本的双重属性，表现形式和存在状态上又复杂多样，且对农业生态资本以及农业生态资本投资的研究起步较晚，可以参考的研究成果和可以查阅的农业生态资本投资数据相当缺乏，阻碍了开展实证研究。在本指标实证数据缺乏的情况下，实证研究中多采用相关替代指标进行替代，以使研究能顺利进行。因此，本书采用实证研究中常用的方法，使用相关替代指标替代缺乏的农业生态资本投资数据，虽然有失偏颇，但却为研究农业生态资本投资相关内容提供了一种参考思路。

另外，关于农村发展的研究，本书虽在一定程度上借鉴了现有研究成果，但仍存在改进的可能。本书认为农村发展状况的衡量大体上可划分为农村生态、农村经济和农村社会三个大的方面，而且指出农村不仅仅是农村居民生存的场所，更是农村、农民和农业即"三农"的综合反映体，是一个集农村生态、经济和社会的有机综合体。因此，本书中的农村发展其实是指以上有机综合体的发展状况。农业生态资本投资对农村所产生效应的研究即是通过农业生态资本投资对农村综合体所产生的影响。这种提法有一定的创新性，但也难免出现分歧和争议。

因此，在农业生态资本投资理论缺乏统一性和系统性的情况下，进行农业生态资本投资效应研究显然具有一定的局限性。该研究虽为农业生态资本投资和其对农村发展的研究提供一种研究参考，但也影响农业生态资本投资效应的深入研究和在实践中的充分应用。

第三章 农业生态资本投资效应的实现机理及效应分析框架

第一节 农业生态资本投资与农村发展的关系分析

一、农业生态资本投资现状分析[①]

自然生态环境对农业生产作用极大，同时，农业生产又会对自然生态环境产生影响。在整个自然生态系统中，自然灾害对农业生产的负向影响最大，全国各地每年都会有各种各样的自然灾害发生，给人民的生产和生活造成巨大损失。就全国农作物自然灾害发生情况看，2014 年、2015 年、2016 年农作物自然灾害受灾面积分别为 2 489.1 万公顷、2 177 万公顷和 2 622.1 万公顷，农作物自然灾害成灾面积分别为 1 267.8 万公顷、1 238 万公顷和 1 367 万公顷，自然灾害发生率分别为 50.93%、56.87% 和 52.13%。农作物自然灾害受灾和成灾面积较大，反映出农业生态环境质量不容乐观；而较高的自然灾害发生率可以在一定程度上反映出农业生态环境投资不足，人们应对自然灾害的能力较差，农业生态资本存量较低。

更令人担忧的是农村、农业污染频发，农业生产投入诸如化肥、农药和农用薄膜等过量使用导致的面源污染以及农村畜禽养殖污染，农村生产和生活方式改变产生的生活污染，城市化和工业化产生的污染向农村转移造成的二次污染等，都正在严重破坏农村生态环境。农业污染不可避免地会影响农作物正常生产，导致农产品质量安全问题的出现，最终人们通过自己的双手又将危害送到自己手中，不仅严重影响人们生活质量和生活水平的提高，还将对经济社会

---

① 本部分数据来源于 EPS 数据库。

和人们的可持续发展产生阻碍。

然而，对农业生态环境恶化和农业污染加重的事实的关注度有待进一步提高。在改善农业生产条件和治理农业生态环境投资方面，现有统计数据中并没有单列出农业生态环境投资项。根据现有统计资料，本书将财政支农中的农林水事务费和环境保护费作为农业生态资本投资的一部分。近年来国家财政总支出中用于农业的比例逐年增加，农业、农村生态环境得到显著改善，农村居民生态环境保护意识显著增强。有关数据显示，在农业和农村污染治理投资中，2015年乡级层面完成投资为558.82亿元，仅有0.96%的投资即5.39亿元用于污水处理；村级层面完成的8 203.36亿元投资中，仅有1.14%的投资用于污水处理；而同期城镇投资中用于污水处理的资金比例远远高于乡村两级（于法稳，2017）。

农村投资资金一方面受制于当地经济发展水平，投资水平较低；另一方面，投资资金中用于农村污染治理的比例低且资金使用效率低，共同造成农业污染加重。

综上分析，无论是农业自然生态环境投资还是用于农业、农村污染治理的投资均严重不足，致使农业生态资本总投资水平较低，农业生态资本存量减少，农业生态环境恶化。因此，继续加大农业生态资本投资，加强农业生态环境治理仍旧任重而道远。

二、农村发展现状分析[①]

考察农村发展现状，对农村整体发展中存在的问题进行分类分析将有助于有目的地进行农村全面发展工作的推进。随着经济的快速发展和以城市以及工业发展为中心的发展战略的实施，农村和农业发展虽然在一定程度上得到发展，但同时也逐渐出现农业供给侧结构矛盾突出、农村逐渐衰败的现象，并呈现出生态、经济和社会多维度复合交叉情形的出现，农村全面高质量发展困难重重，农村发展仍然面临严峻挑战。

农村生态环境方面。近年来随着工业化和城市化的快速发展，城市规模的迅速扩大导致城市生态压力快速增大。城市环境规制力度和环境管理逐渐严格，城市工业污染和城市生活垃圾向农村转移，而农村环境承载力和污染处理能力有限且滞后，导致农村空气、水体和土壤严重污染。另外，农业生产和农村生活方式的现代化已成为导致农村污染的重要原因之一。在农业生产方面，

---

① 本部分数据来源于2017年中国农村贫困监测报告。

农药、化肥和农用薄膜的过量使用早已成为农业、农村污染的重要来源。农药使用量在1990—2014年增长了1.47倍，远高于同期粮食等主要农产品产量增长幅度；化肥施用强度更是自20世纪90年代以来远超其安全上限，并呈现不断增加的趋势，比如2015年我国化肥实际施用强度平均达到446.1千克/公顷，几乎高出国际公认的化肥施用安全上限225千克/公顷的一倍（魏后凯，2017）。农用薄膜使用量在土壤中的残留更是达到40%左右（蒋高明，2010），严重污染土壤、降低土壤肥力。

中国农村畜禽规模化养殖产生的废弃物逐渐成为农村污染的重要来源之一，因畜禽养殖造成的平均单位耕地面积氮污染负荷已达138.13千克/公顷，而耕地对氮的消纳能力有限，通过农田水肥流失或直接下渗容易导致农田和水环境污染（杨飞 等，2013）。第一次全国污染源普查资料显示，农业生产（种植业、水产养殖业和畜禽养殖业）污染源排放的化学需氧量、氮和磷等污染物导致农村水体和水环境污染严重（杨林章 等，2013）。在农村生活领域，2015年全国共有54.21万个行政村，只有11.4%的行政村对生活污水进行了处理，62.2%的行政村对生活垃圾进行处理，远低于城镇处理水平（于法稳，2017）。

在外部城市和工业污染转移以及农村自身污染频发的双重压力下，农村生态环境"内忧外患"并存，农村发展中的生态问题严峻。

农村经济方面。随着经济的整体发展，农村居民收入和消费水平均得到不同程度提高。2016年农村居民人均可支配收入为12 363元，在2014—2016年，全国农村居民人均可支配收入实际增速分别为9.2%、7.5%和6.2%，农村居民收入实现较快增长。在收入差距方面，2016年农村居民人均可支配收入名义增速和实际增速分别快于城镇居民0.4和0.6个百分点，其中，2014—2016年全国农村居民人均可支配收入实际增速分别为9.2%、7.5%和6.2%，城镇居民人均可支配收入实际增速分别为6.8%、6.6%和5.6%。农村居民收入增速持续快于城镇居民，城乡居民收入差距逐年减小。农村居民消费方面，2016年农村居民人均消费支出为10 130元，实际增长7.8%。整体上农村居民消费支出保持增长态势，在八大项消费支出增长中，人均居住支出、人均交通通信支出、人均教育文化娱乐支出增长分别为11.5%、16.9%和10.4%，均超过了10%。2016年农村恩格尔系数由上年的33%降为32.2%，农村恩格尔系数继续下降，交通通信等发展型消费支出在总消费支出中的比重逐渐提高。饮食结构变化明显，2016年农村居民粮食等主食消费减少，菜果蛋奶等副食消费增加，人们更加注重饮食均衡和生活质量的提高。

农村社会方面。实现农民农村富裕是全面小康的坚实基础，就农民农村整体经济社会发展水平来讲，农村整体贫困发生率的降低反映出农村社会福利的大幅提升以及社会整体经济发展的显著社会效应。

从居住条件看，2016年农村居民人均住房面积为45.8平方米，农户住房条件得到部分改善。饮水条件方面，2016年农村居民饮用安全饮用水的比例为80.3%，使用管道供水的农户比重为67.4%，使用经过净化处理自来水的农户比重为40.8%，可见农村居民饮水条件仍存在改进空间。卫生设备方面，2016年农村地区有水冲式卫生厕所的农户比例为30.5%。劳动力受教育水平方面，2016年全国农村常住劳动力中，未上过学的比例为5.2%，小学文化程度的比例为29.9%，初中文化程度的比例为51.2%，高中文化程度的比例为10.4%，大专及以上文化程度的比例为3.3%。农村劳动力文化程度和素质虽有所提高，但提升空间较大。社会保障方面，从农村医疗保险与养老保险参与情况看，2016年农村常住劳动力中，只有不足1%的人没有参加任何医疗保险，超过80%的人均参加新型农村社会养老保险，而没有参加任何养老保险的比例仍较高为10.1%，农村社会保障水平仍需大幅提升。2016年所在自然村中能进行垃圾集中处理的农户比例为50.9%，有卫生站的村比例为91.4%。农村居民医疗卫生和社会保障水平依然较低。

综上分析，综合考虑农村发展中的生态、经济和社会方面的现状以及存在问题产生的原因，可以发现农村发展水平是农村生态、经济和社会保障等综合作用的结果。因此，无论是农村生态、经济还是社会方面，农村发展问题都不容乐观，农村发展形势依然严峻，实现农村生态、经济和社会协调、高质量发展仍任重道远。

三、农业生态资本投资与农村发展关系分析

理清农业生态资本投资与农村发展的关系，将有助于实现农村、农业绿色发展，农村生态、经济和社会协调发展的顺利进行。而要理清农业生态资本投资与农村发展之间的关系，首先要理清农业生态资本和农村发展之间存在的联系。农业生态资本根源于自然生态系统，研究农业生态资本与农村发展的关系即是研究农业生态环境与农村发展的联系。综合国内外研究成果发现，国外的自然资源缺乏论和国内的自然环境决定论较好地阐述了自然生态环境与经济发展的关系，能较好地契合农业生态环境与农村发展的关系分析。

具体而言，首先是国外的自然资源贫乏论。所谓的自然资源贫乏论其核心内容是指在一定时间、空间和地域范围内某个国家和地区的自然资源，诸如土

地、森林、矿藏和水域等以及相对应的气候的丰瘠和优劣程度，在一定时期内很大程度上决定该区域经济发展速度和发展水平。正如美国经济学家托达罗所述："几乎所有第三世界国家都位于热带或亚热带地区，而历史事实是，现代经济增长一切成功的范例几乎都发生在温带地区的国家。这样一种分歧不能简单地归之于巧合，它必然与不同的气候环境直接或间接引起的某些特殊困难有关。"（樊怀玉 等，2002）

人们可以利用的自然资源是随着经济发展水平和资源利用技术水平的变化而动态变化的，而这种动态变化和经济发展均是以资源本身作为基础的。因此，在一定程度上可以说，经济的发展历程是以使用越来越多种多样的资源为特征。尤其是通过工业化来实现经济发展的发展中国家，自然资源的作用更为突出。一方面，发展中国家可以通过出口自然资源换取外汇，积累本国工业化所需的资金；另一方面，本国经济的发展水平和发展速度取决于本国拥有资源的数量和质量等。同样，自然资源和气候环境也严重影响对自然生态系统严重依赖的农业经济发展，进而影响工业化进程和整体经济发展水平。许多发展中国家和贫困地区都缺乏诸如土地、森林、矿藏和水域等自然资源，自然资源的贫乏已成为导致社会整体欠发达甚至贫困的重要原因。因此，自然资源贫乏论的主要观点可以归结为自然资源的贫乏导致经济发展相对滞后或贫困。自然资源成为影响经济社会发展的重要且直接的主要因素之一。

国内的自然环境决定论借鉴了国外自然资源贫乏论等相关理论，是在其基础上结合中国发展状况发展并进行扩展而来的。国内的学者结合中国经济社会发展尤其是中国农村贫困问题做了大量有价值的探讨。汪三贵（1992）在分析我国贫困地区分布以及贫困地区自然资源环境状况后指出，导致我国农村居民生活贫困和农业发展缓慢的最根本的自然基础是贫困恶劣的农业自然生产条件。严以绥（1996）在分析贫困的成因时指出自然地理条件差、自然生态环境恶劣是导致贫困的客观因素，并将这种因自然地理环境差导致的贫困称为区域性贫困。成升魁、丁贤忠（1996）认为自然资源贫乏和自然环境恶劣是导致贫困的重要原因，自然因素导致区域经济在起步阶段相对落后于其他地区。许飞琼（2000）在分析我国贫困原因及贫困发展趋势时指出，国家592个重点扶贫县，几乎全部位于山区和高原等自然条件恶劣的地区，加之各种自然灾害的发生，自然因素对我国贫困产生的影响更大。陈南岳（2003）把由于生态环境恶化而导致的贫困称为生态贫困，指出生态贫困是我国农村贫困的一种主要类型；农村生态贫困人口占全国农村贫困人口的80%，数量大且高度集中在自然环境恶劣的地区，这些区域生态环境脆弱导致本地居民生产条件差、疾病频发和土地生产力低下，最终导致该地区贫困程度加深，因自然环境恶劣而返贫率高。

不难看出，国内研究者结合中国发展中存在的贫困问题，研究成果表明自然生态环境恶劣是导致中国贫困尤其是农村贫困的重要原因，反映出生态环境以及农业生态资本是影响农村经济社会发展的重要因素之一。

综合自然资源贫乏论和自然环境决定论的观点和研究成果，发现自然生态环境恶劣导致贫困的作用过程是自然生态环境恶劣导致地区生产条件差，疾病频发，致使地区居民身体健康状况差，身体状况差再加上自然环境恶劣，导致生产力低下。生产力低下又转而影响居民收入，地区居民为维持生存和提高收入又加大自然资源开发力度，破坏本已脆弱的自然生态，导致陷入生态环境恶化—收入低下—生态环境更加恶化的贫困恶性循环中。因此，研究者们在得出自然生态环境恶劣是导致贫困的重要原因后，提出相应的脱贫措施，加大投入，改善自然生态环境，但也指出改善生态环境需要的投资额大，生态环境改善进而实现减贫的周期长、见效慢的特征。整体而言，可以发现贫困作为经济欠发达的一种极端状态，生态环境对经济社会发展的重要影响不言而喻。

农业作为大部分地区尤其是农村经济欠发达地区居民收入的主要来源和地区经济发展的重要产业，受自然生态环境的影响巨大。因此，自然生态环境的改善不仅能提高农村居民基本的生存环境，更能在一定程度上改善贫困农村居民生活条件以及提高当地经济发展水平。就农业生态资本投资与促进农村发展的关系而言，以往研究成果虽然没有提出农业生态资本或生态资本的概念，但却早已提出通过对自然生态环境投资来实现农村地区发展的理念和具体措施。而这一理念和理论与本书中通过农业生态资本投资来促进农村发展的观点不谋而合。据此，可以得出农业自然生态环境的恶劣，农业生态资本的匮乏是导致农村欠发达甚至贫困的重要原因的观点，故而，通过农业生态资本投资，改善农业自然生态环境，提高农业生态资本存量能够促进农村发展。

第二节　农业生态资本投资效应的实现机理分析

一、农业生态资本投资的生态效应实现机理

农业生态资本投资是通过对农业生态资源和环境进行投资，利用农业生态资源和对环境的保护、修复和污染治理，提高农业生态系统保持水土、调节气候、涵养水源和防御污染等生态能力，进而通过提供良好的生态产品和生态服

务，实现生态、经济和社会综合系统的协调发展。农业生态资本投资的生态效应是指通过农业生态资本投资，改善农业生产、农村生态环境状况，促使生态环境质量得到持续改善。

农业生态资本投资的生态效应的实现主要来自农业生态系统的服务与功能。农业生态系统服务是指农业自然生态系统整体和组成成分产生的对人类生存和发展起到基础支撑作用的过程和结果。具体指农业生态系统直接或间接地向人类提供经济上有用的物质和能量，比如人类经济社会生产的资源、能源等以及农业生态系统向人类提供的诸如清新的空气、田园风光等享受，同时还包括农业生态系统分解、转化农业生态系统自身以及人类经济系统产生的废弃物等。关于生态系统服务功能的分类，目前尚无定论，此处借用刘玉龙（2007）的分类方法，生态系统服务主要包括"生态系统的生产，生物多样性的维护，传粉、传播种子，生物防治，保护和改善环境质量，土壤形成及其改良，减缓干旱和洪涝灾害，净化空气和调节气候，休闲、娱乐，文化、艺术素养等方面"（刘玉龙，2007）。

农业生态系统作为生态系统的重要组成部分，具有生态系统的基本特征和功能。因此，农业生态系统服务同样具有生态系统的一般特征，借鉴生态服务功能的分类，农业生态系统服务功能主要包括农业生态系统的生产、传粉、保持生物多样性、改良土壤、减缓自然灾害、净化空气和提供休闲娱乐等类似生态系统服务功能的分类。农业生态资本投资对农业生态系统状况的改善，依托农业生态系统服务功能产生生态收益，通过生态收益的良性循环改善生态环境。而通过农业生态资本投资作用于生态环境的改善首先要在农业生态系统的生态承载力范围内，在一定时间、空间和区域范围内，并不是农业生态资本的投资量越大，生态系统的状况越能尽快得到改善，甚至是呈正比例的改善。农业生态系统首先作为一个自然的存在，具有自身长期形成的稳定的作用机理，人类对农业生态系统的投资必须要遵循其自然发展规律。由此，农业生态资本投资在遵循自然规律的同时，还要考虑投资的最佳持续量。

农业生态资本投资生态效应的实现主要是通过人为对农业生态资本投资，依托农业生态系统的服务和功能，产生农业生态资本投资的生态收益，进而改善生态系统状况，促进生态系统良性循环发展。同时强调，农业生态资本投资要遵循自然生态系统发展的自然规律，认识到农业生态资本投资受自然生态规律的制约，保持最优的投资持续量才是改善农业生态系统的长久之道。

二、农业生态资本投资的经济效应实现机理

传统经济发展已经造成严重的资源浪费和环境污染等生态系统问题，生态系统整体质量的下降限制和阻碍了传统经济模式的进一步发展。至此，人们开始重视生态环境对经济社会发展的重要作用，并采取生态修复、生态补偿等措施来保护和修复生态系统受损功能。传统经济发展造成的恶劣后果的原因是什么呢？从传统经典的经济理论可知一二，经典经济理论认为经济的增长主要由资本和劳动驱动，自然资源是取之不尽、用之不竭的，注重物质生产和人的生产，有学者将其称为两种生产理论。两种生产理论在经济发展水平较低，人类生产活动在自然生态系统的可承载力范围之内的情况下，确实对经济发展起到了重要的指导作用。但随着经济社会不断发展和技术水平的提高，人类活动已经严重影响了自然生态系统，污染超出自然生态系统的承载力，传统的资源环境无限供给的经济理论的缺陷逐渐凸显。随之，两种生产理论也逐渐发展成物质生产、人口生产和生态生产的三种生产理论。其中，生态生产是生态系统自发运行、自我修复、自我代谢更新的自然过程，但人们可以通过生态环境建设、人力和物力资本投资来改善生态环境以及生态产出数量与质量。

农业生态资本投资的经济效应的实现就是通过对农业生态资本投资，改善农业生产的自然环境，同时，农业生态资本作为农业生产新的资本投入要素与农业生产的其他要素共同完成农业生产，在农业生态系统可承载力范围内实现农业经济的可持续发展，进而提高农村经济发展水平。而农业又作为农民和农村发展的主要产业，农业经济的良性发展必然表现在农民和农村生产与生活的方方面面。因此，农业生态资本投资的经济效应不仅体现在农业生产方式的转变、农业生产技术水平的提高以及农业生产环境的改善方面，还体现在农民生活水平和农村经济发展水平方面。具体而言，传统经济发展理论将以资本和劳动投入为主的 Cobb-Douglas 生产函数作为基础，研究资本和劳动投入对经济增长的影响。随着资本概念的不断拓展和深化，比如物质资本、社会资本、金融资本和人力资本概念的提出，CD 生产函数也出现了各种扩展形式和变形，有力地解释了经济发展中各种不同资本和生产要素对经济增长的作用。本书尝试在前人研究的基础上，同样以基本的 CD 生产函数为基础，在生产投资中加入生态资本这一新型资本生产要素，研究分析生态资本对农村经济增长的作用，具体的理论推导在本书第四章中有详细论述，在此不再重复阐述。

农业生态资本投资的经济效应实现机理主要内容可概述如下：通过农业生态建设、农业生态修复和农业污染治理等生态投资措施，提高农业生态资本存量，而农业生态资本存量的增加又可以作为农业生产的可持续基础和投入要素投入农业生产中，同时，农业生态资本存量的增加也促使农业生产中物质资本、人力资本的增加和使用效率提高，进而农业生态资本和其他农业生产要素共同促进农村经济增长。而在农村经济增长的同时，又能增加地方政府投资农业生态资本的能力，进而促进农村经济发展。由此，农业生态资本投资的经济作用就循环往复，形成一个良性的生态、经济循环。就我国农业生态资本投资而言，各级政府作为农业生态资本投资的主体，在修复农业生态和治理农业污染的同时，既发挥了农业生态资本投资的经济效应，又将农业生态资本投资的正外部性尽量扩大，可以说农业生态资本投资效应具有半公共产品性质。而现阶段，我国农业生态资本存量明显不足，农业资源过度开发，农业污染加重，农业生态系统承载力和环境容量已经趋于极限，甚至已经超出农业生态环境承载力范围。尽管近些年来我国加大了对农业生态修复和农业、农村污染治理的力度，农业生态资本在经济增长中的作用正逐步增大，但不可忽视我国传统的农业生产方式、经济发展模型和人们的生活方式对生态环境的影响。因此，加大农业生态资本投资，促进经济增长，发挥农业生态资本投资的经济效应，除却通过农业生态资本投资增加农业生态产品的数量和质量来促进经济增长外，更为重要的是要通过农业生态资本投资，唤醒和增强人们保护生态环境的意识，促进农业生产方式、农民生活方式、农村发展和整个经济发展方式的转变。唯有如此，才能更好发挥农业生态资本投资的经济效应。

三、农业生态资本投资的社会效应实现机理

农业生态资本投资效应是农业生态系统自然作用和人为作用的结果，研究农业生态资本投资效应，既要考虑农业生态资本投资作用于农业生态系统自然方面产生的结果，还要思考农业生态资本投资这一人为作用对人类自身及其附属的影响。农业生态资本投资是人类发挥主观能动性对客观农业生态系统的主观能动作用，研究这一能动作用的社会效应自然而然要回到对能动主体人的相关研究上。因此，农业生态资本投资的社会效应实现主要研究通过农业生态资本投资对农村居民人口、生活、教育文化、医疗与社会保障方面产生的积极作用，即通过农业生态资本投资可以影响或提高农村居民的社会福利水平。

环境经济学认为福利除受外部人为影响外，很大程度上取决于自然生态系统功能，采用传统经济研究范式赋予自然生态系统功能和环境污染市场价值，得出经济增长能提高社会福利的结论。"社会福利不仅来自人造资本的服务，而且还来自自然资本的服务，忽视福利研究的经济系统研究只是一种将资源转化为废弃物的愚蠢的机器。"（钟水映 等，2017）以自然生态资源为基础的经济发展，在提供社会福利的同时也受自然资源对经济增长的制约，即存在生态门槛；另外，经济增长对社会福利的改进作用可能存在递减性，即存在福利

门槛（诸大建，2008）。

因此，生态资本与社会福利的关系并不是简单的线性关系，而可能存在结构性非线性变化。生态资本投资的社会福利，不仅仅是政府等投资主体提供的良好公共产品，在一定程度上更是每个公民应该享有的权利。正如 1994 年《联合国人权与环境基本原则草案》中第十三条所述："任何人皆享有基于文化、生态、教育、健康、生活、娱乐、精神或其他之目的，而公平享受因自然资源之保护及永续利用所生利益之权利。"（李建良，2000）

就农业生态资本投资的社会效应而言，借鉴环境经济学家的研究思路和分析方法，虽然环境经济学家的结论和观点被称为"弱可持续发展"理论，但在经济发展的一定水平下该理论具有一定的使用性和可借鉴性。因此，本书中同样采用环境经济学家的经济增长范式的思路，研究农业生态环境修复和农业污染治理对经济增长、经济增长效率的影响，进而分析该种影响对农村居民社会福利造成的影响。即可将农业生态资本投资的社会效应实现机理简述为：通过农业生态资本投资，提高农业生产要素投入治理和利用效率，从而提高生态农产品或农产品数量和质量，致使农村居民尤其是以农业为主要产业的农村地区居民收入增加，农村经济发展，农民收入的增加和农村经济的发展为农村、农民福利的增加提供了坚实的物质基础，进而促使农村农民社会福利水平提高。

但需要强调的是，本书重点研究的是农业生态资本投资对农村社会经济方面福利的作用，考虑到数据的不可得性，并没有对农业生态资本投资的非经济社会福利方面进行分析，比如通过农业生态资本投资农村居民而获得的生态享受、精神愉悦和生态文化等非经济福利。显然，非经济福利和经济福利一样同样影响农村社会福利水平的提高。因此，该部分农业生态资本投资促进农村经济增长和农民收入增加进而提高农村社会福利水平的机理，仅仅是对农业生态资本投资社会效应的经济方面的探讨。

第三节　农业生态资本投资效应的分析框架

农业生态资本的匮乏越来越成为制约农村经济发展的瓶颈，与此同时，农村自然生态环境的恶化已成为制约农村健康发展的重要自然因素，自然生态环境和农村发展相互影响，甚至互为因果。作为农村地区主要经济来源的农业，其发展水平和发展潜力事关农村生态、经济和社会健康发展的持续性。因此，如何在提高农业生态资本存量的同时提高农村经济发展水平，将农村的"绿水青山"转变为"金山银山"？在现有研究和政府农村开发文件中，不乏"乡村旅游""生态康养""绿色农业"等大力发挥农村优良生态优势发展农村的字眼，但发展与生态相关的产业来促进农村经济社会发展，前提是农村地区要有良好的生态环境，充足的生态资本。因此，基于农村主要的产业——农业为研究对象，通过对农业生态资本投资改善农村、农业生态环境，提高农业生态资源利用效率，在农村、农业生态改善的同时实现农村、农业经济的可持续发展，进而实现农村社会健康可持续绿色发展。随着农村经济发展理论研究的深入，农村发展呈现生态、经济和社会多维交叉，复合作用的状态。而农业生态资本投资对农村多维发展的作用怎样，作用大小如何，都需要在农业生态资本投资效应的整体框架下进行分析。

一、生态效应

农业生产方式的粗放化、农村居民生活方式的城镇化和城市垃圾的农村转移化等因素共同导致农村、农业生产和生活环境的严重恶化。农业生态资源和生态环境的破坏和恶化，亟需提高人们的生态危机意识，树立绿色发展理念，采取生态保护、生态修复和生态补偿等多种保持生态资本存量非减性的积极措施，加强监管，促使生态资本存量非减性的完成。农村生态不仅仅是指农村居民生活的场所生态环境，更包括农业生态环境。原因是农业、农村和农民彼此之间相互影响，很难将农业生态资本投资对其中某一对象单独列出分析。农村是农民生产和生存的基本场所，农业是农村中重要的产业，农民是农村和农业得以存续的主体。农业经济的发展，首先会促进农民收入的提高，而农民收入的提高会在一定程度上改善农村生存环境和促进农村经济发展。反过来，农村经济的发展也同样会促使农民收入以及农村社会福利水平的提高，促进农业经济的发展。农业生态资本投资的界定和衡量上，本书考虑了统计数据的可得性和农村生态环境投资现状。本书中的农业生态资本投资包括农业自然灾害防治和农业建设投资等主动型投资与农业污染治理被动型投资两种。其中，虽然国家进行农业污染治理投资，但统计数据上并未单独反映出来。本书基于以下理论和事实初步估算农业污染治理投资水平：一是理论方面，环境库兹涅茨曲线表明当经济发展水平较低时，随着经济的增长环境污染程度由低逐渐升高；而当经济增长水平达到拐点后，环境污染逐渐降低。现有研究中关于我国经济增长与污染排放关系的成果众多，大多数研究成果指出我国环境状况处于经济增长的拐点之前，即我国尚处于经济增长与环境污染双增长的阶段。就农业产业而言，沈能和王艳（2016）以农药投入为例分析中国农业经济增长与农业污染排放的关系，得出中国农业的环境库兹涅茨曲线得到支持，认为农业增长与农业污染处于双增长阶段。而关于环境库兹涅茨曲线的理论解释中部分学者认为正是由于经济发展水平的提高而增加对环境的需求，环境需求的增加促使环境污染治理投资的增加，由此环境污染治理投资与经济发展水平间存在一定的正相关关系。二是现有研究成果和环境污染治理事实。蒋洪强等（2005）认为环境保护投资将有助于经济增长；姜楠（2018）指出环境保护支出的额度与地区经济发展水平正相关。近年来随着我国工业尤其是污染工业在城乡间的重新分布，农村成为污染密集型工业的主要集聚地（李玉红，2018）。农业、农村污染治理投资不仅与农业、农村经济发展水平相关，也与工业污染治理投资息息相关。因此，综合上述分析，本书借鉴姜楠（2018）的研究成果，同样认为农业污染治理投资水平与农业、农村经济发展水平之间存在正相关关系。因此，本书以工业产值、工业污染投资为参照对象，用农业产值和工业产值比值与工业污染治理投资水平之积来初步衡量农业污染治理投资水平。该方法虽得出农业污染治理投资额度，而基于环境库兹涅茨理论得出的结论不可避免地存在争议，但至少为农业污染治理投资额度的测度提供了一种借鉴。

农业生态资本投资的生态效应即是指通过农业生态资本投资来改善或提高农村生态环境质量。农业生态资本投资生态效益的途径可以分为直接途径和间接途径两种。直接途径是指农业生态资本投资的具体措施，比如生态修复、生态补偿和生态保护等可以直接作用于农村生态，提高农村生态系统质量。间接途径是指农业生态资本作为生产要素进入农业生产过程。一方面提高农业生产的质量，降低污染和资源消耗水平；另一方面通过提高农业经济发展，为农村生态治理提供经济基础，间接改善农村生态。农业生态资本投资作用于农村生态的非线性，农村生态资本投资的区域性和农村生态的集中连片性，使得研究农业生态资本投资生态效应的非线性和空间性非常必要。

二、经济效应

农业生态资本投资的经济效应主要是指农业生态资本作为一种新型的生产要素进入农业生产过程，能显著促进农业经济增长，促进农民增收和农村经济发展，进而提高农村经济发展水平。农业生态资本投资的经济效应分析主要依托扩展的 CD 生产函数，以传统经济研究范式分析农业生产中农业生态资本投资和各种其他生产要素对经济增长的影响。传统经济增长研究中，暗含自然资源是无限供给，人类经济活动不会对自然生态环境产生实质影响的前提假设。

根据传统经济增长理论，人类经济社会发展水平大幅提高，但同时也带来了日益严重的生态环境问题。在自然生态环境的承载力范围内时，这种由于经济增长带来的生态问题尚不足以威胁人类生存，但随着人类经济社会活动超出自然生态系统承载力，生态约束越来越成为阻碍经济健康发展的重要条件。因此，环境经济学和生态经济学等多种研究生态、经济可持续发展的学科应运而生。农业同样处于自然生态系统中，农业生态系统在经济发展的浪潮中也未能幸免于难，在环境经济学和生态经济学等学科研究理论的基础上，探讨农业生态以及农业生态资本投资，促进农村生态、经济健康可持续发展尤为重要。

农业生态资本投资的经济效应产生的过程可以从投入和产出两个方面进行分析。首先是投入方面，通过农业生态资本投资可以提高农村生态环境质量，提高农业生产要素的质量。在农业生产投入中，由于农业生态环境的改善，可以在一定程度上降低部分生产要素投入量，同时可以提高投入要素的利用效率，减少农业生产投入成本。其次是产出方面，农业生态环境的改善为农业生产安全、质量高的生态、绿色农产品提供坚实的自然基础。高质量的绿色农产品为农民增收、农村经济发展提供可能。另外，农业生态资本投资产生的良好的生态服务，比如洁净的空气、愉悦的生态环境、新颖的生态文化和生态环境产品，不仅可以提高农村居民自身健康水平和幸福感，也可以通过提供良好的生态服务来增收，比如生态旅游等。因此，在投入减量化和产出增量化一减一增中，农村收入得到增加，农业、农村经济得到发展，至此，农业生态资本投资的经济效应得以显现。

三、社会效应

所谓社会效应，就是通过农业生态资本投资使得农村社会福利水平得到提高。经由农业生态资本投资产生的社会福利如前文所述，大致包括经济与非经济社会福利两种类型。经济方面福利主要指由于农业生态资本投资，农村、农业经济得到发展，农村的社会人口与生活、教育与文化、医疗与社会保障等与农村经济发展水平密切相关的社会方面得到相应提高或改善。非经济方面福利主要是指通过农业生态资本投资，使得农村自然生态环境和生态系统得到改善，由于生态系统质量的提高而产生的外部影响，比如洁净的空气、生态娱乐、生态教育、生态文化和生态相关的精神等非经济方面的福利，也可以称之为生态福利。而本书主要探讨农业生态资本投资对农村社会经济方面福利的影响行为和作用程度。

农业生态资本投资产生社会效应的过程方面，本书借鉴环境经济学研究环境与经济增长关系的思路，即农业生态资本作为一种农业经济发展中的生产要素，投入农业生产中产生经济效益，农业经济的发展促使农村居民收入增加和当地财政收入增加，而农村居民收入和地方财政的增加分别为农村居民自身提高生活、教育、医疗等方面支出以及地方政府增加对农村社会福利的投资和转移支付水平提供物质基础。在农村居民自身具备或有能力提高诸如教育、医疗等福利水平和地方政府有能力增加农村社会福利投资的双重作用下，农村社会福利水平得到一定提高。该种分析和研究范式虽然解决了农业生态资本投资产生的社会效应分析路径，但也难免会受到农业生态资本投资仍归于传统经济研究范式的质疑。也就是说，农业生态资本投资的社会效应分析，仍以传统的经济研究范式为基础，而传统的经济研究并未考虑资源和环境投入的影响问题。因此，这种将农业生态资本投资作为生产要素进行分析的方法可能也会受到没有充分考虑资源和环境影响问题的质疑，以及这种效应是否可持续的问题，毕竟农业生态资本作为生产要素进入生产函数产生经济效益是要被消耗的。关于可能产生的这种质疑，也和环境经济学的被称为弱可持续发展的理论处境类似。农业生态资本投资产生社会效应只有在农业生态资本可持续的假设前提下，才能避免弱可持续的问题。显然，本书更侧重于在农业生态资本可持续发展的前提下，研究通过农业生态资本投资对农村生态、经济和社会产生的积极影响，实现农村生态、经济和社会系统的整体综合可持续健康发展。

需要强调的是，农村生态、经济和社会作为一个复杂的自然和人为的生态经济系统，农村生态、经济和社会彼此间相互促进，彼此间关系繁杂。由此，同样使得农业生态资本投资的生态、经济和社会效应之间相互关联，相互影响，彼此间关系错综复杂，很难确切地将生态、经济和社会效应的具体、完全的效应程度单独列示出来分析。本书只是选取农村生态、经济和社会三个主要代表性方面和主要评价指标进行探索性分析，也仅仅是提供一种研究参考而已。

第四章 农业生态资本投资的生态效应分析

第一节 生态效应的评价指标体系构建

农业生态资本投资的生态效应是指通过农业生态资本投资，诸如农业生态基础设施投资、农业生态修复、农业环境污染治理投资等方式，改善和提高农业农村生态的涵养水源、调节气候、减少水土流失和保持生物多样性等生态服务能力，最终达到减缓农业农村生态贫困，增加农业生态资本存量和改善优化农业农村生态系统服务功能的目的。

生态系统作为一个复杂的系统，其组成要素既种类繁多又彼此交互相连，各个组成要素相互作用，由此产生多种多样的支持生物生存和发展的生态系统功能。农业生态资本投资作为对生态系统的一种外部影响因素，究竟会对生态系统尤其是农业农村生态系统产生怎样的影响以及影响效应如何，仅仅从某一单一指标已经很难做出相对全面和准确的衡量。因此，基于研究的目的构建农业生态资本投资的生态效应指标体系成为我们从生态视角研究农业生态资本投资效应的不二选择。

农业生态资本投资的生态效应指标体系构建是农业生态资本投资研究的一个全新的探索，指标体系的构建可以为农业生态资本投资相关研究领域提供一种研究思路，同时，该指标体系的构建能为农业领域以及"三农"研究相关部门决策者提供参考和借鉴。

一、评价指标体系构建的思路

农业生态资本投资及农业生态资本投资的生态效应，其基本内涵和外延在现有研究中还没有统一的定论。而不同的基本内涵和外延导致研究视角、研究方向以及研究内容的不同，根据前文对农业生态资本投资内涵的界定，以及农业生态资本投资的生态效应实现机理，结合现有研究成果，本书以整体性和部分性的相互关系作为指标选取方向。整体性上以整个自然环境作为研究整体，部分性上结合研究对象以农业农村生态环境作为分部分研究，综合考虑整体性和部分性的相互关系，力求指标选取的完整性。因此，该部分研究内容以自然环境和农业农村生态环境作为系统的二级评价指标。

在选取两个二级评级指标的分指标即三级评价指标时，要遵循以下原则：

（1）科学性与完整性。评价指标体系构建的科学性是评价指标体系作为研究对象合理性的前提，只有在科学性基础上构建的指标体系才能作为得出科学合理研究结果的研究对象，也只有如此才能得出具有一定研究价值的结论。所谓科学性原则即是在完备的科学理论指导下，以科学的研究方法选取研究视角，从指标选取到指标权重的确定以及最终结果的得出都要科学合理。另外，指标的选取要注重完整性，即是指标的选取不能出现重大的缺失，要力保指标选取完整以尽可能达到分析的全面性。当然，完整性并不是说指标选取得越多越完整，过多的评价指标个数不但不能准确衡量研究对象，反而增加研究的繁琐性以致达不到研究目的。为此，完整性原则是在科学性理论指导下，结合研究目的和理论基础之后所进行的。

（2）代表性与可操作性。代表性原则与完整性原则并不冲突矛盾，完整性原则要求指标尽量反映研究内容的所有方面，而代表性原则是要求所选取的指标在尽可能反映研究内容的所有方面时，所选取的指标具有代表性，而不是选取研究内容的某一方面的全部指标。代表性指标具有以下特点：首先所选取的指标要简洁，同时指标要尽可能反映较多的信息。其次，所选取的指标不能因为要求简洁而不能全面反映研究内容，同时还要避免指标内容的重复性、相关性，以免造成指标体系过于繁杂重复，不利于实际操作造成评价结果的偏差。可操作性原则，即是选取指标时要根据指标数据获取的难易程度，选取具有数据全面、容易获得的指标，以此减少主观性指标带来的偏差。可操作性原则要求在评价指标选取时要避免不可量化的指标，多选取定量可量化的指标，以此达到在实际操作中能够获得连续性、可比较的可量化数据，为相同指标的纵向和横向比较得出研究结论做铺垫。

在以上选取指标原则的基础上，分别选取二级指标自然生态环境和农业生态环境的分项指标体系。其中，二级指标自然生态环境的分项指标分别选取自然保护区面积占比、森林覆盖率、人均水资源量、湿地面积占比和沙化土地面积占比5个分项指标。农业生态环境指标的分项指标分别选取人均耕地面积、农业用水量、有效灌溉面积占比、自然灾害成灾率、旱涝保收面积占比、水土流失治理面积占比和农作物病虫草鼠害防治面积占比7个分项指标。由此构建一套三级评价指标体系，用于衡量农业生态资本投资的生态效应。

二、评价指标体系的构建

下面将详细给出农业生态资本投资的生态效应评价指标体系。

自然生态环境评价指标方面，分别选取自然保护区面积占比、森林覆盖率、人均水资源量、湿地面积占比和沙化土地面积占比作为分项评价指标。

自然保护区既是生态环境的重要组成部分，也是生态资本投资的主要方面，更是反映生态资本投资成效的重要方面。各地区由于地理环境、资源禀赋的差异性，为使指标数据具有可比性，选取自然保护区面积占比作为评价指标，具体为

自然保护区面积占比＝自然保护区面积/辖区面积

森林作为自然生态环境不可分割的一部分，具有调节气候、涵养水源、保持水土等多种生态服务功能。因此选取森林覆盖率指标衡量自然生态环境，具体为

森林覆盖率＝辖区森林面积/辖区面积

水是自然生态系统维持正常运行的基础，而人口的增加势必会对水资源的承载力产生负面的影响。因此，选取人均水资源占有量反映当地水资源环境的可承载力，具体为

人均水资源占有量＝辖区水资源总量/辖区年末总人口

湿地具有调节气候、改善水质和保护生物多样性等多种生态功能，是自然生态系统的重要组成，因此，选取湿地面积占比作为评价指标，具体为

湿地面积占比＝湿地面积/省域面积

自然生态环境恶化导致可耕地面积逐渐减少，沙土土地面积增加，沙化土地面积的大小可以从侧面反映自然生态环境的状况。因此，选取沙化土地面积占比作为评价指标，具体为

沙化土地面积占比＝沙化土地面积/省域面积

农业生态环境评价指标方面，分别选取人均耕地面积、农业用水量、有效灌溉面积占比、自然灾害成灾率、旱涝保收面积占比、水土流失治理面积占比和农作物病虫草鼠害防治面积占比作为分项评价指标。

土地是进行农业生产的基本生产要素，人均占有耕地的面积反映着人口对土地生态环境的压力，因此，选取人均耕地面积作为评价指标，具体为

人均耕地面积=耕地面积/乡村人口

水是农业生产的必要条件，农业用水量的大小，反映农业生产行为对农业水生态环境的影响大小，从侧面反映农业生态环境的状况。因此，选取农业用水量作为评价指标。

有效灌溉面积能衡量区域农业生产水利化程度以及农业生产稳定性程度，是农业水生态环境和农业基本生态环境稳定性的反映。因此，选取有效灌溉面积占比作为评价指标，具体为

有效灌溉面积占比=有效灌溉面积/灌溉面积

农业自然灾害成灾率是区域农业地理环境、自然环境优劣状况的反映，是负向农业生态环境影响的反映。因此，选取农业自然灾害成灾率作为评价指标，具体为

农业自然灾害成灾率=农业成灾面积/农业受灾面积

旱涝保收面积是在旱涝灾害中抗灾能力强，旱涝能收的耕地面积，是农业土地生态环境的反映。因此，选取旱涝保收面积占比作为评价指标，具体为

旱涝保收面积占比=旱涝保收面积/耕地面积

水土流失是水土资源在自然力和人类活动的作用下，对水土资源产生的破坏，能从反面反映农业水土生态环境破坏的状况。而水土流失治理是人类作用对负向影响的生态环境的改造，其程度的大小既能反映人类作用的强度，又能从侧面反映负向生态环境影响的程度。因此，选取水土流失治理面积占比作为评价指标，具体为

水土流失治理面积占比=水土流失治理面积/省域面积

农作物病虫草鼠害是农业生态系统中对农业生态环境产生负向影响的非自然力组成成分，其防治面积的大小能综合反映农业生态环境的健康状况。因此，选取农作物病虫草鼠害防治面积占比作为评价指标，具体为

农作物病虫草鼠害防治面积占比=农作物病虫草鼠害防治面积/总发生面积

基于以上选取的评价指标，构建农业生态资本投资生态效应指标体系如表4-1所示。

表 4-1　农业生态资本投资的生态效应评价指标体系

一级指标	二级指标	三级指标	指标符号	指标单位	指标方向
生态效应综合指数	自然生态环境	自然保护区面积占比	APNR	%	正
		森林覆盖率	FC	%	正
		人均水资源占有量	PCWR	立方米/人	正
		湿地面积占比	WAOR	%	正
		沙化土地面积占比	DLAOR	%	逆
	农业生态环境	人均耕地面积	PCALA	千公顷/万人	正
		农业用水量	AWC	亿立方米	逆
		有效灌溉面积占比	EIAR	%	正
		自然灾害成灾率	DRND	%	逆
		旱涝保收面积占比	CRDF	%	正
		水土流失治理面积占比	CRSE	%	正
		农作物病虫草鼠害防治面积占比	RCPWPC	%	正

第二节　生态效应评价指标体系测算

一、生态效应评价指标体系测算方法

农业生态资本投资的生态效应是由多维度、多指标构成的系统性指标体系，而对指标体系的测算需要先对各个指标进行赋权重，然后才能进行指标体系综合指数的测算。常用的指标赋权方法主要分为主观赋权法、客观赋权法和主客观赋权法（或组合赋权法）三大类。不同赋权方法会因为赋予各评价指标权重的不同而产生不同的评价结果，进而影响评价结果的准确性和可靠性。因此，选取适合研究对象的方法是确保研究结果准确可靠的前提。

主观赋权法是研究者根据自己的主观价值判断来确定评价指标权重的一种方法（杨宇，2006）。常见的有专家调查法（又称特尔斐法）（梁杰 等，2001；西蒙，2006；麦克米兰 等，2016）、层次分析法（谢忠秋，2015；汤本，2017；卡马鲁萨曼 等，2018）、模糊分析法（Mao et al.，2014）、环比评分法又称 DARE 法（Decision Alternative Ratia Evaluation System）（陈志刚 等，

2008）、二项系数法（程明熙，1983）、指数平滑法（奥斯特塔戈瓦 等，2012；伯格梅尔 等，2016；彭秀丽 等，2018）、最小平方法（李洪涛 等，2010）等。

主观赋权法根据专家自身知识结构、决策者偏好给各指标不同重要性程度的排序，从而根据重要程度排序确定各评价指标的权重。主观赋权法体现了主观性在指标赋权中的重要作用。但是在主观赋权过程中决策者主观随意性大，主观性逻辑混乱、决策者态度单一等问题，还有决策者在决策过程中完全脱离实际数据，仅凭决策者的经验和专业知识，缺乏科学性，极易造成主观偏好过强的情形（宋冬梅 等，2015）。这种由于专家个人因素而产生的评价偏误并不会因评价专家数量的增加而减小，同时还可能因专家数量的增加产生截然不同的评价结果。因此，考虑到主观赋权法以上缺陷，其一般用于信息不能准确量化和数据收集困难的量化情形中（毛建华，2007）。

客观赋权法是根据实际观察数据采用数理统计方法处理而得到指标权重的方法。主要有主成分分析法，也称主分量分析法（林海明 等，2013；米列夫斯基 等，2017）、变异系数法（姚爽 等，2015；朱波 等，2017）、秩和法（吴 等，2007）、秩和比法（田帝 等，2018）、熵值法（田雪莹，2018；叶永刚 等，2018）、最大离差法（段传庆，2017；纳雅克 等，2018）等方法。

客观赋权法不依靠专家的经验、偏好和专业知识，从实际数据出发确定指标权重，能充分反映数据的客观性。但由于实际数据可能存在的测量误差，采用客观赋权法不能完全准确地客观反映实际数据，而且针对同一指标体系，不同客观赋权方法可能会产生偏差较大的指标权重。因此，选用客观赋权法时，需要根据研究的不同目标、内容和数据特征来选用。

主客观赋权法是考虑到主观赋权法和客观赋权法的各自存在的优缺点，为使指标数据权重能综合考虑主观和客观情形而产生的。因此，主客观赋权法实质是融合主观赋权法和客观赋权法结果而产生原始数据的方法。常见的有乘法合成法（商红岩 等，2005）、线性加权组合法（白雪梅，1998）等方法。

通过以上主客观赋权方法的分析，可以得知每种赋权方法都存在各自的优缺点，而如何选择赋权方法，不同学者针对不同问题均提出不同见解。从现有研究可以发现，就赋权方法而言，研究者总是试图寻找一种能综合反映主观和客观信息的统计方法，以求能尽最大可能获取研究数据信息，使指标权重能科学、合理、有效。但是，完美的研究方法对某一研究问题不一定是最佳的选择。本书认为，选取指标权重的赋权方法，重要的是要考虑研究的目的、数据的性质以及研究方法的可操作性等方面，而不是仅仅追求赋权方法的完美。

二、熵权综合指数法的原理

德国物理学家鲁道夫·克劳修斯（Rudolf Clausius）首次提出熵（entropy）的概念，用来表示任何能量在空间分布的均匀程度，能量分布得越均匀其熵值越大；1948 年，克劳德·艾尔伍德·香农（Claude Elwood Shannon）将熵的概念引入信息论中，称作平均信息量，用于衡量信息（何逢标，2010）。

此后，随着科学的发展，熵的概念逐渐延伸到自然科学、社会科学领域。在综合评价指标运用中，熵权法作为一种客观赋权方法，利用各指标的熵值所提供的信息量来决定指标权重；运用熵权法赋权可以避免人为因素的干扰，克服现阶段指标评价过多受人为干扰的弊端，因此评价结果更符合实际；同时，通过对各指标熵值的计算，可以衡量出指标信息量，从而确保所建立的指标能反映绝大部分的原始信息（章穗 等，2010）。综合指数法是指在确定一套合理的指标体系的基础上，对各项指标个体指数加权平均，计算出综合指数，用以综合评价的一种方法。综合指数越大，表明被评价对象越优；反之亦然（唐月红 等，2007）。为使评价结果更科学合理，用熵权法确定综合评价指数中的权重，以此使评价结果客观稳定。熵权综合指数法的理论建模思路为：首先用熵权法确定指标权重，然后根据熵权法确定的指标权重计算熵权综合指数。具体的理论建模步骤[①]如下：

1. 构建决策矩阵

设参与评价的对象集合为 $M = (M_1, M_2, \cdots, M_m)$，指标集合为 $D = (D_1, D_2, \cdots, D_n)$，评价对象 M_i 中指标 D_j 的样本值为 x_{ij}，其中 $i = 1, 2, \cdots, m$，$j = 1, 2, \cdots, n$，则形成的决策矩阵 X 为：

$$X = \begin{bmatrix} x_{11} & x_{12} & \cdots & x_{1n} \\ x_{21} & x_{22} & \cdots & x_{2n} \\ \vdots & \vdots & & \vdots \\ x_{m1} & x_{m2} & \cdots & x_{mn} \end{bmatrix} \tag{4-1}$$

2. 决策矩阵标准化

由于评价指标体系中指标量纲的不同会对最终决策方案产生影响，同时，评价指标体系中由于存在评价指标对总体评价指标指向性差异的问题，需要对初始决策矩阵 X 进行标准化处理。根据指标的性质，一般将指标分为两大类。

---

① 本书理论建模主要构建步骤主要参考：何逢标. 综合评价方法的 MATLAB 实现 [M]. 北京：中国社会科学出版社，2010：327-328.

一类是指标与总体评价指标指向性相同，是越大越优型指标，又称为效益型指标；另一类为指标与总体评价指标指向性相反，是越小越优型指标，又称为成本型指标。根据指标性质采取对应的标准化形式为

对于效益型指标：

$$v_{ij} = \frac{x_{ij} - \min(x_j)}{\max(x_j) - \min(x_j)} \tag{4-2}$$

对于成本型指标：

$$v_{ij} = \frac{\max(x_j - x_{ij})}{\max(x_j) - \min(x_j)} \tag{4-3}$$

可以看出，经标准化后，$0 \leqslant v_{ij} \leqslant 1$。

3. 计算特征比重

记第 j 项指标下，第 i 个评价对象的特征比重为 p_{ij}，则计算公式为

$$p_{ij} = \frac{v_{ij}}{\sum\limits_{i=1}^{m} v_{ij}} \tag{4-4}$$

其中，$0 \leqslant p_{ij} \leqslant 1$。

4. 计算熵值

根据斯梯林公式计算第 j 个指标的熵值为

$$e_j = -\frac{1}{\ln(m)} \sum\limits_{i=1}^{m} p_{ij}\ln(p_{ij}) \tag{4-5}$$

其中，当 $p_{ij} = 0$ 或 $p_{ij} = 1$ 时，认为 $p_{ij}\ln(p_{ij}) = 0$。

根据熵值的概念，熵值的减少表明 v_{ij} 值差异越大，该指标对于评价对象的作用越大，提供给被评价对象的有用信息越多。

5. 定义差异性系数

根据熵的概念，各评价指标值差异越大，该指标反映的信息量越大，因此将差异性系数定义为

$$d_j = 1 - e_j \tag{4-6}$$

可以看出，d_j 值越大，表明第 j 项指标信息量越大，应赋予较大的指标权重。

6. 确定熵权

第 j 项指标的熵权计算公式为

$$w_j = \frac{d_j}{\sum\limits_{k=1}^{n} d_k} \qquad (j=1, 2, \cdots, n) \tag{4-7}$$

7. 计算综合指数

根据指标权重 w_j 和各指标的标准化数据 v_{ij}，可以得到各对象各指标的标准化数据加权值 g_{ij}，计算公式为

$$g_{ij} = w_j \times v_{ij} \quad (1 \leqslant i \leqslant m, \ 1 \leqslant j \leqslant n) \tag{4-8}$$

根据得到的各对象、各指标的标准化数据加权值 g_{ij}，将各层级加权值逐层加总，即可得到综合评价指标体系的熵权综合指数 G_{ij}，计算公式为

$$G_{ij} = \sum_{j=1}^{n} g_{ij} \tag{4-9}$$

三、生态效应水平测度与分析

根据本章第一节中建立的生态效应评价指标体系，运用熵权综合指数法对指标体系进行测算与分析。实际操作中，由于人均水资源占有量（PCWR）和湿地面积占比（WAOR）2002 年及以前年份数据缺失，沙化土地面积占比（DLAOR）2003 年及以前年份数据缺失。考虑到数据的连续平稳性，本书采用移动平均法补齐缺失的数据。同时，上海和西藏部分指标数据缺失严重，因此，本部分只包括 29 个省份（不含港澳台）的指标数据。所有数据处理均采用 stata14.1 计量软件进行。所有数据来自 EPS 数据库、各年份的《中国农村统计年鉴》《中国环境统计年鉴》以及《中国统计年鉴》。

采用熵权综合指数法计算得到 1998—2016 年农业生态资本投资的生态效应评价指标的各指标权重值，如表 4-2 所示。从表 4-2 中可以发现，各评价指标权重值的平均值从大到小排列，排名前三的依次为农业用水量（AWC）、沙化土地面积占比（DLAOR）和有效灌溉面积占比（EIAR），其平均权重值依次为 0.085 7、0.085 6 和 0.085 3。总体上，农业生态资本投资的生态效应主要反映在水资源和土地资源两种资源禀赋上，这和水资源、土地资源是农业生产乃至农业生态系统最基本要素的现实相符。从指标内容分类上可以看出，三个指标囊括了自然生态环境和农业生态环境全部二级指标。其中，反映二级指标自然生态环境的分项指标为沙化土地面积占比，表明在衡量农业生态资本投资的生态效应方面，自然生态环境中的土地质量占有重要作用。反映二级指标农业生态环境的分项指标为农业用水量和有效灌溉面积占比两个指标，表明农业水资源和土地资源是农业生态环境的重要组成部分，也是其重要代表。其中，有效灌溉面积占比指标是农业水利和土地资源有机结合、综合利用的反映，能有效衡量农业土地质量。从时间维度分析，发现各个指标权重在所有年份中的变动幅度较小，表明各个指标在综合评价指标中的重要性程度相对稳

定。综合上述分析可以发现，各个指标的选取在评价指标稳定性方面具有一定的合理性和科学性。

表 4-2　农业生态资本投资的生态效应评价指标的权重值

指标	1998 年	2000 年	2004 年	2007 年	2009 年	2011 年	2012 年	2015 年	2016 年	平均值
PNR	0.081 5	0.082 4	0.081 9	0.081 7	0.082 7	0.082 8	0.083 1	0.082 7	0.082 6	0.082 3
DRND	0.084 7	0.084 5	0.084 2	0.084 8	0.084 9	0.084 2	0.085 3	0.085 0	0.084 8	0.084 7
PCALA	0.080 3	0.080 2	0.080 5	0.080 4	0.082 1	0.082 3	0.080 7	0.080 2	0.080 4	0.080 8
EIAR	0.085 5	0.085 2	0.085 3	0.085 3	0.084 8	0.085 2	0.085 1	0.085 7	0.085 7	0.085 3
FC	0.083 1	0.083 0	0.083 4	0.083 1	0.083 3	0.083 4	0.083 5	0.083 7	0.083 7	0.083 3
CRSE	0.082 7	0.082 6	0.083 4	0.083 4	0.083 3	0.083 4	0.083 5	0.083 5	0.083 5	0.083 2
CRDF	0.084 9	0.084 8	0.085 2	0.085 0	0.084 7	0.084 6	0.084 1	0.084 6	0.084 7	0.084 8
ARCPWC	0.084 7	0.084 0	0.084 2	0.082 6	0.083 7	0.081 7	0.081 8	0.082 2	0.081 9	0.082 8
PCWR	0.079 3	0.079 9	0.079 4	0.079 9	0.077 8	0.079 0	0.079 1	0.080 2	0.080 5	0.079 6
AWC	0.085 7	0.085 7	0.086 0	0.085 8	0.085 6	0.085 8	0.085 9	0.085 7	0.085 7	0.085 7
WAOR	0.082 2	0.082 1	0.082 5	0.082 2	0.082 0	0.082 1	0.082 2	0.080 8	0.080 8	0.081 9
DLAOR	0.085 6	0.085 5	0.085 9	0.085 7	0.085 5	0.085 5	0.085 7	0.085 6	0.085 6	0.085 6

在所有年份各指标权重的基础上，可以计算得到所有年份各地区生态状况的综合指数，考虑到分析的简洁性，给出所有年份各地区生态状况综合指数的平均值如表 4-3 所示。

表 4-3　1998—2016 年各地区生态状况综合指数平均值

地区	综合指数平均值	排名	地区	综合指数平均值	排名
江西	0.587 6	1	陕西	0.479 8	16
浙江	0.586 0	2	山东	0.478 8	17
吉林	0.536 0	3	贵州	0.476 7	18
黑龙江	0.534 9	4	天津	0.473 5	19
辽宁	0.534 6	5	广东	0.462 8	20
福建	0.528 3	6	重庆	0.458 0	21
江苏	0.525 6	7	山西	0.440 2	22
湖南	0.514 0	8	北京	0.435 7	23
湖北	0.512 1	9	河北	0.427 4	24

表4-3(续)

地区	综合指数平均值	排名	地区	综合指数平均值	排名
四川	0.511 6	10	宁夏	0.421 6	25
云南	0.510 4	11	青海	0.410 5	26
广西	0.491 8	12	甘肃	0.401 4	27
安徽	0.486 8	13	内蒙古	0.338 4	28
河南	0.486 1	14	新疆	0.198 6	29
海南	0.480 4	15			

由熵权综合指数的定义可知，熵权综合指数越小，表明生态环境越差；熵权综合指数值越大，表明生态环境质量越高。熵权综合指数平均值最大的地区是江西，其值为 0.587 6，排名第一；其次为浙江，其值为 0.586 0，排名第二。两个省份的综合指数平均值均在 0.55 之上，表明依据所选指标体系，在分析区间内江西生态环境质量最高，其次为浙江。而熵权综合指数平均值最小的地区为新疆，其值为 0.198 6，排名第二十九，其次为内蒙古，其综合指数平均值为 0.338 4，排名第二十八。两个省份的综合指数平均值均在 0.40 以下，表明在所选指标体系下，分析区间内新疆的生态环境最差，其次为内蒙古。综合指数平均值在 0.50~0.55 的省份按照综合指数平均值排名分别为吉林、黑龙江、辽宁、福建、江苏、湖南、湖北、四川和云南，在全国区域的排名第三到第十一。表明在研究区间内，以上省份的生态环境质量逐渐变差，位于全国研究省份生态环境质量的中上位置（以研究省份数的均值作为分界线），再次说明全国范围内以上省份的生态环境较好。综合指数平均值在 0.45~0.50 的省份按照综合指数平均值排名分别为广西、安徽、河南、海南、陕西、山东、贵州、天津、广东和重庆，在全国区域的排名第十二到第二十一。表明全国范围内以上地区的生态环境质量依次变差，位于全国研究省份生态环境质量的中等位置，进一步表明在全国范围内以上省份的生态环境质量一般。综合指数平均值在 0.40~0.45 的省份按照综合指数平均值排名分别为山西、北京、河北、宁夏、青海和甘肃，在全国区域的排名第二十一到第二十七。表明在全国范围内以上地区的生态环境质量逐步降低，位于全国研究省份生态环境质量的偏下位置，说明全国范围内以上省份的生态环境质量较差。而综合指数在 0.40 以下的地区为内蒙古和新疆，即生态环境质量最差的两个地区，表明全国范围内以上两个地区生态环境质量最差。

为进一步分析各个地区在研究区间生态状况综合指数变动的趋势，同时考虑到不同生态环境质量地区的生态状况指数变动情况，采取生态状况综合指数由大到小的排列顺序作为生态状况综合指数变动率的横轴，综合指数变动率作为纵轴，给出生态状况综合指数变动率的变动大小图，如图4-1所示。

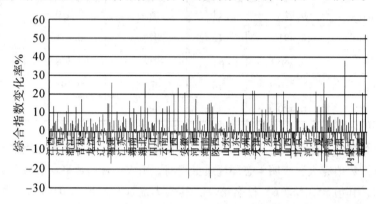

图4-1　1999—2016年各地区农村生态状况综合指数变化率变动情况

由图4-1可知，整体上看，农村生态状况综合指数变动率随着农村生态状况综合指数的减小呈现出先增大再平稳到再增大的趋势，即农村生态状况综合指数变动率随着农村生态环境恶化程度的增强而呈现出先增大然后平稳再增大的趋势。由此，可以得出，越是生态环境质量优良的地区，生态环境质量变动的幅度越小，生态环境越稳定；相反，越是生态环境质量差的地区，生态环境质量变动的幅度越大，生态环境越脆弱。而从农村生态状况综合指数变动率的水平来看，生态状况综合指数变动率大致呈现出正负交替的变动趋势，而且正负交替变动的幅度大致相同。生态环境恶化程度，即生态环境出现时好时坏，而不是较为稳定的变动，其背后的原因是什么呢？本书认为，生态环境的变动趋势除受其自然环境资源禀赋自身特性影响外，还受到人为因素的影响，而且人为因素的影响随着时间的推移而逐渐增强。从农村生态状况综合指数变动率正负交替且幅度大致相同的情形分析可知，由于实行"先污染，后治理"的发展模式，在环境污染逐步加大，环境问题逐渐突出的情况下，政府相关部门开始进行环境治理，诸如开展环境专项整治活动，此时农村生态状况综合指数变动率由负到正，生态环境质量提高。而随着环境污染治理的持续，受制于当地经济发展，产业结构升级延迟以及当地政府税收减少等因素的制约，政府部门开始放任污染企业进行生产，此时生态状况综合指数变动率由正变为负，生态环境质量逐渐变差。而随着污染继续，环境问题再次突出，以致产生影响较大的环境问题，政府部门再次加强环境治理，如此循环往复。

因此，就生态环境变动的人为因素来说，一是产生污染的企业、组织或个人，由生态环境的公共产品属性导致公共地悲剧。同时污染源本身没有保护环境的动力，因此，在开发和运用环境友好型技术上缺乏动力，产业升级困难重重。二是由于当地经济要发展、人口要就业以及政府要税收等现实因素影响，当地政府部门在环境保护经费不足的情况下，迫于社会各方面压力，往往采取在生态环境和经济发展之间来回取舍变动的措施，也就出现了生态环境时好时坏的情形。

根据前文生态状况综合指数平均值阶段的划分，生态状况综合指数平均值在 0.55 以上的江西和浙江，就生态状况综合指数变动率而言，江西在 2013—2016 年的生态状况综合指数变动率均为正值，说明生态状况综合指数值逐渐增大，表明江西农村生态环境质量正逐步提高。而浙江的生态状况综合指数变动率在最近四年呈现正负交替变动的情形，且正负交替变动的幅度在逐步减小，表明浙江农村生态环境正在逐步改善，生态环境质量较为稳定。生态状况综合指数平均值在 0.50~0.55 的省份，其生态状况综合指数变动率 2015—2016 年连续为正的省份有辽宁、福建和云南，表明辽宁、福建和云南在2015—2016 年农村生态环境质量得到连续改善。生态状况综合指数变动率最近两年连续为负的省份为吉林、湖北和四川，表明吉林、湖北和四川在最近两年农村生态环境呈现连续恶化趋势。其他省份的生态状况综合指数变动率呈现正负变动的情形，表明这些省份的生态环境质量呈现循环往复的变动趋势，生态环境质量未能得到持续有效改善。综合指数平均值在 0.45~0.50 的省份，其生态状况综合指数变动率最近两年连续为正的省份为海南，表明在最近两年海南省农村生态环境质量得到持续改善。生态状况综合指数变动率在最近两年连续为负的省份有陕西、山东、贵州、天津和重庆，表明以上省份的农村生态环境质量在 2015—2016 年持续恶化，并没有在生态环境治理中得到有效改善。其余省份的生态状况综合指数变动率呈现正负交替的趋势，表明这些省份的农村生态环境质量并未得到有效提高。生态状况综合指数平均值在 0.40~0.45 的省份，其生态状况综合指数变动率在 2015—2016 年没有持续为正的省份；生态状况综合指数变动率在最近两年持续为负的省份有山西、青海和甘肃，表明以上三个省份在最近两年农村生态环境持续恶化。而其余省份生态状况综合指数变动率呈现正负变动趋势，只是变动趋势大小呈现不同而已，表明这些省份农村生态环境呈现循环往复变动情形，总体生态环境质量并未持续改善。生态状况综合指数平均值在 0.40 以下的内蒙古自治区和新疆维吾尔自治区的生态环境分别呈现持续恶化和改善后再恶化的情形。

综合上述分析，可以发现生态状况综合指数变动率在最近两年连续为正的省份数随着生态状况综合指数的减小而减小，即随着生态环境的恶化，生态环境质量得到持续改善的省份越来越少，也就是生态环境越优良的地方，生态环境越是能得到持续改善，而生态环境越差的地方，生态环境越是难以得到持续改善，可以认为生态环境的改善呈现出所谓的"马太效应"。出现"马太效应"的深层次原因是什么呢？是自然因素还是人为因素起的作用大？农村生态环境以及农村生态环境的改善是否会因地理区位和气候变化等自然禀赋不同而产生差异呢？基于以上种种疑惑，下面分区域分别考察农村生态环境以及农村生态环境变化在区域上是否存在差异，以及存在怎样的差异。

中国疆域辽阔，关于中国区域的划分，学者们从经济、政治、地理、气候等方面采取了不同的划分方法，在此不一一详述。考虑到生态环境首先是以自然生态环境为基础的根据，在研究农村生态环境状况时，采用赵济①的七大自然地理区划法，将中国划分为华东、华北、华中、华南、西南、西北和东北七个区域。由于本书分析数据是以省级为单位进行获取的，同时，考虑到内蒙古的自然地理状况，考虑到数据分析方法使用的可行性，本书将内蒙古归为西北地区。因此，本书中所指的华东地区包括江苏、浙江、安徽、福建、江西和山东共六个省份；华北地区包括北京、天津、山西和河北共四个省（直辖市）；华东地区包括河南、湖北和湖南共三个省份；华南地区包括广东、广西和海南共三个省（自治区）；西南地区包括四川、贵州、云南、重庆和西藏共五个省（自治区、直辖市）；西部地区包括陕西、甘肃、青海、宁夏、新疆和内蒙古共六个省（自治区）；东北地区包括黑龙江、吉林和辽宁共三个省份。

依据上文计算生态状况综合指数的方法，计算得到七大区各年份农村生态状况综合指数（如表4-4所示），为能直观观察各年份农村生态状况综合指数变动情况，同时给出各年份农村生态状况综合指数变动趋势图，如图4-2所示。

① 赵济. 中国自然地理［M］. 3版. 北京：高等教育出版社出版，1995：176-187. 七大自然地理区为：华东（上海市、江苏省、浙江省、安徽省、福建省、江西省、山东省、台湾省）；华北（北京市、天津市、山西省、河北省、内蒙古自治区中部）；华中（河南省、湖北省、湖南省）；华南（广东省、广西壮族自治区、海南省、香港特别行政区、澳门特别行政区）；西南（四川省、贵州省、云南省、重庆市、西藏自治区）；西北（陕西省、甘肃省、青海省、宁夏回族自治区、新疆维吾尔自治区、内蒙古自治区西部）；东北（黑龙江省、吉林省、辽宁省、内蒙古自治区东部）。

表 4-4 1998—2016 年七大区农村生态状况综合指数

年份	华东	华北	华中	华南	西南	西北	东北
1998	0.551 2	0.490 1	0.523 5	0.494 1	0.470 2	0.377 9	0.565 8
1999	0.556 8	0.485 7	0.540 5	0.535 4	0.512 7	0.398 4	0.580 5
2000	0.529 5	0.476 9	0.534 4	0.510 5	0.520 6	0.387 6	0.573 6
2001	0.530 0	0.436 1	0.488 0	0.459 1	0.496 5	0.393 1	0.542 9
2002	0.527 8	0.453 4	0.488 6	0.465 9	0.483 1	0.360 7	0.538 6
2003	0.511 9	0.450 3	0.478 5	0.458 0	0.472 7	0.365 7	0.525 4
2004	0.516 7	0.430 1	0.473 4	0.435 9	0.468 3	0.349 6	0.534 9
2005	0.501 2	0.430 9	0.454 7	0.425 0	0.447 0	0.361 2	0.510 9
2006	0.555 0	0.433 1	0.525 8	0.459 4	0.486 0	0.378 1	0.515 8
2007	0.528 5	0.449 3	0.500 0	0.488 8	0.491 3	0.363 4	0.537 9
2008	0.548 9	0.414 2	0.495 8	0.507 2	0.478 8	0.375 1	0.551 6
2009	0.532 1	0.407 9	0.528 9	0.487 6	0.488 0	0.380 7	0.535 9
2010	0.557 5	0.428 9	0.529 5	0.517 8	0.483 8	0.379 5	0.515 2
2011	0.533 0	0.421 6	0.514 5	0.485 7	0.466 2	0.365 4	0.534 2
2012	0.477 6	0.424 1	0.453 8	0.420 0	0.465 0	0.362 7	0.531 9
2013	0.538 2	0.480 4	0.518 4	0.491 1	0.542 6	0.376 5	0.517 4
2014	0.544 2	0.452 3	0.520 5	0.473 2	0.515 6	0.398 0	0.522 4
2015	0.535 7	0.438 8	0.516 5	0.474 8	0.513 1	0.381 0	0.509 9
2016	0.535 7	0.436 2	0.492 1	0.499 1	0.492 5	0.370 9	0.523 1
均值	0.532 2	0.444 2	0.504 1	0.478 3	0.489 2	0.375 0	0.535 1

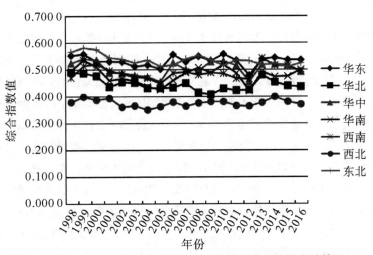

图 4-2 1998—2016 年七大区农村生态状况综合指数变动情况

由表4-4各地区农村生态状况综合指数的平均值可知，各地区生态状况综合指数均值由大到小分别为东北（0.535 1）、华东（0.532 2）、华中（0.504 1）、西南（0.489 2）、华南（0.478 3）、华北（0.444 2）和西北（0.375 0）。由此表明，平均而言东北地区的农村生态环境质量最高；西北地区的农村生态环境质量最差；而其他4个地区大致呈现出由东向西，生态状况综合指数递减的趋势。产生这种排序的原因可能如下：一是东北地区地域辽阔，气候变化多样，自然资源丰富，森林覆盖率大，优越的自然资源和环境决定了东北地区适宜发展农业和林业。同时，东北地区相对来说人口稀少，由此人为活动对环境产生的相对压力较小，生态系统能得到良性循环，生态环境质量较好。西北地区远离海洋，地区内多位荒漠和荒山，年均降水量少，植被多为草原和荒漠草原，自然环境较为恶劣。而农村地区通过人为活动改善地区生态环境的困难很大，由此，自然生态环境很大程度上决定了农村生态环境质量程度。二是华东地区省份大多数位于沿海或邻近沿海省份，地势平缓，水系发达，水量充沛，植被覆盖率高，自然环境优越，经济发达，人口密度大。随着经济的持续发展和人口的持续增加，人为因素对环境的影响逐渐增大，农村生态环境也随之变化。由此，华东地区的农村生态状况综合指数位于东北地区之后，很可能是经济活动以及人为因素影响所致。华中地区多为平原、丘陵和盆地，并有长江、黄河、淮河和海河四大水系，气候适合多种作物生长，华中地区同时还是我国东西南北的交通枢纽。华中地区虽然地理位置和自然环境都较为优越，但是华中地区人口众多，经济发展水平和发展质量不高。在现有经济发展模式以及中部地区承接东部产业转移的情况下，以牺牲环境换取经济发展的方式仍在继续，产业结构亟待优化升级。经济活动和人口密度对环境的超压力，造成华中地区农村生态状况综合指数不高，生态环境质量一般化。三是西南地区地形构造复杂，多为高原和山地，区内河流和湖泊众多，气候区域分明，自然植被和环境优良。造成西南地区农村生态状况综合指数不高的原因可能是该评价指标体系的构建未能充分考虑到山区和高原的情形，未能将反映山区和高原生态环境状况的指标纳入，才造成西南地区农村生态状况综合指数的偏差。华南地区位于中国最南端，雨量充沛，气候湿润，四季常绿，自然生态环境质量较高。同时华南地区也是中国经济发展最为活跃，人口密度较大的地区。华南地区农村生态状况综合指数较低很可能是由经济发展对环境的破坏和人口密度的增大对环境的超负荷压力造成的，另外还有评价指标体系不完全、不能充分反映该地区生态环境状况的原因。四是华北地区地势较为平坦，河流密度小，降水较少，气候较为干燥，是我国小麦的主产区。华北地区既有我国的政治、经济和文化中心北京，又有重工业地区天津、河北和山西。政治经济和文化中心以及重工业城市的汇集，导致人口向该区域大量聚集，长时期人口的大量聚集导致人口对环境的压力增大，产生一系列环境问题。河北的钢铁产业以及山西的煤炭产业的发展，在为当地经济发展做出巨大贡献的同时，也造成大气污染、水污染和固体废弃物污染等一系列环境污染问题。近年来随着国家环境保护力度的加大和产业结构调整升级的要求，城市污染和工业污染向农村转移，农村水资源、农业土地资源等农业生态资源环境面临巨大挑战。华北地区农村生态状况综合指数较低主要是由重工业尤其是钢铁、煤炭等重污染工业排放不达标造成的。综合以上分析可知，各个地区农村生态状况综合指数产生差异的影响因素各不相同。由于各个区域影响农村生态状况综合指数的因素存在差异，那么各个区域之间农村生态状况综合指数变动有什么特点？是否有趋同趋势呢？

由图4-2知，整体来看，在研究区间内，东北和西北地区农村生态状况综合指数曲线较为平稳，表明研究区间内东北和西北地区农村生态环境变化较小。作为自然生态环境最为优良和最为恶劣的两个地区，除去自然因素影响，研究区间内这两个区域受人为因素的负向作用较小。从这两个地区生态状况综合指数变动的趋势看，两个区域和其他区域并未呈现变动趋势趋同的情形，表明这两个区域的自然生态环境相互独立，并未受到彼此自然或人为因素的相互影响。华北地区农村生态状况综合指数曲线整体呈现先下降再平稳然后小幅上升再下降平稳的趋势，且整体变动幅度在0.40~0.50，变动幅度较小。表明华北地区农村自然生态环境先略微改善然后再相对变差后保持平稳。2013年"雾霾"成为年度最为引人关注的词汇，各地区特别是东中部地区，污染严重，雾霾频发，严重影响人民生活质量的提高。为提高经济发展质量，党的十八大提出要把生态文明建设放在突出位置，以及"绿水青山就是金山银山"的生态文明观的提出，更是将生态保护和生态环境建设视为经济发展的重中之重。各地方政府在去产能、调结构，优化产业布局，提高经济发展质量方面继续努力，而其中难免出现为应对环境督查出现暂时关停或减少污染企业生产活动等暂时性行为。2013年华北地区农村生态状况综合指数突然上升和地方政府的环境管制行为是分不开的。而2013年之后农村状况综合指数缓慢下降，原因是地方要去产能、调结构，实现产业升级换代，在现有发展模式和技术条件下，短期内是不可能完成的。因此，在应对中央环境督查之后，迫于地方经济发展的压力，地方政府暂时放松环境管制，原来的污染企业继续生产或者小幅度降低污染排放，环境综合指数下降，农村生态环境由短暂性提高转为缓慢性恶化。华东、华中、华南和西南地区农村生态状况综合指数曲线研究区间内变动幅度较大，总体呈现先降低再升高再降低之后平稳的趋势，且以上四个地区的农村生态状况综合指数的变动趋势基本相同。这表明这四个地区除了受地理位置相近而自然环境彼此相似的自然环境影响之外，他们所受到的人为因素影响也较为相似。以上四个地区是我国人口、经济和文化等方面的重要组成部分，其农村生态环境的变化主要受人为经济活动的影响。1998—2005 年四个地区农村生态状况综合指数连续下降，且下降趋势基本相同。作为占我国经济比重重要部分的四个地区，在该时间区段内，经济发展处于初级阶段，经济以高投入、高消耗、高污染和低产出的模式发展，以牺牲资源环境为代价导致环境污染严重。2005 年以后特别是 2007 年党的十七大的召开，我国经济经过高速低质量发展积累一定财富之后，经济发展和环境保护如何协调发展的问题摆在人们面前。党的十七大顺应我国经济发展规律，提出科学发展观战略，要求建设资源节约型、环境友好型社会，要求经济发展和人口资源环境相协调，走生活富裕和生态良好的文明发展之路。我国的环境监督开始逐渐加大力度，生态环境逐渐成为人们关注的焦点，生态环境质量也逐步得到改善。2012 年以上四个地区农村生态状况综合指数突然下降，而之后的 2013 年又突然上升，原因可以归结为 2012 年年末地方政府和企业为完成年度生产计划，集中加大生产以弥补因停产或减产而造成的损失，导致污染物短期内集中排放，超出生态系统短期净化能力，环境污染加重，生态环境质量下降。党的十八大提出面对环境污染严重、资源约束趋紧、生态环境退化的形势，要加强自然生态环境的保护力度，加强生态文明建设，建设美丽中国。同时，中央环境督查部门和地方政府部门响应号召，加强生态环境保护，生态环境质量得到相对改善。而之后四个地区生态环境并未得到持续改善而是逐渐略微恶化或者恶化之后再略微改善，这一方面反映出经济结构的调整和产业结构的优化升级不是一蹴而就的，经济发展模式的转换更不是短期内可以完成的，因此，传统经济发展模式对生态环境的影响具有持续性。从以上分析可以发现我国生态环境质量的变化随着重要政治事件的发生而产生明显的变化，具有明显的政府指导特色。故而，在如何兼顾经济发展和生态环境保护方面还有很长的路要走。为更加清晰分析七大地区在研究区间内农村生态状况综合指数变动幅度大小以及变动幅度趋势，本书给出七大地区农村生态状况综合指数变动率及变化率图表，如表 4-5 和图 4-3 所示。

表 4-5　1999—2016 年七大区农村生态状况综合指数变化率

单位:%

年份	华东	华北	华中	华南	西南	西北	东北
1999	1.021 8	-0.892 2	3.249 2	8.341 9	9.037 1	5.406 4	2.603 1
2000	-4.912 7	-1.816 8	-1.129 5	-4.640 1	1.532 7	-2.716 5	-1.186 2
2001	0.100 5	-8.554 9	-8.692 6	-10.075 1	-4.630 5	1.433 1	-5.362 5
2002	-0.421 6	3.962 9	0.132 9	1.484 3	-2.691 4	-8.239 7	-0.794 6
2003	-3.006 5	-0.676 3	-2.071 2	-1.705 7	-2.169 2	1.369 6	-2.453 2
2004	0.940 0	-4.479 0	-1.064 3	-4.810 7	-0.923 9	-4.380 0	1.818 5
2005	-3.006 1	0.180 3	-3.964 3	-2.500 9	-4.535 8	3.297 3	-4.484 6
2006	10.737 8	0.503 5	15.643 0	8.087 3	8.708 7	4.696 1	0.960 1
2007	-4.774 8	3.752 7	-4.896 1	6.392 7	1.101 0	-3.888 3	4.272 8
2008	3.850 4	-7.811 4	-0.853 3	3.776 7	-2.551 7	3.224 1	2.549 8
2009	-3.060 5	-1.520 7	6.679 9	-3.875 8	1.917 2	1.477 6	-2.843 3
2010	4.777 4	5.148 7	0.126 7	6.192 5	-0.846 7	-0.302 6	-3.868 5
2011	-4.384 3	-1.709 2	-2.833 5	-6.196 6	-3.648 9	-3.718 7	3.696 7
2012	-10.403 0	0.581 0	-11.804 6	-13.513 5	-0.245 4	-0.732 3	-0.437 2
2013	12.685 9	13.284 4	14.238 2	16.925 3	16.684 8	3.794 5	-2.721 6
2014	1.126 5	-5.841 5	0.410 5	-3.657 4	-4.985 5	5.713 0	0.966 5
2015	-1.572 2	-2.981 6	-0.785 9	0.350 1	-0.484 9	-4.278 3	-2.391 1
2016	0.005 0	-0.610 6	-4.707 5	5.105 2	-4.013 4	-2.635 6	2.585 3
均值	-0.016 5	-0.526 7	-0.129 0	0.315 6	0.403 0	-0.026 7	-0.393 9

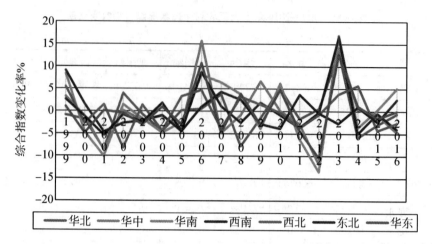

图 4-3　1999—2016 年七大区农村生态状况综合指数变化率变动情况

由表 4-5 和图 4-3 可知，东北地区农村生态状况综合指数变化率最小，基本在正负 5%之间，且随着时间的推移，农村生态状况综合指数变化率在正负之间变动的频率更加频繁。这表明东北地区整体来说农村生态环境较为稳定，但是随着时间推移农村生态环境出现时好时坏的频率增加。其主要原因可归结为在以持续牺牲环境获得经济发展和持续改善生态环境之间，地方政府受制于国家环境规制和舆论压力，在二者压力较大时采取牺牲经济保护环境，二者压力较小时牺牲环境发展经济。而这种转换频率的加大说明，经济发展和保护生态环境之间的矛盾越来越尖锐，实现二者协调发展的任务越来越重。西北地区农村生态状况综合指数变化率变动幅度在 5%~-10%，变动幅度较大，其变化率曲线在整个区间内较为稳定。这说明西部地区农村生态环境虽然个别年份变化较大，但是整体来说西北农村生态环境较为稳定。从变化率的连续性上可以发现，西北地区农村生态环境变化呈现出连续滞后性，即上一年份农村生态环境的改善会促使下一年份或者未来几个年份农村生态环境的改善。而连续农村生态环境改善之后会出现立即恶化的情形，表明西北地区生态环境具有加大的脆弱性，容易受到自然或者人为因素影响，生态环境持续改善难度较大。西南地区农村生态状况综合指数变化率除个别年份外，其余大部分年份为负，且呈现连续性。这表明西南地区农村生态环境在得到改善后会得到连续几年的持续恶化，尤其是 2001—2005 年。原因是为实现西部地区经济又好又快发展，国家于 2000 年通过了"西部大开发"战略，2006 年通过《西部大开发"十一五"规划》，努力实现人民生活水平持续提高和生态环境建设取得新成绩。而西北地区的四个省份全部在西部大开发战略所包括的省份之内，2001—2005

年正是西部大开发战略实行的五年，从农村生态状况综合指数变化率可以初步认定西部大开发的这五年是以破坏或牺牲当地自然生态环境为代价的。2006年通过《西部大开发"十一五"规划》并确定提高人民生活水平和生态环境建设共同推进，该年农村生态环境得到改善。在 2010 年之后即西部大开发"十一五"规划末期，西南地区农村生态环境开始持续恶化，只是在恶化程度深浅之间徘徊。虽然在西部大开发和农村扶贫开发中重视生态环境保护，鼓励人们从事生态循环产业，但在现有的经济发展水平和发展模式下，西南地区几乎不可能不走通过牺牲资源环境发展经济的模式，先污染后治理的恶循环再一次发生。因此，可以将西南地区农村生态环境持续恶化的原因归结为为提高经济发展水平，摆脱贫困，采取传统经济发展模式而产生的负向影响。华东、华中和华南地区农村生态状况综合指数变化率变动趋势和变动幅度最为相似，而华北地区农村生态状况综合指数变化率变动趋势基本与上述三个地区相似。2005 年以前以上四个地区农村生态状况综合指数变化率变动幅度较小，2005年之后变动幅度加大。其中，华东、华中和华南地区的正向最大变化率出现在2006 年和 2013 年，华北地区的正向最大变化率出现在 2007 年；华东、华中和华南地区的负向最大变化率出现在 2012 年，华北地区的负向最大变化率出现在 2008 年。这说明华东、华中和华南地区分别在 2006 年和 2013 年农村生态环境质量提高幅度最大，在 2012 年农村生态环境恶化程度最为严重；华北地区在 2007 年农村生态环境质量提高幅度最大，在 2008 年环境恶化程度最大。这表明华东、华中和华南地区农村生态环境变化具有明显的趋同趋势，而华北地区农村生态环境变化和其他地区环境变化不具有趋同趋势。华东、华中和华南地区出现农村生态环境变化率变动最大点和变动趋势趋同的原因和上文该地区农村生态状况综合指数变动趋同的原因相同，即受地理位置、经济结构和重大政治事件影响。而华北地区虽然在地理位置上和以上三个地区邻近，但是华北地区有我国政治经济文化中心、钢铁、煤炭等重工业省市，其经济结构和地区功能定位与其他区域具有明显差异，因此，与以上区域不具有明显的趋同性。

综上所述，研究区间内农村生态状况综合指数在各省市间无论是其平均值还是其变化率均呈现明显差异；区域间农村生态状况综合指数及其变化率，部分地区即呈现明显的趋同趋势又呈现各自不同的特点。因此，研究农村生态环境变化既要考虑到农村生态环境变化的多样性又要考虑到农村生态环境变化的区域空间相关性和异质性，以便尽可能准确认识农村生态环境状况，为顺利实现农村生态环境改善做好铺垫。

第三节　农业生态资本投资对农村生态影响的线性效应与非线性效应

农业生态资本投资作为一种全新的投资范畴，其对农村生态影响的作用机制是一个复杂的过程。根据前文分析，本书将农业生态资本投资分为主动型投资和被动型投资两种，由于不同投资类型对农村生态影响的作用机制存在差异，同时，不同投资类型在纵向时间维度上时变的差异以及不同投资类型在区域间产生的区域差异，因此，采用合适的方法研究农业生态资本投资的生态效应显得尤为重要。由上节分析可知，农村生态状况变动趋势和变动幅度在纵向和横向上呈现多种趋势，影响农村生态贫困程度变动的因素繁多，其简单的线性效应已不能很好地反映现实事物间的关系。本书采用 PSTR 模型探究农业生态资本投资生态效应是否存在结构性，即是线性效应还是非线性效应，以探究农业生态资本主动型投资和被动型投资生态效应的不同特征和变动规律。

一、PSTR 模型原理与实证模型构建

（一）基础模型：STIRPAT 扩展模型构建

农业生态资本投资的生态效应，其本质是研究人类活动对生态环境的影响。研究者们采取多种复杂模型试图将人类活动和生态环境变化联系在一起，阐释二者之间的相互关系，而最终未能如愿。IPAT 模型采用简洁可行的研究模式，将人类活动和生态环境变化二者间的关系有效连接在一起，获得研究者们的认可并得到广泛运用。经典的 IPAT 模型是在 $I=PF$ 模型基础上延伸而来的，其公式为

$$I = P \times A \times T \qquad\qquad (4-10)$$

其中，I 为人类活动对生态环境的影响或环境压力；P 为人口规模；A 为富裕水平；T 为技术水平。

自 IPAT 模型提出以来，研究者根据自己研究的需要对模型进行了不同扩展，比如瓦格纳（2004）构建 ImPACT 模型研究潜在行为对生态环境产生的影响；高（Gao）等（2010）通过修改模型中的 PA 为 G，构建 IGT 模型研究经济增长和生态环境变化之间的关系。IPAT 及其扩展模型虽然简洁易用，但是由于以上模型要求等式两边量纲统一，限制了其他影响环境的因素加入；另外将各影响因素与环境压力之间的关系简单处理为同比线性关系，既不能反映影

响因素变化时对环境压力的影响程度，也远远偏离社会现实，同时还不能进行假设检验（王永刚 等，2015）。

为弥补以上模型的不足，迪茨和罗莎（Dietz & Rosa，1994）提出可扩展的随机性环境影响评估模型（stochastic impacts by regression on population，affluence，and technology），即 STIRPAT 模型，其公式为

$$I = aP^b A^c T^d e \qquad (4-11)$$

其中，a 为模型系数；b、c、d 分别为 P、A、T 指数；e 为误差项。

关于以上模型各个变量指标的选取，不同的研究会存在指标选取的差异，但富裕程度 A 变量，国际上通常采用人均 GDP 或人均 GNP 作为衡量指标。本书着重研究农业生态资本投资对生态环境产生的影响，根据农业生态资本投资效应的作用机理，以及为了研究其影响作用的大小，本书选取人均 GDP 作为富裕程度 A 的衡量指标。

采用通常使用的 CD 生产函数刻画 GDP 与各投入要素间的关系。设地区 i 在时间 t 的国内生产总值 GDP 为 y_{it}，则

$$Y = A_0 K^\alpha L^\beta \qquad (4-12)$$

其中，A_0 为技术水平；K 为资本投入；L 为劳动投入。

在经典的 CD 生产函数中，K 通常用固定资产净值表示。随着 CD 生产函数应用范围的扩大，资本 K 的内涵也逐步扩展为物质资本、金融资本和自然资本等多种资本形式。结合本书研究的目的，本书将生成函数中的资本 K 分为物质资本 K_1 和生态资本 K_2 两种资本作为投入要素，即

$$K = (c_1 K_1)^{\alpha_1} (c_2 K_2)^{\alpha_2} \qquad (4-13)$$

其中，c_1、c_2 分别为 K_1 和 K_2 的资本转化率。

将 K 带入 CD 生成函数得：

$$Y = A_0 (c_1 K_1)^{\alpha_1} (c_2 K_2)^{\alpha_2} L^\beta \qquad (4-14)$$

其中，L 为从事农业生产的农业人数，用第一产业从业人数代替。

由于富裕程度 A 用人均 GDP 表示，即

$$A = Y/P \qquad (4-15)$$

其中，P 为农村人口规模，即农村总人口。

可以设定第一产业从业人数 L 与农村总人口 P 的比率为 f，则

$$L = fP \qquad (4-16)$$

将（4-16）带入 STIRPAT 模型得

$$I = a\,P^b \left(\frac{Y}{P}\right)^c T^d e$$

$$= a\,P^{b-c}\,A_0^{\ c}\,(c_1\,K_1)^{c\alpha_1}\,(c_2\,K_2)^{c\alpha_2}\,L^{c\beta}\,T^d e$$

$$= a\,A_0^{\ c}\,c_1^{\ c\alpha_1}\,c_2^{\ c\alpha_2}\,f^{e-b}\,L^{b-c+c\beta}\,K_1^{\ c\alpha_1}\,K_2^{\ c\alpha_2}\,T^d e \qquad (4-17)$$

由于 A_0 和 T 均表示技术水平，因此有 $A_0 = T$，因此

$$I = a\,c_1^{\ c\alpha_1}\,c_2^{\ c\alpha_2}\,f^{e-b}\,L^{b-c+c\beta}\,K_1^{\ c\alpha_1}\,K_2^{\ c\alpha_2}\,T^{c+d} e \qquad (4-18)$$

为使公式表达简洁，令 $B = a\,c_1^{\ c\alpha_1}\,c_2^{\ c\alpha_2}\,f^{e-b}$

因此，对上面公式两边取对数有

$$\mathrm{Ln}I = \mathrm{Ln}B + (b - c + c\beta)\,\mathrm{Ln}L + c\,\alpha_1 \mathrm{Ln}\,K_1 +$$
$$c\,\alpha_2 \mathrm{Ln}\,K_2 + (c + d)\,\mathrm{Ln}T + \mathrm{Ln}e \qquad (4-19)$$

关于人类活动对环境影响 I 的衡量，国内外学者主要采用水、大气和土壤污染以及自然资源消耗短缺、废弃物排放等因素（钟兴菊 等，2016）。

借鉴国内外学者选取衡量指标思想，同时结合本书研究内容以及农村生态状况评价指标体系，本书用农村生态状况 EP 衡量人类活动对环境的影响 I，则

$$\mathrm{Ln}EP = \mathrm{Ln}B + (b - c + c\beta)\,\mathrm{Ln}L + c\,\alpha_1 \mathrm{Ln}\,K_1 + c\,\alpha_2 \mathrm{Ln}\,K_2 + (c + d)\,\mathrm{Ln}T + \mathrm{Ln}e$$

$$(4-20)$$

综上分析可知，通过对 STIRPAT 模型和 CD 生产函数分解合并，推导出生态资本投资对农村生态状况的双对数线性模型。该模型虽然能在理论和实证分析上较好阐释人类活动对生态环境的影响，但人为限制了其他众多影响生态环境的变量加入，且事先设定因变量和自变量间的非线性关系，缺少可行的实证检验。同时，我们不仅关心核心解释变量农业生态资本投资生态效应的大小，更关心随着农业生态资本投资的变化生态效应的非线性变化问题。

因此，基于以上模型存在的问题，为更好拟合社会现实构建更为一般的非线性模型进行分析。

（二）PSTR 模型原理及其实证模型构建

运用面板数据进行实证分析，如果忽视截面间系数的异质性，那么就会产生偏差（佩萨兰 等，1995）。为减少或消除截面间的异质性，研究者通常根据数据的特性人为将数据分组，然后进行回归分析。这种方法人为地将样本分为不同子样本，限制了个体随时间变化在组间的转换。汉森（1999）提出的面板门限回归模型（pane threshold regression model，PTR）在解决以上异质性问题上较为有优势，该模型意味着根据一个变量的观察值可以将个体观察样本分为同质性的组别。但是该模型仅允许将观察样本分为较小的有限的组别，且受

制于有限的门限变量，核心变量对因变量的影响并不是平滑变化的，与社会经济现实差别较大，限制了门限回归模型的现实意义。

由于以上模型和方法存在的缺陷，为探究农业生态资本投资生态效应可能的线性关系，本书采用冈扎莱斯（Gonzáles）等（2004）和福克（Fok）等（2005）面板平滑转换模型（panel smooth threshold regression model，PSTR）进行实证分析。面板平滑转换模型允许转换体制随转换变量的变化而做连续、平滑的非线性变动；同时，面板平滑转换模型能较好解决由于截面异质性而产生的估计结果的不稳定性，提高估计结果的可靠性，能更好拟合社会经济现实。

首先，对地区 $i=1,\ 2,\ \cdots,\ N$ 在时间 $t=1,\ 2,\ \cdots,\ T$ 的农村生态状况构建线性面板模型：

$$\mathrm{EP}_{it}=\beta_{00}\,\mathrm{AI}_{it}+\beta_{10}\,\mathrm{PI}_{it}+\sum_{j=2}^{n}\beta_{j0}\,\mathrm{CON}_{j,\ it}+\mu_{i}+\varepsilon_{it} \qquad (4-21)$$

其中，EP_{it} 为 i 地区农村生态状况；AI_{it} 为 i 地区农业生态资本主动型投资；PI_{it} 为 i 地区农业生态资本被动型投资；$CON_{j,\ it}$ 为其他控制变量；μ_{i} 为个体固定效应；ε_{it} 为服从 $iid(0,\ \sigma_{\varepsilon}^{2})$ 的随机误差项。

由于线性面板模型不能反映不同经济发展水平下农业生态资本投资生态效应的差异，为考虑产生效应的差异性，借鉴冈扎莱斯（Gonzáles）等（2004）和福克（2005）的方法，

首先构建具有一个转换函数两个转换机制的最简单的 PSTR 模型，其形式为

$$\mathrm{EP}_{it}=\beta_{00}\,\mathrm{AI}_{it}+\beta_{10}\,\mathrm{PI}_{it}+\sum_{j=2}^{n}\beta_{j0}\,\mathrm{CON}_{j,\ it}+$$

$$\left(\beta_{01}\,\mathrm{AI}_{it}+\beta_{11}\,\mathrm{PI}_{it}+\sum_{j=2}^{n}\beta_{j1}\,\mathrm{CON}_{j,\ it}\right)h(q_{it};\ \gamma,\ c)+\mu_{i}+\varepsilon_{it} \qquad (4-22)$$

其中，q_{it} 表示可观测状态转换变量；ε_{it} 为服从 $iid(0,\ \sigma_{\varepsilon}^{2})$ 的随机误差项。本部分内容主要研究农业生态资本主动型投资和被动型投资生态效应可能存在的非线性影响，因此，实证分析时分别选取农业生态资本主动型投资 AI_{it} 和被动型投资 PI_{it} 作为转换变量进行分析。$h(q_{it};\ \gamma,\ c)$ 为可观测状态转换变量 q_{it} 的连续有界的转换函数；γ 为转换函数的斜率系数，也称为平滑参数，决定转换函数的转换速度；c 为位置参数，是转换位置的描述。关于转换函数采用格兰杰（Granger），泰雷斯维尔塔（Terasvirta）（1993）在时间序列模型 STAR 模型中运用的形式，即转换函数的形式为

$$h(q_{it};\ \gamma,\ c)=\left[1+\exp\left(-\gamma\prod_{z=1}^{m}(q_{it}-c_{z})\right)\right]^{-1} \qquad (4-23)$$

其中，$\gamma > 0$，$c_1 \leqslant c_2 \leqslant \cdots \leqslant c_m$

由 PSTR 模型的（4-21）式和（4-22）式可知，EP_{it} 关于 AI_{it} 或 PI_{it} 的边际效应可表示为

$$e_{it} = \frac{\partial \ EP_{it}}{\partial \ AI_{it}（或 \partial \ PI_{it}）} = \beta_0 + \beta_1 h(q_{it}; \ \gamma, \ c) ; \quad \forall i \forall t \qquad (4-24)$$

由于 $0 \leqslant h(q_{it}; \ \gamma, \ c) \leqslant 1$，所以如果 $\beta_1 > 0$，则 $\beta_0 \leqslant e_{it} \leqslant \beta_0 + \beta_1$，如果 $\beta_1 < 0$，则 $\beta_0 + \beta_1 \leqslant e_{it} \leqslant \beta_0$。系数 $\beta_1 > 0$ 表示核心解释变量 AI_{it}（或 PI_{it}）对农村生态贫困 EP_{it} 的影响随着转换变量的增加而增加；同理，系数 $\beta_1 < 0$ 表示核心解释变量 AI_{it}（或 PI_{it}）对农村生态贫困 EP_{it} 的影响随着转换变量的增加而减少。由边际效应表达式可知，解释变量的回归系数是模型线性部分系数 β_{j0} 和非线性部分 $\beta_{j1} h(q_{it}; \ \gamma, \ c)$ 的加权之和。

更进一步分析，PSTR 模型的一般形式可以表示为

$$EP_{it} = \beta_{00} AI_{it} + \beta_{10} PI_{it} + \sum_{j=2}^{n} \beta_{j0} CON_{j, \ it} +$$

$$\sum_{k=1}^{r} \left(\beta_{0k} AI_{it} + \beta_{1k} PI_{it} + \sum_{j=2}^{n} \beta_{jk} CON_{j, \ it} \right) h_k(q_{it}; \ \gamma_k, \ c_k) + \mu_i + \varepsilon_{it}$$

$$(4-25)$$

其中，r 为转换函数的个数。

转换函数中转换变量的个数 m 往往决定体制转换状态。当 $m = 1$ 时，随着转换变量 q_{it} 的增加，转换变量的系数围绕位置参数 c 从线性部分系数到线性部分系数与非线性部分系数和之间变换。同时，

当 $m = 1$ 时，

$$h(q_{it}; \ \gamma, \ c) = [1 + \exp(-\gamma(q_{it} - c))]^{-1} \qquad (4-26)$$

当 $\gamma \to +\infty$ 时，转换函数 $h(q_{it}; \ \gamma, \ c)$ 变为一个指示函数，PSTR 模型退化为两机制的面板门限模型 PTR；当 $q_{it} \to -\infty$ 时，转换函数 $h(q_{it}; \ \gamma, \ c) = 0$，此时 PSTR 模型退化为面板线性模型，称为低体制（low regime）；当 $q_{it} \to +\infty$ 时，转换函数 $h(q_{it}; \ \gamma, \ c) = 1$，此时 PSTR 模型转换为多元面板线性回归模型，称为高体制（high regime），其形式为

$$EP_{it} = (\beta_{00} + \beta_{01}) AI_{it} + (\beta_{10} + \beta_{11}) PI_{it} +$$

$$\sum_{j=2}^{n} (\beta_{j0} + \beta_{j1}) CON_{j, \ it} + \mu_i + \varepsilon_{it} \qquad (4-27)$$

因此，面板线性模型和面板门限模型都是 PSTR 模型的特殊形式。

随着转换函数在 [0, 1] 做连续有界的变化，PSTR 模型在低体制和高体制间做连续平滑变动。其对应的经济含义是：农业生态资本投资水平从低水平

向高水平连续变化时，农村生态状况做连续的非线性变化。

当 $m=2$ 时，转换函数形式为

$$h(q_{it}; \ \gamma, \ c) = [1 + \exp(-\gamma(q_{it} - c_1)(q_{it} - c_2))]^{-1} \quad (4-28)$$

当 $\gamma \rightarrow \infty$ 时，模型转换为三体制的面板门限模型；转换函数 $h(q_{it}; \ \gamma, \ c)$ 在 $q_{it} = (c_1 + c_2)/2$ 时取得最小值，其体制称为中间体制。

综上对于任何 m 值，当 $\gamma \rightarrow 0$ 时，转换函数为常数 0.5，此时 PSTR 模型退化为齐次的或线性固定效应面板回归模型。

考虑到面板数据的截面异质性或非稳定性，在采用 PSTR 模型进行实证分析之前，需要对截面异质性进行检验以判断解释变量和被解释变量之间是否存在非线性关系。因为 $\gamma=0$ 时，PSTR 模型退化为线性固定效应模型，因此，设定原假设为 H0：$\gamma=0$ 以检验非线性模型的设定是否正确。在原假设情形下，PSTR 模型包含不可识别的多余参数，使得假设检验不能进行。为解决识别的问题，采用 $\gamma=0$ 处的一阶泰勒公式替代转换函数，PSTR 模型一般形式 (4-25) 的辅助回归模型为

$$\begin{aligned}
\mathrm{EP}_{it} = {}&\beta_{00}{}^* \mathrm{AI}_{it} + \beta_{10}{}^* \mathrm{PI}_{it} + \sum_{j=2}^{n} \beta_{j0}{}^* \mathrm{CON}_{j, \ it} + \\
&\left(\beta_{01}{}^* \mathrm{AI}_{it} + \beta_{11}{}^* \mathrm{PI}_{it} + \sum_{j=2}^{n} \beta_{j1}{}^* \mathrm{CON}_{j, \ it}\right) q_{it} + \cdots + \\
&\left(\beta_{0m}{}^* \mathrm{AI}_{it} + \beta_{1m}{}^* \mathrm{PI}_{it} + \sum_{j=2}^{n} \beta_{jm}{}^* \mathrm{CON}_{j, \ it}\right) q_{it}{}^m + \mu_i + \varepsilon_{it}{}^* \quad (4-29)
\end{aligned}$$

其中，

$$\varepsilon_{it}{}^* = \varepsilon_{it} + \left(\beta_{01} \mathrm{AI}_{it} + \beta_{11} \mathrm{PI}_{it} + \sum_{j=2}^{n} \beta_{j1} \mathrm{CON}_{j, \ it}\right) R_m \quad (4-30)$$

R_m 为泰勒展开式的余项；参数向量 $\beta_{j1}{}^*$，$\cdots \beta_{jm}{}^*$ 是系数 γ 的倍数。因此，检验原假设 H0：$\gamma=0$ 等价于检验假设 H0*：$\beta_{j1}{}^* = \cdots = \beta_{jm}{}^* = 0$，其中 $j=0$，1，$\cdots$，n。然后，通过构建渐进等价的 LM（Wald Tests）、LM_F（Fisher Tests）和 LRT（LRT Tests）统计量间接对原假设 H0：$\gamma=0$ 进行检验（冈萨雷斯 等，2005）。

检验统计量 LM、LMF 和 LRT 的具体形式分别为

$$\mathrm{LM} = \mathrm{TN}(\mathrm{SSR}_0 - \mathrm{SSR}_1)/\mathrm{SSR}_0 \quad (4-31)$$

$$\mathrm{LM}_F = [(\mathrm{SSR}_0 - \mathrm{SSR}_1)/mK]/\{\mathrm{SSR}_0/[\mathrm{TN} - N - m(K+1)]\} \quad (4-32)$$

$$\mathrm{LRT} = -2[\log(\mathrm{SSR}_1) - \log(\mathrm{SSR}_0)] \quad (4-33)$$

其中，SSR_0 和 SSR_1 分别为在原假设 H0：$\gamma=0$（个体效应线性面板模型）和备

择假设 H1：$\gamma \neq 0$（两机制的 PSTR 模型）的残差平方和，K 为模型中解释变量的个数。在原假设下，LM 统计量服从自由度为 mK 的卡方分布，即 LM $\sim \chi^2$（mK）；统计量 LM_F 服从一个渐进的 F 分布，即 $LM_F \sim F$（mK, $TN-N-m$（$K+1$））；LRT 统计量服从自由度为 mK 的卡方分布，即 LRT $\sim \chi^2$（mK）。如果拒绝原假设 H0：$\gamma = 0$，表明模型存在非线性关系，适合采用 PSTR 模型进行分析。确定采用非线性模型分析之后，接下来需要检验转换函数是否存在"剩余非线性"效应，即判断转换函数的个数。采用与以上检验方法相同的逻辑分析方法，判断只存在一个转换函数（H0：$r=1$），还是至少存在两个转换函数（H1：$r=2$）[科拉齐（Colletaz），赫尔林（Hurlin），2006]。

如果拒绝原假设 H0：$r=1$ 表明至少存在两个转换函数，则需继续检验原假设 H0：$r=2$ 与被择假设 H1：$r=3$，……，以此类推，直到接受原假设 H0：r=r* 为止。此时 r=r* 为 PSTR 模型中转换函数的个数（苏静，2015）。

二、指标选取与数据来源

1. 被解释变量

根据上文熵权分析法确定权重的结果，分别选取反映自然生态环境和农业生态环境的平均权重最大的三个指标作为被解释变量。其中，反映自然生态环境的代表指标为沙化土地面积占比（DLAOR），指标平均权重为 0.085 6；反映农业生态环境的代表指标为农业用水量（AWC）和有效灌溉面积占比（EIAR）两个指标，其指标平均权重分别为 0.085 7 和 0.085 3。由于沙化土地面积占比（DLAOR）指标数据在 2003 年及以前数据缺失，农业用水量（AWC）和有效灌溉面积占比（EIAR）两指标数据在 2002 年及以前数据缺失，本书采用趋势移动平均法进行填补。数据来源于 EPS 数据库和《中国农村统计年鉴》。

2. 核心解释变量与转换变量

现有研究由于没有涉及农业生态资本投资指标选取，根据本书研究目的，将农业生态资本投资分为主动型投资（AI）和被动型投资（PI）两种类型。主动型投资（AI）和被动型投资（PI）即是核心解释变量又是转换变量，即当主动型投资（AI）为转换变量时，被动型投资（PI）为核心解释变量；当被动型投资（PI）为转换变量时，主动型投资（AI）为核心解释变量。其中，农业生态资本主动型投资由财政支农中的农业支出（2006 年以前）和环境保护支出（2007 年以后）、农林水利气象等部门事业费支出、农林水务支出以及地质灾害防治投资支出构成，而关于农业生态资本被动型投资构成内容，在前文中已经做过详细说明，在此不再重复。同样，指标中缺失数据采用趋势移动平均法进行填补。数据来源于 EPS 数据库、《中国环境统计年鉴》和《中国农村统计年鉴》。

3. 控制变量

根据农业生态资本投资生态效应实现机制，选取农作物总播种面积（TSAC）、第一产业从业人数（EPI）、农业机械总动力（FMP）、农用化肥施用量（AFAA）、农用塑料薄膜使用量（APFAA）和单位农业产值电耗（ECPU）。由于数据的可得性，单位农业产值电耗（ECPU）采用农村用电量与农业总产值比重表示。数据来源于 EPS 数据库和《中国农村统计年鉴》。

由于上海和西藏部分指标数据缺失严重，因此所有样本数据包括除上海和西藏、港澳台外的 29 个省份，时间跨度为 1998—2016 年。数据量纲和数量级的差异使得变量间不具有可比性，导致估计结果出现偏差。数据无量纲化处理方法主要有标准化方法、极值化方法和均值化方法。相较于标准化方法和极值化方法，均值化方法在消除数据量纲和数量级的同时，更能全面反映原始样本数据的变异程度和相互影响程度，保证数据的变异程度和数据的可比性，使估计结果更为准确。因此本书采用均值化方法对数据进行无量纲化处理。同时，为消除均值化后数据可能存在的共线性和异方差，保证数据的平稳性，将均值化后数据进行取对数处理。所有数据处理操作均有 stata14.1 软件完成。

三、实证结果与分析

根据上文模型构建分析，首先根据构建的扩展 STIRPAT 模型，分析农业生态资本主动型投资和被动型投资在不同水平下对农村生态的影响。考虑到进行农业生产的基本要素，本书将扩展 STIRPAT 模型中的物质资本 K_1 用农作物总播种面积（TSAC）、农业机械总动力（FMP）、农用化肥施用量（AFAA）和农用塑料薄膜使用量（APFAA）表示；农业技术进步水平 T 用单位农业产值电耗（ECPU）表示。本书实证采用的扩展 STIRPAT 模型为

$$LnEP = \alpha + \beta_1 LnAI + \beta_2 LnPI + \beta_3 LnTSAC + \beta_4 LnEPI +$$

$$\beta_5 LnFMP + \beta_6 LnAFAA + \beta_7 LnAPFAA + \beta_8 LnECPU + \mu_i + \varepsilon_{it} \quad (4-34)$$

式（4-34）中，农村生态贫困程度 EP 分别用沙化土地面积占比（DLAOR）、农业用水量（AWC）和有效灌溉面积占比（EIAR），其各个被解释变量对应的固定效应和随机效应模型分别为 M_{11}、M_{12}、M_{21}、M_{22}、M_{31} 和 M_{32}，以分析各个被解释变量所对应的非线性效应。其中，μ_i 为个体固定效应；ε_{it} 为服从 $iid(0, \sigma_\varepsilon^2)$ 的随机误差项。采用 stata14.1 对各个模型进行估计，估计结

果如表4-6所示。

表4-6 扩展 STIRPAT 模型估计结果

解释变量	M_{11}	M_{12}	M_{21}	M_{22}	M_{31}	M_{32}
LnAI	-0.001 5	-0.002 1	0.035 6 *	0.039 9 **	-0.003 8	-0.016 6
	(0.937 2)	(0.913 6)	(0.063 7)	(0.038 0)	(0.824 8)	(0.321 6)
LnPI	0.010 3	0.010 5	-0.019 8 ***	-0.021 1 ***	0.004 4	0.007 8
	(0.168 2)	(0.161 0)	(0.008 9)	(0.005 5)	(0.515 3)	(0.246 5)
LnTSAC	0.198 1 ***	0.195 5 ***	0.243 8 ***	0.281 9 ***	0.247 8 ***	0.132 6 ***
	(0.000 4)	(0.000 4)	(0.000 0)	(0.000 0)	(0.000 0)	(0.000 7)
LnEPI	0.006 8	0.001 0	-0.248 5 ***	-0.222 9 ***	0.014 1	-0.029 1
	(0.881 9)	(0.983 1)	(0.000 0)	(0.000 0)	(0.733 4)	(0.361 3)
LnFMP	-0.025 5	-0.025 2	0.169 6 ***	0.162 7 ***	-0.066 8 ***	-0.044 6 **
	(0.317 0)	(0.323 7)	(0.000 0)	(0.000 0)	(0.004 0)	(0.037 9)
LnAFAA	-0.006 8	-0.004 8	0.158 3 ***	0.152 7 ***	-0.008 8	0.014 7
	(0.877 1)	(0.912 1)	(0.000 4)	(0.000 6)	(0.824 7)	(0.671 8)
LnAPFAA	-0.003 7	-0.003 6	-0.043 4 ***	-0.041 6 ***	0.056 4 ***	0.046 7 ***
	(0.741 4)	(0.749 2)	(0.000 1)	(0.000 3)	(0.000 0)	(0.000 0)
LnECPU	0.029 2 *	0.028 1 *	-0.014 6	-0.010 1	-0.022 3	-0.022 6 *
	(0.065 3)	(0.075 3)	(0.361 8)	(0.524 2)	(0.120 6)	(0.064 4)
_ CONS	-1.434 5 ***	-1.437 0 ***	-0.250 5 ***	-0.230 8 *	0.061 8 ***	0.021 2
	(0.000 0)	-0.000 7	(0.000 0)	(0.057 8)	(0.000 3)	(0.354 0)
Hausman-P	0.253 9	0.000 0	0.000 0			
N	551	551	551	551	551	551
R^2	0.054 5		0.361 5		0.139 3	

注：***、**、* 分别表示在 1%、5% 和 10% 的显著性水平上显著；括号中数字为回归系数的 P 值。

由表4-6可知，首先根据 Hausman 检验 P 值可以得出实证分析选用的模型分别为随机效应模型 M_{12}，固定效应模型 M_{21} 和 M_{31}。

当沙化土地面积占比（DLAOR）作为被解释变量时，选用模型为随机效应模型 M_{12}。农业生态资本主动型和被动型投资对沙化土地面积占比的影响均不显著，且系数较小，表明农业生态资本投资对作为衡量自然生态环境状况的沙化土地面积占比的变化几乎不产生影响。原因是自然生态环境在短期内是一个相对稳定的生态状态，尤其是沙化土地面积这种受自然地理长期作用才可能产生地质特性，短期内很难会因为生态资本投资而产生明显变化，与实际相符。农作物总播种面积变量对自然生态环境产生显著影响，其系数为 0.195 5，且在 1%的显著性水平上高度显著。根据双对数模型特性，其经济含义是农作物总播种面积每提高 1%，则沙化土地面积占比提高 0.195 5%。这表明农作物总播种面积的变化是影响沙化土地面积变化的重要因素之一。这一点从我国土地荒漠化的原因和现实可以得到实证：由于过度放牧、大量砍伐森林和破坏地表植被等行为，开荒种地从事农业生产，导致后来的土地质量退化，土地沙化。由此可以得出，无论是从历史还是现实土地环境状况，破坏自然生态环境增加农作物播种面积从事农业生产，必然导致土地质量退化，自然生态环境的恶化。在理论和现实层面已经得到证实，与模型预期结果相符。

衡量农业技术进步水平的单位农业产值电耗变量系数为 0.028 1，且在 10%的显著性水平上高度显著，说明单位农业产值电耗每提高 1%，则沙化土地面积占比平均提高 0.028 1%。单位农业产值电耗是作为逆向指标衡量农业技术进步水平的，因此，其经济含义为农业技术进步水平每提高 1%，则沙化土地面积占比平均降低 0.028 1%。这表明虽然农业技术进步水平的提高对改善沙化土地面积作用较小，但是农业技术进步却是降低沙化土地面积占比的重要因素。在城镇化和工业化进程加快的背景下，农业用地逐年减少，在保障粮食安全和自然生态环境的情况下，采用先进农业技术提高粮食生产率成为解决农业经济发展和生态环境保护的主要选择；但现有的先进农业技术主要是在有限的耕地上实现效益的最大化，直接改善生态环境上的效用较小。因此，农业技术进步降低沙化土地面积占比的机制体现在农业技术进步能减少通过开荒扩大农作物耕种面积这一途径上，主要表现为间接效应。而其他解释变量的作用不显著。

当农业用水量（AWC）作为被解释变量时，采用固定效应模型 M_{21}。农业生态资本主动型投资变量系数为 0.035 6，在 10%的显著性水平上显著，这说明农业生态资本主动型投资平均每提高 1%，农业用水量平均提高 0.035 6%。农业生态资本主动型投资并未像预期的那样降低农业生产用水量，原因为：一是农业生态资本主动型投资指标选取的内容主要为支持农业生产的基础建设投资和农业灾害防治投资，以上指标内容所包含的投资项主要用于完善农业生产基础设施，减少自然灾害对农业生产的影响，而直接用于农业生态环境或自然生态环境改善的投资，由于统计指标和数据的缺失，反映以上方面内容的指标选项缺失，造成估计结果偏误，与预期不符。这是本书存在的缺陷也是后期需要继续完善的地方。二是根据农业生态资本主动型投资选取的指标内容以及回归系数结果可知，研究区间内农业生态资本主动型投资的功能在于修补破旧损坏的基础设施或加强农业基础设施建设，保障农业生产条件逐步提高，而在如何提高农业生产投入要素效率方便比较薄弱。因此，可以认定农业生态资本投资提高农业生产条件，同时，由于传统粗放式的农业生产方式并未得到实质性改变，农业生产条件的提高也导致资源的进一步浪费，比如农业用水量。农业生态资本被动型投资变量系数为-0.019 8，且在 1%的显著性水平上显著，说明农业生态资本被动型投资平均每提高 1%，农业用水量平均降低 0.019 8%。农业生态资本被动型投资内容为农业环境污染治理投资，反映的是农业污染产生后用于治理污染的投资强度。农业生态资本被动型投资系数及显著性水平表明，研究区间内通过加大农业环境污染治理力度，改善农业生态环境，潜移默化地影响着农业生产的主体，促使其增强农业生态环境保护意识，节约资源，比如农业生产的水资源。综合农业生态资本主动型投资和被动型投资系数分析可知，二值的综合影响效应（二者系数 0.035 6 与-0.019 8 之和）为正，即综合来看，农业生态资本投资提高了农业用水量。这表明虽然农业生产主体的环境保护意识和节约资源意识在增强，但相对于传统的粗放型生产方式和观念而言，这种先进意识在保护环境和节约使用资源方面的作用还很微弱。农作物总播种面积变量系数为-0.243 8，系数较大且在 1%的显著性水平上显著，说明农作物总播种面积平均每提高 1%，农业用水量提高 0.243 8%，且影响较为显著。农作物总播种面积的增加意味着农业用于农作物生产的面积增大，平均而言，增加农作物种植面积必然增加农业用水量，符合自然规律。第一产业从业人数变量系数为-0.248 5，在 1%的显著性水平上显著，说明第一产业从业人数每提高 1%，农业用水量减少 0.248 5%。第一产业从业人数在一定程度上反映农业生产是劳动密集型还是非劳动密集型。根据回归系数得出，第一产业从业人数的增加，即农业为劳动密集型产业时，农业生产用水量减少。原因为：从生产函数可知，劳动和农业自然资源投入同样作为生产要素，劳动投入的增加在一定程度上替代农业自然资源投入，即要素间的替代效应。因此，可以推定现阶段劳动密集型的农业生产方式，有利于农业精细化生产，劳动力投入的增加在一定程度上有利于减少水资源等资源的使用。这与现有研究关于农业规模化集约化生产能提高资源使用率的论断明显不同。农用机械总动力和农用化肥使用量两变量系数分别为 0.169 6 和 0.158 3,且在 1% 的显著性水平上显著,说明农用机械和化肥使用量的增加能显著提高农业用水量。原因是二者同样作为农业生产投入要素,之所以没有像劳动投入那样产生替代效应,是因为二者和水资源投入的比例现阶段并未达到最优化水平,同时农业生产特点和农作物自然生产规律也决定农业用水的增加,只是比例不同而已。农用塑料薄膜使用量变量系数为 -0.043 4,在 1% 的显著性水平上下显著,说明农用塑料薄膜使用量每增加 1%,农业用水量减少 0.043 4%。农用塑料薄膜覆盖地面能有效减少土壤水分蒸发,提高水资源利用率,但这种节水效应较小。这和种植的农作物种类以及农用塑料薄膜的使用范围密切相关,在此不做详细论述。

当有效灌溉面积占比(EIAR)作为被解释变量时,采用固定效应模型 M_{31}。农业生态资本主动型投资和被动型投资变量系数值很小,且均不显著,表明无论是农业生态资本主动型投资还是被动型投资对被解释变量的影响作用微弱。原因是有效灌溉面积占比衡量一地区农业生产稳定程度在区域面积中的比重,而这种稳定程度更多地受自然地理因素的影响,而人为影响作用较小,和前文分析原因一致。农作物总播种面积变量系数为 0.247 8,在 1% 的显著性水平上显著,说明农作物总播种面积平均每提高 1%,有效灌溉面积占比平均提高 0.247 8%。农作物总播种面积的增加意味着农作物种植面积占耕地面积比重增大,种植农作物其必然是符合农作物生长尤其是灌溉条件的土地面积增加,因此,有效灌溉面积占比增加。农用机械总动力变量系数为 -0.066 8,在 1% 的显著性水平上显著。农用机械使用量的增加改善了农业生产条件,提高农业生产稳定性。但其系数与预期不符,原因可能是模型设定不合适,导致出现估计结果与现实预期不符。农用塑料薄膜使用量系数为 0.056 4,在 1% 的显著性水平上显著,说明农用塑料薄膜使用量平均每增加 1%,有效灌溉面积占比平均提高 0.056 4%。农用塑料薄膜使用量增加可提高农业水资源使用效率,以此可使原本灌溉条件较弱的耕地成为有效灌溉耕地。而其他解释变量产生的影响不显著。

综上所述,农业生态资本主动型投资和被动型投资受制于指标数据获取的有限性,以及扩展 STIRPAT 模型存在的不足,农业生态资本投资对被解释变量农业用水量作用显著,对其他两个被解释变量影响不显著。从三个模型的拟合优度分析可知,三个模型拟合度较低,说明模型选取不当或者模型中缺失重要解释变量。因此,总体来看,扩展 STIRPAT 模型虽然能部分解释农业生态资本投资的生态效应，但解释作用较弱，同时考虑到农业生态资本投资的不同变化水平，采用更为一般化的非线性模型进行研究。

为分别分析不同农业生态资本投资水平下，农业生态资本主动型投资和被动型投资产生生态作用的非线性效应，本书根据前文 PSTR 模型分析，构建多个 PSTR 模型进行分析，基本形式为

$$EP_{it} = \beta_{00} AI_{it} + \beta_{10} PI_{it} + \beta_{20} TSAC_{it} + \beta_{30} EPI_{it} + \beta_{40} FMP_{it} + \beta_{50} AFAA_{it} +$$

$$\beta_{60} APFAA_{it} + \beta_{70} ECPU_{it} +$$

$$\sum_{k=1}^{r} (\beta_{0k} AI_{it} + \beta_{1k} PI_{it} + \beta_{2k} TSAC_{it} + \beta_{3k} EPI_{it} + \beta_{4k} FMP_{it} +$$

$$\beta_{5k} AFAA_{it} + \beta_{6k} APFAA_{it} + \beta_{7k} ECPU_{it}) h_k(q_{it}; \gamma_k, c_k) + \mu_i + \varepsilon_{it}$$

$$(4-35)$$

当式（4-35），转换变量 q_{it} 为农业生态资本主动型投资 AI_{it}，农村生态贫困程度 EP_{it} 代表变量为沙化土地面积占比（ $DLAOR_{it}$ ）、农业用水量（ AWC_{it} ）和有效灌溉面积占比（ $EIAR_{it}$ ）时，其对应的非线性模型分别设定为 A_1、A_2 和 A_3；当转换变量 q_{it} 为农业生态资本被动型投资 PI_{it}，农村生态贫困程度 EP_{it} 代表变量为沙化土地面积占比（ $DLAOR_{it}$ ）、农业用水量（ AWC_{it} ）和有效灌溉面积占比（ $EIAR_{it}$ ）时，其对应的非线性模型分别设定为 B_1、B_2 和 B_3。从农业生态资本主动性和被动型投资两个方面来分析农业生态资本投资产生生态效应可能存在的非线性效应。

在使用 PSTR 模型之间，首先要检验模型设定是否恰当，即要检验农业生态资本投资生态效应是否存在非线性结构变化。本书借鉴冈萨雷斯（González），泰雷斯维尔塔（Teräsvirta）（2005）、科拉齐（Colletaz），赫尔林（Hurlin）（2006）和福库（Fouquau）等（2008）的方法，采用 LM、LM_F 和 LRT 检验判定模型的非线性，检验结果如表 4-7 所示。

表 4-7　线性效应与剩余非线性检验

模型	原假设：H0: r=0 备择假设：H1: r=1			原假设：H0: r=1 备择假设：H1: r=2			原假设：H0: r=2 备择假设：H1: r=3			原假设：H0: r=3 备择假设：H1: r=4		
	LM	LMF	LRT	LM	LMF	LRT	LM	LMF	LRT	LM	LMF	LRT
A1	269.265 (0.000)	30.225 (0.000)	369.593 (0.000)	123.242 (0.000)	8.823 (0.000)	139.501 (0.000)	58.283 (0.000)	3.563 (0.000)	61.602 (0.000)	35.453 (0.003)	2.037 (0.011)	36.645 (0.002)
A2	202.141 (0.000)	18.325 (0.000)	251.843 (0.000)	105.130 (0.000)	7.221 (0.000)	116.651 (0.000)	20.938 (0.181)	1.190 (0.272)	21.346 (0.166)			
A3	288.230 (0.000)	34.689 (0.000)	407.991 (0.000)	134.239 (0.000)	9.864 (0.000)	153.851 (0.000)	64.812 (0.000)	4.016 (0.000)	68.952 (0.000)	18.024 (0.322)	1.002 (0.453)	18.326 (0.305)
B1	208.790 (0.000)	19.295 (0.000)	262.447 (0.000)	77.280 (0.000)	4.996 (0.000)	83.266 (0.000)	18.608 (0.290)	1.053 (0.399)	18.929 (0.272)			
B2	125.982 (0.000)	19.045 (0.000)	143.041 (0.000)	22.850 (0.004)	2.693 (0.007)	23.337 (0.003)	11.675 (0.166)	1.326 (0.228)	11.800 (0.160)			
B3	198.967 (0.000)	36.314 (0.000)	246.853 (0.000)	15.748 (0.046)	1.832 (0.069)	15.978 (0.043)						

注：括号中为对应的 P 值。

由表 4-7 可知，6 个模型均在 1% 的显著性水平上拒绝原假设 H0：$r=0$，表明 6 个模型均存在非线性效应，面板数据不同截面间存在异质性，意味着从所选取的三个被解释变量看，不同经济发展水平下农业生态资本主动型投资和被动型投资的生态效应存在差异性，同时也表明采用 PSTR 模型较为合适。对模型 A1 而言，当转换函数个数 $r=1$、2 时，三个统计量值均在 1% 的显著性水平上拒绝原假设；当转换函数个数 $r=3$ 时，根据统计量 LMF 值，在 1% 的显著性水平上接受原假设，因此，模型 A1 的转换函数个数为 $r=3$。对模型 A2 而言，当转换函数个数 $r=1$ 时，三个统计量值均在 1% 的显著性水平上拒绝原假设；当转换函数个数 $r=2$ 时，三个统计量值均在 10% 的显著性水平上接受原假设，因此，模型 A2 的转换函数个数为 $r=2$。对模型 A3 而言，当转换函数个数 $r=1$、2 时，三个统计量值均在 1% 的显著性水平上拒绝原假设，当转换函数个数 $r=3$ 时，三个统计量值均在 10% 的显著性水平上接受原假设。因此，模型 A3 的转换函数个数 $r=3$。对模型 B1 而言，当转换函数个数 $r=1$ 时，三个统计量值均在 1% 的显著性水平上拒绝原假设；当转换函数个数 $r=2$ 时，三个统计量值均在 10% 的显著性水平上接受原假设，因此，模型 B1 的转换函数个数 $r=2$。对模型 B2 而言，当转换函数个数 $r=1$ 时，三个统计量值均在 1% 的显著性水平上拒绝原假设，当转换函数个数 $r=2$ 时，三个统计量值均在 10% 的显著性水平上接受原假设。因此，模型 B2 的转换函数个数 $r=2$。对模型 B3 而言，三个统计量值在 1% 的显著性水平上接受原假设，因此，模型 B3 的转换函数个数为 $r=1$。确定转换函数个数后，根据 AIC 和 BIC 准则确定位置参数个数，汇总结果如表 4-8 所示。

表 4-8　位置参数个数检验

模型	AIC			BIC		
	$m=1$	$m=2$	$m=3$	$m=1$	$m=2$	$m=3$
A1	0.674	0.539	0.539	0.971	0.860	0.977
A2	−1.798	−1.817	−1.921	−1.501	−1.582	−1.577
A3	−5.001	−5.081	−5.058	−4.704	−4.760	−4.620
B1	0.962	0.948	0.993	1.181	1.183	1.244
B2	−1.429	−1.429	−1.416	−1.210	−1.195	−1.259
B3	−4.612	−4.607	−4.601	−4.472	−4.458	−4.445

由表 4-8 可知，对模型 A1 而言，当位置参数个数 $m=2$ 时，AIC 和 BIC 准

则值均小于或等于 $m=3$ 时二者的值，因此，最优位置参数个数为 $m=2$。对模型 A2 而言，根据 AIC 准则，无法判定 m 大于 3 时的情况；而由于 $m=2$ 时，BIC 值小于 $m=3$ 时的值，因此，根据 BIC 准则判定最优位置参数个数为 $m=2$。对模型 A3 而言，当位置参数个数 $m=2$ 时，AIC 和 BIC 准则的值均小于 $m=3$ 时的值，因此，最优位置参数个数值为 $m=2$。对模型 B1 而言，根据 AIC 准则，$m=2$ 时 AIC 值小于 $m=3$ 时的值，据此判定最优位置参数个数 $m=2$；而根据 BIC 准则，$m=1$ 时 BIC 准则值小于 $m=2$ 时值，据此判定最优位置参数个数 $m=1$；但由于 BIC 准则较 AIC 准则严格，且在 $m=2$ 时，相对于 $m=1$，AIC 准则值变动幅度（0.014 6）大于 BIC 准则值变动幅度（0.001 7），说明最优位置参数选择 $m=2$ 较为合适。对模型 B2 而言，根据 AIC 准则，最优位置参数个数为 $m=1$ 或 2；根据 BIC 准则，$m=1$ 时 BIC 值小于 $m=2$ 时的情况，因此，综合分析得出最优位置参数个数为 $m=1$。同理，对模型 B3 而言，最优位置参数个数为 $m=1$。

进一步，采用 MATLAB2015b 得到模型 A1、A2、A3、B1、B2 和 B3 的估计结果。接下来分别对农业生态资本主动投资和被动投资的生态效应进行分析，首先对农业生态资本主动型投资（AI）的生态效应进行分析，即对以 AI 为转换变量时所对应的 A1、A2 和 A3 模型进行分析。

（1）当农村生态状况 EP_{it} 用变量沙化土地面积占比（$DLAOR_{it}$）表示时，农业生态资本主动型投资的生态效应分析如下。

由模型 A1 估计结果可知：农业生态资本主动型投资的系数分别为：线性部分为 $\beta_{00}<0$，且显著；非线性部分系数分别为 $\beta_{01}<0$，$\beta_{02}<0$ 和 $\beta_{03}>0$，其中只有系数 β_{03} 显著，表明农业生态资本主动型投资对沙化土地面积的抑制作用（$\beta_{00}<0$），随着农业生态资本主动型投资增加而抑制作用减弱（$\beta_{03}>0$），但整体仍旧表现为抑制作用（$\beta_{00}+\beta_{03}<0$）。由于系数 β_{01} 和 β_{02} 不显著，表明统计学意义上二者对沙化土地面积占比无显著影响，因此不对第一个和第二个转换函数进行分析。由于第三个转换函数所对应的农业生态资本主动型投资水平的门限值为 182.906 2（由于数据进行了先均值化后再取对数的处理方式，244.538 7 为 AI 的未处理均值，因此门限值为 $e^{-0.2904} \times 244.538\ 7$。下文门限值同理）和 277.459 1（$e^{0.1263} * 244.538\ 7$）。因此，可以根据第三个转换函数得到的门限值，分区间研究农业生态资本主动型投资对沙化土地面积占比的不同影响。当农业生态资本主动型投资在较低水平时，即其值在区间（0，182.906 2）时，随着农业生态资本主动型投资水平的增加，其对沙化土地面积占比的抑制作用（$\beta_{00}<0$）逐渐增强，表明在农业生态资本主动型投资水平低于182.906 2时，

其值的增加将抑制沙化土地面积占比的增加，即有利于减少沙化土地面积占比。当农业生态资本主动型投资跨越门限值 182.906 2，处于区间（182.906 2，277.459 1）时，该抑制作用减弱（$\beta_{03}>0$，$\beta_{00}<\beta_{00}+\beta_{03}<0$），表明当农业生态资本主动型投资水平处于 182.906 2 和 277.459 1 之间时，随着其值的增加，其对沙化土地面积占比的抑制程度降低，抑制作用效果较上个区间差。当农业生态资本主动型投资水平大于门限值 277.459 1 时，随着农业生态资本主动型投资水平的增加，其对沙化土地面积占比的抑制作用再次增强，表明当农业生态资本主动型投资值在该区间增加时，沙化土地面积占比值再次明显降低。因此，总体上看，农业生态资本主动型投资对沙化土地面积占比的影响为抑制作用（$\beta_{00}+\beta_{03}<0$）。第三个转换函数的平滑参数 γ_3 为 2 649.1，数值大，表明农业生态资本主动型投资对沙化土地面积占比的影响在门限值 182.906 2 和 277.459 1 前后发生转换的速度很快，意味着农业生态资本主动型投资在以上两个门限值附近或跨越其值时，农业生态资本主动型投资的生态效应将发生迅速变化。综合上述分析可知，农业生态资本主动型投资对沙化土地面积占比的抑制作用，随着其值的增加而增强，然后在门限值附近发生迅速变化，表明在门限值附近农业生态资本主动型投资值的增加将迅速改变其对沙化土地面积占比抑制作用的程度，即迅速改变降低沙化土地面积占比的程度。

从控制变量分析可知，农业生态资本被动型投资对沙化土地面积占比的直接影响表现为显著的促进作用（$\beta_{10}>0$，$\beta_{10}+\beta_{11}+\beta_{12}+\beta_{13}>0$），由于系数 β_{11} 和 β_{12} 在统计上不显著，因此，随着农业生态资本主动型投资跨越门限值 182.906 2 和 277.459 1，这种促进作用将被削弱（$\beta_{13}<0$），但农业生态资本被动型投资对沙化土地面积占比始终表现为促进作用（$\beta_{10}+\beta_{13}>0$）。这表明农业生态资本被动型投资的增加将呈非线性地降低沙化土地面积。农作物总播种面积对沙化土地面积占比的直接影响为显著的抑制作用（$\beta_{20}<0$），随着农业生态资本主动型投资的增加并跨过门限值 105.971 9 和 325.243 3，该抑制作用减弱（$\beta_{22}>0$，$\beta_{20}<\beta_{20}+\beta_{22}<0$）；当农业生态资本主动型投资水平跨过门限值 182.906 2 和 277.459 1，该抑制作用进一步减弱（$\beta_{23}>0$），并由抑制作用转变为促进作用（$\beta_{20}+\beta_{23}>0$）。整体来看，农作物总播种面积对沙化土地面积占比的影响为促进作用（$\beta_{20}+\beta_{22}+\beta_{23}>0$），表明随着农业生态资本主动型投资水平的变化，平均而言，农作物总播种面积对沙化土地面积占比的影响为促进作用，即农作物总播种面积的增加非线性地提高了沙化土地面积占比值。第一产业从业人数对沙化土地面积占比的直接影响表现为显著的抑制作用（$\beta_{30}<0$），随着农业生态资本主动型投资水平增加并跨越其门限值 41.828 3（$e^{-1.765\,8}*244.538\,7$）和

259.167 2（$e^{0.0581} * 244.5387$），该抑制作用进一步增强（$\beta_{31}<0$，$\beta_{30}<\beta_{30}+\beta_{31}<0$）；当农业生态资本主动型投资水平跨越门限值105.971 9和325.243 3，该抑制作用减弱（$\beta_{32}>0$）。平均而言，第一产业从业人数对沙化土地面积占比的影响表现为抑制作用（$\beta_{30}+\beta_{31}+\beta_{32}<0$），表明随着农业生态资本主动型投资水平的变化，平均来说，第一产业从业人数的增加非线性地降低了沙化土地面积占比值。农业机械总动力对沙化土地面积占比的直接影响表现为显著的促进作用（$\beta_{40}>0$），随着农业生态资本主动型投资水平增加并跨越门限值41.828 3和259.167 2，该促进作用减弱（$\beta_{41}<0$），并由促进作用转变为抑制作用（$\beta_{40}+\beta_{41}<0$）；当农业生态资本主动型投资水平跨越门限值105.971 9和325.243 3，促进作用（$\beta_{40}>0$）减弱（$\beta_{42}<0$），并由促进作用转变为抑制作用（$\beta_{40}+\beta_{42}<0$）。整体上，农业机械总动力对沙化土地面积占比的影响为抑制作用（$\beta_{40}+\beta_{41}+\beta_{42}<0$），表明随着农业生态资本主动型投资水平的变化，平均而言，农业机械使用水平的提高将降低沙化土地面积占比。农用化肥施用量对沙化土地面积占比的直接影响为显著的促进作用（$\beta_{50}>0$），随着农业生态资本主动型投资水平增加并跨越门限值41.828 3和259.167 2，该促进作用进一步增强（$\beta_{50}>0$，$\beta_{50}+\beta_{51}>0$）；当农业生态资本主动型投资水平跨越门限值182.906 2和277.459 1，该促进作用（$\beta_{50}>0$）减弱（$\beta_{53}<0$）并转变为抑制作用（$\beta_{50}+\beta_{53}<0$）。整体而言，随着农业生态资本主动型投资水平跨越不同门限值，平均而言，农用化肥施用量对沙化土地面积占比的影响表现为促进作用（$\beta_{50}+\beta_{51}+\beta_{52}>0$），表明随着农业生态资本主动型投资水平的变化，农用化肥施用量的增加将平均地提高沙化土地面积占比值。农用塑料薄膜使用量对沙化土地面积占比的直接影响表现为显著的促进作用（$\beta_{60}>0$）；随着农业生态资本主动型投资水平跨越门限值41.828 3和259.167 2，该促进作用增强（$\beta_{60}>0$，$\beta_{60}+\beta_{61}>0$）；当农业生态资本主动型投资水平跨越门限值105.971 9和325.243 3，该促进作用（$\beta_{60}>0$）减弱（$\beta_{62}<0$），并由促进作用转变为抑制作用（$\beta_{60}+\beta_{62}<0$）；当农业生态资本主动型投资水平跨越门限值182.906 2和277.459 1，该促进作用（$\beta_{60}>0$）进一步增强（$\beta_{63}>0$，$\beta_{60}+\beta_{63}>0$）。整体上看，随着农业生态资本主动型投资在不同门限值水平变化，平均来说，农用塑料薄膜使用量对沙化土地面积占比的影响表现为促进作用（$\beta_{60}+\beta_{61}+\beta_{62}+\beta_{63}>0$），表明在农业生态资本主动型投资不断变化时，整体来说，农用塑料薄膜使用量的增加会提高沙化土地面积占比值。

单位农业产值电耗对沙化土地面积占比的直接影响表现为显著的抑制作用（$\beta_{70}<0$），随着农业生态资本主动型投资水平跨越门限值182.906 2和277.459 1，

该抑制作用被削弱（$\beta_{73}<0$），并由抑制作用转变为促进作用（$\beta_{70}+\beta_{73}>0$）。因此，整体上平均而言，随着农业生态资本主动型投资水平的增加，逆向指标单位农业产值电耗的增加表示农业技术进步水平的降低，即农业技术水平降低将促进沙化土地面积的增加，也就是提高农业技术进步水平将有利于降低沙化土地面积占比。以上分析如表4-9所示。

表4-9　各PSTR模型估计结果

模型	变量	系数	以AI为转换变量			以PI为转换变量		
			A1	A2	A3	B1	B2	B3
线性部分参数估计	AI	β_{00}	-6.179 0 *** (-6.234 4)	0.728 6 ** (2.008 2)	-1.805 9 *** (-4.760 7)	4.391 4 (1.535 5)	0.067 9 (1.217 1)	-21 950.463 2 (0.000 0)
	PI	β_{10}	0.797 3 *** (4.404 6)	0.304 1 * (1.804 2)	-0.227 3 (-1.274 2)	-17.682 3 *** (-4.299 4)	0.206 6 ** (2.271 1)	-1 124 170 (0.000 0)
	TSAC	β_{20}	-1.745 7 *** (-3.546 5)	-5.561 4 *** (-8.801 7)	-0.881 9 * (-1.902 8)	2.485 8 (0.419 2)	-0.164 2 (-0.827 4)	1 182 664 (0.000 0)
	EPI	β_{30}	-2.280 0 *** (-8.576 8)	0.889 2 *** (2.554 6)	3.301 1 *** (6.996 6)	-6.385 3 * (-1.787 4)	0.228 6 ** (2.175 8)	-672 916 (0.000 0)
	FMP	β_{40}	1.496 7 *** (4.226 7)	0.417 3 (0.997 4)	-2.865 8 *** (-7.301 0)	-6.772 7 * (-1.883 5)	0.682 3 *** (4.473 4)	-901 853 (0.000 0)
	AFAA	β_{50}	1.204 1 *** (3.408 3)	4.010 1 *** (11.270 7)	-0.206 4 (-0.699 5)	11.242 6 *** (2.699 7)	0.336 8 *** (3.144 2)	194 287.3 (0.000 0)
	APFAA	β_{60}	1.272 7 *** (5.753 0)	2.053 3 *** (9.664 0)	0.980 3 *** (3.334 9)	18.340 6 *** (7.590 5)	-0.287 7 *** (-4.403 2)	864 009.9 (0.000 0)
	ECPU	β_{70}	-0.595 4 ** (-2.333 7)	-1.425 7 *** (-5.895 9)	1.198 4 *** (6.425 3)	8.311 8 *** (5.531 5)	-0.144 7 *** (-2.672 9)	465 936.4 (0.000 0)
第一个转换函数非线性部分参数估计	AI	β_{01}	-0.005 3 (-0.006 8)	-0.566 8 (-1.235 9)	-7.805 8 *** (-4.381 0)	938.297 2 (0.032 6)	-0.198 (-1.487 8)	21 950.44 (0.000 0)
	PI	β_{11}	0.229 0 (0.840 3)	-0.286 1 (-1.522 5)	-1.148 4 (-1.264 0)	156 708.6 (0.145 2)	0.051 6 (0.338 6)	1 124 171 (0.000 0)
	TSAC	β_{21}	-0.264 6 (-0.272 5)	8.054 1 *** (10.722 6)	-5.277 2 ** (-2.334 6)	-7 011.65 (-0.002 6)	0.288 1 (1.120 7)	-1 182 665 (0.000 0)
	EPI	β_{31}	-3.197 7 *** (-6.878 8)	-1.801 5 *** (-4.008 6)	14.837 0 *** (6.452 7)	1 555.864 (0.002 9)	-0.610 5 *** (-4.450 2)	672 916.3 (0.000 0)
	FMP	β_{41}	-3.877 4 *** (-6.670 5)	-0.747 9 (-1.219 6)	-14.376 3 *** (-7.156 1)	37 997.22 (0.029 9)	-1.064 3 *** (-5.866 9)	901 853.7 (0.000 0)
	AFAA	β_{51}	8.951 5 *** (12.010 5)	-4.875 6 *** (-11.968 1)	-0.822 8 (-0.539 6)	-20 771.6 (-0.023 6)	0.531 0 *** (3.586 0)	-194 288 (0.000 0)
	APFAA	β_{61}	0.791 8 * (1.744 2)	-1.836 8 *** (-8.105 7)	6.488 0 *** (4.195 1)	-176 734 (-0.560 7)	0.693 5 *** (6.652 2)	-864 010.499 4 * (-1.764 0)
	ECPU	β_{71}	-0.447 7 (-1.244 7)	1.028 3 *** (3.391 8)	5.775 2 *** (6.328 4)	-92 020.6 (-0.190 0)	0.124 7 * (1.646 3)	-465 937 (0.000 0)
平滑参数	γ_1		13.400 0	8.475 9	4.051 3	1.733 1	10 010.32	0.111 0
位置参数	C_1		-1.765 8	-0.482 2	0.532 4	-0.489 6	-0.497 4	-128.688
	C_2		0.058 1	-0.482 1	-0.601 9	-0.553		

表4-9(续)

模型	变量	系数	以AI为转换变量			以PI为转换变量		
			A1	A2	A3	B1	B2	B3
第二个转换函数非线性部分参数估计	AI	β_{02}	-0.389 5 (-0.479 4)	-0.024 5 (-0.100 1)	-0.431 0*** (-3.112 7)	-941.287 (-0.001 3)	0.245 1 (1.275 3)	
	PI	β_{12}	0.170 0 (0.627 6)	-0.153 6* (-1.783 9)	-0.054 9 (-0.804 4)	-156 690 (-0.290 6)	-0.758 6*** (-2.627 8)	
	TSAC	β_{22}	1.457 7* (1.881 2)	-1.666 4*** (-5.489 1)	-0.658 1*** (-3.134 7)	7 008.737 (0.004 9)	0.694 8 (1.514 6)	
	EPI	β_{32}	2.458 1*** (4.468 0)	0.956 7*** (4.489 3)	1.117 1*** (6.216 1)	-1 550.44 (-0.002 1)	-0.535 8*** (-2.862 3)	
	FMP	β_{42}	-2.688 2*** (-4.090 6)	0.063 5 (0.178 6)	-1.081 7*** (-7.020 9)	-37 989.1 (-0.103 9)	-0.261 9 (-1.292 9)	
	AFAA	β_{52}	0.182 5 (0.289 5)	0.954 5*** (4.413 5)	0.392 2*** (3.309 2)	20 759.09 (0.024 8)	-0.077 6 (-0.318 9)	
	APFAA	β_{62}	-3.181 9*** (-9.490 5)	-0.168 9 (-1.491 2)	0.136 7 (1.273 5)	176 715.325 8*** (6.894 7)	0.009 9 (0.060 6)	
	ECPU	β_{72}	-0.166 9 (-0.536 7)	0.841 1*** (96.689 9)	0.368 9*** (5.128 6)	92 011.55 (1.357 2)	0.126 0 (0.718 2)	
平滑参数		γ_2	5 507	1.908 1	4.487 6	1.733 2	15.999 9	
位置参数		C_3	-0.836 2	-2.163 5	-0.334 3	-0.554 7	0.481 9	
参数		C_4	0.285 2	-0.075 1	-2.457 6	-0.487 9		
第三个转换函数非线性部分参数估计	AI	β_{03}	5.225 8*** (4.847 1)		10.383 4*** (4.431 6)			
	PI	β_{13}	-0.704 9** (-2.354 2)		1.434 9 (1.239 9)			
	TSAC	β_{23}	2.628 4*** (3.425 5)		6.992 7** (2.368 5)			
	EPI	β_{33}	-0.067 7 (-0.142 1)		-19.851 2*** (-6.617 7)			
	FMP	β_{43}	0.862 1 (1.451 5)		18.488 7*** (7.207 4)			
	AFAA	β_{53}	-4.069 3*** (-5.967 2)		0.798 1 (0.413 9)			
	APFAA	β_{63}	2.194 3*** (5.972 9)		-7.587 7*** (-3.903 1)			
	ECPU	β_{73}	0.782 7** (2.347 5)		-7.460 8*** (-6.280 6)			
平滑参数		γ_3	2 649.1		3.136 7			
位置参数		C_5	-0.290 4		-0.492 5			
参数		C_6	0.126 3		0.480 8			

注：括号中为基于修正标准误差的 t 值。

（2）当农村生态状况 EP_{it} 用变量农业用水量（AWC_{it}）表示时，农业生态资本主动型投资的生态效应分析如下。

由模型 A2 估计结果可知：

农业生态资本主动型投资的系数分别为：线性部分 $\beta_{00}>0$，且显著；非线性部分系数分别为 $\beta_{01}<0$，$\beta_{02}<0$，且二者均不显著，表明平均来说农业生态资本主动型投资对农业用水量的影响表现为显著的促进作用（$\beta_{00}>0$），但这种促进作用并没有因农业生态资本主动型投资水平的增加而改变。由于只有线性部分系数显著，故而统计学意义上农业生态资本主动型投资对农业用水量的影响表现为简单的显著线性特征，即农业生态资本主动型投资的增加将导致农业用水量的线性增加。该结论与研究预期不符，其非线性特性有待继续验证。

从控制变量上看，农业生态资本被动型投资对农业用水量的直接影响为显著的促进作用（$\beta_{10}>0$）；随着农业生态资本主动型投资跨越门限值 28.102 9（$e^{-2.163\,5}*244.538\,7$）和 226.846 5（$e^{-0.075\,1}*244.538\,7$），该促进作用将减弱（$\beta_{12}<0$）。但整体上表现为促进作用（$\beta_{10}+\beta_{12}>0$），表明农业生态资本被动型投资的增加将提高农业用水量，但提高幅度会随着农业生态资本主动型投资水平的增加而降低。农作物总播种面积对农业用水量的影响首先表现为显著的抑制作用（$\beta_{20}<0$），随着农业生态资本主动型投资跨越门限值 150.984 0（$e^{-0.482\,2}*244.538\,7$）和 150.999 1（$e^{-0.482\,1}*244.538\,7$），抑制作用转变为显著的促进作用（$\beta_{21}>0$）；当农业生态资本主动型投资在门限值 28.102 9 和 226.846 5 前后，促进作用再次转变为抑制作用（$\beta_{22}<0$）。但整体来看，农作物总播种面积对农业用水量的影响表现为促进作用（$\beta_{20}+\beta_{21}+\beta_{22}>0$），但整体上的促进作用会随着农业生态资本主动型投资跨越不同门限值而降低（$\beta_{21}>\beta_{22}+\beta_{21}>\beta_{20}+\beta_{21}+\beta_{22}>0$），表明平均而言农作物总播种面积的增加将非线性地提高农业用水量。第一产业从业人数对农业用水量的影响首先表现为显著的促进作用（$\beta_{30}>0$），随着农业生态资本主动型投资达到门限值 150.984 0 和 150.999 1 前后，促进作用转变为显著的抑制作用（$\beta_{31}<0$）；当农业生态资本主动型投资在门限值 28.102 9 和 226.846 5 前后，抑制作用再次转变为促进作用（$\beta_{32}>0$）。但整体来看，第一产业从业人数对农业用水量的影响表现为促进作用（$\beta_{30}+\beta_{31}+\beta_{32}>0$），这种促进作用会随着农业生态资本主动型投资跨越门限值 150.984 0 和 150.999 1 而降低（$\beta_{30}+\beta_{32}>\beta_{30}+\beta_{31}+\beta_{32}>0$），表明第一产业从业人数的增加将非线性地增加农业用水量。农业机械总动力对农业用水量的影响整体表现为抑制作用（$\beta_{40}+\beta_{41}+\beta_{42}<0$），且在农业生态资本主动型投资跨越门限值及其前后均不显著，其生态效应还有待进一步考查。农用化肥施用量对农业用水量的影响首先表现为显著的促进作用（$\beta_{50}>0$），随着农业生态资本主动型投资达到门限值 150.984 0 和 150.999 1 前后，促进作用转变为显著的抑制作用（$\beta_{51}<0$）；当农业生态资本主动型投资在门限值 28.102 9 和 226.846 5 前后，抑制作用转变为显著的促进作用（$\beta_{52}>0$）。整体上，农用化肥施用量对农业用水量的影响表现为显著的促进作用（$\beta_{50}+\beta_{51}+\beta_{52}>0$），这种促进作用会随着农业生态资本主动型投资达到门限值 150.984 0 和 150.999 1 前后而降低（$\beta_{50}+\beta_{52}>\beta_{50}+\beta_{51}+\beta_{52}>0$），表明农用化肥使用量随着农业生态资本主动型投资的改变而非线性的影响农业用水量。农用塑料薄膜使用量对农业用水量的影响首先表现为显著的促进作用（$\beta_{60}>0$），随着农业生态资本主动型投资跨越门限值 150.984 0 和 150.999 1，促进作用将降低（$\beta_{60}>\beta_{60}+\beta_{61}>0$）。在农业生态资本主动型投资达到门限值 28.102 9 和 226.846 5 前后，整体促进作用继续降低（$\beta_{60}>\beta_{60}+\beta_{61}>\beta_{60}+\beta_{61}+\beta_{62}>0$），但降低幅度不显著。单位农业产值电耗对农业用水量的影响首先表现为显著的抑制作用（$\beta_{70}<0$），随着农业生态资本主动型投资达到门限值 150.984 0 和 150.999 1 前后，抑制作用逐渐减弱（$\beta_{70}<\beta_{70}+\beta_{71}<0$），在门限值 28.102 9 和 226.846 5 前后时，转变为促进作用（$\beta_{72}>0$），表明随着农业生态资本主动型投资水平增加，农业技术进步水平提高将降低农业用水量。

（3）当农村生态状况 EP_{it} 用变量有效灌溉面积占比（$EIAR_{it}$）表示时，农业生态资本主动型投资的生态效应分析如下。

由模型 A3 估计结果可知：农业生态资本主动型投资的系数分别为：线性部分 $\beta_{00}<0$，非线性部分系数分别为 $\beta_{01}<0$，$\beta_{02}<0$ 和 $\beta_{03}>0$，且均显著，表明平均来说随着农业生态资本投资水平的提高，其对有效灌溉面积占比的抑制作用呈现先增强然后再减弱的趋势。由于第一个转换函数所对应农业生态资本主动型投资的门限值分别为 416.453 0（$e^{0.532 4}*244.538 7$）和 133.950 9（$e^{-0.601 9}*244.538 7$）；第二转换函数所对应农业生态资本主动型投资的门限值分别为 175.050 3（$e^{-0.334 3}*244.538 7$）和 20.942 4（$e^{-2.457 6}*244.538 7$）；第三个转换函数所对应农业生态资本主动型投资的门限值分别为 149.436 8（$e^{-0.492 5}*244.538 7$）和 395.509 0（$e^{-0.480 8}*244.538 7$）。因此根据三个转换函数得到的六个不同门限值，分区间研究农业生态资本主动型投资对有效灌溉面积占比的不同影响作用。当农业生态资本主动型投资水平小于 20.942 4，即在区间（0，20.942 4）时，农业生态资本主动型投资对有效灌溉面积占比的影响表现为显著的抑制作用（$\beta_{00}<0$）。当农业生态资本主动型投资水平在区间（20.942 4，133.950 9）时，农业生态资本主动型投资水平跨过门限值 20.942 4，其对有效灌溉面积占比的抑制作用逐渐增强（$\beta_{00}+\beta_{01}+\beta_{02}<0$）。当农业生态资本主动型投资水平在区间（133.950 9，149.436 8）时，农业生态资本主动型投资水平跨过

门限值 133.950 9，其对有效灌溉面积占比的抑制作用程度相对上个区间而言较为减弱（$\beta_{00}+\beta_{01}<0$）。当农业生态资本主动型投资水平在区间（149.436 8，175.050 3）时，农业生态资本主动型投资跨过门限值 149.436 8，其对有效灌溉面积占比的影响由抑制作用转变为促进作用（$\beta_{00}+\beta_{01}+\beta_{02}+\beta_{03}>0$）。当农业生态资本主动型投资水平在区间（175.050 3，395.509 0）时，农业生态资本主动型投资跨过门限值 175.050 3，其对有效灌溉面积占比的促进作用相对上个区间而言增强（$\beta_{00}+\beta_{01}+\beta_{03}>\beta_{00}+\beta_{01}+\beta_{02}+\beta_{03}>0$）。当农业生态资本主动型投资水平在区间（395.509 0，416.453 0）时，农业生态资本主动型投资跨过门限值 395.509 0，其对有效灌溉面积占比的影响由促进作用转为抑制作用（$\beta_{00}+\beta_{01}<0$）。当农业生态资本主动型投资水平跨过门限值 416.453 0 时，其对有效灌溉面积占比的抑制作用再次增强。因此，总体而言，农业生态资本主动型投资对有效灌溉面积占比的影响表现为显著的促进作用（$\beta_{00}+\beta_{01}+\beta_{02}+\beta_{03}>0$）。第一个转换函数和第二个转换函数的平滑参数 γ_1、γ_2 分别为 4.051 3 和 4.487 6，二者数值较小，表明农业生态资本主动型投资对有效灌溉面积占比的抑制作用在以上两个转换函数对应门限值前后变化的幅度较小，转换函数变动趋势较为平滑。在一定程度上表明农业生态资本主动型投资对有效灌溉面积占比的不断增强的抑制作用是农业生态资本主动型投资长期累积作用的结果。第三个转换函数的平滑参数 γ_3 为 3.136 7，同样数值较小，表明农业生态资本主动型投资对有效灌溉面积占比的影响作用在其对应的门限值前后，由抑制作用转变为促进作用的变动趋势较为平缓。在一定程度上表明农业生态资本主动型投资对有效灌溉面积占比的影响由抑制作用转变为促进作用的过程是变动缓慢，且是其长期累计投资作用形成的。综上，随着农业生态资本主动型投资的增加，农业生态资本主动型投资对有效灌溉面积占比的影响整体上呈现先抑制再促进的变动趋势，且在抑制作用程度变化和促进作用转换之间变动缓慢，趋势平缓，表明这种变化是农业生态资本主动型投资经过长期累积作用的结果。

从控制变量来看，农业生态资本被动型投资所有系数均不显著，表明随着农业生态资本主动型投资水平的提高，其对有效灌溉面积占比的影响在统计学意义上无显著影响，表明其对有效灌溉面积占比的影响还有待验证。农作物总播种面积对有效灌溉面积占比的直接影响表现为显著的抑制作用（$\beta_{20}<0$），随着农业生态资本主动型投资水平跨越门限值 416.453、133.950 9、175.050 3 和 20.942 35，其抑制作用将增强（$\beta_{20}+\beta_{21}+\beta_{22}<\beta_{20}+\beta_{21}<0$）；当农业生态资本主动型投资水平跨越门限值 149.436 8 和 395.509 0 时，该抑制作用将减弱（$\beta_{23}>0$）。整体上平均而言，农作物总播种面积对有效灌溉面积占比的影响表现为促进作用（$\beta_{20}+\beta_{21}+\beta_{22}+\beta_{20}>0$），表明平均来说农作物总播种面积的增加提高了有效灌溉面积占比值。第一产业从业人数对有效灌溉面积占比的直接影响表现为显著的促进作用（$\beta_{30}>0$），随着农业生态资本主动型投资跨越门限值 416.453、133.950 9、175.050 3 和 20.942 35，其促进作用得到增强（$\beta_{30}+\beta_{31}+\beta_{32}>\beta_{30}+\beta_{31}>0$）；当农业生态资本主动型投资水平跨越门限值 149.436 8 和 395.509 0 时，该促进作用将变小（$\beta_{33}<0$），且由促进作用转变为抑制作用（$\beta_{30}+\beta_{31}+\beta_{32}+\beta_{33}<0$）。整体上来看，第一产业从业人数对有效灌溉面积占比的影响表现为抑制作用，表明随着农业生态资本主动型投资增加，第一产业从业人数的增加将先提高有效灌溉面积占比然后再降低，但平均而言，第一产业从业人数的增加降低了有效灌溉面积占比。农业机械总动力对有效灌溉面积占比的直接影响表为抑制作用（$\beta_{40}<0$），随着农业生态资本主动型投资水平跨越门限值 416.453、133.950 9、175.050 3 和 20.942 35，其抑制作用将增强（$\beta_{40}+\beta_{41}+\beta_{42}<\beta_{40}+\beta_{41}<0$）；当农业生态资本主动型投资水平跨越门限值 149.436 8 和 395.509 0 时，该抑制作用将减弱（$\beta_{43}>0$），直到抑制作用转变为促进作用（$\beta_{40}+\beta_{41}+\beta_{42}+\beta_{43}>0$）。因此从整体上看，第一产业从业人数对有效灌溉面积占比的影响呈现先抑制后促进，整体上促进的作用趋势，表明第一产业从业人数对有效灌溉面积占比的作用，随着农业生态资本主动型投资的变动而呈现非线性的变动趋势。农用化肥施用量对有效灌溉面积占比的直接影响在统计学意义上无显著影响。只有当农业生态资本主动型投资跨越门限值 175.050 3 和 20.942 35 时，农用化肥施用量对有效灌溉面积占比的影响为促进作用（$\beta_{52}>0$），表明只有当农业生态资本主动型投资水平增加到一定值时，农用化肥施用量的增加才可能提高有效灌溉面积占比。农用塑料薄膜使用量对有效灌溉面积占比的直接影响表现为显著的促进作用（$\beta_{60}>0$）；当农业生态资本主动型投资水平跨越门限值 416.453 和 133.950 9 时，促进作用将增强（$\beta_{60}>0$，$\beta_{60}+\beta_{61}>\beta_{60}>0$）；而系数 β_{62} 不显著；当农业生态资本主动型投资水平跨越门限值 149.436 8 和 395.509 0 时，促进作用将减弱（$\beta_{63}<0$），且该促进作用将转变为抑制作用（$\beta_{60}+\beta_{61}+\beta_{63}<0$），表明农业薄膜使用量对有效灌溉面积占比的影响会因生态资本主动型投资水平的不同而呈现先促进后抑制的作用，平均而言，呈现抑制作用的特点。单位农业产值电耗对有效灌溉面积占比的直接影响表现为显著的促进作用（$\beta_{70}>0$）；随着农业生态资本主动型投资水平跨越门限值 416.453、133.950 9、175.050 3 和 20.942 35，该促进不断增强（$\beta_{70}+\beta_{71}+\beta_{72}>0$）；当农业生态资本主动型投资水平跨越门限值 149.436 8 和 395.509 0 时，该促进作用减弱（$\beta_{73}<0$）直至转变为抑制作用（$\beta_{70}+\beta_{71}+\beta_{72}+\beta_{73}<0$）。这表明

表现农业技术进步的单位农业产值电耗值的增加将先提高有效灌溉面积占比，之后随着农业生态资本主动型投资跨越不同门限值而转变为降低有效灌溉面积占比，即整体来看，农业技术进步水平越低将越会降低有效灌溉面积占比。

首先对农业生态资本被动型投资（PI）的生态效应进行分析，即对以 PI 为转换变量时所对应的 B1、B2 和 B3 模型进行分析。

（1）当农村生态状况 EP_{it} 由变量沙化土地面积占比（$DLAOR_{it}$）表示时，农业生态资本被动型投资的生态效应分析如下。由模型 B1 估计结果可知：农业生态资本被动型投资的系数分别为：线性部分为 $\beta_{10}<0$，且显著；非线性部分系数 $\beta_{11}>0$ 和 $\beta_{12}<0$，均不显著。因此，农业生态资本被动型投资对沙化土地面积的直接影响表现为显著的抑制作用（$\beta_{10}<0$），该抑制作用并没有随着农业生态资本被动型投资水平的增加而统计上显著，表明从统计学意义上说，平均而言，农业生态资本被动型投资水平的增加显著降低了沙化土地面积占比值，统计上表现为线性作用，其非线性作用并不显著。因此，根据上述分析可知，农业生态资本被动型投资统计上能显著地影响沙化土地面积占比值，且表现为简单的线性抑制作用，而统计上不显著的非线性影响产生的深层次原因有待进一步研究。

从控制变量看，农业生态资本主动型投资对沙化土地面积占比的影响无论是直接影响（β_{00}）还是非线性影响（β_{01}，β_{02}），在统计学意义上均不显著。这表明农业生态资本主动型投资水平自身以及农业生态资本被动型投资变化时，其对沙化土地面积占比的影响统计上表现为无显著影响。农作物总播种面积变量线性部分系数 β_{20} 和非线性部分系数 β_{21}、β_{22} 统计上均不显著，表明农作物总播种面积对沙化土地面积占比统计上无显著影响，且这种影响不会随着农业生态资本被动型投资水平变化而出现显著变化。第一产业从业人数变量线性部分系数 $\beta_{30}<0$，且显著；非线性部分系数 $\beta_{31}>0$ 和 $\beta_{32}<0$，且均不显著。第一产业从业人数对沙化土地面积占比的直接影响表现为显著的抑制作用（$\beta_{30}<0$），随着农业生态资本被动型投资水平增加，该抑制作用并不会出现显著变化，表明统计上无显著的非线性抑制作用。因此，第一产业从业人数的增加统计上显著降低沙化土地面积占比值，且表现为整体上的线性作用。农业机械总动力变量线性部分系数 $\beta_{40}<0$，且显著；非线性部分系数 $\beta_{41}>0$ 和 $\beta_{42}<0$，且均不显著。农业机械总动力对沙化土地面积占比的影响表现为显著的抑制作用（$\beta_{40}<0$），且该抑制作用并不随农业生态资本被动型投资水平的变化而出现统计上的显著变化。因此，农业机械总动力的增加将显著降低沙化土地面积占比值，且表现为统计上显著的线性抑制作用，而统计上不显著的非线性变化有待

继续验证。农用化肥施用量变量线性部分系数 $\beta_{50}>0$，且显著；非线性部分系数 $\beta_{51}<0$ 和 $\beta_{52}>0$，且均不显著。农用化肥施用量对沙化土地面积占比的直接影响为显著的促进作用（$\beta_{50}>0$），而非线性部分系数统计上不显著。表明农用化肥施用量的增加能显著线性增加沙化土地面积占比值，而随着农业生态资本被动型投资变动该促进作用的非线性效应统计上不显著，无显著影响。农用塑料薄膜变量线性部分系数 $\beta_{60}>0$，且显著；非线性部分系数 $\beta_{61}<0$ 不显著，$\beta_{62}>0$ 显著，表明随着农业生态资本被动型投资水平增加，农用塑料薄膜使用量的增加能显著非线性提高沙化土地面积占比值。农用塑料薄膜对沙化土地面积占比的直接影响为显著的促进作用（$\beta_{60}>0$），随着农业生态资本被动型投资水平增加并跨越门限值 2.159 7（$e^{-0.5547} * 3.7610$）和 2.308 9（$e^{-0.4879} * 3.7610$），该促进作用显著增强（$\beta_{62}>0$，$\beta_{60}+\beta_{62}>0$）。因此随着农业生态资本被动型投资增加，农用塑料薄膜使用量的增加会非线性地显著增加沙化土地面积占比值。单位农业产值电耗变量线性部分系数 $\beta_{70}>0$，且显著；非线性部分系数 $\beta_{71}<0$ 和 $\beta_{72}>0$ 均不显著。表明逆向指标单位农业产值电耗衡量的农业技术进步水平的降低显著线性增加沙化土地面积占比，同理，即农业技术进步水平的提高将显著降低沙化土地面积占比，且不存在随着农业生态资本被动投资变动的统计上显著的非线性影响。

（2）当农村生态状况 EP_{it} 用变量农业用水量（AWC_{it}）表示时，农业生态资本被动型投资的生态效应分析如下。由模型 B2 估计结果可知：农业生态资本被动型投资的系数分别为：线性部分 $\beta_{10}>0$ 且显著；非线性部分系数 $\beta_{11}>0$ 不显著，$\beta_{12}<0$ 显著。这表明，平均来说，随着农业生态资本被动型投资水平的提高，其对农业用水量促进作用（$\beta_{10}>0$）的影响逐渐减弱。由于模型中非线性部分系数 $\beta_{11}>0$ 不显著，说明统计意义上农业生态资本被动型投资对农业用水量无显著影响，因此，对其对应的第一个转换函数及其门限值不做详细阐释。第二个转换函数对应的门限值为 6.089 6（$e^{0.4819} * 3.7610$），因此，统计上模型 B2 简化为两机制的门限模型。农业生态资本被动型投资水平的变化对农业用水量的影响会产生明显差异，因此，对农业生态资本被动型投资水平分区间研究其对农业用水量的影响。在农业生态资本被动型投资水平小于门限值 6.089 6，即在区间（0，6.089 6）时，随着农业生态资本被动型投资水平提高，其对农业用水量的促进作用将增强。当农业生态资本被动型投资水平跨越门限值 6.089 6 时，促进作用将减弱（$\beta_{12}<0$），且转变为抑制作用（$\beta_{10}+\beta_{12}<0$）。整体上，平均而言，农业生态资本被动型投资对农业用水量的影响表现为抑制作用（$\beta_{10}+\beta_{12}<0$），表明随着农业生态资本被动型投资增加，农业用水

量将显著地非线性减少。从第二个转换函数的平滑参数 γ_2 为 15.999 9 可知，平滑参数值较小，转换函数变动较为平滑。农业生态资本被动型投资对农业用水量的影响由促进作用到抑制作用是农业生态资本被动型投资长期累积作用的结果。综合上述分析可以得出，农业生态资本被动型投资对农业量的影响经历了从促进作用到抑制作用显著平滑的变动过程。此变动过程是农业生态资本被动型投资长期作用的结果。

从控制变量看，农业生态资本主动型投资变量系数 β_{00}、β_{01} 和 β_{02} 均不显著，表明统计学意义上农业生态资本主动型投资对农业用水量无显著影响。农作物总播种面积变量系数 β_{20}、β_{21} 和 β_{22} 均不显著，表明统计上农作物总播种面积对农业用水量无显著影响，且这种影响并不随农业生态资本被动型投资水平变动而出现显著变化。第一产业从业人数对农业用水量的直接影响为显著的促进作用（$\beta_{30}>0$），但随着农业生态资本被动型投资达到门限值 2.287 1（$e^{-0.497\,1}*3.761\,0$）前后，该促进作用减弱（$\beta_{31}<0$）转变为抑制作用（$\beta_{30}+\beta_{31}<0$）。随着农业生态资本被动型投资水平继续增加到门限值 6.089 6 前后，该抑制作用继续增强（$\beta_{32}<0$，$\beta_{30}+\beta_{31}+\beta_{32}<\beta_{30}+\beta_{31}<0$）。因此，第一产业从业人数对农业用水量的影响随着农业生态资本被动型投资的增加逐渐由促进作用转变为抑制作用。农业机械总动力对农业用水量的直接影响为显著的促进作用（$\beta_{40}>0$），随着农业生态资本被动型投资跨越门限值 2.287 1，该促进作用减弱（$\beta_{41}<0$）并转变为抑制作用（$\beta_{40}+\beta_{41}<0$）。这表明农业机械总动力的增加提高农业用水量的促进作用，会随着农业生态资本被动型投资水平的提高而转变为降低农业用水量的抑制作用。农用化肥施用量系数 β_{50} 和 β_{51} 为正且显著，表明农用化肥施用量对农业用水量的促进作用（$\beta_{50}>0$），会随着农业生态资本被动型投资增加到门限值 2.287 1 前后而继续增强（$\beta_{50}+\beta_{51}>0$）。农用塑料薄膜使用量对农业用水量的直接影响为显著的抑制作用（$\beta_{60}<0$），随着农业生态资本被动型投资水平增加到门限值 2.287 1，该抑制作用减弱（$\beta_{61}>0$），当其跨越门限值 2.287 1 时，该抑制作用转变为促进作用（$\beta_{60}+\beta_{61}>0$），表明农用塑料薄膜使用量对农业用水量的影响会随着农业生态资本被动型投资水平在门限值前后变动，呈现先有利于降低农业用水量再提高农业用水量的变动趋势。

逆向指标单位农业产值电耗对农业用水量的直接影响表现为显著的抑制作用（$\beta_{70}<0$），随着农业生态资本被动型投资跨越门限值 2.287 1，该抑制作用减弱（$\beta_{71}>0$，$\beta_{70}+\beta_{71}<0$）。这表明随着农业生态资本被动型投资水平增加并跨越门限值，逆向指标单位农业产值电耗衡量的农业技术进步水平的提高会逐渐降低农业用水量。

（3）当农村生态状况 EP_{it} 用变量有效灌溉面积占比（$EIAR_{it}$）表示时，农业生态资本被动型投资的生态效应分析如下。模型 B3 为两机制的门限模型，由估计结果可知：核心解释变量农业生态资本被动型投资线性部分系数 β_{10} 和非线性部分系数 β_{11}，统计上均不显著。这表明农业生态资本被动型投资对有效灌溉面积占比统计意义上无显著影响。控制变量除农用塑料薄膜使用量非线性部分系数 β_{61} 显著外，其余控制变量系数均不显著，且农业生态资本被动型投资的门限值接近 0（$e^{-128.688\,4} * 3.761\,0$）。这表明其余控制变量对有效灌溉面积占比的影响统计上不显著。随着农业生态资本被动型投资增加，农用塑料薄膜使用量的增加会显著提高有效灌溉面积占比。

综上所述，农业生态资本投资的生态效应在农业生态资本主动型投资和被动型投资间存在差异。就农业生态资本主动型投资生态效应而言，普遍降低了沙土土地面积占比，提高自然生态环境质量；同时，平均来说，普遍提高了农业用水量和有效灌溉面积占比。在农业生态资本被动型投资产生生态效应过程中，平均来说，普遍降低沙化土地面积占比，能有效改善自然生态环境；同时，能显著降低农业用水量，但无益于有效灌溉面积占比的改变。

上述论断为有效进行农业生态资本投资，从而改善农村生态环境提供了有益启示：首先，农业生态资本主动型投资和被动型投资的生态效应存在差异性，生态效应的非线性特征要求在进行农业生态资本投资时，要重点关注其存在的门限值，以便根据农业生态资本投资的不同水平准确进行生态资本投资，提高其生态效应水平。因此，要根据农业生态资本主动型和被动型投资的不同发展阶段，准确进行生态资本投资，提高生态资本投资生态效应水平。其次，农业生态资本投资的生态效应存在一些有待继续研究的问题，诸如需要进一步探究农业生态资本主动型投资增加提高农业用水量以及农业生态资本被动型投资无益于有效灌溉面积占比改变的深层次原因，为促进农业生态资本投资生态效应的有效发挥做好铺垫。最后，由于我国幅员辽阔，自然环境和社会差异明显，因此，农业生态资本投资的生态效应可能因地理位置和社会经济发展水平存在空间关联性。为更全面深入地研究各地区间生态效应可能存在的地域差异性和空间关联性，以及更准确分区域实行农业生态资本投资，实现持续的生态效应，提高生态环境质量，有必要对农业生态资本投资的生态效应开展空间方面的研究。

第四节　农业生态资本投资对农村生态影响的空间效应研究

上节中已经分析了农业生态资本主动型投资和被动型投资的非线性生态效应，同时指出农业生态资本投资的生态效应可能会因各个地区不同的地理位置和经济社会发展水平而产生区域差异。因此本节将研究农业生态资本投资对农村生态可能存在的空间效应，为进一步探究生态效应特征以及因地施策，实行生态资本有效投资提供理论借鉴。

一、空间面板回归模型构建原理与方法

首先，根据上节中 CD 生产函数和 IPAT 模型结合形成的扩展 STIRPAT 模型，构建基本的面板回归模型，形式为

$$\text{Ln EP}_{it} = \alpha + \beta_1 \text{Ln AI}_{it} + \beta_2 \text{Ln PI}_{it} + \beta_3 \text{Ln TSAC}_{it} + \beta_4 \text{Ln EPI}_{it} +$$

$$\beta_5 \text{Ln FMP}_{it} + \beta_6 \text{Ln AFAA}_{it} + \beta_7 \text{Ln APFAA}_{it} + \beta_8 \text{Ln ECPU}_{it} + \mu_i + \varepsilon_{it}$$

$$(4-36)$$

式中，农村生态状况 EP_{it} 分别用沙化土地面积占比（DLAOR）、农业用水量（AWC）和有效灌溉面积占比（EIAR）表示。其中：μ_i 为个体固定效应；ε_{it} 为服从 $iid(0, \sigma_\varepsilon^2)$ 的随机误差项。

接下来，使用空间模型前首先进行空间相关性检验，因此，下面进行空间相关性检验分析。

（一）空间相关性检验

Anselin（1988）指出一个地区的经济特征与邻近地区同一经济特征发生着某种联系，即具有显著的空间相关性，而空间相关性产生于两个原因，即空间交互作用和空间单位的测量误差。空间自相关分析，即探索性空间数据分析（ESDA），用于分析地理空间邻近区域间的相关性（汪泽波，2016）。空间自相关分析主要使用两类工具：第一类分析全局空间相关性，一般用 Moran 指数 I、Geary 指数 C 测度；第二类分析局部空间相关性，一般是使用 G 统计量、Moran 散点图和 LISA 来测度。全局空间相关性分析主要分析数据在整体系统内的分布特征，局部空间相关性分析主要分析系统内各组成部分的分布特征（沈体雁 等，2010）。本书采用全局莫兰指数（Global Moran's I）和局部莫兰指数（Local Moran's I）分别分析全局空间自相关性和局部空间自相关性，公式

如下。

全局莫兰指数（Global Moran's I）计算公式为

$$I = \frac{n \sum\limits_{i=1}^{n} \sum\limits_{j=1}^{n} W_{ij}(x_i - \bar{x})(x_j - \bar{x})}{\sum\limits_{i=1}^{n} \sum\limits_{j=1}^{n} W_{ij} \sum\limits_{i=1}^{n} (x_i - \bar{x})^2} = \frac{\sum\limits_{i=1}^{n} \sum\limits_{j=1}^{n} W_{ij}(x_i - \bar{x})(x_j - \bar{x})}{S^2 \sum\limits_{i=1}^{n} \sum\limits_{j=1}^{n} W_{ij}} \quad (4-37)$$

局部莫兰指数（Local Moran's I）计算公式为

$$I = \frac{(x_i - \bar{x})}{S^2} \sum\limits_{j=1}^{n} W_{ij}(x_i - \bar{x})(x_j - \bar{x}) \quad (4-38)$$

其中，n 为研究区域个数，W_{ij} 是表现区域 i 与区域 j 相邻关系的空间权重；xi、xj 是区域 i 和区域 j 的属性；$\bar{x} = \frac{1}{n} \sum\limits_{i=1}^{n} x_i$ 和 $S^2 = \frac{1}{n} \sum\limits_{i=1}^{n} (x_i - \bar{x})^2$ 分别是属性 x_i 的均值和方差。Moran 指数 I 的取值在 [-1, 1]，大于 0 表示正自相关，越接近 1 正自相关性越强，表明属性相似的区域聚集在一起；小于 0 表示负自相关，越接近-1 负自相关性越强，表明属性相异的区域聚集在一起；接近于 0 表示区域无空间自相关关系，是随机分布的。

全局莫兰指数和局部莫兰指数公式中 W_{ij} 为行标准化的空间权重矩阵。空间权重矩阵是空间位置邻接或距离衰减性关系的一种形式（格里菲斯，1996）。构建空间权重矩阵主要有空间单元相邻、空间单元距离和 K 值最邻近空间三种构建准则（安瑟林，1988）。中国东部省域面积相对西部较小而经济相对发达，由于这一独特的地理结构，使用空间单元相邻准则构建空间权重矩阵（高远东 等，2013）。同时考虑到自然地理对生态环境的重要影响以及本部分研究目的，本书采用空间单元临接准则构建空间权重矩阵。构建空间权重准则如下，并对空间权重矩阵 W 进行行标准化处理。

$$W_{ij} = \begin{cases} 1 & \text{省份 } i \text{ 与省份 } j \text{ 相邻} \\ 0 & \text{省份 } i \text{ 与省份 } j \text{ 相邻} \end{cases} \quad (4-39)$$

（二）空间面板回归模型构建

在根据上述空间相关性检验得出研究变量的空间相关性之后，为研究农业生态资本投资对农村生态影响的空间效应，空间计量经济学中多采用空间滞后模型（SLM）、空间误差模型（SEM）和空间杜宾模型（SDM）来分析研究对象存在的空间效应。根据扩展 STIRPAT 模型分别构建空间滞后模型（SLM）、空间误差模型（SEM）和空间杜宾模型（SDM）。

（1）为研究农村生态状况在区域间可能存在的扩散效应，构建如下空间滞后模型（SLM）：

$$\text{Ln EP}_{it} = \alpha + \beta_1 \text{Ln AI}_{it} + \beta_2 \text{Ln PI}_{it} + \beta_3 \text{Ln TSAC}_{it} + \beta_4 \text{Ln EPI}_{it} +$$
$$\beta_5 \text{Ln FMP}_{it} + \beta_6 \text{Ln AFAA}_{it} + \beta_7 \text{Ln APFAA}_{it} + \beta_8 \text{Ln ECPU}_{it} + \beta_{10} W\text{Ln EP}_{it} + v_{it}$$

$$(4\text{-}40)$$

（2）由于获取解释变量数据的区域位置不同而易产生变量间相互作用的差异性。因此，构建如下空间误差模型（SEM）：

$$\text{Ln EP}_{it} = \alpha + \beta_1 \text{Ln AI}_{it} + \beta_2 \text{Ln PI}_{it} + \beta_3 \text{Ln TSAC}_{it} + \beta_4 \text{Ln EPI}_{it} +$$
$$\beta_5 \text{Ln FMP}_{it} + \beta_6 \text{Ln AFAA}_{it} + \beta_7 \text{Ln APFAA}_{it} + \beta_8 \text{Ln ECPU}_{it} + u_{it} \quad (4\text{-}41)$$

其中，$u_{it} = \rho \sum_{j=1}^{n} w_{ij} u_{it} + v_{it} \rho$ 为空间自相关系数。

（3）当被解释变量和解释变量都存在空间相关性，同时根据检验统计量在空间滞后和空间误差模型中进行选择时，Lesage 和 Pace（2009）建议使用空间杜宾模型（SDM）。具体形式如下：

$$\text{Ln EP}_{it} = \alpha + \beta_1 \text{Ln AI}_{it} + \beta_2 \text{Ln PI}_{it} + \beta_3 \text{Ln TSAC}_{it} + \beta_4 \text{Ln EPI}_{it} +$$
$$\beta_5 \text{Ln FMP}_{it} + \beta_6 \text{Ln AFAA}_{it} + \beta_7 \text{Ln APFAA}_{it} + \beta_8 \text{Ln ECPU}_{it} + \rho W\text{Ln EP}_{it} +$$
$$\gamma_1 W\text{Ln AI}_{it} + \gamma_2 W\text{Ln PI}_{it} + \gamma_3 W\text{Ln TSAC}_{it} + \gamma_4 W\text{Ln EPI}_{it} +$$
$$\gamma_5 W\text{Ln FMP}_{it} + \gamma_6 W\text{Ln AFAA}_{it} + \gamma_7 W\text{Ln APFAA}_{it} + \gamma_8 W\text{Ln ECPU}_{it} + \mu_I + \tau_t + \varepsilon_{it}$$

$$(4\text{-}42)$$

其中，ρ 表示衡量不同区域变量间依存度的空间自相关系数，μ_i 表示空间固定效应，τ_t 表示时间固定效应，ε_{it} 表示随机误差项，服从均值为 0，方差为 σ^2 的独立同分布。

二、空间相关性检验与实证模型选择

由于本节研究内容是在上节部分研究内容上的延伸和扩展，选取的指标和数据来源与上节相同，在此不再重复解释。根据上文分析框架，首先进行空间相关性检验分析。

（一）空间相关性检验

1. 全局空间自相关检验

根据上文分析，采用全局 Moran's I 对主要变量的空间相关性进行检验。使用 stata14.1 软件计算出全局 Moran's I 并得出相关检验结果如表 4-10 所示。

表 4-10 1998—2016 年主要变量的全局莫兰指数

指标	Moran's I								
年份	LnDLAOR	LnAWC	LnEIAR	LnAI	LnPI	LnTSAC	LnEPI	LnFMP	LnAFAA
1998	0.460***	0.093	0.303***	0.170*	0.030	0.232**	0.350***	0.243**	0.226**
	(0.000)	(0.292)	(0.003)	(0.091)	(0.563)	(0.027)	(0.002)	(0.022)	(0.030)
1999	0.460***	0.090	0.271***	0.114	0.029	0.233**	0.357***	0.242**	0.235**
	(0.000)	(0.302)	(0.008)	(0.220)	(0.585)	(0.027)	(0.001)	(0.023)	(0.026)
2000	0.460***	0.091	0.232**	0.038	0.069	0.243**	0.353***	0.246**	0.237**
	(0.000)	(0.300)	(0.023)	(0.549)	(0.342)	(0.021)	(0.001)	(0.021)	(0.024)
2001	0.460***	0.090	0.212**	0.030	0.115	0.240**	0.359***	0.249**	0.242**
	(0.000)	(0.304)	(0.035)	(0.590)	(0.196)	(0.022)	(0.001)	(0.019)	(0.022)
2002	0.460***	0.092	0.261***	0.022	0.003	0.242**	0.355***	0.249**	0.244**
	(0.000)	(0.296)	(0.010)	(0.636)	(0.736)	(0.021)	(0.001)	(0.019)	(0.020)
2003	0.460***	0.080	0.135	0.176*	−0.075	0.242**	0.345***	0.245**	0.239**
	(0.000)	(0.341)	(0.146)	(0.081)	(0.733)	(0.021)	(0.002)	(0.021)	(0.022)
2004	0.460***	0.101	0.149	0.171*	−0.007	0.241**	0.341***	0.245**	0.228**
	(0.000)	(0.261)	(0.118)	(0.090)	(0.802)	(0.022)	(0.002)	(0.021)	(0.027)
2005	0.460***	0.083	0.132	0.181*	0.028	0.237**	0.335***	0.243**	0.224**
	(0.000)	(0.331)	(0.152)	(0.076)	(0.588)	(0.024)	(0.002)	(0.022)	(0.030)
2006	0.460***	0.094	0.116	0.121	0.005	0.235**	0.330***	0.241**	0.219**
	(0.000)	(0.290)	(0.196)	(0.197)	(0.724)	(0.025)	(0.003)	(0.023)	(0.033)
2007	0.460***	0.085	0.094	−0.021	0.054	0.223**	0.325***	0.236**	0.210**
	(0.000)	(0.324)	(0.259)	(0.902)	(0.444)	(0.032)	(0.003)	(0.026)	(0.039)
2008	0.460***	0.115	0.268***	0.014	0.086	0.221**	0.319***	0.234**	0.203**
	(0.000)	(0.217)	90.010)	(0.678)	(0.305)	(0.033)	(0.003)	(0.027)	(0.046)
2009	0.460***	0.112	0.242**	0.093	0.085	0.222**	0.310***	0.230**	0.201**
	(0.000)	(0.228)	(0.018)	(0.288)	(0.318)	(0.032)	(0.004)	(0.029)	(0.048)
2010	0.463***	0.128	0.225**	0.083	0.080	0.227**	0.311***	0.227**	0.200**
	(0.000)	(0.179)	(0.025)	(0.328)	(0.330)	(0.029)	(0.004)	(0.031)	(0.049)
2011	0.463***	0.140	0.211**	0.065	0.097	0.225**	0.308***	0.219**	0.194*
	(0.000)	(0.148)	(0.033)	(0.405)	(0.247)	(0.030)	(0.004)	(0.036)	(0.054)
2012	0.463***	0.116	0.109	0.080	0.068	0.225**	0.302***	0.213**	0.194*
	(0.000)	(0.211)	(0.224)	(0.337)	(0.388)	(0.030)	(0.005)	(0.041)	(0.056)
2013	0.463***	0.127	0.240**	0.068	0.127	0.231**	0.301***	0.203**	0.194*
	(0.000)	(0.179)	(0.016)	(0.390)	(0.168)	(0.026)	(0.005)	(0.049)	(0.055)
2014	0.463***	0.119	0.139	0.020	0.083	0.232**	0.298***	0.203**	0.183*
	(0.000)	(0.203)	(0.117)	(0.645)	(0.323)	(0.024)	(0.005)	(0.048)	(0.067)
2015	0.463***	0.125	0.101	−0.003	0.075	0.233**	0.293***	0.201**	0.186*
	(0.000)	(0.180)	(0.201)	(0.789)	(0.365)	(0.023)	(0.006)	(0.050)	(0.064)
2016	0.435***	0.133	0.134*	−0.007	0.305***	0.231**	0.287***	0.212**	0.181*
	(0.000)	(0.158)	(0.093)	(0.814)	(0.005)	(0.024)	(0.007)	(0.040)	(0.069)

注：括号中为对应的 P 值；***、** 和 * 分别表示在 1%、5% 和 10% 的显著性水平上显著。

表 4-10 结果表明，在所有年份中代表自然生态环境状况的沙化土地面积占比变量全局莫兰指数为正，在 1% 的显著性水平上显著，且数值大体呈现稳

中有升的趋势，表明研究区间内沙化土地面积占比在空间上呈显著的正空间自相关性，具有空间集聚且集聚状态逐步加强的趋势。所有年份中代表农业生态环境的农业用水量的全局莫兰指数为正，且均不显著，表明研究区间内农业用水量空间上不具有显著的空间自相关性，空间上呈随机分布状态。同样表示农业生态环境的有效灌溉面积占比的全局莫兰指数为正，其显著性水平在显著和不显著间呈不规律交叉变换，表明研究区间内有效灌溉面积占比的空间集聚状态不稳定。核心解释变量农业生态资本主动型投资的全局莫兰指数由显著的正值逐渐降低为不显著的负值，表明农业生态资本主动型投资由显著的正空间自相关向不显著的负空间自相关转变，其空间集聚状态类型随时间变化而发生改变。另一核心解释变量农业生态资本被动型投资的全局莫兰值在研究区间内除个别年份外基本为正值，其数值基本上呈波动中稳定有升的趋势，表明农业生态资本被动型投资在空间上基本上呈正空间自相关，具有一定的空间集聚性。其余控制变量在研究区间内均呈显著的正空间自相关，表明其余控制变量存在显著的空间集聚性。

2. 局部空间自相关检验

局部 Moran's I 表示研究区域与邻近区域间相同指标间的空间关系，在进行局部空间自相关检验时，现有研究大多采用直观的 Moran's I 散点图来进行检验。本节研究 1998—2016 年农业生态资本投资对农村生态影响的空间效应，因此，以 2016 年被解释变量和核心解释变量的 Moran's I 散点图作为代表，分别简要分析以上变量在不同区域间的空间集聚状态。

（1）被解释变量沙化土地面积占比 Moran's I 散点图

首先，Moran's I 散点图的横坐标和纵坐标分别表示变量沙化土地面积占比的标准正态值和该临接值的空间滞后向。从图 4-4 可知，位于第一象限的为新疆、甘肃、宁夏、青海、内蒙古、河北、河南、陕西、山西、吉林、辽宁、北京和山东 13 个省份，属于自身沙化土地面积占比较高与临接沙化土地面积占比较高的省份正空间自相关即集聚的集群。位于第二象限的有黑龙江和天津 2 个省份，属于自身沙化土地面积占比值较低但却被周边地区沙化土地面积较高的省份集聚。位于第三象限的有浙江、重庆、贵州、云南、福建、广西、江西、湖南、广东、安徽和湖北 11 个省份，属于自身沙化土地面积占比较低与其他沙化土地面积占比较低的省份集聚。位于第四象限的为江苏、四川和海南 3 个省份，属于自身沙化土地面积占比较高而与周边沙化土地面积占比较低的省份集聚。

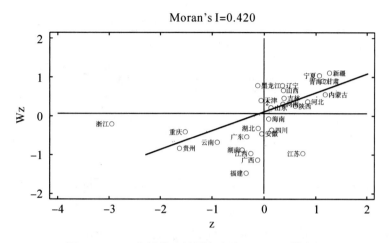

图 4-4　2016 年沙化土地面积占比 Moran's I 散点图

从 Moran's I 散点图的整体看，我国各省份的沙化土地面积占比呈现出明显的空间异质性。第一象限中分布的新疆、甘肃、宁夏等省份表明沙化土地面积占比较高的区域多集中于西北、华北等区域，表明自然生态环境较差的省份多集中于以上区域；第三象限中分布的浙江、重庆、贵州等省份表明沙化土地面积占比较低的区域多集中于西南和华南地区，表明自然生态环境较优良的省份多集中于该区域。因此，综上所述，我国沙化土地面积占比整体上呈现明显的空间集聚特征，且大多数省份属于高—高和低—低空间集聚类型。但需要指出的是该部分从空间自相关的角度得出的自然生态环境优劣的区域范围与前文中根据沙化土地面积占比得出的区域范围略有偏差，体现了研究方法的不同可能导致结果有异的事实。

（2）被解释变量农业用水量 Moran's I 散点图

从图 4-5 可知，位于第一象限的省份有黑龙江、江苏、广西、广东、内蒙古、安徽、山东、贵州、河南和湖南 10 个省份，属于农业用水量较高与临接有水量较高的省份集聚；位于第二象限的省份有青海、重庆、山西、江西、辽宁、福建、吉林和浙江 8 个省份，属于自身农业用水量较低与临接用水量较高的省份集聚；位于第三象限的省份有北京、天津、海南、陕西和宁夏 5 个省份，属于农业用水量较低与临接用水量较低的省份集聚；位于第四象限的省份有新疆、河北、四川、内蒙古、湖北和甘肃 6 个省份。

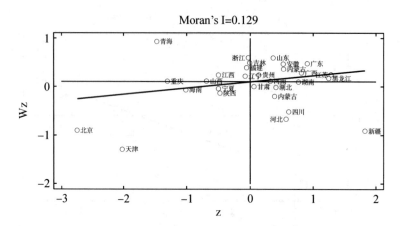

图 4-5 2016 年农业用水量 Moran's I 散点图

从我国农业用水量的 Moran's I 散点图可以发现，整体上呈现出明显的空间异质性。有超过三分之一的省份处于高-高集聚的状态；超过四分之一的省份位于低值和高值集聚的第二象限；超过五分之一的省份处于高值和低值集聚。因此，整体上看，我国农业用水量虽然呈现出空间集聚特征，但空间集聚的特征不明显。

从图 4-6 可知，位于第一象限的有安徽、广西、贵州、河南、黑龙江、湖北、湖南、吉林、江苏、江西、辽宁、山东、山西、陕西、四川、云南、浙江和重庆共 18 个省份，这些省份属于农业有效灌溉面积占比较高且与临接农业有效灌溉面积占比较高省份集聚；位于第二象限的有北京、广东和内蒙古 3 个省份，属于本省农业有效灌溉面积占比较低但被临接有效灌溉面积占比较高的省份包围；位于第三象限的有海南、福建、宁夏、甘肃、青海和新疆 6 个省份，属于本省农业有效灌溉面积占比较低与同样有效灌溉面积占比较低的省份集聚；位于第四象限的有河北和天津两个省份，属于本省有效灌溉面积占比较高与有效灌溉面积占比较低的省份集聚。

整体上来看，我国农业有效灌溉面积占比表现出显著的空间异质性。有超过 60% 的省份集中在第一象限，表明农业有效灌溉面积占比较高的省份多集中在除西北以外的其他区域；第三象限中的 6 个省份表明有效灌溉面积占比较低的省份多集中于西北地区，与第一象限情形相对应。因此，综合来看，我国农业有效灌溉面积占比呈现明显的空间集聚性，大多数省份属于高—高和低—低集聚类型，且以高—高空间集聚类型为主。

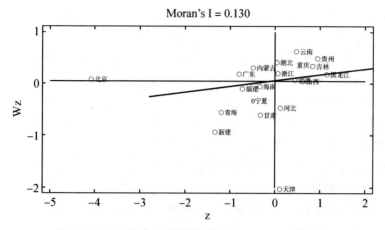

图 4-6　2016 农业有效灌溉面积占比 Moran's I 散点图

注：Moran's I 散点图在成图时第一象限省份过多，导致显示不充分，本书后面部分 Moran's 散点图也存在此现象。

如图 4-7 所示，从 Moran's I 等于 -0.007 可知，在 2016 年，研究省份的农业生态资本主动型投资在省域间呈现不显著的负空间自相关性，但同时考虑到莫兰指数值接近于 0，因此，本书认为农业生态资本主动型投资的无空间自相关性，即其为空间随机分布的。需要指出的是，莫兰指数只是空间自相关性的初步检验，表明的是检验量在空间的集聚状态。因此，要得出准确的空间效应还有赖于设定正确的空间模型和相关的空间检验统计量的检验。故而，虽然从莫兰指数和其散点图可以初步判定农业生态资本主动型投资在省域间是随机分布的，但不能得出农业生态资本主动型投资在省域间无空间效应的结论。

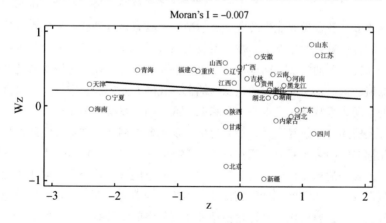

图 4-7　2016 年农业生态资本主动型投资 Moran's I 散点图

从图4-8可以看出，位于第一象限的有浙江、辽宁、陕西、甘肃、内蒙古、宁夏、山西、安徽、江苏、河南和山东11个省份，表明以上这些省份农业生态资本被动型投资水平较高，同时和农业生态资本被动型投资较高的省份集聚；位于第二象限的有江西、青海和吉林3个省份，这三个省份属于本省农业生态资本被动型投资水平较低但却被农业生态资本被动型投资水平较高的省份所包围；位于第三象限的有北京、天津、重庆、海南、广东、贵州、福建、四川和湖南9个省份，属于农业生态资本被动型投资水平较低的省份与临接农业生态资本被动型投资水平较低的省份聚集的情形；位于第四象限的有广西、河北、云南、湖北、新疆和黑龙江6个省份，以上省份属于本省内农业生态资本被动型投资水平较高但临接省份农业生态资本被动型投资水平较低的情形。

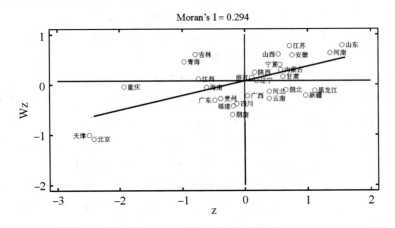

图4-8　2016年农业生态资本被动型投资 Moran's I 散点图

整体上，各省份农业生态资本被动型投资具有显著的空间异质性。位于第一象限的省份就农业生态资本被动型投资而言具有显著的正空间自相关性，即高值和高值集聚的情形；同理，位于第三象限的省份农业生态资本被动型投资呈现低值和低值正空间集聚的状态。综上，我国农业生态资本被动型投资呈现显著的空间集聚状态，且以高—高和低—低空间集聚类型为主。

综上所述，被解释变量、解释变量以及主要控制变量在地理空间上呈现不完全相同的空间集聚状态，正如前文所述 Moran's I 以及 Moran's I 散点图只作为空间自相关的初步检验，更为深入和完全的空间效应检验还有赖于正确的空间模型以及相关的空间统计量的检验。因此，为更为全面、合理和有效地检验空间效应，有必要使用空间计量模型和相关的空间检验统计量进行分析。

（二）实证模型选择

在使用正确的空间面板回归模型进行空间效应分析之前，首先要使用相关空间检验统计量进行模型选择。空间面板回归模型可理解为在普通面板回归模型中增加空间权重矩阵，因此，空间面板回归模型能充分利用面板数据并对空间相关性进行完整考察（骆永民 等，2012）。进一步，基于空间面板回归模型是在普通面板回归模型基础上构建起来的，本书选择空间面板计量模型的思路为：首先，使用 Hausman 检验判断普通面板回归模型是采用固定效应还是随机效应。虽然空间面板回归模型有较为完备的检验方法，但出于和普通面板回归模型一致的考虑，也即是为了便于比较，本书采用以上方法进行初步判定。然后再根据空间面板回归模型的检验方法确定固定效应或随机效应下的具体的空间面板回归模型。接下来，本书将分别对衡量农村生态状况的三个代表被解释变量构建的模型进行检验，以便筛选出较为合宜的空间面板回归模型进行空间效应分析。

1. 当农村生态状况 EP_{it} 由变量沙化土地面积占比（$DLAOR_{it}$）表示时

根据前文构建的普通面板回归模型，当被解释变量为沙化土地面积占比时，具体的模型形式为：

$$Ln\ DLAOR_{it} = \alpha + \beta_1 Ln\ AI_{it} + \beta_2 Ln\ PI_{it} + \beta_3 Ln\ TSAC_{it} + \beta_4 Ln\ EPI_{it} + \beta_5 Ln\ FMP_{it} + \beta_6 Ln\ AFAA_{it} + \beta_7 Ln\ APFAA_{it} + \beta_8 Ln\ ECPU_{it} + \mu_i + \varepsilon_{it} \quad (4\text{-}43)$$

普通面板回归模型一般可采用混合效应、固定效应和随机效应模型形式。判断采用混合效应回归模型还是固定效应回归模型，通常采用 LR 检验（likelihood ratio），检验结果（LR 值为 3 623.14，对应 P 值为 0.000 0）表明拒绝混合效应回归模型而采用固定效应回归模型；通过 BP 检验［布劳殊（Breusch），帕干（Pagan），1980］、LR 检验［塞尔夫（Self），梁（Liang），1987］判断混合效应回归模型还是随机效应回归模型，检验结果为：BP 检验（BP 值为 4 493.58，对应 P 值为 0.000 0），LR 检验（LR 值为 2 365.07，对应 P 值为 0.000 0），表明应采用随机效应回归模型；通过 Hausman 检验［豪斯曼（Hausman），1978］判断采用固定效应还是随机效应回归模型，Hausman 检验值为 1.19，对应 P 值为 0.996 7，因此初步判定采用随机效应回归模型。为验证此种检验方法的可行性，本书同时给出空间面板回归模型 Hausman 检验结果，检验结果为 Hausman 检验值为 9.338 7，对应 P 值为 0.929 0，和普通面板回归模型检验结果一致，因此采用空间随机效应回归模型。确定为空间随机效应回归模型后，接下来采用 Wald 检验和 LR 检验确定空间面板回归模型的具体形式。由于在拒绝空间滞后模型或空间误差模型而选择其一时，需要谨慎选择。解决的思路是采用空间杜宾模型，然后检验杜宾模型能否简化为空间滞后或空间误差模型，以减少单独采用空间滞后或空间误差模型时产生的偏误。检验结果如表 4-11 所示：

表 4-11　Wald 检验与 LR 检验

假设检验	Wald 检验		LR 检验	
	Wald 值	P 值	LR 值	P 值
原假设 H0： 模型可简化为空间滞后模型	31.413 8	0.000 1	30.414 7	0.000 2
备择假设 H1： 模型不可简化为空间滞后模型				
原假设 H0： 模型可简化为空间误差模型	31.277 3	0.000 1	29.607 5	0.000 2
备择假设 H1： 模型不可简化为空间误差模型				

由表 4-11 可知，Wald 检验和 LR 检验均在 1% 的显著性水平上高度显著，表明采用空间杜宾模型较为合适。

综合以上检验可知，采用具有空间随机效应和时间固定效应的空间杜宾模型，模型的具体形式为

$$\mathrm{Ln\,DLAOR}_{it} = \alpha + \beta_1 \mathrm{Ln\,AI}_{it} + \beta_2 \mathrm{Ln\,PI}_{it} + \beta_3 \mathrm{Ln\,TSAC}_{it} + \beta_4 \mathrm{Ln\,EPI}_{it} +$$

$$\beta_5 \mathrm{Ln\,FMP}_{it} + \beta_6 \mathrm{Ln\,AFAA}_{it} + \beta_7 \mathrm{Ln\,APFAA}_{it} + \beta_8 \mathrm{Ln\,ECPU}_{it} + \rho W \mathrm{Ln\,EP}_{it} +$$

$$\gamma_1 W \mathrm{Ln\,AI}_{it} + \gamma_2 W \mathrm{Ln\,PI}_{it} + \gamma_3 W \mathrm{Ln\,TSAC}_{it} + \gamma_4 W \mathrm{Ln\,EPI}_{it} +$$

$$\gamma_5 W \mathrm{Ln\,FMP}_{it} + \gamma_6 W \mathrm{Ln\,AFAA}_{it} + \gamma_7 W \mathrm{Ln\,APFAA}_{it} +$$

$$\gamma_8 W \mathrm{Ln\,ECPU}_{it} + \mu_I + \tau_t + \varepsilon_{it} \tag{4-44}$$

其中，ρ 表示衡量不同区域变量间依存度的空间自相关系数，μ_i 表示空间随机效应，τ_t 表示时间固定效应，ε_{it} 表示随机误差项，服从均值为 0，方差为 σ^2 的独立同分布。

2. 当农村生态状况 EP_{it} 由变量农业用水量（AWC_{it}）表示时

如前文所述，构建普通面板回归模型形式如下：

$$\mathrm{Ln\,AWC}_{it} = \alpha + \beta_1 \mathrm{Ln\,AI}_{it} + \beta_2 \mathrm{Ln\,PI}_{it} + \beta_3 \mathrm{Ln\,TSAC}_{it} + \beta_4 \mathrm{Ln\,EPI}_{it} +$$

$$\beta_5 \mathrm{Ln\,FMP}_{it} + \beta_6 \mathrm{Ln\,AFAA}_{it} + \beta_7 \mathrm{Ln\,APFAA}_{it} + \beta_8 \mathrm{Ln\,ECPU}_{it} + \mu_i + \varepsilon_{it}$$

$$\tag{4-45}$$

同样，采用与上文相同的分析思路，检验该普通面板回归模型的混合效应、固定效应和随机效应，然后初步确定回归模型形式。采用 LR 检验在混合效应回归模型和固定效应模型间选择，检验结果（LR 值为 2 205.24，对应 P 值为 0.000 0）表明拒绝混合效应回归模型而采用固定效应回归模型；通过 BP

检验、LR 检验判断采用混合效应回归模型还是随机效应回归模型，检验结果为：BP 检验（BP 值为 4 526.68，对应 P 值为 0.000 0），LR 检验（LR 值为 1 960.81，对应 P 值为 0.000 0），表明应采用随机效应回归模型；通过 Hausman 检验判断采用固定效应还是随机效应回归模型，Hausman 检验值为 351.60，对应 P 值为 0.000 0，因此初步判定采用固定效应回归模型。普通面板回归模型在随机效应和固定效应间的检验结果和采用空间面板回归模型检验方法结果一致。确定为固定效应回归模型后，需要检验是否采用空间面板回归模型以及采用空间滞后模型还是空间误差模型更为合适，表 4-12 采用 Lagrange multiplier（LM）检验给出了具体的检验结果。

表 4-12 Lagrange multiplier（LM）检验

效应	类别	LM 值	P 值
混合 OLS pooled OLS	LM spatial lag	8.945 5	0.003
	LM spatial error	101.212 7	0.000
	robust LM spatial lag	73.330 8	0.000
	robust LM spatial error	165.598	0.000
空间固定效应 spatial fixed effects	LM spatial lag	2.740 2	0.098
	LM spatial error	4.026 3	0.045
	robust LM spatial lag	0.155 8	0.693
	robust LM spatial error	1.441 9	0.230
时间固定效应 time-period fixed effects	LM spatial lag	7.958 8	0.005
	LM spatial error	101.006 5	0.000
	robust LM spatial lag	70.905 8	0.000
	robust LM spatial error	163.953 5	0.000
双向固定效应 spatial and time period fixed effects	LM spatial lag	0.680 4	0.409
	LM spatial error	2.113 9	0.146
	robust LM spatial lag	1.427 6	0.232
	robust LM spatial error	2.861 1	0.091

从表 4-12 检验结果可知：判断是否采用空间模型的检验结果表明，经典 LM 检验和稳健 LM 检验结果均在 1% 的显著性水平上拒绝原假设，因此可以判断存在空间效应，采用空间面板回归模型较为合适。在空间固定效应下，经典

LM 检验结果在 1%的显著性水平上拒绝原假设，表明采用空间滞后模型或空间误差模型，而稳定 LM 检验结果接受原假设，即模型不存在空间滞后效应和空间误差效应。在时间固定效应小，经典 LM 检验和稳健 LM 检验结果均在 1%的显著性水平上拒绝原假设，表明采用空间滞后模型或空间误差模型。在双向固定效应下，经典 LM 检验和稳健 LM 检验均在 5%的显著性水平上接受原假设，而只有稳健 LM 检验在 10%的显著性水平上拒绝原假设，表明模型在 5%的显著性水平上不存在空间滞后效应和空间误差效应。因此，综上检验分析可知，在不同固定效应下具体采用模型的形式不同，故而，接下来需要检验采用时间固定效应、空间固定效应还是双向固定效应中的哪种方式更为合适。

采用 LR 检验判定固定效应的具体形式，检验结果如表 4-13 所示。

表 4-13　Likelihood ratio（LR）检验

假设检验	LR 值	P 值
原假设 H0：空间固定效应不显著	2 219.661	0.000 0
备择假设 H1：空间固定效应显著		
原假设 H0：时间固定效应不显著	14.808 9	0.734 7
备择假设 H1：时间固定效应显著		

由表 4-13 检验结果可知，LR 检验结果在 1%的显著性水平上拒绝原假设，因此，采用空间固定效应模型。由前文在空间固定效应下的检验结果可知，在经典 LM 检验下拒绝原假设，而在稳健 LM 检验下接受原假设。稳健 LM 检验作为经典 LM 检验更为严格的检验，考虑到已经假定面板回归模型的误差项是独立同分布的，因此，在二者检验出现冲突时，以经典 LM 检验作为基本的判定标准。采用经典 LM 检验下的分析结果，即采用空间滞后或空间误差模型。如前文所述，当在空间滞后和空间误差模型间因拒绝其中一个而接受另一个模型时，需要采用审慎的做法，而空间杜宾模型因综合了空间滞后项和空间误差项而成为不二选择。因此，综上分析，本书拟采用空间固定效应下的空间杜宾模型进行分析，具体形式为

$$\text{Ln AWC}_{it} = \alpha + \beta_1 \text{Ln AI}_{it} + \beta_2 \text{Ln PI}_{it} + \beta_3 \text{Ln TSAC}_{it} +$$
$$\beta_4 \text{Ln EPI}_{it} + \beta_5 \text{Ln FMP}_{it} + \beta_6 \text{Ln AFAA}_{it} + \beta_7 \text{Ln APFAA}_{it} +$$
$$\beta_8 \text{Ln ECPU}_{it} + \rho W \text{Ln EP}_{it} + \gamma_1 W \text{Ln AI}_{it} + \gamma_2 W \text{Ln PI}_{it} + \gamma_3 W \text{Ln TSAC}_{it} +$$
$$\gamma_4 W \text{Ln EPI}_{it} + \gamma_5 W \text{Ln FMP}_{it} + \gamma_6 W \text{Ln AFAA}_{it} +$$
$$\gamma_7 W \text{Ln APFAA}_{it} + \gamma_8 W \text{Ln ECPU}_{it} + \mu_l + \varepsilon_{it} \tag{4-46}$$

其中，ρ 表示衡量不同区域变量间依存度的空间自相关系数，μ_i 表示空间固定效应，ε_{it} 表示随机误差项，服从均值为 0，方差为 σ^2 的独立同分布。

为判定空间固定效应下的空间杜宾模型的设定是否合适，即是否能完全显著地包含空间滞后和空间误差模型。采用 Wald 检验和 LR 检验判断空间杜宾模型是否可以简化为空间滞后模型或空间误差模型。检验结果如表 4-14 所示。

表 4-14　Wald 检验与 LR 检验

假设检验	Wald 检验		LR 检验	
	Wald 值	P 值	LR 值	P 值
原假设 H0：模型可简化为空间滞后模型	49.724 8	0.000 0	50.177 3	0.000 0
备择假设 H1：模型不可简化为空间滞后模型				
原假设 H0：模型可简化为空间误差模型	46.894 9	0.000 0	48.001	0.000 0
备择假设 H1：模型不可简化为空间误差模型				

从检验结果可知，Wald 检验和 LR 检验结果均在 1% 的显著性水平上拒绝原假设，表明空间杜宾模型不可简化为空间滞后模型或空间误差模型。因此，综合上述检验结果，采用空间固定效应下的杜宾模型。

3. 当农村生态状况 EP_{it} 由变量有效灌溉面积占比（$EIAR_{it}$）表示时

与前文分析思路相似，首先构建普通面板回归模型形式如下：

$$\text{Ln EIAR}_{it} = \alpha + \beta_1 \text{Ln AI}_{it} + \beta_2 \text{Ln PI}_{it} + \beta_3 \text{Ln TSAC}_{it} + \beta_4 \text{Ln EPI}_{it} +$$
$$\beta_5 \text{Ln FMP}_{it} + \beta_6 \text{Ln AFAA}_{it} + \beta_7 \text{Ln APFAA}_{it} + \beta_8 \text{Ln ECPU}_{it} + \mu_i + \varepsilon_{it}$$

(4-47)

采用与前文相同的检验方法，判定普通面板回归模型的混合效应、固定效应和随机效应。LR 检验结果（LR 值为 643.28，对应 P 值为 0.000 0）表明拒绝混合效应回归模型而采用固定效应回归模型；BP 检验和 LR 检验检验结果为：BP 检验（BP 值为 1 792.70，对应 P 值为 0.000 0），LR 检验（LR 值为486.11，对应 P 值为 0.000 0），表明应采用随机效应回归模型；Hausman 检验结果为：Hausman 检验值为 80.80，对应 P 值为 0.000 0，拒绝原假设，采用固定效应模型。下面，通过 Lagrange multiplier（LM）检验判定空间面板模型设定是否恰当，以及在不同固定效应下空间滞后模型和空间误差模型的适用性。检验结果如表 4-15 所示。

表 4-15　Lagrange multiplier（LM）检验

效应	类别	LM 值	P 值
混合 OLS pooled OLS	LM spatial lag	21.820 8	0.000
	LM spatial error	19.660 9	0.000
	robust LM spatial lag	2.288 8	0.130
	robust LM spatial error	0.128 9	0.720
空间固定效应 spatial fixed effects	LM spatial lag	6.514 3	0.011
	LM spatial error	7.339 3	0.007
	robust LM spatial lag	0.082 1	0.775
	robust LM spatial error	0.907	0.341
时间固定效应 time-period fixed effects	LM spatial lag	23.021 9	0.000
	LM spatial error	19.779 5	0.000
	robust LM spatial lag	3.285 9	0.070
	robust LM spatial error	0.043 4	0.835
双向固定效应 spatial and time period fixed effects	LM spatial lag	5.965	0.015
	LM spatial error	6.770 1	0.009
	robust LM spatial lag	0.104 6	0.746
	robust LM spatial error	0.909 7	0.340

由表 4-15 可知，在对普通面板回归模型的空间性进行检验时，经典 LM 检验在 1% 的显著性水平上拒绝原假设，而稳健 LM 检验接受原假设。因为在回归模型的设定中假定变量间是相互独立的，且误差项是独立同分布的，稳健 LM 检验是在放松经典 LM 检验假设基础上的检验。考虑到面板模型设定的假设条件，若二者检验结果出现冲突时，以经典 LM 检验为分析依据。根据经典 LM 检验结果，面板回归模型存在空间效应，宜采用空间面板回归模型。在空间固定效应下，同样经典 LM 检验在 1% 的显著性水平上拒绝原假设，而稳健 LM 检验接受原假设，同样，根据经典 LM 检验结果判定采用空间滞后模型或空间误差模型。在时间固定效应下，经典 LM 检验在 1% 的显著性水平上拒绝原假设，表明采用空间滞后模型或空间误差模型较为恰当。在双向固定效应下，根据经典 LM 检验结果，采用空间滞后模型或空间误差模型较为合适。上述检验表明宜采用固定效应下的空间滞后模型或空间误差模型，为判定采用何

种类型的固定效应，下面采用 LR 检验进行判定，检验结果如表4-16所示。

表4-16　Likelihood ratio（LR）检验

假设检验	LR 值	P 值
原假设 H0：空间固定效应不显著	639.875 7	0.000 0
备择假设 H1：空间固定效应显著		
原假设 H0：时间固定效应不显著	2.221 5	1.000 0
备择假设 H1：时间固定效应显著		

从表4-16检验结果可知，空间固定效应检验中，LR 检验结果在1%的显著性水平上拒绝原假设，表明宜采用空间固定效应。时间固定效应检验中，LR 检验接受原假设，即不宜使用时间固定效应。因此，综合检验结果应采用空间固定效应。

在空间固定效应下，同样面临空间滞后模型和空间误差模型的选择，采用前文处理，构建空间固定效应下的杜宾模型，然后再通过 Wald 检验和 LR 检验来检验空间杜宾模型设定的合理性。空间固定效应下的杜宾模型具体形式为：

$$\text{Ln EIAR}_{it} = \alpha + \beta_1 \text{Ln AI}_{it} + \beta_2 \text{Ln PI}_{it} + \beta_3 \text{Ln TSAC}_{it} + \beta_4 \text{Ln EPI}_{it} + \beta_5 \text{Ln FMP}_{it}$$
$$+ \beta_6 \text{Ln AFAA}_{it} + \beta_7 \text{Ln APFAA}_{it} + \beta_8 \text{Ln ECPU}_{it} + \rho W \text{Ln EP}_{it} + \gamma_1 W \text{Ln AI}_{it} +$$
$$\gamma_2 W \text{Ln PI}_{it} + \gamma_3 W \text{Ln TSAC}_{it} + \gamma_4 W \text{Ln EPI}_{it} + \gamma_5 W \text{Ln FMP}_{it} +$$
$$\gamma_6 W \text{Ln AFAA}_{it} + \gamma_7 W \text{Ln APFAA}_{it} + \gamma_8 W \text{Ln ECPU}_{it} + \mu_I + \varepsilon_{it} \quad (4\text{-}48)$$

其中，ρ 表示衡量不同区域变量间依存度的空间自相关系数，μ_i 表示空间固定效应，ε_{it} 表示随机误差项，服从均值为0，方差为 σ^2 的独立同分布。

根据前文设计思路，空间杜宾模型设定合理性检验结果如表4-17所示。

表4-17　Wald 检验与 LR 检验

假设检验	Wald 检验		LR 检验	
	Wald 值	P 值	LR 值	P 值
原假设 H0：模型可简化为空间滞后模型	40.135 3	0.000 0	41.091 8	0.000 0
备择假设 H1：模型不可简化为空间滞后模型				
原假设 H0：模型可简化为空间误差模型	38.720 5	0.000 0	39.426 0	0.000 0
备择假设 H1：模型不可简化为空间误差模型				

从表4-17检验结果可知，两个假设检验中，Wald 检验和 LR 检验均在1%的显著性水平上拒绝原假设，表明空间杜宾模型设定合理。因此，综上所述，采用空间固定效应下的杜宾模型进行研究。

三、实证结果与分析

基于上文模型选择结果，运用 MATLAB2015b 分别就农村生态状况 EP_{it} 由沙化土地面积占比（$DLAOR_{it}$）、农业用水量（AWC_{it}）和有效灌溉面积占比（$EIAR_{it}$）表示时的面板回归模型进行估计，具体估计结果如下文所示。

（一）当农村生态状况 EP_{it} 由变量沙化土地面积占比（$DLAOR_{it}$）表示时

该部分采用的是空间随机效应和时间固定效应下的空间杜宾模型，考虑到估计系数可能存在的偏误，因此采用误差修正的 ML 估计方法进行估计。为进行不同模型间的比较，同时给出普通面板回归模型估计结果，回归结果如表4-18所示。

表4-18 计量模型估计结果

变量	空间杜宾模型				普通面板模型
	空间随机效应和时间固定效应模型	时间固定效应模型	空间固定效应模型	双向固定效应模型	双向固定效应模型
LnAI	−0.012 7	−0.610 0 ***	−0.012 9	−0.012 3	0.010 6
	(−0.682 1)	(−2.744 1)	(−0.641 0)	(−0.674 5)	(0.635 2)
LnPI	0.009 4	0.199 5 *	0.006 3	0.010 0	0.007 9
	(1.427 5)	(1.695 2)	(0.895 7)	(1.548 5)	(1.211 3)
LnTSAC	0.138 0 ***	−0.719 3 **	0.154 3 ***	0.141 9 ***	0.133 3 ***
	(2.675 5)	(−2.100 3)	(2.924 3)	(2.821 8)	(2.658 8)
LnEPI	−0.042 6	1.210 5 ***	−0.050 7	−0.041 4	0.044 0
	(−0.949 3)	(4.008 3)	(−1.047 7)	(−0.945 9)	(1.110 0)
LnFMP	0.028 3	−0.367 8	0.014 0	0.027 1	−0.007 8
	(1.043 3)	(−1.479 4)	(0.491 0)	(1.027 4)	(−0.353 2)
LnAFAA	−0.000 7	1.086 5 ***	0.020 0	−0.004 3	−0.018 3
	(−0.017 1)	(3.902 4)	(0.438 2)	(−0.104 6)	(−0.481 6)
LnAPFAA	0.005 3	−0.253 8 *	0.001 9	0.004 9	0.002 5
	(0.522 3)	(−1.765 9)	(0.181 7)	(0.497 8)	(0.252 0)

表4-18(续)

变量	空间杜宾模型				普通面板模型
	空间随机效应和时间固定效应模型	时间固定效应模型	空间固定效应模型	双向固定效应模型	双向固定效应模型
LnECPU	0.008 3	-0.289 3***	0.007 1	0.010 8	0.011 1
	(0.483 6)	(-2.629 0)	(0.386 4)	(0.642 9)	(0.732 3)
W*LnAI	-0.022 6	-1.822 1***	-0.033 8	-0.021 8	
	(-0.699 8)	(-3.919 0)	(-1.039 6)	(-0.693 2)	
W*LnPI	0.051 3***	1.399 1***	0.053 5***	0.052 5***	
	(3.556 0)	(5.010 1)	(3.525 8)	(3.735 0)	
W*LnTSAC	-0.067 5	1.404 9*	-0.069 1	-0.054 1	
	(-0.641 8)	(1.757 5)	(-0.652 2)	(-0.527 7)	
W*LnEPI	0.007 4	-1.107 7**	-0.085 1	0.030 5	
	(0.067 0)	(-2.504 4)	(-0.726 0)	(0.282 9)	
W*LnFMP	-0.182 3***	3.039 9***	-0.180 0***	-0.182 5***	
	(-3.745 9)	(6.082 8)	(-3.535 0)	(-3.850 6)	
W*LnAFAA	0.159 9	-6.662 3***	0.219 2**	0.155 4	
	(1.533 5)	(-9.562 3)	(1.980 6)	(1.529 3)	
	(0.977 0)	(6.985 0)	(0.029 6)	(1.076 9)	
W*LnECPU	0.025 0	0.699 9**	0.019 6	0.030 9	
	(0.697 4)	(2.287 4)	(0.607 4)	(0.885 7)	
W*LnDLAOR	0.028 0	0.345 0***	0.261 0***	-0.017 0	
	(0.464 2)	(7.155 9)	(4.856 6)	(-0.278 2)	
R-squared	0.999 2	0.617 0	0.999 1	0.999 2	0.041 3

注: ***、**、*分别表示在1%、5%和10%的显著性水平上显著；括号中为对应 t 值；下同。

拟合优度 R^2 表明基于空间随机效应和时间固定效应的空间杜宾模型整体来看，拟合度最高，从拟合度看模型设定较为恰当。被解释变量的空间滞后项（$W*LnDLAOR$）系数为正但统计上不显著，同时结合被解释变量全局莫兰指数的显著性，表明被解释变量沙化土地面积占比虽然在空间分布上呈集聚状态。临接省份沙化土地面积的增加虽会提高本地区沙化土地面积占比，但作用不明显。原因是被解释变量沙化土地面积占比的显著变化受自然因素影响较大，且是自然因素长期作用的结果。一个地区内沙化土地面积占比的变化对临接省份该变量的影响受制于整体自然地理环境的变化情况，因此，沙化土地虽在自然地理环境分布上成空间集聚，但变化间的相互影响作用却不明显。核心解释变量和控制变量在空间上的相互作用如何，需要对估计模型的空间效应进行分解，结果如表4-19所示。

表4-19　空间杜宾模型直接效应、间接效应与总效应

变量	直接效应	间接效应	总效应
	系数	系数	系数
LnAI	−0.013 0	−0.022 9	−0.035 8
	(−0.699 1)	(−0.691 4)	(−1.073 5)
LnPI	0.009 6	0.052 5***	0.062 2***
	(1.468 3)	(3.449 6)	(3.805 8)
LnTSAC	0.136 5**	−0.063 2	0.073 3
	(2.642 0)	(−0.575 4)	(0.604 6)
LnEPI	−0.044 1	0.008 3	−0.035 8
	(−0.979 8)	(0.072 0)	(−0.288 9)
LnFMP	0.027 3	−0.187 6***	−0.160 3***
	(1.020 6)	(−3.657 5)	(−3.069 9)
LnAFAA	0.001 7	0.162 3	0.164 0
	(0.038 7)	(1.447 8)	(1.208 4)
LnAPFAA	0.005 5	0.033 0	0.038 5
	(0.554 8)	(0.935 6)	(1.063 5)
LnECPU	0.008 5	0.024 0	0.032 6
	(0.485 6)	(0.656 7)	(0.842 3)

直接效应是本省份解释变量对本省份被解释变量的总影响，具体指本省份解释变量对本省被解释变量的直接影响，同时加上本省份解释变量对临接省份被解释变量的作用而通过空间滞后项的作用反馈到本省份的影响。间接效应是临接省份解释变量对本省份被解释变量的总影响，具体是指临接省份解释变量对本省份被解释变量的直接影响，同时加上临接省份解释变量对临接省份被解释变量的影响通过空间滞后项的反馈作用进而增加到对本省份的影响。总效应是指考虑空间作用的解释变量对被解释变量的总影响。

由表4-19可知：就核心解释变量农业生态资本主动型投资而言，其对沙化土地面积占比的直接效应、间接效应和总效应均不显著，表明农业生态资本主动型投资对本地区以及临接地区沙化土地面积占比的影响均不显著。原因是

既有被解释变量和解释变量指标选取的偏误，又有数据处理和模型选择可能存在的误差。农业生态资本主动型投资重点包括影响农业生产的水利、自然灾害以及农业生态基础设施建设方面的投资，该变量对沙化土地面积占比的影响主要是通过影响农业生产领域尤其是土地质量的变化而产生作用，属于间接影响。而土地质量的变化尤其是土地沙化是自然长期作用的结果，该变量所反映的人为因素对这种自然变化的影响在短期内微小，影响不显著。从农业生态资本被动型投资对沙化土地面积占比的影响看，本省份该变量对沙化土地面积占比影响不显著，而间接效应即空间溢出效应显著，表明临接省份该变量对本省份产生正向影响；且总效应为显著的正影响。以上影响表明本省份农业生态资本被动型投资的增加将显著提高临接省份沙化土地面积占比，同样临接省份该变量的增加也将显著提高本省份沙化土地面积占比，整体上该变量的增加将提高沙化土地面积占比。该结果与预期有偏差，深层次原因有待进一步研究。

从控制变量看，农作物总播种面积对沙化土地面积占比有显著的正向影响，表明农作物总播种面积的增加将会提高沙化土地面积之比值。这意味着通过毁林开荒增加农业生产的土地面积，将会导致土地沙化，自然生态环境恶化。从农业机械总动力对沙化土地面积占比的影响看，该变量对沙化土地面积占比产生显著的负向影响，表明农业机械化程度的提高将有助于改善自然生态环境，原因是农业机械化程度的提高，改变传统低效的人工生产形式，提高农业生产效率，进而可以减少传统低效生产为增加产量而破坏自然环境的事例发生，从而改善自然生态环境。临接省份该变量对本省沙化土地面积占比的影响为显著的负向影响，表明该变量在临接省份间存在相互显著的负向影响，即省份间机械化程度的提高将降低彼此省份沙化土地面积占比。原因是本省份农业机械化程度提高将对临接省份产生的示范效应，进而出现技术溢出，同时临接省份间由于空间地理位置相近，自然生态环境相似，农业机械技术将得到顺利使用，提高临接省份的机械化程度。因此，本省机械化程度的提高也将使临接省份机械化水平提高，进而降低沙化土地面积占比，有助于改善自然生态环境。

（二）当农村生态状况 EP_{it} 由变量农业用水量（ AWC_{it} ）表示时

根据模型选择结果，本部分选用空间固定效应下的杜宾模型，模型估计结果如表4-20所示。

表 4-20　计量模型估计结果

变量	空间杜宾模型			普通面板模型	
	空间固定效应模型	时间固定效应模型	双向固定效应模型	混合 OLS 模型	空间固定效应模型
LnAI	0.054 2***	0.297 3***	0.055 5***	0.149 6*	0.035 6*
	(2.614 2)	(5.327 6)	(2.755 0)	(1.878 3)	(1.909 7)
LnPI	−0.016 5**	0.030 1	−0.015 9**	0.088 9**	−0.019 8***
	(−2.279 6)	(1.027 1)	(−2.230 6)	(2.042 9)	(−2.700 7)
LnTSAC	0.239 8***	0.325 6***	0.252 5***	0.650 0***	0.243 8***
	(4.409 6)	(3.767 3)	(4.522 9)	(6.031 2)	(4.496 5)
LnEPI	−0.257 5***	−0.672 3***	−0.263 5***	−0.276 3***	−0.248 5***
	(−5.169 3)	(−8.826 9)	(−5.427 0)	(−3.927 1)	(−5.556 7)
LnFMP	0.140 8***	0.299 9***	0.137 1***	−0.236 5***	0.169 6***
	(4.811 5)	(4.817 7)	(4.704 5)	(−3.335 3)	(6.773 3)
LnAFAA	0.260 2***	0.742 5***	0.258 7***	0.382 1***	0.158 3***
	(5.500 1)	(10.681 4)	(5.583 1)	(4.484 3)	(3.668 1)
LnAPFAA	−0.039 1***	−0.012 8	−0.040 3***	0.032 1	−0.043 4***
	(−3.560 7)	(−0.356 5)	(−3.696 6)	(0.727 1)	(−3.929 7)
LnECPU	−0.073 3***	−0.028 4	−0.070 9***	0.008 6	−0.014 6
	(−3.898 8)	(−1.022 0)	(−3.804 0)	(0.224 3)	(−0.938 2)
$W*$LnAI	−0.079 1**	−0.648 9***	−0.078 4**		
	(−2.366 5)	(−5.628 2)	(−2.251 4)		
$W*$LnPI	0.016 9	0.038 6	0.013 8		
	(1.090 5)	(0.552 7)	(0.891 3)		
$W*$LnTSAC	−0.372 4***	−0.412 6**	−0.339 0***		
	(−3.413 1)	(−2.042 0)	(−2.986 1)		
$W*$LnEPI	−0.435 6***	1.133 8***	−0.460 7***		
	(−3.554 5)	(10.284 4)	(−3.808 1)		
$W*$LnFMP	−0.126 5**	−0.756 8***	−0.135 5**		
	(−2.409 7)	(−6.092 0)	(−2.557 6)		
$W*$LnAFAA	0.561 0***	−0.924 9***	0.594 2***		
	(4.854 9)	(−5.259 8)	(5.204 4)		
$W*$LnAPFAA	−0.031 5	0.379 0***	−0.014 8		
	(−0.864 2)	(3.882 3)	(−0.401 8)		

表4-20(续)

变量	空间杜宾模型			普通面板模型	
	空间固定效应模型	时间固定效应模型	双向固定效应模型	混合 OLS 模型	空间固定效应模型
$W * LnECPU$	0.065 5*	0.213 6***	0.085 2**		
	(1.976 6)	(2.800 6)	(2.200 2)		
$W * LnAWC$	0.098 0*	0.702 0***	0.058 0		
	(1.681 6)	(28.903 4)	(0.979 0)		
截距项				−0.103 4***	
				(−3.446 8)	
R-squared	0.993 9	0.842 8	0.994 0	0.631 4	0.361 5

从表4-20可知，空间固定效应下的杜宾模型在整体上拟合优度较高，优于其他空间效应下的杜宾模型和普通面板模型，且大部分变量显著，选用该模型相对恰当。被解释变量农业用水量的空间滞后项系数在10%的显著性水平上显著，表明临接省份农业用水量会对本省农业用水量产生显著影响；农业用水量在省份间的空间效应以空间溢出效应为主。

临接省份农业生态资本主动型投资对本省份农业用水量呈现显著的空间竞争特征。该变量的空间滞后项系数为−0.079 1，且在5%的显著性水平上显著，表明临接省份农业生态资本主动型投资增加会抑制本省份农业用水量的增加。该变量对农业用水量负向的空间影响反映出各省份在降低农业用水量上呈竞争态势。原因是农业生态资本主动型投资以政府为主导，在近年来生态环境状况逐渐成为地方官员政绩考核的重要内容。临接省份在加大农业生态资本主动型投资，改善当地农业生态环境的同时，势必会引起本省份的模仿，导致本省份也增加农业生态资本投资，本省份农业生态环境得到改善。农业生态环境的改善促使农业自然投入如水资源投入减少。

临接省份农业生态资本被动型投资对本省份农业用水量的影响为不显著的正向空间效应，表明临接省份农业生态资本被动型投资对本省份农业用水量无影响。本书农业生态资本被动型投资用农业污染治理投资来衡量，而现阶段农业污染治理投资的力度较小，治理效果不明显，其对临接省份的作用更是微乎其微，空间效应不显著。

临接省份农作物总播种面积对本省农业用水量的空间影响为显著的负向作用，表明临接省份农作物总播种面积的增加将直接导致本省份农业用水量的减少。负向的空间影响也反映出在各省增加农作物播种面积会导致各省在农业用水量上形成竞争形势。在一定区域内，受自然地理环境的影响，一定时期内的水资源总量基本稳定，临接省份增加农作物种植面积会导致农业用水量的增加，从而使得本省农业用水量减少。

临接省份第一产业从业人数对本省农业用水量的空间影响为显著的负向效应，表明临接省份第一产业人数的增加将直接抑制本省农业用水量的增加。第一产业从业人数增加反映出临接省份农业产业倾向于劳动密集型，而我国劳动密集型的农业同样也是精细化农业。农业劳动力的大量投入使农业生产其他要素投入得到人为精细化控制成为可能，降低农业用水量。而这种精细化的生产管理模式在长期发展中，本省份农业生产者也逐渐使用，降低本省农业用水量。

临接省份农业机械总动力对本省农业用水量的影响为显著的空间负向效应，表明临接省份农业机械化水平的提高会抑制本省份农业用水量的增加。临接省份农业机械化水平提高会对本省农业生产机械化产生示范作用，引致本省机械化水平的提高，从而提高农业用水效率，降低农业用水量。同时，反映出农业机械化对农业用水量的抑制作用在各省份间存在明显的竞争效应。

临接省份农用化肥施用量对本省农业用水量的空间影响为显著的正向效应，即显著的空间溢出特征，表明临接省份化肥施用量的增加会导致本省农业用水量的增加。临接省份通过增加化肥施用量提高农作物产量的做法，将导致本省份地方政府和当地农业生产者为提高农作物产量和地方经济发展水平而进行效仿。农作物生产中各投入要素需在一定的比例范围内才能进行，化肥施用量的增加同时也将伴随农业用水量的增加，最终使得本省农业用水量增加。

临接省份农用塑料薄膜使用量对本省农业用水量无显著影响。临接省份单位农业产值电耗对本省农业用水量产生显著正向的空间影响，表明临接省份农业技术水平越高，本省农业用水量将越低，农业技术进步呈现显著的空间溢出效应。临接省份农业技术水平的提高，会通过技术传播使得本省农业技术水平提高，同时由于临接省份间自然环境和农业生产类型相似，临接省份的农业技术将在本省得到充分使用。农业技术水平的提高，将会提高资源使用效率，降低资源使用量，因此，最终农业用水量将减少。

为分析各个解释变量对农业用水量的空间影响程度，将空间杜宾模型中各个解释变量的空间效应分解为直接效应、间接效应和总效应。结果如表4-21所示。

表4-21　空间杜宾模型直接效应、间接效应与总效应

变量	直接效应	间接效应	总效应
	系数	系数	系数
LnAI	0.053 5 **	−0.079 5 **	−0.026 0
	(2.486 5)	(−2.183 2)	(−0.697 7)
LnPI	−0.016 3 **	0.016 8	0.000 5
	(−2.278 7)	(1.000 9)	(0.026 3)
LnTSAC	0.234 5 ***	−0.372 2 ***	−0.137 7
	(4.383 4)	(−3.067 3)	(−1.058 3)
LnEPI	−0.268 3 ***	−0.506 1 ***	−0.774 4 ***
	(−5.272 8)	(−3.910 4)	(−5.433 9)
LnFMP	0.136 4 ***	−0.124 9 **	0.011 6
	(4.816 0)	(−2.218 1)	(0.202 1)
LnAFAA	0.273 8 ***	0.636 8 ***	0.910 6 ***
	(5.807 5)	(4.962 6)	(5.902 6)
LnAPFAA	−0.039 6 ***	−0.039 3	−0.078 8 *
	(−3.641 9)	(−0.972 9)	(−1.841 7)
LnECPU	−0.073 6 ***	0.064 2 *	−0.009 5
	(−3.984 6)	(1.791 2)	(−0.255 7)

　　下面对各个解释变量空间直接效应、间接效应和总效应分别进行分析。农业生态资本主动型投资对农业用水量的直接效应为显著的正作用，间接效应为负且显著，而总效应不显著。这表明本省份农业生态资本主动型投资增加将导致农业用水量增加，临接省份农业生态资本主动型投资增加将使本省份农业用水量减少，而在考虑该变量的空间作用的情况下，其对农业用水量的整体影响不显著。首先农业生态资本主动型投资指标主要由农业自然灾害防治和农业生态基础设施投资等组成。本省份农业生态资本主动型投资首先是用于农业生态基础设施建设，提高农业生产的基础设施水平，在农业生产基础设施由不完善到完善的过程中，农田水利基础设施同样也逐渐趋于完善，为农业用水量的增加提供了基本条件，最终使得在一定时期内农业用水量增加。而临接省份同样的农业基础设施的完善会导致农业用水量增加，和本省份间形成竞争形势，在一定时期内农业用水量基本稳定的情况下，临接省份农业用水量增加将导致本省份农业用水量减少。整体来看，由于临接省份负向作用的影响抵消了本省份的正向作用，考虑变量的空间作用的情况下，农业生态资本主动型投资对农业

用水量无显著影响。

农业生态资本被动型投资对农业用水量的直接效应为显著的负向效应，而该变量的间接效应和总效应不显著，表明本省份农业生态资本被动型投资水平的增加将显著降低本省份农业用水量，而临接省份对本省份的影响作用不显著。本书农业生态资本被动型投资用农业污染治理投资衡量，本省农业污染治理在改善本省农业生态环境的同时，还提高本省农业生产者的生态环境保护意识。农业生产者生态环境保护意识的提高，促使其在农业生产中节约使用资源，保护农业生态，最终，通过农业生产者的节约集约投入行为降低水资源使用量。在现实情况下，本省份农业生产者绝大部分在本省份从事农业生产，自身的资源节约意识和集约生产行为很难在省份间进行传递交流，因此对临接省份的影响不大。但在考虑空间作用的情形下，该变量对农业用水量的影响微乎其微，原因是农业污染治理在某种程度上是当地政府不得已而为之的被动行为，污染治理投资水平低，治污效果不显著；且临接省份也如本省份一样被迫治理污染，效果可想而知。这种负面的不积极治污效应扩散的范围和影响的程度远远超过当地农业生产者节约使用资源的正向效应，因此，综合看农业生态资本被动型投资对农业用水量无明显影响。

农作物总播种面积对农业用水量的直接效应为正且显著，间接效应为负且显著，总效应不显著，表明本省农作物总播种面积的增加将直接导致本省份农业用水量的增加，临接省份农作物播种面积的增加会相对抑制本省份农业用水量，但整体上无显著影响。水是农业生产的基本条件，农作物播种面积的增加将直接导致农业用水量增加。同样在一定时间和区域内，农业水资源相对稳定，临接省份农作物总播种面积的增加一样会增加用水量，如此省份间会在农业用水上形成竞争关系，彼此之间相互制约。当这种制约作用抵消该变量导致的用水量增加效应时，在整体空间上看，该变量对农业用水量不会形成显著影响。这也和现实中农作物总播种面积不会在某一时期内大幅增加的事实相符，因为农业生产很大程度上受制于当地相对稳定的自然生态环境。

第一产业从业人数对农业用水量的影响在直接效应、间接效应和总效应上均显著为负，表明考虑该变量空间作用下，第一产业从业人数的增加会显著降低农业用水量。原因如前文所述，劳动密集型的精耕细作的传统农业，劳动力要素投入的增加会对水资源要素的使用量产生替代效应，使农业用水量减少。

从农用机械总动力对农业用水量的作用看，该变量的直接效应为正且显著，间接效应为显著的负效应，总效应不显著。本省份农业机械化水平提高为实现高效灌溉提供物质基础，增加农业用水量；而临接省份与本省份在农业用水上存在竞争关系，一定程度上抑制了本省份农业用水量的持续增加。综合来看，由于负向空间作用抵消了正向空间作用，考虑变量空间效应的情况下，农用机械总动力的提高对农业用水量无显著影响。

农用化肥施用量对农业用水量的直接效应、间接效应和总效应均为正，且显著，表明农用化肥施用量的增加在整个空间上均能显著提高农业用水量。化肥施用量在省份间存在空间溢出效应，临接省份化肥施用量的增加导致本省进行效仿。农作物生长的自然规律决定水肥要共同增加，因此，提高化肥施用量在一定范围内会增加农业用水量。

从农用塑料薄膜使用量对农业用水量的作用看，该变量的直接效应为显著的负向，间接效应不显著，总效应为显著的负向。农用塑料薄膜的作用是保持土壤水分，减少蒸发，因此，本省份农用塑料薄膜使用量的增加能显著降低农业用水量。临接省份通过使用塑料薄膜降低临接省份用水量的作用很难在空间传播，相互影响。总的来说，农用塑料薄膜使用量的增加显著降低农业用水量。

单位农业产值电耗对农业用水量的影响为：显著的负向直接效应、显著的正向间接效应和不显著的总效应。该指标为衡量农业技术进步的负向指标，因此，结果表明本省份农业技术水平的提高将提高农业用水量，而临接省份农业技术进步会抑制本省农业用水量的提高，具有显著的空间溢出效应。原因是在当前农业发展阶段，农业技术进步侧重解决如何提高农作物产量，在如何节约集约使用资源上有所欠缺或者推广实践不足，农业技术进步在提高农作物产量的同时，也导致生产投入增加，农业用水量增加。而在省份间农业技术存在空间溢出效应，在农业用水上存在竞争关系，彼此间相互抑制。由于抑制作用和促进作用相互抵消，总体效应不显著，因此，考虑变量空间作用的情形下，该变量对农业用水量无明显影响。

（三）当农村生态状况 EP_{it} 由变量有效灌溉面积占比（ $EIAR_{it}$ ）表示时

由前文模型选择结果，本部分选用空间固定效应下的杜宾模型，模型估计结果如表4-22所示。

表4-22　计量模型估计结果

变量	空间杜宾模型			普通面板模型	
	空间固定效应模型	时间固定效应模型	双向固定效应模型	混合OLS模型	空间固定效应模型
LnAI	0.010 3 (0.553 1)	−0.094 2*** (−5.891 2)	0.010 5 (0.578 4)	−0.110 5*** (−6.373 0)	−0.003 8 (−0.227 6)

表 4-22（续）

变量	空间杜宾模型			普通面板模型	
	空间固定效应模型	时间固定效应模型	双向固定效应模型	混合 OLS 模型	空间固定效应模型
LnPI	0.000 6	0.009 7	−0.000 3	0.003 1	0.004 4
	(0.098 6)	(1.192 9)	(−0.041 0)	(0.327 8)	(0.669 1)
LnTSAC	0.271 6***	0.179 2***	0.264 5***	0.133 5***	0.247 8***
	(5.548 9)	(7.465 0)	(5.245 5)	(5.689 3)	(5.086 9)
LnEPI	0.089 3**	−0.045 6**	0.092 8**	0.006 0	0.014 1
	(1.988 5)	(−2.159 5)	(2.113 1)	(0.390 5)	(0.350 3)
LnFMP	−0.049 5*	−0.027 2	−0.047 0*	−0.024 3	−0.066 8***
	(−1.878 5)	(−1.570 9)	(−1.782 5)	(−1.574 1)	(−2.968 6)
LnAFAA	−0.118 2***	−0.033 4*	−0.119 4***	0.018 2	−0.008 8
	(−2.777 7)	(−1.733 1)	(−2.852 9)	(0.979 3)	(−0.227 8)
LnAPFAA	0.056 4***	0.027 1***	0.057 4***	0.002 1	0.056 4***
	(5.715 9)	(2.720 0)	(5.847 0)	(0.216 2)	(5.688 2)
LnECPU	0.008 0	0.012 1	0.006 3	0.028 1***	−0.022 3
	(0.471 0)	(1.574 0)	(0.374 2)	(3.382 7)	(−1.598 0)
$W*$LnAI	0.023 0	0.287 8***	0.022 0		
	(0.766 4)	(8.992 5)	(0.701 1)		
$W*$LnPI	−0.006 4	−0.014 6	−0.008 5		
	(−0.461 6)	(−0.751 0)	(−0.611 5)		
$W*$LnTSAC	0.378 2***	−0.050 8	0.363 7***		
	(3.800 3)	(−0.899 2)	(3.492 5)		
$W*$LnEPI	0.446 3***	−0.027 7	0.462 1***		
	(4.108 5)	(−0.903 5)	(4.280 1)		
$W*$LnFMP	0.124 5***	−0.061 8*	0.135 1***		
	(2.651 4)	(−1.780 5)	(2.848 9)		
$W*$LnAFAA	−0.558 9***	0.137 8***	−0.575 7***		
	(−5.445 5)	(2.814 0)	(−5.644 2)		
$W*$LnAPFAA	−0.005 5	−0.097 2***	−0.007 8		
	(−0.168 6)	(−3.580 3)	(−0.235 1)		
$W*$LnECPU	0.011 2	0.037 6*	0.002 7		
	(0.377 1)	(1.772 3)	(0.077 4)		

表4-22(续)

变量	空间杜宾模型			普通面板模型	
	空间固定 效应模型	时间固定 效应模型	双向固定 效应模型	混合 OLS 模型	空间固定 效应模型
$W*$ LnEIAR	−0. 199 0 ***	0. 208 0 ***	−0. 200 0 ***		
	(−3. 149 6)	(3. 860 4)	(−3. 174 0)		
截距项				0. 030 9 ***	
				(4. 733 0)	
R−squared	0. 821 7	0. 562 9	0. 822 7	0. 369 6	0. 139 3

由表4-22可知，整体上空间固定效应下杜宾模型拟合程度较高，优于普通面板回归模型和时间固定效应下的杜宾模型，另外该模型显著性变量个数较其他模型多，表明从整体拟合度和变量显著性来说，空间固定效应下的杜宾模型较为出色。被解释变量有效灌溉面积占比的空间滞后项系数为负，且在1%的显著性水平上显著，表明有效灌溉面积占比在省份间存在显著的空间竞争效应，即临接省份有效灌溉面积占比的增加会抑制本省份该变量的增加。

临接省份农业生态资本主动型投资和被动型投资对本省份有效灌溉面积占比在统计上无显著影响，表明临接省份农业生态资本投资对本省份的有效灌溉面积占比无明显影响。农田的有效灌溉面积在一定程度上是有效衡量农田较为平整、水利设施较为完善的因素，是自然地理因素和人为改造后的结果，在空间分布和土地性质上较为稳定，跨地区间很难发生显著影响。

临接省份农作物总播种面积、第一产业从业人数和农用机械总动力均对本省份有效灌溉面积产生显著的空间溢出效应，即临接省份农作物总播种面积、第一产业从业人数和农用机械总动力的增加都将促使本省份有效灌溉面积增加。临接省份以上三个变量的增加表明临接省份加大农业生产投入，将有利于增加农业产值，且以上三种要素可直接对有效灌溉面积产生显著影响。在地方政府间相互竞争的形式下，经济总产值成为重要的衡量指标，本省地方政府受临接省份产值增长的压力同样会增加以上三种要素投入，从而直接影响有效灌溉面积占比。

临接省份农用化肥施用量对本省份有效灌溉面积占比的影响为显著的负向作用，即临接省份化肥施用量的增加将抑制本省份有效灌溉面积占比的增加，省份间存在显著的竞争关系。同样作为农业生产的投入要素，该要素却没有如农作物总播种面积、第一产业从业人数和农用机械总动力一样产生显著空间溢出效应，而是呈显著的空间竞争关系，原因是化肥施用量的增加不必然改变且不可直接改变有效灌溉面积占比，临接省份增加该要素的投入可以认为是在不显著改变其有效灌溉面积占比基础上进行的行为，目的是在有限土地面积上提高农作物单产。尤其是农业化肥污染、农药污染等农业污染和土地生态的破坏逐渐被关注下，该种行为会促使本省份政府和农业生产者效仿，抑制本省份有效灌溉面积的增加。

在考虑变量空间作用的情况下，各个解释变量对有效灌溉面积占比的空间影响程度如何，需要对空间杜宾模型下的变量空间效应进行分解，结果如表4-23所示。

表4-23 空间杜宾模型直接效应、间接效应与总效应

变量	直接效应系数	间接效应系数	总效应系数
LnAI	0.010 4	0.018 8	0.029 1
	(0.515 7)	(0.664 4)	(1.162 8)
LnPI	0.000 8	−0.005 6	−0.004 8
	(0.129 2)	(−0.465 7)	(−0.373 6)
LnTSAC	0.260 8 ***	0.290 1 ***	0.550 9 ***
	(5.268 2)	(3.206 0)	(6.199 0)
LnEPI	0.072 3	0.374 8 ***	0.447 1 ***
	(1.562 9)	(3.908 6)	(4.571 9)
LnFMP	−0.056 3 **	0.116 6 **	0.060 3
	(−2.103 3)	(2.709 5)	(1.556 5)
LnAFAA	−0.096 7 **	−0.473 3 ***	−0.570 0 ***
	(−2.390 3)	(−5.226 7)	(−5.408 7)
LnAPFAA	0.057 5 ***	−0.015 1	0.042 4
	(5.797 4)	(−0.517 1)	(1.468 9)
LnECPU	0.006 0	0.009 6	0.015 6
	(0.348 2)	(0.351 9)	(0.623 5)

由表4-23可知，农业生态资本主动型投资和被动型投资对有效灌溉面积占比的直接效应、间接效应和总效应均不显著，表明农业生态资本投资统计学意义上不会对有效灌溉面积占比产生明显影响。农业生态资本投资旨在提高生态环境质量，而该投资需要长期时间积累才能显著改变生态环境。就有效灌溉面积占比变量而言，农业生态资本投资在改善整体生态环境的情况下，并不会直接作用于有效灌溉面积，而只是起到间接的影响。因此，虽然有效灌溉面积

占比作为衡量农业生态环境变量指标，但是存在指标选择偏差的可能，会影响对农业生态环境的解释力。综合来看，农业生态资本投资对有效灌溉面积占比无明显影响。

从农作物总播种面积对有效灌溉面积占比的影响看，其直接效应、间接效应和总效应均为正，且高度显著，表明本省份农作物总播种面积的增加能显著提高本省份有效灌溉面积占比，临接省份该变量的增加也显著提高本省有效灌溉面积占比。整体上，考虑变量空间作用情况下，该变量对有效灌溉面积占比具有显著的促进作用。农作物总播种面积和有效灌溉面积在变量性质上高度相关，农作物播种面积的增加势必会提高有效灌溉面积，这是由农业生产的特征决定的。省份间会在经济发展水平上存在竞争，在自然地理环境相似的情形下，临接省份增加农作物总播种面积会迫使本省同样增加该变量。因此，当该变量在省份空间作用下，总体上该变量的增加会显著提高有效灌溉面积占比。

第一产业从业人数对有效灌溉面积占比的间接效应和总效应为正且显著，但直接效应不显著，表明临接省份第一产业从业人数的增加会显著促进本省份有效灌溉面积增加，而本省份第一产从业人数的增加对有效灌溉面积占比影响不显著。临接省份该变量的增加会显著促进本省份有效灌溉面积增加而本省份该变量的直接效应不显著，反映出该变量的空间溢出效应要强于省份间的空间竞争效应。临接省份第一产业从业人数的增加会对本省份该变量产生正向激励作用，使本省份第一产业从业人数有增加的趋势，人地矛盾凸显，有效灌溉面积有增加的趋势，但这种趋势受到本省份第二、三产业发展水平的提高或人口转移作用而减弱。在考虑该变量空间作用下，第一产业从业人数的增加会显著提高有效灌溉面积占比，而该影响主要是空间溢出作用所致。

农业机械总动力对有效灌溉面积占比的直接效应为负且显著，间接效应为正且显著，总效应不显著，表明在不考虑该变量空间作用的情形下，本省份农业机械化程度的提高会降低本省份有效灌溉面积占比，临接省份农业机械总动力的增加显著促进了本省份有效灌溉面积占比的增加，以上两种作用相互抵消，整体效应不显著。农业机械化程度的提高能实现生产效率的提升，同时也说明社会经济发展水平逐步提高，劳动力向收益更高的非农产业转移，降低增加有效灌溉面积的动力。但在省份间相互竞争的情况下，临接省份农业机械化程度的提高将激励本省在现有机械化程度下扩大有效灌溉面积，追求产值，以和其他省份进行竞争。但整体上，该变量对有效灌溉面积占比影响不明显。

从农用化肥施用量对有效灌溉面积占比的影响看，其直接效应、间接效应和总效应均显著为负，表明农用化肥施用量在本省和临接省份对有效灌溉面积占比存在显著负向作用。该结果反映出在研究期间内，农用化肥施用量的继续增加将破坏有效耕地，使耕地质量下降，降低有效灌溉面积。而农用化肥施用量在省份间存在竞争关系，说明省份间在竞相增加农用化肥施用量，这种恶性竞争将进一步导致有效耕地质量下降，良田退化，有效灌溉面积占比下降。因此，考虑该变量的空间作用，其对有效灌溉面积占比存在显著的抑制作用。

农用塑料薄膜使用量对有效灌溉面积占比的影响为：显著正向的直接效应，不显著的间接效应和总效应。农用塑料薄膜能有效保持土壤水分，从而使不具备有效灌溉条件或灌溉条件较差的耕地成为有效灌溉条件的耕地，从而增加了有效灌溉面积占比。但这种作用受制于各个省份自然环境状况，很难显著影响其他省份，以致其他省份大量效仿，空间影响不显著。但整体上看，在整个研究区域内这种通过增加农用塑料薄膜使用量而显著提高有效灌溉面积的作用微小，因此，该变量的总效应不显著。

综上所述，农业生态资本主动型投资总体上无益于沙化土地面积占比、农业用水量和有效灌溉面积占比的改变，但区域间存在差异性；农业生态资本被动型投资总体上对农业用水量和有效灌溉面积占比影响不显著，而却显著促进沙化土地面积占比值，且跨区域差异明显，其中深层次原因有待验证。以上结论为制定有效的农业生态资本投资政策提供一定启示：考虑到生态环境影响的广泛性和空间相关性，各省份在各自治理生态环境的同时，更应注重省份间的相互合作，统筹规划，增强农业生态资本投资作用的靶向性作用，从而提高农业生态资本投资资金的使用效率；生态环境污染的空间溢出性以及生态环境的公共性，需要政府加强行政干预，加强监管，做到惩治污染地区和奖励生态保护地区间利益平衡，比如实行跨流域生态补偿。就当前分析结果来说，应该进一步探究农业生态资本主动型投资和被动型投资在整个地理空间上对农业用水量和有效灌溉面积占比影响不显著的深层次原因，为农业生态资本投资在整体空间作用下实现良好的生态效应做好铺垫。

第五章 农业生态资本投资的经济效应 分析

第一节 经济效应的评价指标体系构建

    农业生态资本投资的经济效应就是通过农业生态资本投资，改善农业生态环境，降低农业生产的负外部性，进而促使生产高质量的农产品；在高质量农产品的基础上延伸农产品加工产业链，多渠道增加农民收入；或者农民通过参与农业生产资本投资项目的建设，获得非农经济收入，增加收入；通过农业产业全面发展的直接作用或间接作用增加农民收入，提高农村经济发展水平和发展质量，从而实现经济效应。

    农业生态资本投资的经济效应评价指标在研究内容上既要考虑农村经济发展的总量，又要考虑经济发展的质量；在研究对象上，既要包括农业、农村更要包括农民，"三农"一体化发展，缺一不可；同时要兼顾各个研究对象的不同方面，力求较为全面地反映农业生态资本投资经济效应。根据第三章中指标体系构建的思路和原则，本章同样构建三级评级指标体系，其中二级评价指标分别为经济发展水平（总量）和经济发展质量两个方面。在经济发展水平方面，分别从经济总量、农民收入、收入分配水平和消费水平四个层面来衡量。具体来说，由于统计资料中关于农业产值的数据严重缺失，所以经济总量用第一产业总产值表示，且本书将其定义为正向指标，认为就农业本身而言，产值越大对农业自身发展越有利，以此来考察农业经济发展总量；在农民收入层面，选取粮食人均占有量和农村居民人均纯收入实际数两个指标来衡量，分别表示农民基本生活资料占有情况和农民实际收入、提高生活水平的能力；在收入分配层面，选取农村居民收入的基尼系数和农村地区贫困发生率两个指标，分别衡量农民收入分配改善情况和农村整体贫困差异情况；在消费水平层面，选取农村居民家庭人均消费支出和农村恩格尔系数两个指标，分别表示农民消费水平和农村家庭消费结构以及富裕程度。在经济发展质量方面，分别从机械化水平、水利建设水平、耕地生产能力、农民劳动生产率和产业结构五个层面来衡量。其中，机械化水平和水利建设水平是衡量农业生产基础条件状况的重要指标。机械化水平用农业机械总动力来表示；水利建设水平用水库库容量来表示；耕地生产能力反映了耕地质量和可持续生产能力，用谷物单产来表示；农民劳动生产力反映农民能动地作用于耕地的效应，是农民劳动产出效率的重要考量，用粮食人均生产量表示；产业结构反映农业经济发展在整个产业体系中的比重，用第一产业所占比重表示，考虑到产业结构升级趋势以及经济发展规律，将该变量定义为逆向指标。通过上述对指标体系中分指标的阐述，构建的农业生态资本投资经济效应指标体系如表5-1所示。

表5-1 农业生态资本投资的经济效应评价指标体系

一级指标	二级指标	三级指标	指标符号	指标单位	指标方向
经济效应综合指数	发展水平	第一产业总产值	TOPI	亿元	正
		粮食人均占有量	GPC	千克/人	正
		农村居民人均纯收入实际数	PCNI	元/人	正
		农村居民收入的基尼系数	GI	—	逆
		农村居民家庭人均消费支出	PCCE	元/人	正
		农村恩格尔系数	REC	%	逆
		农村地区贫困发生率	IPR	%	逆
	发展质量	农业机械总动力	FMP	万千瓦	正
		水库库容量	RC	亿立方米	正
		谷物单产	GPU	千克/公顷	正
		粮食人均生产量	PCGP	千克/人	正
		第一产业所占比重	PPI	%	逆

第二节 经济效应评价指标体系测算与分析

根据第三章中熵权综合指数测算评价指标权重和体系综合指数的原理以及方法，本章同样采用熵权综合指数法测算农业生态资本投资经济效应评价指标体系。由于农村居民收入的基尼系数数据缺失，本书不做测算。农村地区贫困发生率数据缺失严重，且农村贫困线几经变动，农村地区贫困发生率在时间维度上不具有可比性，因此本书同样不做测算。对部分评价指标缺失的数据，采用移动平均法进行补齐。另外，由于西藏地区部分指标数据严重缺失，故不将其作为评价对象，因此本章研究对象为除西藏、港澳台外的 30 个省（自治区，直辖市）。评价指标所有数据均来自 EPS 数据库、各年份的《中国农村统计年鉴》、《中国环境统计年鉴》以及《中国统计年鉴》。本部分所有数据均采用 stata14.1 软件进行处理。

使用熵权综合指数法测算得到 1998—2016 年农业生态资本投资经济效应评价指标的各指标权重值，如表 5-2 所示。

表 5-2 农业生态资本投资的经济效应评价指标权重值

年份	TOPI	GPC	PCNI	PCCE	REC	FMP	RC	GPU	PCGP	PPI
1998	0.099 4	0.101 0	0.098 1	0.098 9	0.102 6	0.097 0	0.098 1	0.101 5	0.101 1	0.102 2
1999	0.099 4	0.101 2	0.098 0	0.099 5	0.102 4	0.097 0	0.097 8	0.101 2	0.100 9	0.102 7
2000	0.099 6	0.101 2	0.098 0	0.097 3	0.102 5	0.097 1	0.098 3	0.101 6	0.101 4	0.103 0
2001	0.099 3	0.101 6	0.098 0	0.097 4	0.102 0	0.097 0	0.098 4	0.101 7	0.101 6	0.103 0
2002	0.099 5	0.101 5	0.098 1	0.097 5	0.101 9	0.097 2	0.098 2	0.101 2	0.101 6	0.103 2
2003	0.099 5	0.101 5	0.098 0	0.097 5	0.101 6	0.097 2	0.099 2	0.100 9	0.101 6	0.103 0
2004	0.099 3	0.101 2	0.098 5	0.098 0	0.101 3	0.097 3	0.098 6	0.101 5	0.101 2	0.103 1
2005	0.099 1	0.100 8	0.098 2	0.097 9	0.102 0	0.097 6	0.098 7	0.101 8	0.100 8	0.103 0
2006	0.099 1	0.100 7	0.098 5	0.098 6	0.101 3	0.097 7	0.098 8	0.102 0	0.100 2	0.103 1
2007	0.099 0	0.100 7	0.098 7	0.098 5	0.101 8	0.097 9	0.097 8	0.102 1	0.100 7	0.102 9
2008	0.099 0	0.100 3	0.098 9	0.099 3	0.100 6	0.098 2	0.098 5	0.101 8	0.100 3	0.103 2
2009	0.098 9	0.100 2	0.098 5	0.098 8	0.102 1	0.098 0	0.098 3	0.101 9	0.100 2	0.102 9
2010	0.099 4	0.100 2	0.099 0	0.098 5	0.101 0	0.098 4	0.098 8	0.101 4	0.100 2	0.103 2
2011	0.099 3	0.099 6	0.099 3	0.098 8	0.102 1	0.098 3	0.098 6	0.102 0	0.099 6	0.102 9
2012	0.099 4	0.099 4	0.099 4	0.099 2	0.101 9	0.098 3	0.098 5	0.101 9	0.099 4	0.102 7
2013	0.099 6	0.099 3	0.099 5	0.099 1	0.102 1	0.098 2	0.098 6	0.101 7	0.099 3	0.102 7
2014	0.099 6	0.099 5	0.099 7	0.098 6	0.102 2	0.098 2	0.098 5	0.101 7	0.099 5	0.102 6
2015	0.099 8	0.099 4	0.099 6	0.098 6	0.102 2	0.098 3	0.098 1	0.102 0	0.099 4	0.102 6
2016	0.099 7	0.099 4	0.099 6	0.098 4	0.102 4	0.098 5	0.098 1	0.102 0	0.099 4	0.102 5
平均值	0.099 4	0.100 5	0.098 7	0.098 4	0.101 9	0.097 8	0.098 4	0.101 7	0.100 4	0.102 9

从表5-2可知，在经济发展水平纬度中，所有评价指标按照其对应的权重值由大到小分别为农村恩格尔系数（REC）、粮食人均占有量（GPC）、第一产业总产值（TOPI）、农村居民人均纯收入（PCNI）和农村居民家庭人均消费支出（PCCE），其权重值分别为0.1019、0.1005、0.0994、0.0987和0.0984。这表明以上评价指标在农村经济发展水平中的重要程度依次降低，其中重要程度最大的为农村恩格尔系数（REC）。在经济发展质量纬度中，所有评价指标按照其权重值由大到小排列分别为第一产业所占比重（PPI）、谷物单产（GPU）、粮食人均生产量（PCGP）、水库库容量（RC）和农业机械总动力（FMP），其对应权重值分别为0.1029、0.1017、0.1004、0.0984和0.0978。这表明以上评价指标在农村经济发展质量中的重要程度逐次降低，其中第一产业所占比重（PPI）的重要程度最高。综合所有评价指标权重来看，指标权重排名前三的是第一产业所占比重（PPI）、农村恩格尔系数（REC）和谷物单产（GPU），表明经济发展质量评价指标第一产业所占比重（PPI）在整个评价指标体系中重要程度最高，其次为经济发展水平评价指标农村恩格尔系数（REC）。从指标体系中经济发展水平和发展质量纬度各个指标权重值在整个指标体系中的排名可知：经济发展水平纬度，农村恩格尔系数（REC）、粮食人均占有量（GPC）、第一产业总产值（TOPI）、农村居民人均纯收入（PCNI）和农村居民家庭人均消费支出（PCCE），在整个指标体系中的排名依次为2、4、6、7、8名；经济发展质量纬度，第一产业所占比重（PPI）、谷物单产（GPU）、粮食人均生产量（PCGP）、水库库容量（RC）和农业机械总动力（FMP），在整个指标体系中的排名依次为1、3、5、9、10名。从经济发展水平和发展质量两个纬度各指标排名分布可知，两个纬度所选指标在整体指标体系中的重要程度呈相对均匀分布，避免出现所选指标厚此薄彼，能较为全面地合理反映以上两个纬度内容。从整个时间维度看，各个评价指标权重值在分析区间内变动程度较小，保持相对稳定，表明各省份各个评价指标在相应年份的评价指标体系中的重要程度基本稳定。因此，综上分析可以得出，所选指标体系能较为全面、充分地反映农村经济状况。

测算所有年份各个省份每个评价指标的权重值，可以根据熵权综合指数法计算得到所有年份各省份农村经济状况的综合指数。考虑到研究区间内所有省份的综合指数数据量较大，为方便分析，本书给出各省份所有年份农村经济状况综合指数的平均值，以分析在平均水平上各省份农村经济状况综合指数的区域差异，结果如表5-3所示。

表 5-3　1998—2016 年各地区经济状况综合指数平均值

地区	综合指数平均值	排名	地区	综合指数平均值	排名
山东	0.564 0	1	福建	0.342 2	16
江苏	0.534 3	2	天津	0.341 5	17
浙江	0.527 4	3	四川	0.341 0	18
吉林	0.523 7	4	江西	0.338 6	19
河南	0.512 3	5	新疆	0.323 1	20
黑龙江	0.503 5	6	宁夏	0.296 6	21
上海	0.467 4	7	广西	0.291 2	22
湖北	0.463 4	8	山西	0.272 1	23
河北	0.463 2	9	陕西	0.266 6	24
辽宁	0.435 5	10	重庆	0.264 7	25
北京	0.430 2	11	云南	0.228 9	26
广东	0.425 1	12	青海	0.209 2	27
湖南	0.421 4	13	甘肃	0.203 7	28
内蒙古	0.406 2	14	贵州	0.190 1	29
安徽	0.379 9	15	海南	0.123 6	30

　　由熵权综合指数定义可知，熵权综合指数越大，表明经济状况越好；反之，熵权综合越小，表明经济状况越差。为分析方便，本书根据熵权综合指数平均值大小，将其简单划分为以下几个阶段水平：熵权综合指数平均值在 0.5 及以上时，定义为优，表明经济状况最好；熵权综合指数值在 0.4~0.5 时，定义为良，表明经济状况为良；熵权综合指数值在 0.3~0.4 时，定义为中，表明经济状况一般；熵权综合指数值在 0.2~0.3 时，定义为差，表明经济状况较差；熵权综合指数值在 0.1~0.2 时，定义为最差，表明经济状况最差。由表 5-3 可知，熵权综合指数值最大的为山东省，其值为 0.564 0，排名第一；其次为江苏省，其值为 0.534 3，排名第二。这表明依据所选评价指标，在研究区间内山东省农村经济状况最好，其次为江苏省。熵权综合指数值最小的为海南省，其值为 0.123 6，排名三十；其次为贵州省，其值为 0.190 1，排名二十九。这表明根据现有评价指标体系，研究区间内海南省农村的经济状况最差，其次为贵州省。依据所划分的熵权综合指数阶段，处于优阶段的省份有 6 个，占

所研究省份的20%；处于良阶段的省份有8个，占所研究省份的26.6667%；处于中阶段的省份有6个，占所研究省份的20%；处于差阶段的省份有8个，占所研究省份的26.6667%；处于最差阶段的省份有2个，占所研究省份的6.6667%。从各个阶段省份个数和所占的比例可知，整体上看，所有研究省份农村经济发展状况呈现大致均匀分布状态，表明我国农村经济发展水平分布较为均匀，地区间差异明显。

上表中，以各个省份在研究区间内综合指数的平均值为分析对象，虽然能从平均值上探究熵权综合指数的大小，但由于采取均值化处理不能反映出熵权综合指数在时间维度上的变动趋势。因此，为进一步探究特定研究区域熵权综合指数在研究区间内的变动趋势，本书按上文中熵权综合指数平均值由大到小的顺序排列省份作为图形横轴，综合指数变动率作为图形纵轴，做出所研究省份熵权综合指数在研究区间内的变动趋势图，如图5-1所示。

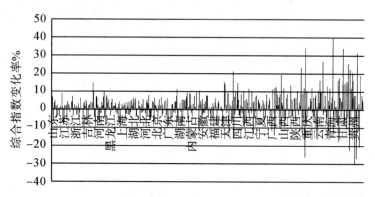

图5-1　1999—2016年各地区农村经济状况综合指数变化率变动情况

农村经济状况综合指数变化率为正，表明研究区域本年份相对于上一年农村经济发展水平得到提高；反之，农村经济状况综合指数变化率为负，表明研究区域农村经济状况相对于上一年变差。农村经济状况综合指数平均值最大的两个省份——山东省和江苏省的农村经济状况综合指数变化率的变动幅度在正负10%之间，变动幅度较小，表明以上两个省份在研究区间内农村经济水平变动不大。从农村经济状况综合指数变化率正负值个数看，山东省和江苏省的农村经济状况综合指数变化率正值明显多于负值，表明平均来说研究区间内以上两个省份农村经济发展水平相对来说是提高的。从农村经济状况综合指数变化率变动趋势看，以上两个省份的农村综合指数变动率大体上呈现正负交替，交替周期不定，且正负值相对连续性的特征，表明以上两个省份整体上农村经济发展水平在降低和提高之间转换，转换无明显规律，且这种降低和提高的趋势在时间上有相对连续性、滞后性。农村经济状况综合指数平均值最小的海南省，其经济状况综合指数变化率变动幅度在正负30%之间，变动幅度较大，表明海南省农村经济状况在研究区间内变化较大。从农村经济状况综合指数变化率正负值个数看，正值个数明显多于负值个数，表明海南省农村经济发展水平整体上呈现提高趋势。海南省农村经济状况综合指数虽然也呈现出正负交替的特征，但随着时间推移该值正负交替的频率降低，且出现连续正值，表明海南省农村经济发展状况虽然也在降低和提高间转换，但随着时间推移，海南省农村经济发展水平在逐渐提高。从整个横轴看，在整个研究区间内所有省份的农村经济状况综合指数变化率随经济发展程度增减而呈现不同的变动趋势。具体来说，横轴从左至右来看，随着农村经济发展水平降低，农村经济状况综合指数变动率呈现先小幅波动，保持一段相对稳定后再逐渐变大。这表明当农村经济状况在一定范围内时，其变动幅度相对稳定，一旦农村经济发展水平超过一定值，其变动幅度就会增大。结合农村经济状况综合指数平均值不同阶段水平的划分以及各省份农村经济状况综合指数变动率具体值可知，当农村经济状况综合指数平均值处于优、良和上中部（值为 0.341 0 以上）时，农村经济状况变动幅度较小且稳定；当农村经济状况综合指数平均值大致小于 0.341 0 时，农村经济状况变动幅度逐渐增大。这表明农村经济越发达的地区，其农村经济状况越相对稳定；农村经济越不发达的地区，其经济发展状况越不稳定，越容易出现较大的经济波动。

综上分析可知，不同研究区域农村经济发展程度存在区域差异，经济发展程度不同的地区其经济发展程度变动幅度呈现不同的变动趋势。为探究农村经济发展程度的区域差异性以及该变量变动率的区域差异，下面将所研究省份划分为东部、中部、西部和东北地区四大经济区域分别进行分析。

经济活动和经济发展往往呈现出一定的区域特性，国内众多专家和学者根据经济发展规律以及研究需要对我国经济区域进行了不同经济带划分，在此不再一一列举。本书采用国家统计局对我国经济带划分的方法，将我国经济区域划分为东部、中部、西部和东北地区四大经济带，东部地区包括北京、天津、河北、上海、江苏、浙江、福建、山东、广东、海南 10 个省份；中部地区包括山西、安徽、江西、河南、湖北、湖南 6 个省份；西部地区包括内蒙古、广西、重庆、四川、贵州、云南、西藏、陕西、甘肃、青海、宁夏、新疆 12 个省份；东北地区包括辽宁、吉林、黑龙江3个省份①。

根据上文计算农村经济状况综合指数的方法，得到我国31个省份（不含港澳台）四大经济区域农村经济状况综合指数，如表5-4所示。

表5-4　1998—2016年四大经济区农村经济状况综合指数

年份	东部	中部	西部	东北
1998	0.424 5	0.359 6	0.235 1	0.469 3
1999	0.442 3	0.387 3	0.246 6	0.474 2
2000	0.457 2	0.412 1	0.277 7	0.456 4
2001	0.440 9	0.393 2	0.264 2	0.457 9
2002	0.434 3	0.391 2	0.262 5	0.471 5
2003	0.430 0	0.374 6	0.268 5	0.463 3
2004	0.425 0	0.390 6	0.261 6	0.479 0
2005	0.424 0	0.401 4	0.276 5	0.508 5
2006	0.426 0	0.409 9	0.269 7	0.513 5
2007	0.426 7	0.416 2	0.284 7	0.501 1
2008	0.401 8	0.388 4	0.262 1	0.499 2
2009	0.412 6	0.401 7	0.284 5	0.484 3
2010	0.403 0	0.383 8	0.264 0	0.485 6
2011	0.406 8	0.392 5	0.273 8	0.489 3
2012	0.402 0	0.399 7	0.279 4	0.485 4
2013	0.407 0	0.397 2	0.293 9	0.503 2
2014	0.414 2	0.413 8	0.293 9	0.499 3
2015	0.417 1	0.417 0	0.301 9	0.505 5
2016	0.420 7	0.430 7	0.318 5	0.517 1
平均值	0.421 9	0.397 9	0.274 7	0.487 6

由表5-4可知，四大经济区农村经济状况综合指数平均值由大到小分别为东北、东部、中部和西部，其值分别为0.487 6、0.421 9、0.397 9和0.274 7，表

---

① 资料来源：四、统计制度及分类标准（12）http://www.stats.gov.cn/tjzs/cjwtjd/201308/t20130829_74318.html

明四大经济区中农村经济发展程度按照东北、东部、中部和西部的顺序依次减弱。东北地区地广人稀，耕地质量高，农民人均占有耕地面积大，农业生产规模效益显著。东北地区农村经济发展程度最高，主要得益于优越的自然条件和完备的农业机械化水平以及显著的规模效益，农民在农业生产增加收入的同时提高了农村经济发展水平。东部地区自然条件良好，农业生产现代化水平较高，非农产业发达，为农业生产和农产品深加工提供了广阔的市场空间，同时也为农民获得非农经济收入提供可能。但东部地区人口密度较大，降低了农民通过农业和非农业收入提高农村经济发展水平的程度。因此，东部地区农村经济发展程度较东北地区稍低。中部地区六省份是我国粮食主产区的主要省份，广阔的平原为农业生产提供良好的自然条件，农业生产基础设施相对完善，农业现代化水平相对较高。但是中部地区人口众多，尤其是农业人口比重较大，虽然整体上农业产值较大，但人均农业产值却较低。中部地区农业产业比重相对较大，农业产业链相对较短，农产品深加工增值空间大。但受制于较大的农业人口比重和低迷的粮食价格，农民通过农业产业提高收入的程度有限，农村经济发展水平较低。西部地区农村经济发展水平最低，其原因大致可分为自然环境较差和整体经济发展水平较低两个方面。西部地区多为山区和荒漠等，自然环境较差，自然灾害频发，不适宜进行农作物的大规模种植，农业发展水平较低。在西部地区整体经济发展水平较低的情况下，农业人口通过非农产业提高收入的途径较少，增收渠道有限。因此，西部地区农民通过农业以及非农产业增加收入，提高农村经济发展水平的程度低，同时，受制于较低的地方经济发展水平，地方政府对农村的财政转移支付力度较小，综合各种因素农村经济发展水平较低。从时间维度看，四大经济区农村经济状况综合指数变动程度较小，整体上较为稳定，但四大经济区该指数随时间变动的趋势如何？彼此间趋势是否存在显著差异？表5-4虽准确地呈现了研究区间内四大经济区农村经济状况综合指数，但为了更为直观地呈现以上区域农村经济状况综合指数随时间变化趋势，本书给出相应的变动趋势图，如图5-2所示。

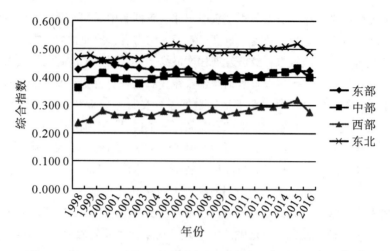

图 5-2　1998—2016 年四大经济区农村经济状况综合指数变动情况

由图 5-2 可知，四大经济区农村经济状况综合指数变动趋势各不相同，表明四大经济区农村经济发展程度变动趋势各异。东北地区农村经济状况综合指数呈现先上升然后保持稳定的趋势；东部地区农村经济状况综合指数呈现逐步降低然后保持平稳的趋势；中部地区农村经济状况综合指数呈现升高和降低往复变动，然后再稳中有升的变动趋势；西部地区农村经济状况综合指数呈现先上升然后保持平稳再小幅稳定上升的趋势。但需要注意的是除东部地区外，其他三个经济区的农村经济状况综合指数均在 2016 年出现显著下降。以上四大经济区农村经济状况综合指数变动趋势表明，东北地区农村经济发展水平经历了从很低的发展水平到逐渐提高，然后保持相对稳定的过程；东部地区农村经济发展程度则逐步增强，然后保持相对稳定中有降的趋势；中部地区农村经济发展程度在增强和降低间小幅波动，然后再小幅降低；西部地区农村经济发展程度在小幅降低后基本保持不变，再保持小幅度降低的趋势。但除东部地区外，其他三大经济区农村经济发展程度均在 2016 年出现显著大幅增加。

东部地区农村经济状况综合指数整体上呈先下降后基本稳定的趋势，表明研究区间内东部地区农村经济发展水平先降低再保持相对稳定。2000 年以前农村经济状况综合指数小幅上升，表明至 2000 年东部地区农村经济发展水平小幅上升。东部地区农村经济发展状况并没有呈现和东北地区相似的趋势，原因是东部地区农村经济以及整体经济发展模型与东北地区不同。东部地区非农产业发达，即第二、三产业发展水平较高，且整体经济发展水平较高。随着工业化和城镇化进程加快，农业用地减少，农村人口加速转移，农村经济逐渐衰败，加之老龄化的加剧，农村经济逐步衰败。但随着工业化和城镇化的发展，其二者对农村的溢出效应开始逐渐显现，农村经济发展水平相对提高。

中部地区农村经济状况综合指数变动趋势基本和东北地区变动趋势相同，原因也大致相同，在此不再重复。所不同的是，1998—2000年中部地区农村经济状况综合指数上升，而东北地区该指数下降，表明在该研究区间内，中部地区农村经济发展水平提高而东北地区农村经济发展水平降低。西部地区农村经济状况综合指数在1998—2000年变动趋势和东、中部地区相同。但整体上西部地区农村经济发展水平相对较为稳定，表明研究区间内西部地区农村经济发展并未得到明显提高，反映出西部地区农村经济发展难度较大。原因主要是西部地区农村贫困区大多位于深山区、石山区和荒漠区等自然条件恶劣的地区，同时加上西部地区整体经济发展水平较低，城乡差距较大等原因，使得西部地区农村经济状况改善难度较大。

可以看出，四大经济区农村经济状况综合指数变化趋势存在异同，其背后的原因既有相似之处也有各自差异。为考察四大经济区农村经济状况综合指数在研究区间内的变化率以及变化率的变动趋势，分析四大经济区农村经济发展程度变化率变动趋势，探究农村经济发展程度变化的原因，本书给出四大经济区农村经济状况综合指数变化率及变化率图表，如表5-5和图5-3所示。

表5-5　1999—2016年四大经济区农村经济状况综合指数变化率

单位:%

年份	东部	中部	西部	东北
1999	4.185 3	7.716 4	4.860 0	1.035 3
2000	3.369 2	6.403 9	12.645 8	−3.741 3
2001	−3.558 2	−4.604 7	−4.865 3	0.311 9
2002	−1.505 4	−0.493 0	−0.764 1	2.972 1
2003	−0.991 3	−4.243 0	2.399 4	−1.730 3
2004	−1.153 4	4.266 7	−2.587 0	3.377 5
2005	−0.237 8	2.760 8	5.582 3	6.168 9
2006	0.462 1	2.119 5	−2.335 7	0.974 3
2007	0.172 1	1.546 3	5.554 1	−2.416 8
2008	−5.834 2	−6.675 5	−7.932 3	−0.368 8
2009	2.675 8	3.411 5	8.565 1	−2.988 8
2010	−2.320 4	−4.453 2	−7.222 5	0.277 5

表5-5(续)

年份	东部	中部	西部	东北
2011	0.937 8	2.257 6	3.713 5	0.756 7
2012	-1.179 0	1.834 1	2.059 6	-0.801 6
2013	1.255 2	-0.630 2	5.172 5	3.679 4
2014	1.755 3	4.186 2	-0.013 5	-0.783 7
2015	0.702 2	0.788 3	2.723 8	1.234 6
2016	0.861 3	3.267 4	5.506 8	2.311 6
平均值	-0.022 4	1.081 1	1.836 8	0.570 5

从表5-5可知，四大经济区农村经济状况综合指数变动率平均值由大到小分别为西部、中部、东北和东部，其值分别为1.836 8、1.081 1、0.570 5和-0.022 4，表明在研究区间内平均而言，西部、中部和东北地区农村经济发展水平依次提高。在整个研究区间内，四大经济区在不同时间段农村经济状况综合指数变化率变动程度差异较大，为直观呈现这种差异性，如图5-3所示。

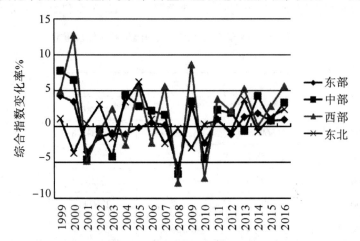

图5-3 1999—2016年四大经济区农村经济状况综合指数变化率变动情况

由图5-3可知，整体上看，四大经济区农村经济状况综合指数变化率大致呈现正负交替的波动趋势，且波动趋势随着时间推移有减小趋势，特别是在2011年以后，该变化率基本上均为正值，只是在四大经济区内的变动幅度不同而已。整体上看，四大经济区农村经济发展水平虽然经历时大时小交替变动的形式，但随着时间推移四大经济区农村经济发展程度逐渐增强，变动幅度逐渐减小。具体来讲，东北、中部和西部地区农村经济发展程度变化率趋势基本相同，且中西部地区农村经济发展程度变化率高度相似，表明以上三大经济区农村经济发展程度变动幅度和趋势基本相似。而东部地区由于其经济发展水平较高，经济发展模式与其他经济区差异明显，整体上看，东部地区农村经济发展程度有降低的趋势。

综上所述，研究区间内农村经济发展程度在全国范围内呈均匀分布状态，各个省份农村经济状况综合指数及其变动率存在显著差异和阶段性特征。而在区域间部分区域又存在一定程度的趋同趋势以及明显的区域差异性。因此，研究农村经济发展程度变化情况，既要考察农村经济发展程度随时间非线性变化的特点，又要注重区域间农村经济发展程度变化的相关性和差异性。即从时间维度注重农村经济发展程度变动的非线性以及从空间截面维度注重区域间的相关性和差异性，才可能较为全面地分析农村经济发展程度变动趋势以及区域差异性，才能更充分深入地探究其影响因素，为探究农业生态资本投资的经济效应做好准备。

第三节　农业生态资本投资对农村经济影响的线性效应与非线性效应

第三章分析结果已然表明农业生态资本投资的生态效应具有明显的非线性特征，而农业生态资本投资效应的多维性反映出其不仅仅具有生态效应。从上节分析可知，农村经济状况体现在收入、消费、产业结构等多个方面，且呈现出横向和纵向的不同变动趋势。为此，本书将从多维视角，在非线性统一分析框架下重点分析农业生态资本主动型投资和被动型投资对农村经济的结构性影响，考察两种农业生态资本投资产生经济效应的深层次原因，以期为农业生态资本投资促进农村经济发展提供一定的决策参考和理论依据。

一、PSTR 实证模型构建

由前文第二章农业生态资本投资实现经济效应的机理和第三章构建 PSTR 模型的方法，构建不同农业生态资本投资水平下，农业生态资本主动型投资和被动型投资对农村经济影响的非线性实证模型。具体形式如下：

$$POV_{it} = \beta_{00} AI_{it} + \beta_{10} PI_{it} + \beta_{20} TSAC_{it} + \beta_{30} EPI_{it} + \beta_{40} ECPU_{it} +$$

$$\beta_{50} PAA_{it} + \beta_{60} FAI_{it} + \sum_{k=1}^{r} (\beta_{0k} AI_{it} + \beta_{1k} PI_{it} + \beta_{2k} TSAC_{it} + \beta_{3k} EPI_{it} +$$

$$\beta_{4k} ECPU_{it} + \beta_{5k} PAA_{it} + \beta_{6k} FAI_{it}) h_k(q_{it}; \gamma_k, c_k) + \mu_i + \varepsilon_{it} \quad (5-1)$$

式（5-1）中，被解释变量 POV_{it} 代表农村经济状况，根据本章第二节中熵权综合指数确定的指标权重大小，从农村经济发展水平和发展质量两个方面选取指标权重最大的三个指标来考察，分别为反映农村家庭富裕程度的农村恩格尔系数（REC_{it}），反映粮食生产率的谷物单产（GPU_{it}）和反映产业结构的第一产业所占比重（PPI_{it}）。农村经济状况变量 POV_{it} 分别选取 REC_{it}、GPU_{it} 和 PPI_{it}，当转换变量 q_{it} 为农业生态资本主动型投资 AI_{it} 时，模型分别记为 C1、C2 和 C3，考察农业生态资本主动型投资对农村经济的非线性影响；当转换变量 q_{it} 为农业生态资本被动型投资 PI_{it} 时，模型分别记为 D1、D2 和 D3，考察农业生态资本被动型投资的非线性经济效应。

二、指标选取与数据来源

（1）被解释变量。从综合反映"三农"经济问题的角度考察农村经济发展状况的不同方面。选取农村恩格尔系数（REC_{it}）反映农村家庭富裕程度，恩格尔系数越高，家庭收入水平越低，农民经济越不富裕；反之亦然。谷物单产（GPU_{it}）反映粮食生产率，一定程度上表现农业生产能力；第一产业所占比重（PPI_{it}）反映产业结构，既是从宏观上表现农业在三产中的比重，也在一定程度上表现农村经济发展质量。同样对部分缺失数据采用趋势移动平均法进行填补。数据来源于 EPS 数据库和《中国农村统计年鉴》。

（2）核心解释变量与转换变量。与第三章中的处理方法相同，农业生态资本主动型投资（AI_{it}）和被动型投资（PI_{it}）既作为核心解释变量又作为转换变量。即当农业生态资本主动型投资（AI_{it}）为核心解释变量和转换变量时，农业生态资本被动型投资（PI_{it}）作为解释变量。当农业生态资本被动型投资（PI_{it}）作为核心解释变量和转换变量时，农业生态资本主动型投资（AI_{it}）作为解释变量。数据同样来源于 EPS 数据库和《中国农村统计年鉴》。

（3）控制变量。选取农作物总播种面积（$TSAC_{it}$）、第一产业从业人数（EPI_{it}）、单位农业产值电耗（$ECPU_{it}$）、农药使用量（PAA_{it}）和农户固定资产投资（FAI_{it}）作为控制变量。其中，农作物总播种面积（$TSAC_{it}$）、第一产业从业人数（EPI_{it}）和单位农业产值电耗（$ECPU_{it}$），分别从土地投入、劳动力投入和农业技术进步三个方面表现农业生产投入的基本要素，反映农业经济发展的影响因素，指标内涵与第三章相同，不再赘述。另外选取农药使用量（PAA_{it}）和农户固定资产投资（FAI_{it}）作为农业生产函数的控制变量，一并作为反映影响农村经济发展的控制变量。数据同样来源于 EPS 数据库和《中国农村统计年鉴》。

由于西藏地区部分指标数据缺失严重，因此本书以 1998—2016 年除西藏、港澳台外的 30 个省份作为研究对象。考虑到均值化处理方法能在消除数据量纲和数量级的同时，保持原始数据的变异程度和可比性，采用均值化处理方法对指标数据进行预处理。同时，为消除数据可能存在的共线性和异方差，保证数据的平稳性，将均值化后数据进行取对数处理。所有数据处理操作均由 stata14.1 软件完成。

三、实证结果与分析

与第三章的分析思路相似，在使用 PSTR 模型之前需要借助相关检验统计量检验该模型设定的正确性，即是检验农业生态资本主动型投资和被动型投资经济效应是否具有一致性。下面采用 MATLAB2015b 软件对实证模型进行检验和回归分析。首先对实证模型的线性效应进行检验，以检验模型线性效应的存在性，检验结果如表 5-6 所示。

表 5-6　线性效应检验

位置参数个数	$m=1$			$m=2$			$m=3$		
假设检验	原假设：H0：$r=0$ 备择假设：H1：$r=1$			原假设：H0：$r=0$ 备择假设：H1：$r=1$			原假设：H0：$r=0$ 备择假设：H1：$r=1$		
模型	LM	LMF	LRT	LM	LMF	LRT	LM	LMF	LRT
C1	81.286 7 (0.000 0)	12.664 7 (0.000 0)	87.700 4 (0.000 0)	24.657 5 (0.038 1)	1.653 6 (0.061 8)	25.206 7 (0.032 6)	112.380 5 (0.000 0)	6.069 2 (0.000 0)	125.171 (0.000 0)
C2	45.460 8 (0.000 0)	6.599 2 (0.000 0)	47.376 2 (0.000 0)	76.862 8 (0.000 0)	5.856 1 (0.000 0)	82.563 8 (0.000 0)	101.730 0 (0.000 0)	5.369 1 (0.000 0)	112.057 1 (0.000 0)
C3	143.523 5 (0.000 0)	25.624 6 (0.000 0)	165.345 1 (0.000 0)	190.646 1 (0.000 0)	18.881 7 (0.000 0)	232.085 1 (0.000 0)	215.195 6 (0.000 0)	14.989 7 (0.000 0)	270.219 7 (0.000 0)
D1	94.180 3 (0.000 0)	15.071 2 (0.000 0)	102.940 5 (0.000 0)	131.006 7 (0.000 0)	11.212 3 (0.000 0)	148.856 8 (0.000 0)	144.355 0 (0.000 0)	8.381 7 (0.000 0)	166.457 5 (0.000 0)
D2	52.834 1 (0.000 0)	7.778 8 (0.000 0)	55.445 5 (0.000 0)	101.117 7 (0.000 0)	8.102 5 (0.000 0)	111.312 2 (0.000 0)	112.531 1 (0.000 0)	6.079 4 (0.000 0)	125.358 7 (0.000 0)
D3	225.203 8 (0.000 0)	49.732 7 (0.000 0)	286.529 2 (0.000 0)	260.425 8 (0.000 0)	31.606 5 (0.000 0)	347.950 0 (0.000 0)	272.634 3 (0.000 0)	22.658 8 (0.000 0)	370.883 9 (0.000 0)

注：括号中为对应的 P 值。

由表 5-6 可知，当模型位置参数个数分别为 1、2 和 3 时，模型 C1 的三个统计量 LM、LMF 和 LRT 均在 10% 的显著性水平上拒绝原假设，表明模型 C1 在统计上拒绝线性模型，存在显著的非线性效应。其他五个模型在以上不同位置参数情况下，三个统计量 LM、LMF 和 LRT 均在 1% 的显著性水平上拒绝原假设，表明从统计上看，以上五个模型存在显著的非线性效应。因此，以上六个分析模型均存在显著的非线性效应，面板数据异质性显著。为探究不同位置参数下，模型非线性结构和非线性程度，需要对模型的剩余非线性进行检验。下面分别对当农业生态资本主动型投资（AI_{it}）和被动型投资（PI_{it}）作为转

表 5-7　模型剩余非线性检验

模型	位置参数个数	原假设：H0：$r=1$ 备择假设：H1：$r=2$			原假设：H0：$r=2$ 备择假设：H1：$r=3$			转换函数个数
		LM	LMF	LRT	LM	LMF	LRT	
C1	$m=1$	18.639 1 (0.009 4)	2.506 4 (0.015 3)	18.950 6 (0.008 3)	20.962 8 (0.003 8)	2.792 7 (0.007 4)	21.358 0 (0.003 3)	$r=3$
	$m=2$	24.657 5 (0.038 1)	1.653 6 (0.061 8)	25.206 7 (0.032 6)				$r=1$
	$m=3$	38.784 6 (0.010 4)	1.755 7 (0.020 5)	40.167 2 (0.007 1)	27.143 8 (0.166 1)	1.185 8 (0.257 8)	27.811 4 (0.145 6)	$r=2$
C2	$m=1$	25.929 2 (0.000 5)	3.533 5 (0.001 0)	26.537 5 (0.000 4)	42.708 8 (0.000 0)	5.924 3 (0.000 0)	44.393 5 (0.000 0)	$r=4$
	$m=2$	57.579 4 (0.000 0)	4.109 4 (0.000 0)	60.699 7 (0.000 0)	32.916 4 (0.003 0)	2.210 7 (0.006 7)	33.905 1 (0.002 1)	$r=4$
	$m=3$	77.823 8 (0.000 0)	3.802 5 (0.000 0)	83.675 8 (0.000 0)	50.556 0 (0.000 3)	2.308 0 (0.000 9)	52.940 1 (0.000 1)	$r=3$
C3	$m=1$	71.228 5 (0.000 0)	10.588 2 (0.000 0)	76.088 3 (0.000 0)	15.337 9 (0.031 9)	2.022 6 (0.050 6)	15.548 0 (0.029 6)	$r=2$
	$m=2$	87.384 5 (0.000 0)	6.621 8 (0.000 0)	94.857 1 (0.000 0)	69.897 0 (0.000 0)	5.041 5 (0.000 0)	74.568 7 (0.000 0)	$r=3$
	$m=3$	138.629 4 (0.000 0)	7.728 2 (0.000 0)	158.841 2 (0.000 0)	71.018 6 (0.000 0)	3.375 2 (0.000 0)	75.848 5 (0.000 0)	$r=3$

模型	位置参数个数	原假设：H0：$r=3$ 备择假设：H1：$r=4$			原假设：H0：$r=4$ 备择假设：H1：$r=5$			转换函数个数
		LM	LMF	LRT	LM	LMF	LRT	
C1	$m=1$	8.246 7 (0.311 3)	1.059 1 (0.388 8)	8.306 9 (0.306 3)				$r=3$
C2	$m=1$	22.720 6 (0.001 9)	2.995 0 (0.004 3)	23.185 8 (0.001 6)	22.211 7 (0.002 3)	2.884 7 (0.005 8)	22.656 0 (0.002 0)	$r=4$
	$m=2$	33.695 6 (0.002 3)	2.234 9 (0.006 1)	34.732 7 (0.001 6)	9.960 2 (0.765 1)	0.623 7 (0.846 1)	10.048 3 (0.758 6)	$r=4$
	$m=3$	23.755 7 (0.305 0)	1.016 8 (0.440 6)	24.265 0 (0.280 4)				$r=3$
C3	$m=2$	30.029 7 (0.007 6)	1.978 3 (0.017 7)	30.849 7 (0.005 8)				$r=3$
	$m=3$	43.695 8 (0.002 6)	1.941 2 (0.007 6)	45.461 5 (0.001 5)				$r=3$

注：括号中为对应的 P 值。

　　由表 5-7 可知，当农业生态资本主动型投资（AI_{it}）作为转换变量时，对模型 C1 来说，其位置参数个数为 2 时，检验统计量 LMF 不能在 5% 的显著性水平上拒绝原假设 $r=1$，因此模型转换函数个数为 1，该模型简化为简单的两机制 PTR 模型，模型不存在非线性剩余。同理，当位置参数个数 $m=1$ 和 $m=3$ 时，模型 C1 转换函数个数分别为 3 个和 2 个，模型存在非线性剩余；对模型 C2 和 C3 来说，当位置参数个数 $m=1$，2，3 时，模型均存在非线性剩余。

表5-8 模型剩余非线性检验

模型	位置参数个数	原假设：H0：$r=1$ 备择假设：H1：$r=2$			原假设：H0：$r=2$ 备择假设：H1：$r=3$			转换函数个数
		LM	LMF	LRT	LM	LMF	LRT	
D1	$m=1$	47. 721 9 (0. 000 0)	6. 774 6 (0. 000 0)	49. 838 6 (0. 000 0)	−0. 000 0 (1. 000 0)	−0. 000 0 (1. 000 0)	−0. 000 0 (1. 000 0)	$r=2$
	$m=2$	56. 288 (0. 000 0)	4. 007 2 (0. 000 0)	59. 265 0 (0. 000 0)	14. 657 8 (0. 401 9)	0. 952 1 (0. 502 1)	14. 849 5 (0. 388 5)	$r=2$
	$m=3$	55. 423 2 (0. 000 1)	2. 590 1 (0. 000 2)	58. 306 2 (0. 000 0)	18. 179 5 (0. 637 6)	0. 781 3 (0. 744 0)	18. 475 7 (0. 618 7)	$r=2$
D2	$m=1$	13. 655 (0. 057 7)	1. 819 8 (0. 081 2)	13. 821 2 (0. 054 5)				$r=1$
	$m=2$	64. 455 (0. 000 0)	4. 662 7 (0. 000 0)	68. 399 6 (0. 000 0)	13. 022 3 (0. 524 8)	0. 843 4 (0. 621 6)	13. 173 4 (0. 512 9)	$r=2$
	$m=3$	68. 028 0 (0. 000 0)	3. 259 0 (0. 000 0)	72. 442 4 (0. 000 0)	39. 574 7 (0. 008 4)	1. 769 3 (0. 019 1)	41. 015 6 (0. 005 6)	$r=2$
D3	$m=1$	21. 479 8 (0. 003 1)	2. 903 4 (0. 005 5)	21. 895 0 (0. 002 6)	8. 796 8 (0. 267 6)	1. 146 5 (0. 332 4)	8. 865 3 (0. 262 5)	$r=2$
	$m=2$	49. 047 6 (0. 000 0)	3. 443 2 (0. 000 0)	51. 287 3 (0. 000 0)	12. 585 5 (0. 559 4)	0. 814 4 (0. 653 7)	12. 726 6 (0. 548 2)	$r=2$
	$m=3$	57. 776 5 (0. 000 0)	2. 712 5 (0. 000 1)	60. 919 0 (0. 000 0)	29. 549 1 (0. 101 4)	1. 296 6 (0. 170 5)	30. 342 6 (0. 085 3)	$r=2$

注：括号中为对应的 P 值。

由表5-8可知，当农业生态资本被动型投资（PI_u）作为转换变量时，模型 D1 和 D3 三个检验统计量在5%的显著性水平上均不能拒绝原假设 $r=2$，因此，以上两个模型的转换函数个数为2，存在非线性剩余。对模型 D2 来说，当位置参数个数 $m=1$ 时，三个检验统计量在5%的显著性水平上均不能拒绝原假设 $r=1$，因此，此时模型的转换函数个数为1，模型简化为简单的两机制 PTR 模型，不存在非线性剩余；当位置参数个数 $m=2$ 和 $m=3$ 时，根据 LMF 检验统计量标准，均在1%的显著性水平上不能拒绝原假设 $r=2$。因此，此时，模型转换函数个数为2，模型存在非线性剩余。

由表5-7和表5-8可知，当位置参数个数 m 取不同值时，模型的非线性剩余效应存在差异，因此，要确定模型的非线性剩余效应需要确定模型的位置参数个数。通常采用 AIC 和 BIC 准则来确定模型位置参数个数，检验结果如表5-9所示。

表 5-9　位置参数个数检验

模型	AIC			BIC			判断结果
	$m=1$	$m=2$	$m=3$	$m=1$	$m=2$	$m=3$	
C1	−5.109 2	−5.051 0	−5.108 5	−4.850 0	−4.921 4	−4.887 4	$m=2$
C2	−4.085 7	−4.020 3	−4.007 1	−3.757 8	−3.662 0	−3.702 2	$m=1$
C3	−2.846 7	−2.918 5	−2.916 0	−2.656 1	−2.636 4	−2.611 1	$m=1$
D1	−5.096 4	−5.093 3	−5.079 2	−4.905 6	−4.887 4	−4.858 1	$m=1$
D2	−3.936 9	−4.011 4	−3.982 0	−3.814 9	−3.805 6	−3.760 9	$m=1$
D3	−2.957 7	−2.955 2	−2.947 8	−2.767 1	−2.749 4	−2.726 7	$m=1$

由表5-9可知，对模型C1来说，根据AIC准则由于$m=1$时AIC值小于$m=2$时的值，因此，位置参数个数$m=1$；而根据BIC准则$m=2$时BIC值小于$m=1$，3时的值，因此，位置参数个数$m=2$。作为模型选择的基本准则，AIC准则和BIC准则由于测算方法不同，模型选择结果不总是一致，而以上两种方法各有优劣，无所谓其中一个明显优于另外一个。BIC准则由于会导致对自由度损失的过重调节，往往倾向于选择更加简单的模型。根据现有文献中的处理方法，在其他条件相同的情况下，简单的模型常常更具有吸引力。因此，当AIC准则和BIC准则判定结果不一致时，本书以BIC准则为判定标准，此时，模型C1的位置参数个数为$m=2$。对模型C2而言，由于$m=1$时AIC值和BIC值均小于$m=2$时的值，因此，根据模型选择思路，该模型的位置参数个数为$m=1$。对模型C3而言，位置参数个数$m=2$时的AIC值小于$m=1$，3时的值，因此，位置参数个数$m=2$；根据BIC准则，位置参数个数$m=1$时值小于$m=2$时值，选择位置参数个数$m=1$；由于本书在AIC准则和BIC准则判定结果不一致时以BIC准则为基准，因此，该模型的位置参数个数$m=1$。同理，对模型D1和D3而言，由于$m=1$时AIC值和BIC值均小于$m=2$时值，因此，模型D1和D3的位置参数个数均为$m=1$。对模型D2而言，由于AIC和BIC准则模型判定结果不一致，根据BIC准则该模型位置参数个数$m=1$。

根据表5-7、表5-8模型转换函数检验结果和表5-9模型位置参数检验结果可知，模型C1的转换函数个数$r=1$，位置参数个数$m=2$；模型C2的转换函数个数$r=4$，位置参数个数$m=1$；模型C3的转换函数个数$m=1$。对模型C3的转换函数个数$r=2$，位置参数个数$m=1$；模型D1的转换函数个数$r=2$，位置参数个数$m=1$；模型D2的转换函数个数$r=1$，位置参数个数$m=1$；模型D3的转换函数个数$r=2$，位置参数个数$m=1$。

接下来根据确定的模型转换函数个数以及位置参数个数，对各个非线性模型进行估计，估计结果如表5-10所示。

表5-10 各非线性模型估计结果

模型	变量	系数	以AI为转换变量			以PI为转换变量		
			C1	C2	C3	D1	D2	D3
线性部分参数估计	AI	β_{00}	-0.133 5*** (-10.899 0)	0.239 3*** (5.082 8)	-0.706 6*** (-6.587 2)	-37 542.877 2 (-0.010 6)	0.091 7*** (3.543 9)	-0.477 7*** (-7.230 7)
	PI	β_{10}	-0.008 8 (-1.265 8)	0.034 1 (1.031 0)	0.026 8 (0.587 1)	656.436 8 (0.148 6)	-0.060 6*** (-3.814 5)	0.028 3 (0.657 7)
	TSAC	β_{20}	-0.093 4*** (-6.854 8)	0.203 0*** (3.584 2)	-0.014 2 (-0.107 6)	-1 447.677 1 (0.000 0)	0.239 2*** (3.502 7)	0.086 8 (0.626 0)
	EPI	β_{30}	0.216 8*** (15.096 5)	-0.442 3*** (-7.732 9)	0.808 0*** (5.720 0)	-9 231.840 7 (-0.000 2)	-0.333 9*** (-5.513 2)	0.831 3*** (6.669 0)
	ECPU	β_{40}	-0.024 8*** (-4.742 6)	-0.048 8*** (-3.104 3)	-0.516 5*** (-15.517 7)	-3 308.657 2 (-0.000 6)	0.051 0*** (3.997 4)	-0.536 0*** (-16.480 5)
	PAA	β_{50}	0.037 6*** (6.025 2)	0.054 1** (2.149 2)	-0.098 6*** (-2.794 9)	7 849.098 2 (0.001 8)	0.111 9*** (8.526 4)	-0.053 8 (-1.479 0)
	FAI	β_{60}	-0.088 7*** (-9.925 9)	0.034 8 (1.316 2)	0.071 0 (0.972 7)	3 543.640 5 (0.000 7)	0.020 9 (1.545 2)	-0.222 7*** (-6.350 0)

表5-10(续)

模型	变量	系数	以 AI 为转换变量			以 PI 为转换变量		
			C1	C2	C3	D1	D2	D3
第一个转换函数非线性部分参数估计	AI	β_{01}	0.227 2*** (9.168 0)	1.202 5*** (6.504 5)	0.293 5*** (2.986 1)	0.627 3 (0.004 9)	0.008 9 (0.245 7)	0.334 1*** (4.145 0)
	PI	β_{11}	-0.035 8** (-2.330 6)	0.284 2*** (3.711 5)	-0.110 2*** (-2.924 6)	-0.001 7 (0.000 0)	0.011 2 (0.556 1)	0.050 0 (0.871 7)
	TSAC	β_{21}	-0.156 6*** (-4.891 0)	-1.387 8*** (-7.729 2)	-0.412 1*** (-5.356 7)	0.011 3 (0.000 0)	-0.158 4** (-2.147 5)	-0.319 9*** (-2.125 9)
	EPI	β_{31}	0.125 4*** (3.931 8)	0.519 1*** (3.284 9)	0.012 5 (0.166 8)	-0.121 9 (-0.000 3)	0.064 7 (0.991 1)	-0.563 2*** (-3.973 6)
	ECPU	β_{41}	-0.014 4 (-1.122 5)	-0.946 1*** (-10.305 2)	-0.003 4 (-0.150 9)	-0.021 0 (-0.000 5)	-0.089 8*** (-5.500 4)	0.175 6*** (4.577 7)
	PAA	β_{51}	-0.025 8 (-0.904 2)	0.541 3*** (5.159 8)	-0.085 2** (-2.274 5)	-0.068 8 (-0.001 5)	-0.020 9 (-1.144 5)	0.093 8** (2.274 0)
	FAI	β_{61}	-0.104 3*** (-4.324 6)	-0.524 9*** (-7.323 3)	-0.000 0 (-.0 002)	-0.015 8 (-0.000 3)	0.101 6*** (3.762 3)	0.292 5*** (5.887 1)
平滑参数		γ_1	4.072 4	51 997.458 3	20 595 847.233 0	2.301 6	4 934.141 1	3.840 4
位置参数		c_1	-2.474 2	-0.584 2	0.012 7	-0.429 0	-1.274 0	-1.275 5
		c_2	0.180 9					

表5-10（续）

模型	变量	系数	以AI为转换变量			以PI为转换变量		
			C1	C2	C3	D1	D2	D3
第二个转换函数非线性部分参数估计	AI	β_{02}		−411 832.841 5 (−0.000 0)	0.164 5 (1.308 4)	75 084.797 1 (0.003 6)		−0.559 3*** (−2.834 8)
	PI	β_{12}		47 692.589 2 (0.073 6)	0.138 1*** (2.642 0)	−1 312.990 4 (0.000 0)		0.016 5 (0.220 9)
	TSAC	β_{22}		−209 035.561 8 (−0.037 8)	0.263 0* (1.838 9)	2 894.957 3 (0.000 0)		0.364 7** (2.053 1)
	EPI	β_{32}		83 844.753 2 (0.047 0)	−0.548 5*** (−3.655 0)	18 464.300 0 (0.001 4)		−0.257 9 (−1.855 8)
	ECPU	β_{42}		14 471.650 6 (0.009 3)	0.195 6*** (5.248 0)	6 617.238 4 (0.001 0)		−0.043 2 (−0.711 9)
	PAA	β_{52}		236 868.702 3 (0.279 2)	0.142 6*** (3.424 2)	−15 698.006 1 (−0.003 5)		−0.124 9 (−1.496 6)
	FAI	β_{62}		−25 828.409 4 (−0.008 1)	−0.028 1 (−0.364 6)	−7 087.457 4 (−0.668 9)		0.088 7 (0.935 1)
平滑参数	γ_2			5.690 5	4 774.551 4	0.000 0		62.640 4
位置参数	C_3			−0.178 2	−0.812 7	0.591 0		0.604 5

表5-10（续）

模型	变量	系数	以AI为转换变量			以PI为转换变量		
			C1	C2	C3	D1	D2	D3
第三个转换函数非线性部分参数估计	AI	β_{03}		541 463 644.087 0 (0.066 2)				
	PI	β_{13}		-61 983 380.098 3 (-0.000 1)				
	TSAC	β_{23}		272 612 825.545 3 (0.000 0)				
	EPI	β_{33}		-109 588 042.663 7 (0.000 0)				
	ECPU	β_{43}		-19 865 299.841 5 (0.000 0)				
	PAA	β_{53}		-310 052 939.635 4 (-0.000 2)				
	FAI	β_{63}		33 421 476.806 4 (0.000 0)				
平滑参数	γ_3			5.682 9				

表5-10（续）

模型	变量	系数	以AI为转换变量			以PI为转换变量		
			C1	C2	C3	D1	D2	D3
	C_4			-0.178 6				
第四个转换部分非线性参数估计	AI	β_{04}		-541 051 812.535 5 (-0.000 1)				
	PI	β_{14}		61 935 687.145 5 (0.000 0)				
	TSAC	β_{24}		-272 403 788.606 9 (0.000 0)				
	EPI	β_{34}		109 504 197.542 2 (0.000 0)				
	ECPU	β_{44}		19 850 829.247 1 (0.000 0)				
	PAA	β_{54}		309 816 070.402 1 (0.000 2)				
	FAI	β_{64}		-33 395 647.721 3 (-0.000 0)				
平滑参数	γ_4			5.682 9				
位置参数	C_5			-0.178 6				

注：括号中为对应的 t 值。

根据表 5-10 估计结果，首先对农业生态资本主动型投资（AI_{it}）为转换变量时的经济效应进行分析，即对模型 C1、C2 和 C3 的估计结果进行分析。

（一）当被解释变量农村经济发展程度 POV_{it} 由农村恩格尔系数（REC_{it}）来考察时

农业生态资本主动型投资的经济效应分析如下：由模型 C1 可知，农业生态资本主动型投资线性部分系数 $\beta_{00}<0$，且显著；非线性部分系数 $\beta_{01}>0$，且显著，表明农业生态资本主动型投资对农村恩格尔系数的影响为显著的抑制作用（$\beta_{00}<0$），随着农业生态资本主动型投资增加，该抑制作用减弱（$\beta_{01}>0$），且由抑制作用转变为促进作用（$\beta_{00}+\beta_{01}>0$）。农业生态资本主动型投资的两个门限值分别为 20.598 5（$e^{-2.474\,2}*244.538\,7$）和 293.040 7（$e^{0.180\,9}*244.538\,7$）。因此，当农业生态资本主动型投资水平低于 20.598 5 时，随着农业生态资本主动型投资增加，其将抑制农村恩格尔系数的增加（$\beta_{00}<0$），即农村恩格尔系数减小；当农业生态资本主动型投资水平跨越第一个门限值 20.598 5，低于第二个门限值 293.040 7 时，该变量对农村恩格尔系数的抑制作用减弱，并转变为显著的促进作用（$\beta_{01}>0$，$\beta_{00}+\beta_{01}>0$），表明农业生态资本主动型投资在该区间内增加时，农村恩格尔系数增加，农村经济发展水平降低；当农业生态资本主动型投资跨越第二个门限值 293.040 7 时，其对农村恩格尔系数的促进作用逐渐减弱（$\beta_{01}>0$，$\beta_{01}>\beta_{00}+\beta_{01}>0$）并趋于稳定，表明农业生态资本主动型投资在跨越第二个门限值后对农村恩格尔系数的促进作用有所减弱并趋于稳定。转换函数的平滑参数 γ 为 4.072 4，数值较小，表明农业生态资本主动型对农村恩格尔系数的影响在门限值前后发生转换的速度较慢，转换较为平缓，意味着农业生态资本主动型投资对农村恩格尔系数的影响的转变是其长期累积作用的结果。综合分析，随着农业生态资本主动型投资的增加，其对农村恩格尔系数的抑制作用增强，农村经济发展水平提高，但在跨越第一个门限值 20.598 5 后，抑制作用逐渐转变为促进作用，即该变量的继续增加将导致农村恩格尔系数增大，农村经济发展受阻，发展水平降低。原因是在农业发展水平较低时，增加农业生态资本主动型投资将有利于提高农业生产的基础设施水平，提高农业生产粮食产量、农民收入、农村经济发展水平。但随着农业生产基础设施的完善，农业灾害的减少，农业生态资本主动型投资的继续增加，将导致投资过剩，投资效率低下，投资不仅未能提高农村经济水平反而成为一种负担，阻碍农村经济发展。基于此，在进行农业生态资本主动型投资时，要根据各地区该变量的投资水平因地制宜，才能有效提高农村经济发展程度。

从控制变量看农业生态资本被动型投资对农村恩格尔系数的抑制作用

（β_{10}<0），只有当农业生态资本主动型投资跨过门限值后，该变量对农村恩格尔系数的抑制作用才显著（β_{11}<0），表明在其他条件不变的情况下，只有当农业生态资本主动型投资在较高水平时，农业生态资本被动型投资的增加才能显著提高农村经济发展程度。农作物总播种面积对农村恩格尔系数的直接影响为显著的抑制作用（β_{20}<0），随着农业生态资本主动型投资水平提高，该抑制作用增强（β_{21}<0，$\beta_{20}+\beta_{21}<\beta_{20}$<0）。这意味着在其他条件不变的情况下，随着农业生态资本主动型投资水平跨越门限值，农作物总播种面积的增加将显著降低农村恩格尔系数，提高农村经济发展水平，也从侧面证实了农业生产对于农村经济的重要性。第一产业从业人口对农村恩格尔系数的直接影响为显著的促进作用（β_{30}>0），当农业生态资本主动型投资水平跨越门限值，该促进作用增强（β_{31}>0，$\beta_{30}+\beta_{31}>\beta_{30}$>0），表明第一产业从业人数的增加将严重阻碍农村经济发展。第一产业从业人数的增加在一定程度上反映该地区农业生产落后，地区经济发展水平较低，农村经济发展水平同样较低。单位农业产值电耗对农村经济发展的直接影响为显著的抑制作用（β_{40}<0），当农业生态资本主动型投资处于较高水平时，该抑制作用不显著，反映出在农业生态资本投资水平较低时，农业技术进步将不利于农村经济发展水平提高；当农业生态资本主动型投资处于较高水平时，该抑制作用不显著。这表明在农业生态资本主动型投资较低，农业基础设施不完善的情况下，其他条件不变，单纯提高技术进步水平不能显著提高农村经济发展程度。在农业生产各方面投资和基础设施不完善的情况下，农业技术没有实践的物质基础，单纯提高农业技术水平只会增加农民负担，因此，在农业生态资本主动型投资水平较低的情况下，提高农业技术进步水平会阻碍农村经济水平的提高；只有当该变量水平提高到门限值水平时，该阻碍作用才不显著。在农业生态资本主动型投资水平较低时，增加农药使用量将显著阻碍（β_{50}>0）农村经济发展程度提高；当农业生态资本主动型投资水平跨越门限值时，该阻碍作用转变为不显著的负向作用。这表明在其他条件不变的情况下，农业生态资本主动型投资水平较低以及农业生产各项设施落后的情况下，依靠增加农药使用量来增加粮食产量，提高农民收入提高农村经济发展程度的方法行不通。农业生产需要各种要素在一定比例范围内的合理投入，因此，在农业生产水平较低、较为落后的情况下，单纯增加农药使用量产生的成本将大于由此带来的收益，不利于提高农村经济水平。农户固定资产投资对农村恩格尔系数的直接影响为显著的抑制作用（β_{60}<0），该抑制作用随着农业生态资本主动型投资水平跨越其门限值而增强（β_{61}<0，$\beta_{61}+\beta_{60}<\beta_{60}$<0），反映出农户固定资产投资水平增加将显著降低农村恩格尔系数。农户固定资产投资

增加将会提高农户的可持续生产能力，促进农业、农村经济发展，提高农村经济发展潜力。

（二）当被解释变量农村经济发展程度 POV_{it} 由谷物单产（GPU_{it}）变量来考察时

就模型 C2 而言，该模型具有四个转换函数，其中只有第一个转换函数中变量系数显著，其余三个转换函数变量的系数值很大，但均不显著，且平滑参数 γ_2、γ_3 和 γ_4 的值以及对应位置参数值非常相近，甚至相等，且值较小，说明第二、第三和第四个转换函数可能存在高度共线性，且变化平缓，表明农业生态资本主动型投资水平在跨越第一个门限值 136.349 5（$e^{-0.584\,2} * 244.538\,7$）后，其对谷物单产的影响趋向于平稳。农业生态资本主动型投资对谷物单产的直接影响为显著的促进作用（$\beta_{00} > 0$），当其跨过或在门限值 136.349 5（$e^{-0.584\,2} * 244.538\,7$）前后时，该变量对谷物单产的促进作用增强（$\beta_{01} > 0$，$\beta_{00} + \beta_{01} > \beta_{00} > 0$），反映出农业生态资本主动型投资，无论是在低水平还是在高水平均能显著提高谷物单产，且在其跨越门限值后将进一步提高谷物单产。农业生态资本主动型投资，首先应完善农业生产基础设施，增加自然灾害防治投资，改善农业生产的基础条件，为农业生产提供良好的自然和人工生产环境，将有利于提高农业生产能力，提高谷物单产水平。而粮食生产能力的提高在一定程度上将提高农村经济发展程度。转换函数的平滑参数 γ_1 为 51 997.458 3，数值巨大，表明农业生态资本主动型投资对谷物单产的影响在门限值 136.349 5 前后发生转换的速度非常快，意味着农业生态资本主动型投资在跨越该门限值后，将显著提高谷物单产。由于其他三个转换函数可能存在高度共线性，且变化平稳，因此，在统计上我们可以简单地将该非线性模型简化为两机制的 PTR 模型进行分析。综上分析，农业生态资本主动型投资增加将显著提高谷物单产水平，提高农村经济发展程度，且在其跨越门限值后，该促进作用将大幅提升。

从控制变量看，在农业生态资本投资处于较低水平时，农业生态资本被动型投资对谷物单产无明显影响；当农业生态资本主动型投资处于较高水平时，将显著提高（$\beta_{11} > 0$）谷物单产。随着农业生态资本主动型投资跨越其门限值，农作物总播种面积对谷物单产的影响由显著的促进作用（$\beta_{20} > 0$）转变为显著的抑制作用（$\beta_{21} < 0$），且整体抑制作用显著（$\beta_{20} + \beta_{21} < 0$），表明随着农业生态资本主动型投资水平的持续增加，农作物总播种面积的增加将由提高谷物单产到阻碍谷物单产提高转变。第一产业从业人数对谷物单产的直接影响为显著的抑制作用（$\beta_{30} < 0$），当农业生态资本主动型投资跨越门限值，该抑制作用减弱（$\beta_{31} > 0$）并转变为显著的促进作用（$\beta_{30} + \beta_{31} > 0$）。这反映出随着农业生态资本主动型投资水平的提高，将充分释放第一产业从业人员的农业生产能力，提高谷物单产。单位农业产值作为逆向指标，该变量对谷物单产的直接影响为显著的抑制作用（$\beta_{40}<0$），且在农业生态资本主动型投资水平超过门限值时，该抑制作用增强（$\beta_{41}<0$），反映出随着农业生态资本主动型投资水平提高，农业生态环境和基础设施的改善，农业技术进步将显著提高粮食生产能力。农药使用量对谷物单产的直接影响为显著的促进作用（$\beta_{50}>0$），且随着农业生态资本投资增加，该促进作用将大幅增强（$\beta_{50}>0$，$\beta_{50}+\beta_{51}>0$），且非线性部分系数明显大于线性部分系数，表明增加农药使用量能提高粮食生产能力，且该提高作用会随着农业生产基础完善和环境改善而大幅增加。农户固定资产投资对谷物单产的直接影响不显著，非线性部分系数为负，且显著，表明在农业生态资本主动型投资水平较低的情况下，单纯提高农户的可持续生产能力，增加农户的主观能动性，不能显著提高粮食生产能力。当农业生态资本主动型投资水平跨越门限值，农户固定资产投资对谷物单产的影响为显著的抑制作用（$\beta_{61}<0$）。农户可持续生产能力的提高和农业生态环境的改善预期会提高谷物单产水平，该结果与预期不符，背后深层次原因有待继续验证。

（三）当被解释变量农村经济发展程度 POV_{it} 由第一产业所占比重（PPI_{it}）变量来考察时

农业生态资本主动型投资对第一产业所占比重的直接影响为显著的抑制作用（$\beta_{00}<0$），随着农业生态资本主动型投资处于较高水平并跨越门限值247.668 1（$e^{0.0127} * 244.5387$），该抑制作用减弱（$\beta_{01}>0$，$\beta_{00}<\beta_{00}+\beta_{01}<0$），在门限值108.494 9（$e^{-0.8127} * 244.5387$）前后时，影响不显著，整体上该变量对第一产业所占比重的影响为显著的抑制作用（$\beta_{00}+\beta_{01}<0$）。这反映出在农业生态资本主动型投资水平较低的情形下，农业生产能力和生产水平相对较低，农业产业在三次产业中所占比重较低；当增加对农业生产基础设施和生态环境投资时，农业生产能力提高，农业产值所占比重相对提高，但整体上看，农业产业比重会随着农业生态资本主动型投资跨越门限值247.668 1而降低。原因是随着时间推移，社会经济发展，第一产业所占比重逐渐降低，纵然是通过农业各种投资增加第一产业产值，农业的特点、属性和经济的发展规律决定了第一产业所占比重会降低。两个转换函数的平滑参数 γ_1、γ_2 值分别为20 595 847.233 0和4 774.551 4，数值巨大，表明在门限值前后，农业生态资本主动型投资对第一产业所占比重的影响将发生迅速转变。综上分析，农业生态资本主动型投资在较高水平上将显著降低第一产业所占比重，且在门限值前后该影响会发生迅速转变；但整体上该变量的增加会降低第一产业所占比重，

提高农村经济发展程度。

从控制变量看，农业生态资本被动型投资对第一产业所占比重的直接影响不显著，但随着农业生态资本主动型投资趋近门限值 108.494 9，其对第一产业所占比重表现为显著的促进作用（$\beta_{12}>0$），当农业生态资本主动型投资在门限值 247.668 1 前后，该促进作用减弱（$\beta_{11}<0$，$\beta_{11}+\beta_{12}>0$）。这表明农业生态资本被动型投资对第一产业所占比重的影响随着农业生态资本主动型投资逐渐处于较高水平，呈现出先促进然后促进作用再减弱的趋势。对农作物总播种面积来说，在农业生态资本主动型投资水平低于 108.494 9 时，该变量对第一产业所占比重无明显影响；当该变量跨越门限值 108.494 9，其对第一产业比重的影响为显著的促进作用（$\beta_{22}>0$）；当农业生态资本主动型投资继续增加到门限值 247.668 1，该促进作用减弱（$\beta_{21}<0$）并转变为显著的抑制作用（$\beta_{21}+\beta_{22}<0$）。这反映出在农业生产能力和水平较低时，农作物总播种面积对第一产业结构变动无显著明显影响。而随着农业生产条件和生产环境改善，农业产值得到迅速增加，农业产业相对其他产业比重增加，但随着经济全面发展和农业生态资本主动型投资的继续增加，农业产值总量增量减小，而第二、第三产业值继续增加，第一产业比重降低。在农业生态资本主动型投资处于较低水平时，第一产业从业人数对第一产业所占比重的直接影响为显著的促进作用（$\beta_{30}>0$），即在农业经济和整体社会经济发展水平较低时，增加第一产业从业人数会增加农业产值，提高第一产业比重，反映经济社会发展水平较低时，农业劳动密集型的特征。当农业生态资本主动型投资在门限值 108.494 9 前后，该促进作用减弱（$\beta_{32}<0$，$\beta_{30}>\beta_{30}+\beta_{32}>0$），表明第一产业从业人数的增加在经济社会发展水平的较低的情况下，会提高农业产值，但随着经济社会发展和农业经济发展，第一产业从业人数对提高农业产值的作用有限，但仍为促进作用，反映出当前我国农业仍为劳动密集型产业的事实。在农业生态资本主动型投资水平较低时，单位农业产值电耗对第一产业所占比重的直接影响为显著的抑制作用（$\beta_{40}<0$），表明在经济社会发展水平较低时，农业技术进步一定程度上会提高农业产值，增加第一产业比重；当农业生态资本主动型投资水平跨越门限值 108.494 9 时，该抑制作用减弱（$\beta_{42}>0$，$\beta_{40}+\beta_{42}>0$），在第二个门限值处该变量的影响不显著，表明随着农业生产条件的改善和经济发展，农业技术进步对农业产值的增产作用减弱，但整体上仍能促进农业产值提高，提高农业产业比重。农药使用量对第一产业所占比重的直接影响为显著的抑制作用（$\beta_{50}<0$），但系数较小，随着农业生态主动型投资跨越门限值 108.494 9，该抑制作用减弱（$\beta_{52}>0$）并转变为显著的促进作用（$\beta_{50}+\beta_{52}>0$）；当农业生态资本主动型投资跨越门限值 247.668 1，该促进作用再次减弱并转变为抑制作用（$\beta_{51}<0$，$\beta_{50}+\beta_{51}+\beta_{52}<0$）。整体上看虽然农药使用量对第一产业所占比重的影响随着农业生态资本主动型投资增加呈现出抑制—促进—抑制的变动趋势，但整体上为显著的抑制作用，只是作用相对较小。农户固定资产投资对第一产业所占比重的影响在统计上不显著，反映出农户个体从事农业的可持续能力对农业整个产业结构的变动无明显影响。

接下来对农业生态资本被动型投资（PI_{it}）为转换变量时的经济效应进行分析，即对模型 D1、D2 和 D3 的估计结果进行分析。

（一）当农村经济发展程度 POV_{it} 由农村恩格尔系数（REC_{it}）来代表时

农业生态资本被动型投资的经济效应结果如模型 D1 所示。核心解释变量农业生态资本被动型投资对农村恩格尔系数的影响不显著，表明农业生态资本被动型投资对农村恩格尔系数统计上无明显影响。核心变量用农业污染治理投资来衡量，不显著的结果反映出增加农业污染治理并不会显著改善农村经济状况。原因是现阶段农业污染治理投资量小，治理强度低，通过农业污染治理改善农业、农村环境而提高农业生产能力、增加农民收入的作用不明显。一方面政府主动加大农业污染治理的动力不足；另一方面农业生产者降低农业污染，从事绿色农业生产而增收的效应不明显，主动参与治理农业污染的能动性缺乏。因此通过农业污染治理这一农业生态资本被动型投资方式，增加农民收入，提高农村经济发展水平，降低农村恩格尔系数的作用不明显。以上分析结果也和近年来农产品污染、食品安全事件频发的事实契合，另外所有控制变量在农业生态资本被动型投资的不同水平上均不显著，表明在农业生态资本被动型投资作为转换变量的情形下，以上控制变量对农村恩格尔系数无明显影响，无益于农村经济的改善。综上分析，农业生态资本被动型投资及控制变量对农村恩格尔系数无显著影响，即无益于提高农村经济发展程度。

（二）当农村经济发展程度 POV_{it} 由谷物单产（GPU_{it}）变量来考察时

农业生态资本被动型投资对谷物单产的影响如模型 D2 所示。该模型由于只存在一个转换函数，没有非线性剩余，可简化为两机制的 PTR 模型。农业生态资本被动型投资对谷物单产的直接影响为显著的抑制作用（$\beta_{10}<0$），但农业生态资本被动型投资跨越门限值 1.051 9（$e^{-1.274\,0}*3.761\,0$），并未对该抑制作用产生显著影响。这表明农业生态资本被动型投资的增加将不利于谷物单产的提高，随着该变量处于较高水平，该抑制作用并未得到显著改变。整体上看，该变量较小的系数反映出该变量对谷物单产的抑制作用微小。在农业生产各方面处于较低水平时，加大治理农业污染会限制化肥、农药等生产资料的投

入力度，阻碍粮食生产能力的提高。当农业生态资本被动型投资跨越门限值1.051 9，其对谷物单产的影响将发生迅速转变（较大的平滑参数），但转变后并未对产生显著影响。这反映出农业污染治理投资的持续增加在一定程度上可以提高谷物单产水平，但这种增产作用不明显，也意味着我国农业生产依靠高投入增产的现状，外部农业生态环境的改善暂未对粮食生产能力产生正面作用。

从控制变量看，农业生态资本主动型投资将显著促进谷物单产水平的提升（$\beta_{00}>0$），但随着农业生态资本被动型投资跨越门限值，并未对该抑制作用产生显著影响。这表明农业生态资本主动型投资对谷物单产水平的促进作用并不会随着农业生态资本被动型投资水平提高而发生显著改变。在农业生态资本被动型投资处于较低水平时，农作物总播种面积对谷物单产的直接影响为显著的促进作用（$\beta_{20}>0$），但随着农业生态资本被动型投资趋近门限值1.051 9，该促进作用减弱（$\beta_{21}<0$，$\beta_{20}>\beta_{20}+\beta_{21}>0$），反映出增大农业污染治理投资会阻碍谷物单产水平提升，抑制农作物总播种面积增加提高粮食生产能力的作用。第一产业从业人数对谷物单产直接影响为显著的抑制作用（$\beta_{30}<0$），农业生态资本被动型投资的增加并未对该抑制作用产生实质影响。这表明在其他条件不变的情况下，加强农业污染治理的同时，增加农业劳动力会使谷物单产水平降低。农业污染治理一定程度上限制化肥农药等能快速增产生产要素的投入，在这种情形下，继续加大劳动力投入将导致劳动与其他生产要素的比例与最优比例偏离，降低谷物单产水平。单位农业产值电耗对谷物单产的直接影响为显著的促进作用（$\beta_{40}>0$），但在农业生态资本被动型投资超过门限值1.051 9时，该促进作用减弱并转变为抑制作用（$\beta_{41}<0$，$\beta_{40}+\beta_{41}<0$）。这表明随着农业生态资本被动型投资水平提高，农业技术进步对谷物单产的影响将由阻碍转变为促进，即农业技术进步会随着农业污染治理力度加大，农业生态环境的持续改善而对谷物单产水平产生显著的促进作用。农药使用量对谷物单产水平的直接影响为显著的促进作用（$\beta_{50}>0$），表明在农业污染治理强度不大时，增加农药使用量会显著提高谷物单产水平；当农业生态资本被动型投资增加到门限值1.051 9水平，并未对该促进作用产生显著影响，表明农业污染治理力度的加大，限制了通过增加农药使用量来提高谷物单产水平的能力。农户固定资产投资对谷物单产并未有直接显著的影响，在农业生态资本被动型投资跨越门限值1.051 9时，增加农户固定资产投资会显著提高（$\beta_{61}>0$）谷物单产水平，反映出农户可持续生产能力会随着农业生态环境的改善而对谷物单产产生显著促进作用。

（三）当农村经济发展程度 POV_{it} 由第一产业所占比重（ PPI_{it} ）变量来考察时

农业生态资本被动型投资对第一产业所占比重的影响如模型 D3 所示。农业生态资本被动型投资对第一产业所占比重影响的系数均不显著，表明该变量对第一产业所占比重无明显影响。农业生态资本被动型投资的加大意味着农业污染治理强度增加，通过上文分析农业污染治理强度的增加并不会对农业生产效率产生显著影响，加之农业污染治理投资水平较低，以及传统农业生产方式的延续性，使得通过农业生态资本被动型投资而显著改变农业生产能力和生产水平的作用较小。因此，在其他条件不变的情况下，增加农业生态资本被动型投资，治理农业污染并不会对农业产业结构产生显著影响，即对第一产业所占比重影响不明显。

从控制变量分析可知，农业生态资本主动型投资对第一产业所占比重的直接影响为显著的抑制作用（ $\beta_{00}<0$ ），随着农业生态资本被动型投资跨越或趋近第一个门限值 1.050 4（ $e^{-1.275\,5}*3.761\,0$ ），该抑制作用减弱（ $\beta_{01}>0$ ， $\beta_{00}+\beta_{01}<0$ ）；当该变量值接近第二个门限值 6.883 6（ $e^{0.604\,5}*3.761\,0$ ），该抑制作用得到强化（ $\beta_{02}<0$ ， $\beta_{00}+\beta_{01}+\beta_{02}<\beta_{00}+\beta_{01}<0$ ）。但总的来说，农业生态资本主动型投资对第一产业所占比重的影响为显著的抑制作用（ $\beta_{00}+\beta_{01}+\beta_{02}<0$ ）。表明在农业生态资本被动型投资处于较低水平时，农业生态资本主动投资增加会降低第一产业所占比重，但随着农业污染治理投资的增加，限制该抑制作用的发挥，直到农业污染治理投资超过第二个门限值，才强化该抑制作用。这反映出虽然农业污染治理在较高水平时会阻碍产业升级，但随着农业污染治理力度的继续加大，农业生态环境改善效应提升，会和农业生态资本主动型投资共同降低第一产业所占比重，促进产业升级。在农业生态资本被动型投资水平低于1.050 4 时，随着该变量的增大，农作物总播种面积对第一产业所占比重影响不明显；当农业生态资本被动型投资水平在 1.050 4~6.883 6 时，农作物总播种面积对第一产业所占比重的影响为显著的抑制作用（ $\beta_{21}<0$ ）；当农业生态资本被动型投资水平超过 6.883 6 时，该抑制作用减弱并转变为促进作用（ $\beta_{22}>0$ ， $\beta_{21}+\beta_{22}>0$ ）。这反映出当农业污染治理水平处于第二个门限值以上，即高水平时，农业生态环境的持续改善加之农作物种植面积的增加会使农业产值提升，第一产业所占比重增大。但整体较小的系数表明这种提升作用很微弱。第一产业从业人数对第一产业所占比重的直接影响为显著的促进作用（ $\beta_{30}>0$ ），在农业生态资本被动型投资水平达到门限值 1.050 4 前后，该促进作用减弱（ $\beta_{31}<0$ ， $\beta_{30}+\beta_{31}>0$ ）。这意味着其他条件不变情形下，整体上第一产业从业人数的增加会提高第一产业所占比重，而随着经济社会发展和农业污染治理的加大，该促进作用减弱。在农业生态资本被动型投资水平低于 1.050 4 时，单位农业产值电耗对第一产业所占比重的直接影响为显著的抑制作用（$\beta_{40}<0$），即农业技术进步会提高农业产值，提高第一产业所占比重；当农业生态资本被动型投资水平在 1.050 4 前后时，该抑制作用减弱（$\beta_{41}>0$，$\beta_{40}+\beta_{41}<0$）。这表明虽然农业污染治理在较高水平时会抑制农业技术进步增产作用的发挥，但影响作用有限，整体上农业技术进步将提升农业产值，提高第一产业所占比重。农药使用量只在农业生态资本被动型投资处于 1.050 4 附近时，才会促进第一产业所占比重的提高（$\beta_{51}>0$），但较小的系数表明该促进作用不大。这反映出在农药使用量处于合理范围内，一定程度的农业污染治理会促使农药增产作用显著。农户固定资产投资对第一产业所占比重的直接影响为显著的抑制作用（$\beta_{60}<0$），即农户可持续生产能力的提升会促使产业升级，但随着农业生态资本被动型投资跨越门限值 1.050 4，该抑制作用减弱并转变为显著的促进作用（$\beta_{61}>0$，$\beta_{60}+\beta_{61}>0$），表明在其他条件不变情况下，增大农业污染治理，改善农业生态环境，农户固定资产投资增加，即可持续生产能力的增加将提高农业产值，提高第一产业所占比重。

综上所述，农业生态资本主动型投资的经济效应较农业生态资本被动型投资的经济效应显著，且农业生态资本被动型投资对衡量农村经济状况的三个指标影响不大，但整体上农业生态资本投资的经济效应明显。该分析结果为持续进行农村经济发展提供一定启示：一方面在进行农业生态资本投资时，应注重提高农业生态资本主动型投资的经济效用，充分发挥该投资类型在农村经济发展中的重要作用；另一方面继续探究或深入研究农业生态资本被动型投资经济效应不明显的深层次原因，积极采取有效措施，提升被动型投资的经济效应。因此，在通过农业生态资本投资提高农村经济发展的过程中，既要考虑不同农业生态资本投资类型对农村经济作用的差异，各地区根据自身优势充分发挥两种投资类型的经济效应，又要从大局着眼，认清农村经济发展存在的区域差异性，统筹规划，加强不同区域间合作交流，提高农业生态资本投资经济效应的空间关联性，从而提高农业生态资本投资的经济效率，提升其经济效应。

第四节　农业生态资本投资对农村经济影响的空间效应研究

区域地理空间以及区域间经济发展水平的差异性和关联性，决定农业生态资本投资的经济效应在区域间存在相互影响。为探究这种由于地理空间和经济发展而相互联系的空间关系，本节采用空间计量回归模型研究农业生态资本投资对农村经济影响的空间效应，为加强农业生态资本投资区域合作，发挥区域最优农业生态资本投资经济效应提供一定的参考和借鉴。

一、普通面板与空间面板回归模型构建

（一）普通面板回归模型构建

采用与第三章相同的分析思路和研究方法，首先构建普通面板回归模型，以比较与空间面板回归模型结果的异同，基本形式为

$$POV_{it} = \alpha + \beta_1\,AI_{it} + \beta_2\,PI_{it} + \beta_3\,TSAC_{it} + \beta_4\,EPI_{it} + \beta_5\,ECPU_{it} + \beta_6\,PAA_{it} + \beta_7\,FAI_{it} + \mu_i + \varepsilon_{it} \tag{5-2}$$

式中，农村经济发展程度 POV_{it} 分别用农村恩格尔系数（REC_{it}）、谷物单产（GPU_{it}）和第一产业所占比重（PPI_{it}）来考察，其中，μ_i 为个体固定效应；ε_{it} 为服从 $iid(0,\ \sigma_\varepsilon^2)$ 的随机误差项。

（二）空间面板回归模型构建

与第三章中构建空间面板回归模型的方法相同，首先采用全局莫兰指数（Global Moran's I）和局部莫兰指数（Local Moran's I）对主要变量的空间自相关性进行检验，然后采用建立的空间权重矩阵构建空间面板回归模型。本节采用与第三章相同的空间权重矩阵，分别构建空间滞后模型（SLM）、空间误差模型（SEM）和空间杜宾模型（SDM）分析农业生态资本投资的经济效应。

（1）农村经济发展程度在区域间可能存在扩散效应，为探究该种扩散效应，构建如下空间滞后模型（SLM）：

$$POV_{it} = \alpha + \beta_1\,AI_{it} + \beta_2\,PI_{it} + \beta_3\,TSAC_{it} + \beta_4\,EPI_{it} + \beta_5\,ECPU_{it} + \beta_6\,PAA_{it} + \beta_7\,FAI_{it} + \beta_8\,W\,POV_{it} + v_{it} \tag{5-3}$$

（2）研究区域空间位置的差异，可能导致不同区域研究变量间相互作用的差异性。因此，构建如下空间误差模型（SEM）

$$POV_{it} = \alpha + \beta_1\,AI_{it} + \beta_2\,PI_{it} + \beta_3\,TSAC_{it} + \beta_4\,EPI_{it} + \beta_5\,ECPU_{it} + \beta_6\,PAA_{it} +$$

$$\beta_7 \, \text{FAI}_{it} + \beta_8 W \, \text{POV}_{it} + u_{it} \tag{5-4}$$

其中，$u_{it} = \rho \sum_{j=1}^{n} w_{ij} u_{it} + v_{it}$，$\rho$ 为空间自相关系数。

（3）当被解释变量和解释变量都存在空间自相关性，同时根据检验统计量在空间滞后和空间误差模型中进行选择时，依然根据 Lesage 和 Pace（2009）的建议构建空间杜宾模型（SDM），具体形式如下：

$$\text{POV}_{it} = \alpha + \beta_1 \, \text{AI}_{it} + \beta_2 \, \text{PI}_{it} + \beta_3 \, \text{TSAC}_{it} + \beta_4 \, \text{EPI}_{it} + \beta_5 \, \text{ECPU}_{it} + \beta_6 \, \text{PAA}_{it} +$$
$$\beta_7 \, \text{FAI}_{it} + \rho W \, \text{POV}_{it} + \gamma_1 W \, \text{AI}_{it} + \gamma_2 W \, \text{PI}_{it} + \gamma_3 W \, \text{TSAC}_{it} + \gamma_4 W \, \text{EPI}_{it} + \gamma_5 W \, \text{ECPU}_{it} +$$
$$\gamma_6 W \, \text{PAA}_{it} + \gamma_7 W \, \text{FAI}_{it} + \mu_I + \tau_t + \varepsilon_{it} \tag{5-5}$$

其中，ρ 表示衡量不同区域变量间依存度的空间自相关系数，μ_i 表示空间固定效应，τ_t 表示时间固定效应，ε_{it} 表示随机误差项，服从均值为 0，方差为 σ^2 的独立同分布。

二、空间相关性检验与实证模型选择

根据模型构建的原理和具体形式，探究农业生态资本投资经济效应的变量以及数据来源与上一节相同，不再赘述。根据空间面板回归模型构建的思路，下面进行主要变量的空间相关性检验。

（一）空间相关性检验

1. 全局空间自相关检验

采用 stata14.1 软件计算出主要变量的全局 Moran's I，检验结果如表 5-11 所示。

表 5-11　1998—2016 年主要变量的全局莫兰指数

年份	Moran's I								
	指标								
	REC	GPU	PPI	AI	PI	TSAC	EPI	ECPU	PAA
1998	0.497 ***	0.200 *	0.295 ***	0.099	-0.046	0.171 *	0.247 **	0.324 ***	0.282 ***
	(0.000)	(0.054)	(0.003)	(0.271)	(0.923)	(0.090)	(0.020)	(0.003)	(0.009)
1999	0.612 ***	0.284 ***	0.266 ***	0.067	-0.059	0.172 *	0.263 **	0.306 ***	0.298 ***
	(0.000)	(0.009)	(0.008)	(0.405)	(0.838)	(0.088)	(0.014)	(0.004)	(0.006)
2000	0.662 ***	0.312 ***	0.256 **	-0.002	0.013	0.186 *	0.260 **	0.282 ***	0.280 ***
	(0.000)	(0.004)	(0.011)	(0.791)	(0.675)	(0.068)	(0.015)	(0.007)	(0.010)
2001	0.584 ***	0.376 ***	0.253 **	-0.011	0.035	0.189 *	0.268 **	0.302 ***	0.274 **
	(0.000)	(0.001)	(0.011)	(0.843)	(0.552)	(0.064)	(0.013)	(0.005)	(0.011)
2002	0.573 ***	0.304 ***	0.271 ***	-0.019	-0.001	0.192 *	0.268 **	0.327 ***	0.280 ***
	(0.000)	(0.006)	(0.007)	(0.901)	(0.770)	(0.060)	(0.012)	(0.003)	(0.010)
2003	0.580 ***	0.215 **	0.294 ***	0.136	-0.078	0.193 *	0.260 **	0.347 ***	0.270 **
	(0.000)	(0.042)	(0.004)	(0.155)	(0.713)	(0.059)	(0.015)	(0.002)	(0.012)

表5-11(续)

年份	Moran's I								
	指标								
	REC	GPU	PPI	AI	PI	TSAC	EPI	ECPU	PAA
2004	0.539 ***	0.277 **	0.304 ***	0.141	0.001	0.193 *	0.258 **	0.346 ***	0.252 **
	(0.000)	(0.011)	(0.003)	(0.146)	(0.762)	(0.059)	(0.016)	(0.002)	(0.019)
2005	0.510 ***	0.172 *	0.288 ***	0.166 *	0.005	0.190 *	0.252 **	0.378 ***	0.251 **
	(0.000)	(0.091)	(0.004)	(0.097)	(0.741)	(0.062)	(0.018)	(0.001)	(0.019)
2006	0.618 ***	0.260 **	0.295 ***	0.100	0.004	0.189 *	0.252 **	0.387 ***	0.253 **
	(0.000)	(0.015)	(0.004)	(0.263)	(0.741)	(0.064)	(0.018)	(0.001)	(0.018)
2007	0.538 ***	0.234 **	0.305 ***	−0.055	0.042	0.186 *	0.250 **	0.391 ***	0.224 **
	(0.000)	(0.027)	(0.003)	(0.860)	(0.518)	(0.068)	(0.018)	(0.000)	(0.034)
2008	0.543 ***	0.216 **	0.323 ***	−0.038	0.096	0.183 *	0.245 **	0.388 ***	0.230 **
	(0.000)	(0.039)	(0.002)	(0.977)	(0.274)	(0.071)	(0.020)	(0.001)	(0.029)
2009	0.431 ***	0.254 **	0.314 ***	0.036	0.086	0.186 *	0.240 **	0.394 ***	0.218 **
	(0.000)	(0.017)	(0.002)	(0.561)	(0.319)	(0.068)	(0.023)	(0.000)	(0.037)
2010	0.508 ***	0.225 **	0.314 ***	0.041	0.104	0.191 *	0.239 **	0.400 ***	0.213 **
	(0.000)	(0.033)	(0.002)	(0.532)	(0.245)	(0.061)	(0.022)	(0.000)	(0.041)
2011	0.474 ***	0.222 **	0.318 ***	0.005	0.079	0.190 *	0.243 **	0.411 ***	0.183 *
	(0.000)	(0.034)	(0.002)	(0.742)	(0.328)	(0.062)	(0.020)	(0.000)	(0.072)
2012	0.465 ***	0.238 **	0.315 ***	0.032	0.032	0.194 *	0.248 **	0.441 ***	0.176 *
	(0.000)	(0.025)	(0.002)	(0.583)	(0.580)	(0.057)	(0.019)	(0.000)	(0.082)
2013	0.436 ***	0.189 *	0.315 ***	−0.012	0.069	0.199 *	0.250 **	0.445 ***	0.164
	(0.000)	(0.065)	(0.002)	(0.851)	(0.381)	(0.051)	(0.018)	(0.000)	(0.102)
2014	0.459 ***	0.186 *	0.317 ***	−0.051	0.063	0.200 **	0.248 **	0.446 ***	0.146
	(0.000)	(0.070)	(0.002)	(0.889)	(0.415)	(0.049)	(0.018)	(0.000)	(0.136)
2015	0.420 ***	0.176 *	0.315 ***	−0.066	0.024	0.201 **	0.248 **	0.453 ***	0.158
	(0.000)	(0.082)	(0.002)	(0.792)	(0.632)	(0.049)	(0.018)	(0.000)	(0.111)
2016	0.344 ***	0.191 *	0.322 ***	−0.054	0.251 **	0.197 *	0.248 **	0.443 ***	0.165 *
	(0.002)	(0.061)	(0.001)	(0.870)	(0.018)	(0.052)	(0.018)	(0.000)	(0.100)

注：括号中为对应的 P 值；*** 、** 和 * 分别表示在 1%、5% 和 10% 的显著性水平上显著。

由表5-11可知，农村经济发展程度的三个代表变量的全局莫兰指数在研究区间内均为正且显著，表明研究区间内该三个变量具有显著的正空间相关性，呈现正向空间集聚的特征。从全局莫兰指数变化的趋势看，农村恩格尔系数（REC）和谷物单产（GPU）两个变量的全局莫兰指数呈现稳中有降的趋势，表明研究区间内以上两个变量的空间集聚程度有所降低；第一产业所占比重（PPI）变量的全局莫兰指数呈现稳中有升的趋势，表明在研究区间内该变量的空间集聚程度有所增强。核心解释变量农业生态资本主动型投资（AI）和农业生态资本被动型投资（PI）在研究区间内的全局莫兰指数符号在正负间变换，数值接近于零，且均不显著，表明研究区间内农业生态资本主动型投资和被动型投资的空间自相关性不强，基本呈现随机分布形式。从全局莫兰指数变动的趋势看，农业生态资本主动型投资有负向空间集聚的趋势，而农业生态资本被动型投资有正向空间集聚的趋势。其他主要控制变量基本呈现显著的正空间自相关性，表明研究区间内大部分控制变量具有正向空间集聚的特征。

2. 局部空间自相关检验

采用局部 Moran's I 来研究相同变量在研究区域与临接区域的空间关系，即对不同区间的相同变量进行局部空间自相关检验。通常采用较为直观的莫兰散点图来进行较为简洁的分析，本节以 2016 年被解释变量的局部莫兰指数散点图为例，简要分析变量在区域间呈现的空间集聚形式。

（1）被解释变量农村恩格尔系数（REC）Moran's I 散点图

从图 5-4 可知，2016 年农村恩格尔系数的局部莫兰指数为正，表明该年份农村恩格尔系数为正空间自相关，即呈现正向空间集聚的特征。位于第一象限的有湖南、浙江、广西、云南、江西、福建、广东、四川、重庆和海南 10 个省，属于本省农村恩格尔系数较高与临接农村恩格尔系数较高的省份正空间自相关，即正向空间集聚的集群。位于第二象限的有贵州、青海、江苏和湖北 4 个省份，属于本省农村恩格尔系数较低但却被农村恩格尔系数较高的省份包围的集群。位于第三象限的有陕西、甘肃、山东、河南、北京、宁夏、辽宁、黑龙江、河北、山西、吉林、内蒙古和天津 13 个省份，属于本省农村恩格尔系数较低与农村恩格尔系数较低的省份集聚。位于第四象限的有新疆、上海和安徽 3 个省份，属于本省农村恩格尔系数较高但被农村恩格尔系数较低的省份包围。整体上看，我国农村恩格尔系数呈现出显著的空间异质性，且具有明显的正向空间集聚的特征，超过 66.67% 的省份属于高—高和低—低的正空间集聚类型。

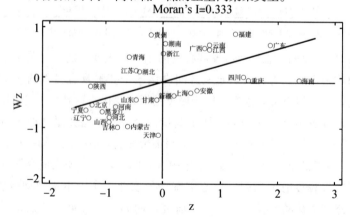

图 5-4　2016 年农村恩格尔系数 Moran's I 散点图

（2）被解释变量谷物单产（GPU）Moran's I 散点图

由图 5-5 可知，2016 年各地区谷物单产的局部莫兰指数为正，表明 2016 年各地区存在正空间自相关，呈现正向空间集聚特征。位于第一象限的有吉林、上海、黑龙江、江苏、辽宁、浙江、安徽、福建、江西、山东和湖北 11 个省份，属于该省谷物单产水平高与谷物单产水平高的省邻近并集聚的区域。位于第二象限的有贵州、海南、天津、河北和广东 5 个省份，属于本省谷物单产水平低但与临接谷物单产水平高的省份集聚的集群。位于第三象限的有青海、陕西、甘肃、山西、云南、宁夏、广西、内蒙古 8 个省份，属于本省谷物单产水平又被谷物单产水平低的省份包围的区域。位于第四象限的有新疆、四川、河南、重庆、湖南和北京 6 个省份，属于本省谷物单产水平高但却被谷物单产水平低的省份包围的集群。整体上看，我国谷物单产具有明显的空间异质性，大多数省份属于高—高和低—低的空间集聚类型，正向空间集聚特征显著。

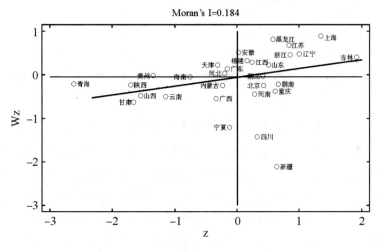

图 5-5　2016 年谷物单产 Moran's I 散点图

（3）被解释变量第一产业所占比重（PPI）Moran's I 散点图

从图 5-6 可知，2016 年第一产业所占比重的局部莫兰指数为正，表明该年份各地区第一产业所占比重为正向空间集聚特征。位于第一象限的有甘肃、广西、贵州、河南、黑龙江、湖北、湖南、吉林、辽宁、内蒙古、宁夏、青海、陕西、四川、新疆和云南 16 个省份，属于本省第一产业所占比重高与临接第一产业所占比重高的省份集聚的集群。位于第二象限的有广东、重庆、山西和山东 4 个省份，属于本省第一产业所占比重较低与临接第一产业所占比重较高的省份集聚的区域。位于第三象限的有上海、北京、天津、浙江和江苏5个省份，属于本省第一产业所占比重低与临接第一产业所占比重低的省份集聚的集群。位于第四象限的有河北、福建、海南、安徽和江西5个省份，属于本省第一产业所占比重高但被第一产业所占比重低的省份包围的区域。整体上，我国各省份第一产业所占比重呈现明显的空间异质性，且正向空间集聚特征显著，同时有超过一半的省份属于高—高的空间集聚类型，高—高和低—低正向空间集聚效应明显。

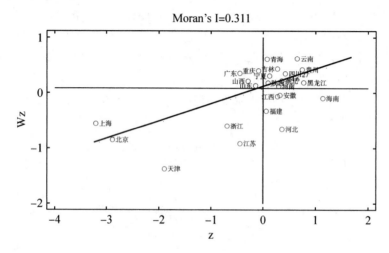

图5-6　2016年第一产业所占比重Moran's I散点图

综上分析可知，考察农村经济发展程度的三个主要变量存在显著的正空间自相关性和空间异质性。通过全局莫兰指数和局部莫兰指数散点图初步考察了被解释变量和主要解释变量的空间集聚特征，但莫兰指数只是简单的初步判定变量的空间集聚程度，不能精确地反映相同变量在不同地区间的空间集聚或空间溢出等空间效应，为较为准确地考察变量间的空间关系，需借助相关检验统计量和相关空间模型的结果进行判断。

（二）实证模型选择

同样采用第三章中空间面板回归模型选择的思路和方法进行本部分空间面板回归模型的选择。下面分别对考察农村经济发展状况的三个变量构建的模型进行相关检验，以选择合适的模型进行空间效应分析。

1. 当农村经济发展程度 POV_{it} 由农村恩格尔系数（ REC_{it} ）来考察时，根据前文构建的普通面板回归模型，在本部分的具体形式为

$$REC_{it} = \alpha + \beta_1 AI_{it} + \beta_2 PI_{it} + \beta_3 TSAC_{it} + \beta_4 EPI_{it} + \beta_5 ECPU_{it} + \beta_6 PAA_{it} + \beta_7 FAI_{it} + \mu_i + \varepsilon_{it} \tag{5-6}$$

式中，用农村恩格尔系数（REC_{it}）来考察农村经济发展程度，其中，μ_i为个体固定效应；ε_{it}为服从$iid(0, \sigma_\varepsilon^2)$的随机误差项。

根据相关检验统计量检验结果确定模型的混合效应、随机效应和固定效应。

采用 LR 检验来确定使用混合效应还是固定效应回归模型，检验结果（LR值为 694.24，对应 P 值为 0.0000）表明采用固定效应模型；通过 BP 检验、LR 检验判断混合效应回归模型还是随机效应回归模型，检验结果为：BP 检验（BP 值为 1 620.86，对应 P 值为 0.0000），LR 检验（LR 值为 491.64，对应 P 值为 0.0000），表明应采用随机效应回归模型；采用 Hausman 检验判断使用固定效应还是随机效应模型，检验结果（Hausman 检验值为 113.62，对应 P 值为 0.0000）表明采用固定效应回归模型较为合适。因此，初步确定选择固定效应的空间面板回归模型，究竟是否采用空间面板回归模型以及采用空间面板回归模型中的哪种形式，需要借助相关检验统计量的检验结果来判断。首先，同样使用 Lagrange multiplier（LM）检验进行相关检验，检验结果如表 5-12 所示。

表 5-12 Lagrange Multiplier（LM）检验

效应	类别	LM 值	P 值
混合 OLS pooled OLS	LM spatial lag	136.509 6	0.000
	LM spatial error	40.718 1	0.000
	robust LM spatial lag	125.271 9	0.000
	robust LM spatial error	29.480 4	0.000
空间固定效应 spatial fixed effects	LM spatial lag	5.942 4	0.015
	LM spatial error	3.124 7	0.077
	robust LM spatial lag	4.196	0.041
	robust LM spatial error	1.378 3	0.240
时间固定效应 time-period fixed effects	LM spatial lag	126.464 2	0.000
	LM spatial error	31.625 6	0.000
	robust LM spatial lag	130.518 5	0.000
	robust LM spatial error	35.679 9	0.000

表5-12(续)

效应	类别	LM 值	P 值
双向固定效应 spatial and time period fixed effects	LM spatial lag	5.431	0.020
	LM spatial error	2.338 4	0.126
	robust LM spatial lag	5.249 8	0.022
	robust LM spatial error	2.157 1	0.142

由表 5-12 可知，在混合 OLS 情形下，经典 LM 检验和稳健 LM 检验均在 1%的显著性水平上拒绝原假设，表明模型存在空间效应，采用空间面板回归模型较为合适。在空间固定效应下，经典 LM 检验均在 10%的显著性水平上拒绝原假设，稳健 LM 检验空间误差结果不显著，表明在空间固定效应下至少存在空间滞后项。在时间固定效应下，经典 LM 检验和稳健 LM 检验均在 1%的显著性水平上拒绝原假设，表明在时间固定效应下模型至少存在空间滞后和空间误差效应的一种。在双向固定效应下，经典 LM 检验和稳健 LM 检验均在 5%的显著性水平上拒绝不存在空间滞后的原假设，而不能拒绝不存在空间误差的原假设，表明在双向固定效应下模型存在空间滞后效应。具体使用何种固定效应，需要进一步通过 LR 检验来判断，检验结果如表 5-13 所示。

表 5-13 Likelihood Ratio（LR）检验

假设检验	LR 值	P 值
原假设 H0：空间固定效应不显著	692.498 4	0.000 0
备择假设 H1：空间固定效应显著		
原假设 H0：时间固定效应不显著	12.954 8	0.840 9
备择假设 H1：时间固定效应显著		

由表 5-13 可知，LR 检验在 1%的显著性水平上拒绝空间固定效应不显著的原假设，而不能拒绝时间固定效应不显著的原假设，表明使用空间固定效应下的空间面板模型较为合适。

在空间固定效应下，只有空间误差效应的稳健 LM 检验不显著，同时在空间滞后模型和空间误差模型中选择时，借鉴已有研究成果，使用综合了空间滞后项和空间误差项的空间杜宾模型进行研究，具体形式为

$$\text{REC}_{it} = \alpha + \beta_1 \text{AI}_{it} + \beta_2 \text{PI}_{it} + \beta_3 \text{TSAC}_{it} + \beta_4 \text{EPI}_{it} + \beta_5 \text{ECPU}_{it} + \beta_6 \text{PAA}_{it} +$$

$$\beta_7 \text{FAI}_{it} + \rho W \text{REC}_{it} + \gamma_1 W \text{AI}_{it} + \gamma_2 W \text{PI}_{it} + \gamma_3 W \text{TSAC}_{it} + \gamma_4 W \text{EPI}_{it} +$$

$$\gamma_5 W\,\mathrm{ECPU}_{it} + \gamma_6 W\,\mathrm{PAA}_{it} + \gamma_7 W\,\mathrm{FAI}_{it} + \mu_I + \varepsilon_{it} \qquad (5\text{-}7)$$

其中，ρ 表示衡量不同区域变量间依存度的空间自相关系数，μ_i 表示空间固定效应，ε_{it} 表示随机误差项，服从均值为 0，方差为 σ^2 的独立同分布。

为进一步检验空间固定效应下的空间杜宾模型设定的合理性，即空间杜宾模型能否简化为空间滞后模型或空间误差模型，使用 Wald 检验和 LR 检验进行判断，检验结果如表 5-14 所示。

表 5-14 Wald 检验与 LR 检验

假设检验	Wald 检验		LR 检验	
	Wald 值	P 值	LR 值	P 值
原假设 H0： 模型可简化为空间滞后模型	17.348 8	0.015 3	18.164 3	0.011 3
备择假设 H1： 模型不可简化为空间滞后模型				
原假设 H0： 模型可简化为空间误差模型	20.063 9	0.005 4	21.227 1	0.003 4
备择假设 H1： 模型不可简化为空间误差模型				

由表 5-14 检验结果可知，Wald 检验和 LR 检验结果均在 5% 的显著性水平上拒绝原假设，表明采用空间杜宾模型较为合理。

综上所述，在农村经济发展程度由农村恩格尔系数考察时，采用空间固定效应下的空间杜宾模型较为合适。

2. 当农村经济发展程度 POV_{it} 由谷物单产（GPU_{it}）变量来考察时

同样使用与前文相同的分析思路和分析方法，首先构建普通面板回归模型，具体形式为

$$\mathrm{GPU}_{it} = \alpha + \beta_1 \mathrm{AI}_{it} + \beta_2 \mathrm{PI}_{it} + \beta_3 \mathrm{TSAC}_{it} + \beta_4 \mathrm{EPI}_{it} +$$
$$\beta_5 \mathrm{ECPU}_{it} + \beta_6 \mathrm{PAA}_{it} + \beta_7 \mathrm{FAI}_{it} + \mu_i + \varepsilon_{it} \qquad (5\text{-}8)$$

式中，用谷物单产（GPU_{it}）来考察农村经济发展程度，其中，μ_i 为个体固定效应；ε_{it} 为服从 $iid(0,\ \sigma_\varepsilon^2)$ 的随机误差项。

使用 stata14.1 软件检验该模型的混合效应、固定效应和随机效应。采用 LR 检验考察固定效应和混合效应模型，检验结果（LR = 936.26，P = 0.000 0）表明采用固定效应模型。使用 BP 检验和 LR 检验选择随机效应和混合效应模型，检验结果（BP = 2 743.69，P = 0.000 0；LR = 756.00，P = 0.000）表明采用随机效应模型。使用 Hausman 检验在固定效应和随机效应模型中进行选择，

Hausman 检验结果 （Hausman = 25.96, P = 0.000 5）表明拒绝原假设, 采用固定效应模型。相似地, 初步确定空间面板回归模型为固定效应, 空间面板回归模型固定效应和随机效应的检验与该结果一致。因此, 接下来使用 Lagrange multiplier（LM）检验确定空间模型设定的合理性以及不同固定效应下的空间面板回归模型形式, LM 检验结果如表 5-15 所示。

表 5-15　Lagrange Multiplier（LM）检验

效应	类别	LM 值	P 值
混合 OLS pooled OLS	LM spatial lag	6.603 7	0.010
	LM spatial error	7.352 6	0.007
	robust LM spatial lag	0.305 7	0.580
	robust LM spatial error	1.054 6	0.304
空间固定效应 spatial fixed effects	LM spatial lag	38.422 2	0.000
	LM spatial error	38.370 6	0.000
	robust LM spatial lag	0.221	0.638
	robust LM spatial error	0.169 4	0.681
时间固定效应 time-period fixed effects	LM spatial lag	6.325 1	0.012
	LM spatial error	7.225 7	0.007
	robust LM spatial lag	0.234 2	0.628
	robust LM spatial error	1.134 9	0.287
双向固定效应 spatial and time period fixed effects	LM spatial lag	34.423 6	0.000
	LM spatial error	27.383 6	0.000
	robust LM spatial lag	16.513 6	0.000
	robust LM spatial error	9.473 5	0.002

从表 5-15 检验结果可知, 对混合 OLS 模型而言, 经典 LM 检验均在 5% 的显著性水平上拒绝原假设, 而稳健 LM 检验均不能拒绝原假设, 表明样本数据存在非稳健性。考虑到样本数据经过均值化和取对数处理, 在一定程度上提高数据平稳性, 但不可完全避免数据的非平稳性。因此, 为了研究需要, 当稳健性检验不显著时以经典检验结果作为判断依据。据此, 根据该检验结果本书选取空间面板回归模型进行分析。空间固定效应和时间固定效应下, 经典 LM 检验均在 5% 的显著性水平上拒绝原假设, 而稳健 LM 检验未能拒绝原假设, 谨

慎地认为在以上两种固定效应下，空间面板回归模型至少存在空间滞后或空间误差项的一种。在双向固定效应下，经典 LM 检验和稳健 LM 检验均在 1% 的显著性水平上拒绝原假设，表明在双向固定效应下采用空间滞后或空间误差模型较为合适。同样采用 LR 检验来确定具体的固定效应形式，检验结果如表 5-16 所示。

表 5-16　Likelihood Ratio（LR）检验

假设检验	LR 值	P 值
原假设 H0：空间固定效应不显著	951.382 8	0.000 0
备择假设 H1：空间固定效应显著		
原假设 H0：时间固定效应不显著	17.670 7	0.544 5
备择假设 H1：时间固定效应显著		

据上表 LR 检验结果可知，选取空间固定效应模型。而在空间固定效应模型下，根据经典 LM 检验结果，选择空间滞后模型或空间误差模型，采用相同的分析思路，构建空间固定效应下的空间杜宾模型来进行分析，具体形式为

$$\mathrm{GPU}_{it} = \alpha + \beta_1\,\mathrm{AI}_{it} + \beta_2\,\mathrm{PI}_{it} + \beta_3\,\mathrm{TSAC}_{it} + \beta_4\,\mathrm{EPI}_{it} + \beta_5\,\mathrm{ECPU}_{it} +$$
$$\beta_6\,\mathrm{PAA}_{it} + \beta_7\,\mathrm{FAI}_{it} + \rho W\,\mathrm{GPU}_{it} + \gamma_1 W\,\mathrm{AI}_{it} + \gamma_2 W\,\mathrm{PI}_{it} +$$
$$\gamma_3 W\,\mathrm{TSAC}_{it} + \gamma_4 W\,\mathrm{EPI}_{it} + \gamma_5 W\,\mathrm{ECPU}_{it} + \gamma_6 W\,\mathrm{PAA}_{it} + \gamma_7 W\,\mathrm{FAI}_{it} + \mu_I + \varepsilon_{it}$$

$$(5-9)$$

其中，ρ 表示衡量不同区域变量间依存度的空间自相关系数，μ_i 表示空间固定效应，ε_{it} 表示随机误差项，服从均值为 0，方差为 σ^2 的独立同分布。

进一步地，需要检验空间杜宾模型设定的合理性，检验结果如表 5-17 所示。

表 5-17　Wald 检验与 LR 检验

假设检验	Wald 检验		LR 检验	
	Wald 值	P 值	LR 值	P 值
原假设 H0： 模型可简化为空间滞后模型	29.449 7	0.000 1	30.175 4	0.000 1
备择假设 H1： 模型不可简化为空间滞后模型				

表5-17(续)

假设检验	Wald 检验		LR 检验	
	Wald 值	P 值	LR 值	P 值
原假设 H0：模型可简化为空间误差模型	26.679 8	0.000 4	27.736	0.000 2
备择假设 H1：模型不可简化为空间误差模型				

由表 5-17 可知，Wald 检验与 LR 检验均在 1% 的显著性水平上拒绝原假设，以上模型不可简化为空间滞后和空间误差模型。因此，根据以上检验结果确定该部分实证模型为空间固定效应下的空间杜宾模型。

3. 当农村经济发展程度 POV_{it} 由第一产业所占比重（PPI_{it}）变量来考察时

首先构建普通面板回归模型，具体形式如下

$$PPI_{it} = \alpha + \beta_1 AI_{it} + \beta_2 PI_{it} + \beta_3 TSAC_{it} + \beta_4 EPI_{it} +$$
$$\beta_5 ECPU_{it} + \beta_6 PAA_{it} + \beta_7 FAI_{it} + \mu_i + \varepsilon_{it} \tag{5-10}$$

式中，用第一产业所占比重（PPI_{it}）来考察农村经济发展程度，其中，μ_i 为个体固定效应；ε_{it} 为服从 $iid(0, \sigma_\varepsilon^2)$ 的随机误差项。

运用 stata14.1 软件计算相关检验统计量，选择合适的混合效应、固定效应和随机效应模型进行分析。采用 LR 检验选择固定效应或混合效应模型，检验结果（LR = 1 348.70，P = 0.000 0）表明拒绝混合效应模型，选择固定效应模型。采用 BP 检验和 LR 检验选择随机效应或混合效应模型，检验结果（BP = 2 072.07，P = 0.000 0；LR = 997.71，P = 0.000 0）表明选择随机效应模型。同样采用 Hausman 检验来选择固定效应模型和随机效应模型，Hausman 检验结果（Hausman = 1 112.86，P = 0.000 0）表明拒绝原假设，采用固定效应模型。同时采用 Hausman 检验空间面板回归模型的固定效应和随机效应，检验结果和普通面板模型检验结果一致。因此，初步设定模型为固定效应下的空间面板回归模型。为检验模型初步设定的合理性使用 Lagrange multiplier（LM）检验对空间模型以及空间模型的具体形式进行检验，检验结果如表 5-18 所示。

表 5-18　Lagrange multiplier（LM）检验

效应	类别	LM 值	P 值
混合 OLS pooled OLS	LM spatial lag	35. 477 6	0. 000
	LM spatial error	71. 516 4	0. 000
	robust LM spatial lag	0. 178 2	0. 673
	robust LM spatial error	36. 216 9	0. 000
空间固定效应 spatial fixed effects	LM spatial lag	0. 038 5	0. 844
	LM spatial error	1. 285 1	0. 257
	robust LM spatial lag	1. 881 3	0. 170
	robust LM spatial error	3. 127 9	0. 077
时间固定效应 time-period fixed effects	LM spatial lag	8. 941 1	0. 003
	LM spatial error	16. 190 8	0. 000
	robust LM spatial lag	0. 055 9	0. 813
	robust LM spatial error	7. 305 6	0. 007
双向固定效应 spatial and time period fixed effects	LM spatial lag	4. 021 7	0. 045
	LM spatial error	2. 323 8	0. 127
	robust LM spatial lag	1. 784 7	0. 182
	robust LM spatial error	0. 086 8	0. 768

就选择普通面板回归模型还是空间面板回归模型而言，经典 LM 检验均在 1% 的显著性水平上拒绝原假设，而关于空间滞后模型的稳健 LM 检验不显著，表明模型至少存在空间误差项，适宜选择空间面板回归模型。在空间固定效应下，只有空间误差的稳健 LM 检验在 10% 的显著性水平上显著，表明在空间固定效应下选择空间误差模型是相对合理的。在时间固定效应下，只有空间滞后的稳健 LM 检验不显著，即在该检验下不能拒绝不存在空间滞后项的原假设，而显著的其他三个检验结果表明模型至少存在空间误差项。在双向固定效应下，只有空间滞后的经典 LM 检验显著，其他检验均不显著，因此，可以谨慎地认为存在空间滞后项。至于选择固定效应下的何种空间面板回归模型，需要借助 LR 检验进一步分析，检验结果如表 5-19 所示。

表 5-19 Likelihood ratio（LR）检验

假设检验	LR 值	P 值
原假设 H0：空间固定效应不显著	1 160.611	0.000 0
备择假设 H1：空间固定效应显著		
原假设 H0：时间固定效应不显著	40.192 4	0.003 1
备择假设 H1：时间固定效应显著		

表 5-19 检验结果显示 LR 检验在 1%的显著性水平上均拒绝原假设，表明模型同时存在空间固定效应和时间固定效应，因此选用双向固定效应下的空间面板回归模型进行分析。在双向固定效应下，只有空间滞后的经典 LM 检验结果显著，据此可以选择双向固定效应下的空间滞后模型。为稳妥起见，本书同样构建双向固定效应下的空间杜宾模型，然后通过检验该效应下的空间杜宾模型能否简化为空间滞后模型或者空间误差模型，以弥补根据经典 LM 检验确定模型形式的单一性。双向固定效应下空间杜宾模型的形式为

$$PPI_{it} = \alpha + \beta_1 AI_{it} + \beta_2 PI_{it} + \beta_3 TSAC_{it} + \beta_4 EPI_{it} + \beta_5 ECPU_{it} +$$
$$\beta_6 PAA_{it} + \beta_7 FAI_{it} + \rho W PPI_{it} + \gamma_1 W AI_{it} + \gamma_2 W PI_{it} + \gamma_3 W TSAC_{it} +$$
$$\gamma_4 W EPI_{it} + \gamma_5 W ECPU_{it} + \gamma_6 W PAA_{it} + \gamma_7 W FAI_{it} + \mu_l + \tau_t + \varepsilon_{it} \quad (5-11)$$

其中，ρ 表示衡量不同区域变量间依存度的空间自相关系数，μ_l 表示空间固定效应，τ_t 表示时间固定效应，ε_{it} 表示随机误差项，服从均值为 0，方差为 σ^2 的独立同分布。

为进一步验证空间杜宾模型设定的合理性，采用 Wald 检验与 LR 检验进行检验，检验结果如表 5-20 所示。

表 5-20 Wald 检验与 LR 检验

假设检验	Wald 检验		LR 检验	
	Wald 值	P 值	LR 值	P 值
原假设 H0：模型可简化为空间滞后模型	59.363 6	0.000 0	55.877 6	0.000 0
备择假设 H1：模型不可简化为空间滞后模型				
原假设 H0：模型可简化为空间误差模型	59.920 3	0.000 0	57.684 3	0.000 0
备择假设 H1：模型不可简化为空间误差模型				

表 5-20 结果显示两组检验中，Wald 检验与 LR 检验均在 1% 的显著性水平上拒绝原假设，表明相对单独使用空间误差模型而言，使用空间杜宾模型较为稳妥。因此，该部分选用双向固定效应下的空间杜宾模型。

三、实证结果与分析

根据前文相关检验确定的模型形式，下面使用 MATLAB2015b 软件对考察农村经济发展程度（POV_{it}）的农村恩格尔系数（REC_{it}）、谷物单产（GPU_{it}）和第一产业所占比重（PPI_{it}）构建的空间面板回归模型分别进行估计分析，具体分析如下。

（一）当农村经济发展程度 POV_{it} 由农村恩格尔系数（REC_{it}）来考察时

根据前文检验结果，本部分采用空间固定效应的空间杜宾模型进行分析，使用误差修正的 ML 进行估计，估计结果如表 5-21 所示。

表 5-21　计量模型估计结果

变量	空间杜宾模型			普通面板模型
	空间固定效应模型	时间固定效应模型	双向固定效应模型	简单 OLS 模型
AI	−0.045 3 ***	−0.075 2 ***	−0.043 7 ***	−0.070 2 ***
	(−3.603 0)	(−7.174 6)	(−3.585 2)	(−6.032 8)
PI	0.007 1	−0.004 6	0.006 4	−0.017 1 ***
	(1.584 8)	(−0.877 8)	(1.451 4)	(−2.861 4)
TSAC	−0.157 1 ***	−0.066 7 ***	−0.156 5 ***	−0.121 4 ***
	(−5.458 7)	(−5.785 5)	(−5.137 7)	(−10.370 6)
EPI	0.121 7 ***	0.138 8 ***	0.119 8 ***	0.249 8 ***
	(3.877 2)	(9.296 3)	(3.891 9)	(21.027 0)
ECPU	0.022 7 **	−0.015 0 ***	0.029 3 ***	−0.022 7 ***
	(2.237 0)	(−3.069 6)	(2.768 1)	(−5.129 8)
PAA	0.017 6	0.047 5 ***	0.014 8	0.024 9 ***
	(1.350 5)	(7.832 0)	(1.044 2)	(4.327 3)
FAI	−0.068 5 ***	−0.092 4 ***	−0.067 5 ***	−0.101 0 ***
	(−8.323 2)	(−12.355 1)	(−8.330 4)	(−13.082 3)
$W*AI$	0.014 4	0.037 3 *	0.020 1	
	(0.713 6)	(1.833 3)	(0.998 0)	

表 5-21（续）

变量	空间杜宾模型			普通面板模型
	空间固定效应模型	时间固定效应模型	双向固定效应模型	简单 OLS 模型
$W*PI$	0.000 7 (0.073 3)	−0.032 8 *** (−2.784 4)	0.003 4 (0.357 8)	
$W*TSAC$	−0.108 1 * (−1.862 3)	−0.106 9 *** (−4.540 5)	−0.136 3 ** (−2.091 4)	
$W*EPI$	−0.099 5 * (−1.789 9)	0.148 6 *** (5.912 8)	−0.060 1 (−1.016 5)	
$W*ECPU$	−0.005 2 (−0.441 3)	−0.023 8 ** (−2.268 2)	0.028 2 (1.459 7)	
$W*PAA$	−0.000 6 (−0.018 6)	0.025 8 * (1.839 4)	0.013 3 (0.419 8)	
$W*FAI$	−0.002 0 (−0.1.53)	−0.073 9 *** (−4.045 9)	0.012 9 (0.631 7)	
$W*REC$	0.119 0 ** (2.080 4)	0.326 0 *** (6.608 2)	0.105 0 * (1.831 5)	
截距				−0.012 6 ** (−2.450 3)
R-squared	0.876 7	0.715 1	0.878 4	0.567 7

注：***、**、*分别表示在1%、5%和10%的显著性水平上显著，括号中为对应 t 值，下同。

从拟合优度 R^2 可知，空间面板回归模型优于普通面板回归模型，再次验证了采用空间面板回归模型的合理性。被解释变量农村恩格尔系数的空间滞后项在5%的显著性水平上显著为正，表明临接省份农村恩格尔系数会对本省份农村恩格尔系数产生显著空间溢出效应，即临接省份农村恩格尔系数的增加会导致本省份该变量的明显增加，农村经济发展具有显著的空间溢出性。

从核心解释变量的空间滞后项看，农业生态资本主动型投资和被动型投资的空间滞后项系数均不显著，表明临接省份农业生态资本主动型和被动型投资在统计上不会对本省份农村恩格尔系数产生明显影响。临接省份农业生态资本投资主要作用于临接省份农业领域进而产生对临接省份农村恩格尔系数的影响，抑或临接省份农业生态资本投资对农村恩格尔系数影响暂时不明显，没有途径或其他类似示范效应对本省份农村恩格尔系数产生影响。

从控制变量的空间滞后项看，农作物总播种面积和第一产业从业人数的空间滞后项系数为负，且均在10%的显著性水平上显著表明临接省份农作物总播种面积和第一产业从业人数的增加会导致本省农村恩格尔系数的降低。临接省份以上两个变量对本省农村恩格尔系数产生显著的负向空间影响，即负向的空间溢出效应或竞争效应。临接省份农作物总播种面积和第一产业从业人数的增加可以视为临接省份加大农业投入，促进农业产业发展。临接省份的此种做法会对具有相似自然环境的本省产生示范效应，本省会模仿临接省份促进农业产业发展的行为，提高本省份农业产值、增加农民收入和促进本省份农村经济发展，进而使本省份农村恩格尔系数降低。

为分析各个解释变量对本省份和临接省份农村恩格尔系数的影响，将各个解释变量的空间效应分解为直接效应、间接效应和总效应，分解结果如表5-22所示。

表5-22　空间杜宾模型直接效应、间接效应与总效应

变量	直接效应	间接效应	总效应
	系数	系数	系数
AI	−0.044 8***	0.010 9	−0.034 0
	(−3.694 4)	(0.498 6)	(−1.577 2)
PI	0.007 4	0.001 5	0.008 9
	(1.654 4)	(0.143 2)	(0.792 5)
TSAC	−0.160 7***	−0.137 8**	−0.298 5***
	(−5.579 8)	(−2.188 3)	(−4.174 5)
EPI	0.120 3***	−0.091 9	0.028 4
	(3.771 0)	(−1.539 3)	(0.453 3)
ECPU	0.022 4**	−0.002 0	0.020 5**
	(2.274 2)	(−0.165 2)	(2.469 5)
PAA	0.017 2	0.000 7	0.017 8
	(0.215 5)	(0.019 6)	(0.437 3)
FAI	−0.068 9***	−0.011 0	−0.079 9***
	(−8.233 8)	(−0.412 3)	(−3.399 7)

从表5-22可知，就核心解释变量而言，农业生态资本主动型投资对农村恩格尔系数的直接效应为负，且在1%的显著性水平上显著，而间接效应和总效应不显著。这表明农业生态资本主动型投资增加将会降低本省的农村恩格尔系数，而临接省份该变量的增加不会对本省农村恩格尔系数产生显著影响，在

考虑空间作用的情况下该变量对农村恩格尔系数无显著影响。原因是农业生态资本主动型投资主要投向农业基础设施和农业灾害防治，该变量的增加将在一定程度上改善本省份农业生产条件，有利于提高农业生产能力、增加农业产值和提高农民收入，但直接效应较小的系数也表明该变量降低农村恩格尔系数的作用较小，影响程度有限。反映出通过改善农业生产条件增加农业产值来增加农民收入，从而提高农民生活水平的作用不大。而本省农业生产条件改善具有一定的固定性，主要作用于本省农业生产行为，而直接影响临接省份农村恩格尔系数的程度较低，因此，间接效应不显著。在考虑空间作用的情况下，由于省份间存在一定的竞争关系，整体上该变量对农村恩格尔系数影响不显著。

农业生态资本被动型投资对农村恩格尔系数的直接效应、间接效应和总效应均不显著，表明本省份以及临接省份该变量无益于本省份农村恩格尔系数的改变。农业生态资本被动型投资由农业污染治理投资来衡量，而现阶段农业污染治理无论是投资力度还是投资效果均不明显，作用于农业生产以及农民收入的程度更小。因此，研究区间内该变量无益于农民收入和生活水平的提高，对农村恩格尔系数无显著影响。

从控制变量看，农作物总播种面积对农村恩格尔系数的直接效应、间接效应和总效应均为负且均显著，表明本省和临接省份农作物总播种面积的增加会有利于本省农村恩格尔系数的降低，在考虑整体空间影响的情况下，该变量对农村恩格尔系数为显著的负向影响。本省农作物总播种面积的增加，增加了农业生产供给，在技术水平和经济发展水平一定的情况下，农业总产值的增加将会显著提高农民生活水平，有利于降低本省农村恩格尔系数。而临接省份和本省份间由于地理位置相近，农业自然环境和生产条件相似，农业产业发展存在相互竞争和模仿的关系，临接省份农作物总播种面积的增加既会直接使本省份增加农作物总播种面积，又可能导致本省份剩余劳动力流入临接省份从事农业产业，增加收入。因此，考虑省份间空间作用的农作物总播种面积增加将显著降低农村恩格尔系数值。

第一产业从业人数对农村恩格尔系数的直接效应为正且显著，而间接效应和总效应均不显著。这表明本省份第一产业从业人数的增加将促使本省份农村恩格尔系数增加，而临接省份该变量的增加对本省农村恩格尔系数变化无明显影响。第一产业从业人数在一定程度上反映该地区农业产业和经济社会发展水平，第一产业从业人数越多表明该地区农业和经济发展水平越低，经济越不发达。在其他条件不变的情况下，单纯增加第一产业从业人数会使人均农业产值降低，农民从事农业生产的人均收入降低，不利于农村经济发展，农村恩格尔系数相对增加。在考虑省份间空间相互作用的情况下，受制于整体经济社会发展、产业结构调整和省份间剩余人口流动，第一产业从业人数整体增加的幅度有限，因此，在空间作用下的该变量对农村恩格尔系数影响不显著。

单位农业产值电耗对农村恩格尔系数的直接效应和总效应系数为正且显著，而间接效应不显著且系数很小。单位农业产值电耗作为衡量农业技术进步的逆向指标，该指标值越大说明农业技术水平越低，相反，说明农业技术水平越高。因此，该变量为正的直接效应和总效应表明本省份农业技术进步水平越高，本省份农村恩格尔系数增加幅度越低。农业技术进步水平越高，对农业生产的促进作用越大，增加农业总产值从而促进农村经济发展，农村恩格尔系数增加幅度降低。负向不显著的间接效应和正向显著的总效应表明农业技术进步在省份间存在不明显的竞争关系，但以农业技术溢出或扩散为主。但应注意到，农业技术进步并未降低农村恩格尔系数，只是降低其增加幅度，表明农业技术进步还未起到提高农村经济发展水平的作用。因此，考虑空间作用的农业技术进步将有利于减缓农村恩格尔系数的增加。

农户固定资产投资对农村恩格尔系数的直接效应和总效应为负且显著，而间接效应不显著。这表明本省份农户固定资产投资水平的增加将显著降低本省份农村恩格尔系数，而临接省份该变量对本省份农村恩格尔系数无显著影响。农户固定资产投资水平的增加，在一定程度上既反映了农户经济水平的提高，又反映出农户可持续生产能力得到增强。而无论是农户经济水平还是可持续生产能力的提高均将促进农村经济发展和农业生产发展，有利于降低农村恩格尔系数。而这种促进作用在省份间以空间溢出为主，即在空间上省份间农村经济发展具有相互促进作用。

（二）当农村经济发展程度 POV_{it} 由谷物单产（GPU_{it}）变量来考察时

根据前文空间面板回归模型检验结果，本部分采用空间固定效应的空间杜宾模型，该模型估计结果如表 5-23 所示。

表 5-23　计量模型估计结果

变量	空间杜宾模型			普通面板模型
	空间固定效应模型	时间固定效应模型	双向固定效应模型	简单 OLS 模型
AI	0.031 8 **	0.076 8 ***	0.028 1 *	0.091 6 ***
	(1.985 8)	(4.041 9)	(1.818 1)	(4.769 4)
PI	0.000 0	−0.008 9	0.001 4	−0.036 8 ***
	(−0.003 3)	(−0.935 8)	(0.249 7)	(−3.722 5)

表5-23(续)

变量	空间杜宾模型			普通面板模型
	空间固定效应模型	时间固定效应模型	双向固定效应模型	简单 OLS 模型
TSAC	-0.069 3*	0.197 2***	-0.107 1***	0.151 2***
	(-1.899 4)	(9.585 9)	(-2.785 0)	(7.822 6)
EPI	-0.023 0	-0.367 3***	-0.033 8	-0.275 5***
	(-0.576 3)	(-13.784 6)	(-0.866 9)	(-14.053 5)
ECPU	-0.020 5	0.023 0***	-0.039 4***	0.010 5
	(-1.591 9)	(2.599 3)	(-2.937 5)	(1.434 4)
PAA	0.014 9	0.115 5***	0.036 9**	0.115 5***
	(0.897 3)	(10.456 7)	(2.059 1)	(12.167 5)
FAI	0.009 3	0.029 7**	0.009 0	0.033 3***
	(0.892 2)	(2.213 3)	(0.879 1)	(2.611 9)
$W*AI$	-0.094 4***	0.062 6*	-0.106 0***	
	(-3.699 2)	(1.672 2)	(-4.177 9)	
$W*PI$	0.010 0	-0.109 7***	0.004 5	
	(0.831 5)	(-5.107 1)	(0.380 9)	
$W*TSAC$	0.048 0	-0.114 2***	-0.016 5	
	(0.664 3)	(-2.805 9)	(-0.202 2)	
$W*EPI$	0.180 1**	0.245 8***	0.078 4	
	(2.548 1)	(6.135 2)	(1.051 5)	
$W*ECPU$	0.004 2	-0.047 4**	-0.068 2***	
	(0.283 9)	(-2.532 5)	(-2.786 6)	
$W*PAA$	0.006 6	0.125 0***	0.022 8	
	(0.172 9)	(4.753 2)	(0.566 7)	
$W*FAI$	-0.016 8	-0.172 4***	-0.038 2	
	(-0.698 0)	(-5.654 9)	(-1.517 1)	
$W*GPU$	0.300 0***	0.058 0	0.277 0***	
	(5.829 1)	(1.016 2)	(5.333 7)	
截距				0.007 8
				(0.918 5)
R-squared	0.904 4	0.549 7	0.906 4	0.434

注:***、**、*分别表示在1%、5%和10%的显著性水平上显著;括号中为对应 t 值;下同。

由表 5-23 可知，考虑空间效应的空间面板回归模型的拟合优度显著高于普通面板回归模型拟合水平，说明选取空间面板回归模型较为合适。被解释变量的空间滞后项系数为正且在 1% 的显著性水平上显著，表明临接省份谷物单产水平的提高也将致使本省谷物单产水平获得显著提升，谷物单产水平在省份间以空间溢出效应为主。临接省份间在农业生产自然环境相似，农业产业结构趋同的情况下，农业生产投入要素和农业技术水平等能显著影响农业生产能力的因素在临接省份间易发生空间溢出效应，致使临接省份间谷物单产水平存在空间溢出效应。

从核心解释变量的空间滞后项看，农业生态资本主动型投资的空间滞后项系数为负且显著，表明临接省份农业生态资本主动型投资水平的提高将不利于本省份谷物单产水平的提高。这反映出临接省份和本省份间在农业生态资本主动投资上呈现竞争形势，临接省份农业生态资本主动投资水平增加将使本省份影响谷物单产水平的资金、技术等向临接省份集聚或转移，从而使本省份农业生产能力减弱，谷物单产水平降低。而农业生态资本被动型投资的空间滞后项系数不显著，表明临接省份农业生态资本被动型投资无益于本省份谷物单产水平的改变。

从控制变量的空间滞后项系数看，第一产业从业人数的空间滞后项系数为正且显著，表明临接省份第一产业从业人数的增加将显著促进本省份谷物单产水平提高。临接省份增加第一产业从业人数，在其他条件不变的情况下，势必导致临接省份第一产业人均产值下降，人均收益降低，从而使相对优质的农业生产资金、技术等向本省集聚，进而提升本省份谷物单产水平。而临接省份的其他控制变量对本省份谷物单产水平无明显影响。

为进一步分析本省份和临接省份各变量对谷物单产的影响，同样将空间效应分解为直接效应、间接效应和总效应，分解结果如表 5-24 所示。

表 5-24　空间杜宾模型直接效应、间接效应与总效应

变量	直接效应	间接效应	总效应
	系数	系数	系数
AI	0.024 9	−0.115 7***	−0.090 8**
	(1.632 1)	(−3.604 8)	(−2.629 3)
PI	0.000 8	0.013 8	0.014 6
	(0.141 8)	(0.817 2)	(0.767 8)

表 5-24（续）

变量	直接效应	间接效应	总效应
	系数	系数	系数
TSAC	−0.066 4*	0.032 9	−0.033 4
	(−1.756 2)	(0.332 4)	(−0.293 5)
EPI	−0.009 2	0.238 0**	0.228 9**
	(−0.233 6)	(2.440 4)	(2.138 7)
ECPU	−0.020 9*	−0.002 4	−0.023 3
	(−1.769 2)	(−0.143 2)	(−1.649 6)
PAA	0.015 3	0.015 2	0.030 5
	(0.855 6)	(0.288 5)	(0.478 6)
FAI	0.008 3	−0.018 7	−0.010 4
	(0.755 8)	(−0.569 8)	(−0.281 1)

从核心解释变量看，农业生态资本主动型投资对谷物单产的直接效应为正但不显著，表明本省份农业生态资本主动型投资会促进本省份谷物单产水平提高，但作用不明显。该变量的间接效应为负且显著，表明临接省份该变量对本省份谷物单产的总影响为负，反映出相邻省份间农业生态资本主动型投资存在竞争关系。临接省份农业生态资本主动型投资增加，会对本省份农业生产的资金技术等产生虹吸效应，使本省份农业生产优质资源相对减少，将阻碍本省份谷物单产水平的提高。总效应为显著的负向效应，反映出考虑空间影响的农业生态资本主动型投资将阻碍本省份谷物单产水平提高。农业生态资本被动型投资整体上无益于谷物单产水平的改变。农业污染治理投资力度小，污染治理效果差，对谷物单产的影响不明显。

从控制变量看，农作物总播种面积对谷物单产的直接效应为负且显著，但系数很小，表明本省份农作物总播种面积的增加将略微降低本省谷物单产水平。在其他条件不变的情况下，农作物种植规模的增加降低了农业生产的精细化投入和精细化管理的程度，不利于农业生产率的提升，谷物单产水平略有下降。

第一产业从业人数对谷物单产的直接效应为负且不显著，而间接效应和总效应为正且显著，表明第一产业从业人数对谷物单产的影响主要体现为空间溢出效应。临接省份第一产业从业人数的增加将显著提升本省份谷物单产水平，在区域空间影响下，第一产业从业人数的增加将使谷物单产水平提高，其原因为第一产业从业人数的增加为农业精细化生产提供可能。

单位农业产值电耗对谷物单产的直接效应为负且显著，但系数值较小。同样，单位农业产值电耗作为衡量农业技术进步的逆向指标，负向的直接效应表明本省份农业技术进步水平的提高将促进本省份谷物单产水平的增加，但其促进作用效果较小。

（三）当农村经济发展程度 POV_{it} 由第一产业所占比重（PPI_{it}）变量来考察时

根据前文模型检验结果，本部分采用双向固定效应的空间杜宾模型，模型估计结果如表 5-25 所示。

表 5-25　计量模型估计结果

变量	空间杜宾模型			普通面板模型
	双向固定效应模型	空间固定效应模型	时间固定效应模型	简单 OLS 模型
AI	−0.163 7 ***	−0.166 8 ***	−0.620 3 ***	−0.619 6 ***
	(−6.065 1)	(−5.961 2)	(−16.982 2)	(−14.223 5)
PI	0.061 7 ***	0.061 4 ***	0.088 9 ***	0.086 5 ***
	(6.347 0)	(6.117 2)	(4.868 2)	(3.858 6)
TSAC	0.644 4 ***	0.686 6 ***	−0.080 1 **	0.089 8 **
	(9.553 9)	(10.677 5)	(−2.035 9)	(2.048 2)
EPI	−0.005 4	0.014 7	0.470 4 ***	0.406 8 ***
	(−0.078 4)	(0.210 7)	(9.277 7)	(9.143 4)
ECPU	−0.161 0 ***	−0.155 7 ***	−0.323 0 ***	−0.324 6 ***
	(−6.834 2)	(−6.826 8)	(−19.004 2)	(−19.572 8)
PAA	0.163 9 ***	0.139 4 ***	0.112 8 ***	−0.014 2
	(5.223 9)	(4.800 6)	(5.343 8)	(−0.658 8)
FAI	0.040 6 **	0.041 2 **	0.039 1	0.084 3 ***
	(2.259 7)	(2.248 2)	(1.486 4)	(2.916 3)
$W * AI$	0.012 0	0.010 3	0.270 6 ***	
	(0.264 1)	(0.225 7)	(3.638 2)	
$W * PI$	0.020 4	0.016 1	0.074 6 *	
	(0.960 9)	(0.749 1)	(1.805 3)	
$W * TSAC$	0.385 0 ***	0.483 8 ***	0.008 6	
	(2.606 1)	(3.567 1)	(0.111 4)	

表 5-25（续）

变量	空间杜宾模型			普通面板模型
	双向固定 效应模型	空间固定 效应模型	时间固定 效应模型	简单 OLS 模型
$W * EPI$	−0.488 7 *** (−3.735 6)	−0.424 0 *** (−3.430 4)	−0.027 1 (−0.351 3)	
$W * ECPU$	0.165 6 *** (3.859 3)	0.179 7 *** (6.931 7)	−0.009 1 (−0.229 2)	
$W * PAA$	0.111 0 (1.564 0)	0.043 5 (0.651 1)	0.191 9 *** (4.016 8)	
$W * FAI$	−0.105 6 ** (−2.392 3)	−0.110 0 *** (−2.608 6)	−0.656 9 *** (−11.159 7)	
$W * PPI$	−0.108 0 * (−1.775 3)	−0.057 0 (−0.949 1)	0.310 0 *** (6.864 4)	
截距				−0.230 0 *** (−11.934 0)
R−squared	0.982 7	0.982 3	0.899 7	0.824 4

注：*** 、** 、* 分别表示在 1%、5% 和 10% 的显著性水平上显著；括号中为对应 t 值；下同。

由表 5-25 可知，从模型拟合优度看，空间面板回归模型整体优于普通面板回归模型，验证使用空间面板回归模型的合理性。被解释变量第一产业所占比重的空间滞后项系数为负且显著，表明第一产业所占比重的空间效应以竞争效应为主，竞争效应大于空间溢出效应，即临接省份第一产业所占比重的增加会抑制本省份该变量的增加。

从核心解释变量的空间滞后项看，农业生态资本主动型投资和被动型投资的空间滞后项系数为正但均不显著，表明临接省份两种农业生态资本投资均不会直接对本省份第一产业所占比重产生显著影响。农业生态资本投资主要作用于本省份农业产业，虽有空间溢出效应但不显著。

从控制变量的空间滞后项看，农作物总播种面积的空间滞后项系数为正且显著，表明临接省份农作物总播种面积的增加会促使本省份第一产业所占比重的增加。临接省份农作物总播种面积的增加会对农业自然条件相似和经济联系紧密的本省份产生示范效应，本省份将效仿临接省份增加农作物总播种面积，在其他条件不变的情况下，农业产值增加，第一产业所占比重增加。

第一产业从业人数和农户固定资产投资的空间滞后系数为负且显著，表明临接省份以上两个变量增加会抑制本省份第一产业所占比重增加，空间竞争效应大于空间溢出效应。临接省份第一产业从业人数和农户固定资产投资的增加，在其他条件不变的情况下，反映出临接省份农业劳动力总数和农户可持续生产能力提高，即临接省份农业劳动力数量和质量均提高，一定程度上促使农业生产效率和产值增加，导致本省份部分农业资源诸如农业生产资金、技术和相关产业等向临接省份集聚或转移，不利于本省份第一产业发展且在一定时期内第一产业所占比重降低。

单位农业产值电耗的空间滞后项系数为正且显著，而该变量为衡量农业技术进步的逆向指标，因此表明临接省份农业技术水平的提高会使本省第一产业所占比重降低，反映出在其他条件不变的情况下，就对影响本省第一产业所占比重而言，农业技术进步的空间竞争效应大于空间溢出效应。临接省份农业技术水平提高，首先是提高临接省份农业产值，然后才会出现农业技术在省份间的溢出，因此，在农业技术扩散上，省份间存在的竞争关系在一定时期内将大于空间溢出效应。

各个解释变量在空间上对第一产业所占比重的影响到底如何？将从变量的空间直接效应、间接效应和总效应进行分析，结果如表5-26所示。

表5-26　空间杜宾模型直接效应、间接效应与总效应

变量	直接效应	间接效应	总效应
	系数	系数	系数
AI	−0.165 0***	0.029 1	−0.135 9***
	(−5.989 1)	(0.690 8)	(−3.492 7)
PI	0.061 2***	0.012 6	0.073 9***
	(6.431 1)	(0.652 7)	(3.726 0)
TSAC	0.635 4***	0.290 1**	0.925 5***
	(9.789 3)	(2.268 1)	(6.308 0)
EPI	0.007 6	−0.455 1***	−0.447 5***
	(0.112 7)	(−3.705 9)	(−3.515 6)
ECPU	−0.165 7***	0.171 2***	0.005 5
	(−6.989 7)	(4.256 3)	(0.130 4)
PAA	0.162 2***	0.086 9	0.249 1***
	(5.175 8)	(1.357 8)	(3.148 8)
FAI	0.043 8**	−0.101 0**	−0.057 2
	(2.447 8)	(−2.527 0)	(−1.360 4)

从核心解释变量分析，农业生态资本主动型投资对第一产业所占比重的直接效应为负且显著，表明本省份农业生态资本主动型投资会抑制本省份第一产业所占比重的增加。由上一节非线性部分模型回归结果可知，在农业生态资本主动型投资水平较低，没有跨越门限值时，该变量对第一产业所占比重的影响为负。变量系数和本部分系数符号相同且均显著，因此，平均来说，我国农业生态资本主动型投资处于较低水平，在其他条件不变的情况下，单纯增加农业生态资本主动型投资产生的成本将大于由此带给农业的收益，不利于第一产业发展。而当该变量投资处于较高水平时，对第一产业所占比重的促进作用才显著。在省份间区域空间相互影响下，在该变量处于较低水平时，整体上不利于第一产业所占比重的增加。

农业生态资本被动型投资对第一产业所占比重的直接效应和总效应为正且显著，表明本省份农业生态资本被动型投资的增加会促进第一产业所占比重的增加，但较小的系数表明该促进作用有限。同样在非线性模型下，不考虑区域间该变量的空间作用的情况下，该变量无益于第一产业所占比重的改变。因此，可以认为在一定区域共同进行农业污染治理，整体改善农业环境的情况下，会对农业发展起到一定的促进作用，但促进作用相对较小。

从控制变量看，农作物总播种面积对第一产业所占比重的直接效应、间接效应和总效应均为正且都显著。本省份农作物总播种面积的增加会显著提高本省份农业产值，临接省份该变量的增加同样由于空间溢出效应也会增加本省份农业产值，在空间作用下的农作物总播种面积将显著影响第一产业所占比重。原因很简单，土地作为农业生产的最基本的生产资料之一，同等条件下增加农作物总播种面积等于增加第一产业产值，因此第一产业所占比重增加。

第一产业从业人数对第一产业所占比重的直接效应为正但不显著且系数很小，间接效应为负且显著，表明就本省份而言增加第一产业从业人数无益于第一产业所占比重的改变，但由于临接省份竞争效应的存在，空间影响下的第一产业从业人数增加将降低第一产业所占比重。从非线性该变量的估计结果可知，平均而言我国第一产业从业人数已趋于饱和，再增加第一产业从业人数将会阻碍农业发展，降低第一产业所占比重。

单位农业产值电耗作为逆向指标对第一产业所占比重的直接效应为负且显著，表明本省份农业技术进步将显著提升农业发展水平，增加第一产业所占比重；但该变量的间接效应为正且显著，表明农业技术进步在省份间的竞争效应大于空间溢出效应。因此，在考虑空间作用下，一定时期内农业技术进步对第一产业所占比重无明显影响。

农药使用量对第一产业所占比重的直接效应和总效应为正且显著，间接效应为正但不显著。这反映出农药在农业生产中的重要作用，增加农药使用量会显著提高农作物产量，而在省份间虽然存在相互模仿，但空间溢出效应不显著。农药使用是根据农作物病虫害发病程度而定，相邻区域间虽然病虫害有相似的可能，但不会因为一个地区增加农药使用量，另一地区在农作物生长正常的情况下而随意增加农药使用量，空间间接效应不显著。总体上，农药使用量增加会提高第一产业所占比重。

农户固定资产投资对第一产业所占比重的直接效应为正且显著，但系数较小，表明本省农户可持续生产能力的提高在一定程度上会促进本省农业发展，但促进作用较小，反映出现阶段农业劳动力对农业产值增加的作用相对较小。该变量的间接效应为负且显著，表明临接省份间农户可持续生产能力存在竞争关系。而农户可持续生产能力的提高反映出当地农业或当地经济发展水平较其他地区高，农户生活条件较其他地区优越，由此导致临接地区省份投资等资源向本地区集聚或转移。因此，在考虑省份间空间影响下，由于省份间竞争的负向作用抵消了本省份该变量的促进作用，整体上该变量对第一产业所占比重无明显影响。这反映出现阶段提高农户可持续生产能力对提高农业发展水平增加第一产业所占比重的作用微小。

综上所述，农业生态资本主动型投资能显著降低本省份农村恩格尔系数，但降低程度较小，考虑区域间空间作用的情形下，该变量的降低作用不明显；该变量虽能促进本省份谷物单产水平的提高，但现阶段促进作用不明显，由于空间竞争关系的存在，对提高谷物单产水平存在微弱的抑制作用；该变量对第一产业所占比重存在显著有限度的抑制作用。农业生态资本被动型投资能显著促进第一产业所占比重的提高，但促进作用很小；而该变量无益于农村恩格尔系数和谷物单产水平的改变。基于以上结果可以得出以下启示：①在进行农业生态资本投资时应该对投资类型进行细分，然后根据各个投资类型的效应大小再因地施策。②通过农业生态资本投资提高农村经济发展水平应该加强区域间协作，特别是临接省份间的合作，消除在不同省份间投资所产生的竞争关系，提高协同作用。③扬长避短，在发挥农业生态资本主动型投资经济效应长处的同时，深究农业生态资本被动型投资经济效应不明显短处的原因。综合各地区发展状况和农村经济发展特征，有所侧重地进行农业生态资本主动型投资和被动型投资，最大限度地发挥各种农业生态资本投资的经济效应，为发挥农业生态资本投资的经济效应做好周详规划和全面准备。

第六章 农业生态资本投资的社会效应分析

第一节 社会效应评价指标体系构建

农村整体的生态、经济和社会等多维特性决定农村发展的多维性。如第三章和第四章所述,农业生态资本投资对农村生态和经济状况产生显著的非线性及空间效应,其如何对农村社会产生作用?农业生态资本投资对农村社会是否同样存在非线性和空间效应以及其效应的大小如何?对以上问题的深入研究将有助于我们进一步探究农业生态资本投资社会效应的作用机理,从而为采取有效的农村社会发展举措,提高农村社会福利做出有益的理论探索和参考。

农村社会状况涉及的范围非常广泛,本书借鉴苏静(2015)的方法,同时考虑指标和数据的可得性,根据第三章农村经济状况指标体系构建的思路和方法,构建农村社会状况的三级评价指标体系,其中二级指标包括人口与生活、教育与文化、医疗与社会保障三个方面。人口与生活方面:农村选取乡村人口比重、人口自然增长率和农村总抚养比三个指标反映农村人口结构和增长速度;选取人均用电量、农村自来水普及率、农村卫生厕所普及率、农村人均住宅建筑面积、每百户电冰箱拥有量、每百户摩托车拥有量、每百户移动电话拥有量、每百户电视机拥有量和农村邮政投递线路长度共九个指标反映农村生活方面状况。其中,农村人均用电量反映农村电量设施和农村生活水平;农村自来水普及率反映农村饮水安全状况;农村卫生厕所普及率反映农村生活卫生状况;农村人均住宅建筑面积反映农村住房改善状况;农村每百户电冰箱、摩托车、移动电话和电视机拥有量分别反映农村居民家庭生活水平、交通和通信状况,是农村居民生活现代化、交通便利化和信息化的衡量指标;农村邮政投递线路长度反映农村邮政服务发展水平。教育与文化方面:选取农村劳动力人均受教育程度反映农民受教育水平；选取人均教育文化娱乐消费支出比重反映农村居民对教育文化的消费水平；选取乡镇文化站数反映乡镇文化建设和发展状况。在医疗与社会保障方面：选取农业人口村卫生室人员数/千人反映乡村医疗医务人资水平；选取农业人口乡镇卫生院床位数/千人反映乡村医疗基础设施建设水平；选取农村养老服务机构单位数反映农村社会养老服务基础设施水平；选取农村养老服务机构年末供养人数反映农村社会养老保障农村居民实际参与状况；选取农村社会救济费和自然灾害救济费分别反映对农村生活困难群体和自然受灾状况的救济水平。随着社会经济发展，农村社会救济费和自然灾害救济费已经逐渐由救济型向福利型转变，因此二者可以在一定程度上反映农村社会保障水平。通过从不同方面选取反映农村社会状况的评价指标，构建农业生态资本投资的社会效应评价指标体系如表6-1所示。

表6-1 农业生态资本投资的社会效应评价指标体系

一级指标	二级指标	三级指标	指标符号	指标单位	指标方向
社会效应综合指数	人口与生活	乡村人口比重	RPP	%	逆
		人口自然增长率	NGR	‰	逆
		农村总抚养比	TDR	%	逆
		人均用电量	PEC	千瓦时/人	正
		农村自来水普及率	WPR	%	正
		农村卫生厕所普及率	PSL	%	正
		农村人均住宅建筑面积	PHA	平方米/人	正
		电冰箱拥有量	RO	台/百户	正
		摩托车拥有量	MO	辆/百户	正
		移动电话拥有量	MPO	部/百户	正
		电视机拥有量	TVO	台/百户	正
		农村邮政投递线路长度	PRL	公里	正
	教育与文化	农村劳动力人均受教育程度	EDY	年/人	正
		人均教育文化娱乐消费支出比重	PECE	%	正
		乡镇文化站数	TCS	个	正
	医疗与社会保障	每千农业人口村卫生室人员	VCP	位/千人	正
		每千农业人口乡镇卫生院床位数	BTH	张/千人	正
		农村养老服务机构单位数	NES	个	正
		农村养老服务机构年末供养人数	NOA	人	正
		农村社会救济费	RSRF	万元	正
		自然灾害救济费	NDRF	万元	逆

第二节　社会效应评价指标体系测算与分析

采用第三章中熵权综合指数的方法测算农村社会状况 21 个指标的权重以及各地区农村社会状况综合指数。由于西藏地区数据缺失严重，故选取 2007—2016 年除西藏、港澳台外的 30 个省级行政区作为研究对象，部分指标的缺失数据采用移动平均法进行补齐。所有评价指标数据均来自 EPS 数据库、各年份的《中国农村统计年鉴》《中国城乡建设统计年鉴》《中国人口和就业统计年鉴》以及《中国统计年鉴》。本部分所有数据均采用 stata14.1 软件进行处理。测算得到 2007—2016 年各指标的权重如表 6-2 所示。

表 6-2　农业生态资本投资的社会效应评价指标权重值

指标	2007 年	2008 年	2009 年	2010 年	2011 年	2012 年	2013 年	2014 年	2015 年	2016 年	均值
RPP	0.047 8	0.048 2	0.048 3	0.047 5	0.047 5	0.047 5	0.047 7	0.047 6	0.047 7	0.047 7	0.047 7
NGR	0.048 8	0.048 7	0.048 5	0.048 5	0.048 5	0.048 5	0.048 7	0.048 8	0.048 8	0.048 7	0.048 6
TDR	0.048 8	0.048 5	0.048 4	0.048 6	0.048 6	0.048 0	0.048 6	0.048 7	0.048 2	0.048 7	0.048 5
PEC	0.042 8	0.042 6	0.042 7	0.043 3	0.043 3	0.043 4	0.038 8	0.039 2	0.040 0	0.039 9	0.041 6
WPR	0.048 0	0.047 9	0.048 0	0.048 0	0.047 9	0.047 7	0.048 0	0.048 0	0.048 1	0.048 4	0.048 0
PSL	0.047 6	0.047 9	0.047 9	0.048 2	0.048 1	0.048 1	0.048 1	0.048 2	0.048 2	0.048 3	0.048 0
PHA	0.047 7	0.047 6	0.047 3	0.047 1	0.047 4	0.047 4	0.047 6	0.047 7	0.047 7	0.047 9	0.047 5
RO	0.046 5	0.047 5	0.047 5	0.047 9	0.048 3	0.048 4	0.048 6	0.048 7	0.049 0	0.049 0	0.048 0
MON	0.048 5	0.048 5	0.048 3	0.048 1	0.048 6	0.048 6	0.048 7	0.048 8	0.048 4	0.048 8	0.048 5
MPO	0.048 2	0.048 3	0.048 2	0.048 4	0.048 4	0.048 6	0.048 6	0.048 6	0.049 0	0.049 0	0.048 5
TVO	0.047 8	0.047 9	0.047 7	0.047 5	0.047 4	0.047 1	0.047 1	0.047 2	0.047 3	0.046 9	0.047 4
PRL	0.047 7	0.047 6	0.047 5	0.047 5	0.047 6	0.047 5	0.047 7	0.047 8	0.047 8	0.048 0	0.047 7
EDY	0.048 8	0.048 8	0.048 7	0.048 7	0.048 6	0.048 7	0.048 8	0.048 9	0.049 0	0.049 1	0.048 8
PECE	0.048 1	0.047 6	0.047 8	0.047 7	0.047 3	0.047 8	0.048 6	0.048 8	0.048 9	0.048 6	0.048 1
TCS	0.047 4	0.047 4	0.047 4	0.047 3	0.047 2	0.047 2	0.047 4	0.047 5	0.047 5	0.047 7	0.047 4
VCP	0.048 6	0.048 6	0.048 3	0.047 9	0.048 0	0.048 3	0.048 4	0.048 3	0.046 2	0.045 0	0.047 8
BTH	0.048 9	0.048 3	0.048 3	0.048 4	0.048 6	0.048 4	0.048 8	0.048 8	0.048 8	0.048 3	0.048 6
NES	0.046 0	0.047 0	0.047 1	0.047 1	0.047 0	0.047 1	0.047 3	0.046 3	0.046 7	0.046 7	0.046 8
NOA	0.045 5	0.045 3	0.045 3	0.045 5	0.045 7	0.045 6	0.045 7	0.045 1	0.045 9	0.045 9	0.045 6
RSRF	0.047 5	0.047 1	0.047 7	0.047 4	0.047 5	0.047 5	0.047 7	0.047 7	0.047 8	0.048 0	0.047 6
NDRF	0.048 8	0.049 3	0.049 2	0.049 2	0.048 8	0.049 0	0.049 2	0.049 0	0.049 3	0.049 4	0.049 1

由表 6-2 可知，从各个指标权重平均值的大小看，排名前五名的评价指标分别为自然灾害救济费（NDRF）、农村劳动力人均受教育程度（EDY）、人口自然增长率（NGR）、每千农业人口乡镇卫生院床位数（BTH）和每百户农村居民移动电话拥有量（MPO），其对应指标权重的平均值分别为 0.049 1、0.048 8、0.048 6、0.048 6 和 0.048 5。这表明以上指标在农村社会状况中的

重要程度依次降低，其中农村自然灾害救济费对农村社会发展程度影响最大。从指标权重平均值前五个排名看，前五个指标分别为二级指标的农村社会保障、农村社会教育和文化、农村人口、农村医疗和农村生活的分指标，全面反映了农村社会状况的所有纬度，因此选取以上前五个指标衡量农村社会发展程度。从时间维度看，农村社会发展程度的 21 个评价指标权重值在研究区间内变动幅度较小，表明从研究区间内平均来看，各个评价指标在评价指标体系中的重要程度保持相对稳定。因此，从指标反映内容的全面性和指标重要程度的稳定性看，该评价指标体系能较为全面地反映农村社会发展程度。

根据测算出的各个指标权重，计算得到各省份熵权综合指数值，为方便分析，下面给出 2007—2016 年各个省份熵权综合指数平均值及其排名，从横向比较分析各个区域农村社会发展程度的区域差异性，结果如表 6-3 所示。

表 6-3　2007—2016 年各地区社会发展状况综合指数平均值

地区	综合指数平均值	排名	地区	综合指数平均值	排名
江苏	0.633 7	1	黑龙江	0.413 8	16
上海	0.586 4	2	陕西	0.411 6	17
山东	0.579 8	3	江西	0.408 4	18
北京	0.535 9	4	山西	0.405 7	19
浙江	0.533 3	5	内蒙古	0.397 6	20
广东	0.497 1	6	安徽	0.380 7	21
湖北	0.483 8	7	重庆	0.359 8	22
天津	0.471 0	8	广西	0.350 3	23
河南	0.465 3	9	甘肃	0.336 3	24
福建	0.460 4	10	云南	0.322 9	25
河北	0.452 1	11	海南	0.311 4	26
四川	0.447 7	12	青海	0.300 9	27
辽宁	0.435 6	13	新疆	0.289 6	28
湖南	0.434 5	14	宁夏	0.282 0	29
吉林	0.416 4	15	贵州	0.249 5	30

熵权综合指数的定义表明熵权综合指数值越大，农村社会发展程度越高。因此，由各省份熵权综合指数平均值的排名可知，农村社会发展程度随着该排名的增加而降低。考虑到熵权综合指数平均值的分布以及分析的方便性，本书

将农村社会发展程度粗略划分为四个层次。当熵权综合指数平均值大于0.5时为第一层次，表明该层次农村社会发展程度最高；当熵权综合指数平均值在0.4~0.5时为第二层次，表明该层次农村社会发展程度一般；当熵权综合指数平均值在0.3~0.4时为第三层次，表明该层次农村社会发展程度较小；当熵权综合指数平均值小于0.3时为第四层次，表明该层次农村社会发展程度最小。根据所划分的农村社会发展程度层次，处于第一层次的省份有5个，占所研究对象的16.6667%；处于第二层次的省份有14个，占研究对象的46.6667%；处于第三层次的省份有8个，占研究对象的26.6667%；位于第四层次的省份有3个，占研究对象的10%。从农村社会发展程度所处四个层次省份的比例看，我国农村社会发展程度呈现"中间大，两头小"的形态，所选取的评价指标显示，我国大部分地区农村社会发展程度较一般，农村社会发展程度最小和最大的省份占比较小，区域间农村社会发展程度差异明显。熵权综合指数平均值排名第一、第二的省份分别为江苏省和上海市，其对应的平均值分别为0.6337和0.5864，表明依据评价指标研究区间内江苏省农村社会发展程度最高，其次为上海市。熵权综合指数平均值最小的两个省份为贵州和宁夏，其对应的平均值分别为0.2495和0.2820，表明依据评价指标体系研究区间内贵州省农村社会发展程度最低，其次为宁夏。综合来看，我国农村社会发展程度各地区间存在差异，且大部分省份农村社会发展程度一般。为分析各个地区在时间维度上农村社会发展程度的变化幅度，探究各地区农村社会发展程度在不同农村社会发展层次上随时间变动的大小及趋势，下面给出研究区间内各地区农村社会发展综合指数变化率变动情况图，如图6-1所示。

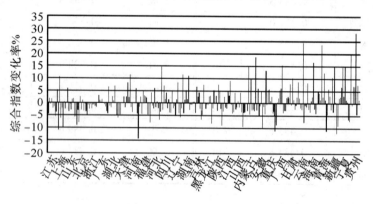

图6-1　2007—2016年各地区农村社会发展综合指数变化率变动情况

由图6-1可知，处于农村社会发展程度第一层次的5个地区，除上海市的农村社会发展程度在研究区间内出现较大幅度变动外，其他4个省份农村社会发展程度变化程度均较小。从综合指数变动方向看，研究区间内该层次的5个地区综合指数变动率负向值明显多于正向值，说明研究区间内该层次省份的综合指数有变小趋势。因此，从第一层次地区综合指数变动幅度及方向可知，研究区间内虽然第一层次省份农村社会发展程度整体相对较高，但农村社会发展程度降低程度较低甚至有增加的趋势。对处于农村社会发展程度第二层次的14个省份来说，各地区综合指数变动率随着农村社会发展程度的增大基本保持稳定，而该指数变动率正负方向值数目基本相当，表明该层次各省份的农村社会发展程度变动幅度呈现往复变动，整体上基本保持稳定的趋势。处于第三、四层次的各省份农村社会发展程度变动幅度较大，且正向变动幅度多于负向变动幅度，表明整体上该层次农村社会发展程度呈现较大幅度的降低趋势。从整个横纵看，随着各地区综合指数值减小，该综合指数变动幅度基本呈现逐渐增大趋势，且正向变动幅度逐渐增多，表明随着农村社会发展程度提高，农村社会发展程度降低的幅度也逐渐增加，农村社会发展程度增加趋势明显。综合分析，农村社会发展程度的变动程度会因农村社会发展程度的不同而呈现不同的变动情形，且不同省份间农村社会发展程度变动程度又存在一定的地区差异。

考虑到地理因素和经济因素对农村社会发展程度的重要影响以及农村社会发展存在的区域差异性，下面采用与第四章相同的区域划分方法，将研究区域划分为东部地区、中部地区、西部地区和东北地区四大经济区，分区域研究农村社会发展程度及其变动趋势。根据上文熵权综合指数的计算方法得到2007—2016年四大经济区农村社会发展程度的综合指数，如表6-4所示。

表6-4　2007—2016年四大经济区农村社会发展程度综合指数

年份	东部	中部	西部	东北
2007	0.515 1	0.400 4	0.295 2	0.410 3
2008	0.527 4	0.436 2	0.304 8	0.428 5
2009	0.505 7	0.426 8	0.312 4	0.426 3
2010	0.514 3	0.424 9	0.319 8	0.416 5
2011	0.510 6	0.430 9	0.342 2	0.417 8
2012	0.514 1	0.433 5	0.348 6	0.423 1

表6-4(续)

年份	东部	中部	西部	东北
2013	0.510 9	0.464 0	0.386 7	0.445 4
2014	0.502 5	0.448 8	0.380 5	0.440 6
2015	0.487 9	0.422 7	0.365 7	0.411 2
2016	0.472 8	0.408 9	0.351 4	0.399 6
均值	0.506 1	0.429 7	0.340 7	0.421 9

由表6-4可知,研究区间内四大经济区农村社会发展综合指数平均值由大到小依次为东部、中部、东北和西部,其均值依次为0.506 1、0.429 7、0.421 9和0.340 7,表明研究区间内东部、中部、东北和西部地区农村社会发展程度依次降低。为较为直观地展现研究区间内四大经济区农村社会发展程度在时间维度上的变动趋势,下面给出2007—2016年四大经济区农村社会发展综合指数变动趋势图,如图6-2所示。

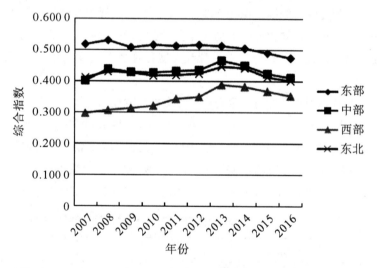

图6-2 2007—2016年四大经济区农村社会发展综合指数变动趋势

图6-2较为直观地展现了研究区间内四大经济区农村社会发展综合指数变动情况。具体来说,东部地区农村社会发展综合指数最大,整体上呈稳中有降的趋势,且在2013年后下降幅度增大,表明在2013年以前东部地区农村社会发展程度基本保持不变,2013年之后农村发展程度逐渐减小。中部和东北地区研究区间内农村社会发展程度变化趋势基本相同,且二者农村社会发展综

合指数值较为接近。从整体上看，中部和东北地区农村社会发展程度呈现先保持稳中小幅上升，2013 年上升幅度突然增大，然后再下降的变动趋势，其值整体上在 0.4 以上。这表明研究区间内中部和东北地区农村社会发展程度有逐渐小幅增加的趋势，且在 2013 年增加幅度最大，但整体上农村社会发展程度保持相对稳定。西部地区农村社会发展综合指数整体呈现上升趋势，且在 2013 年达到区间最大值，之后又逐渐降低至 2012 年的水平。这表明 2013 年以前，西部地区农村社会发展程度一直在稳步增加，且增加幅度有逐渐增大的趋势，这种情况在 2013 年达到区间最大值，即在 2013 年西部地区农村社会发展程度达到区间最大值。但在 2013 年以后，西部地区农村社会发展程度开始逐步变小，并在 2016 年增大至 2012 年的水平。比较四大经济区农村社会发展综合指数变动趋势图可以看出，虽然四大经济区在研究区间内农村社会发展综合指数变动趋势不尽相同，但均在 2013 年以后逐渐降低，即在 2013 年以后我国农村社会发展程度降低，农村加速衰落。

　　综上所述，四大经济区的农村社会发展程度变动趋势在 2013 年之前基本呈现稳步降低的趋势，但在 2013 年后四大经济区农村社会发展程度均不同程度地降低。为探究四大经济区农村社会发展程度在研究区间内的变动幅度以及变动幅度在各区域间的变动趋势，下面给出 2008—2016 年四大经济区农村社会发展综合指数变动率，如表 6-5 所示。

表 6-5　2008—2016 年四大经济区农村社会发展综合指数变化率

单位:%

年份	东部	中部	西部	东北
2008	2.398 3	8.956 8	3.270 0	4.434 2
2009	-4.125 7	-2.165 7	2.467 5	-0.512 4
2010	1.700 6	-0.447 4	2.386 3	-2.288 1
2011	-0.708 1	1.413 0	7.003 4	0.295 1
2012	0.684 8	0.597 5	1.857 7	1.282 5
2013	-0.633 3	7.037 4	10.943 7	5.257 3
2014	-1.644 1	-3.267 7	-1.602 9	-1.077 2
2015	-2.893 3	-5.820 8	-3.887 9	-6.668 3
2016	-3.107 0	-3.251 9	-3.930 8	-2.829 9
均值	-0.925 3	0.339 0	2.056 3	-0.234 1

从表6-5可以看出，根据农村社会发展综合指数变动率平均值由大到小的排列顺序，四大经济区农村社会发展综合指数变动率大小顺序为西部（2.053 6）、中部（0.339 0）、东北（-0.234 1）和东部（-0.925 3），表明平均而言，研究区间内西部和中部地区农村社会发展程度提高，而东北和东部地区农村社会发展程度降低。其中，研究区间内西部地区农村社会发展程度提高幅度最大，而东部地区农村社会发展程度降低幅度最大。为较为直观地表现四大经济区农村社会发展综合指数变动率在不同年份间的变动情形以及四大经济区该变量在不同区域间变动趋势的异同，下面给出2008—2016年该变量的变动情况图，如图6-3所示。

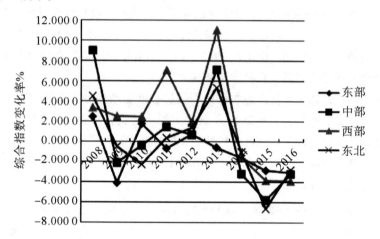

图6-3　2008—2016年四大经济区农村社会发展综合指数变化率变动情况

由图6-3可知，整体上看，东部地区农村社会发展综合指数变化率在2013年以前在正负间转换，且变动幅度逐渐减小，表明2013年以前东部地区农村社会发展程度变动程度逐渐减弱；2013年以后该值一直为负，且幅度增大，表明2013年后农村社会发展综合指数减小，农村社会发展程度降低。中部和东北地区该变量的变动趋势基本一致；而西部地区在2013年以前该变量一直为正，其后为负，表明中部和东北地区的农村发展程度变动程度基本一致，而西部地区的农村社会发展程度在2013年之前一直增加，且变动幅度较大，2013年之后农村社会发展程度逐渐变小。

综上所述，农村社会发展程度在不同时间段和不同区域间呈现不同的变动趋势，因此，在研究区间内开展农村社会发展的非线性变化以及区域间差异性研究尤为重要。对农村社会发展的非线性及区域差异性研究将有助于各地区根据各自发展状况和特征采取提高农村社会发展的措施，同时为区域间加强合作，实现农村社会整体健康发展提供一定的借鉴。

第三节 农业生态资本投资对农村社会影响的线性效应与非线性效应

上节分析结果表明农村社会发展存在多维性，且农村社会发展程度具有非线性变化的特征。因此，本节将在非线性框架下检验农业生态资本投资对农村社会发展的影响，以探究农业生态资本投资对农村社会发展可能存在的非线性作用。

一、PSTR 实证模型构建

由第二章中农业生态资本投资的社会效应实现机理和第三章中 PSTR 模型的构建方法，构建农业生态资本主动型投资和被动型投资对农村社会发展的非线性作用模型，具体形式为

$$\mathrm{SP}_{it} = \beta_{00}\,\mathrm{AI}_{it} + \beta_{10}\,\mathrm{PI}_{it} + \beta_{20}\,\mathrm{EPI}_{it} + \beta_{30}\,\mathrm{FAI}_{it} +$$

$$\sum_{k=1}^{r}(\beta_{0k}\,\mathrm{AI}_{it} + \beta_{1k}\,\mathrm{PI}_{it} + \beta_{2k}\,\mathrm{EPI}_{it} + \beta_{3k}\,\mathrm{FAI}_{it})\,h_k(q_{it};\,\gamma_k,\,c_k) + \mu_i + \varepsilon_{it}$$

$$(6-1)$$

其中，被解释变量 SP_{it} 代表农村社会发展程度，由指标体系内容和各指标权重大小，分别从农村人口与生活、教育与文化、医疗与社会保障三个大的方面来考察。用人口自然增长率（ NGR_{it} ）和每百人移动电话拥有量（ MPO_{it} ）分别反映农村人口与生活状况；用农村劳动力人均受教育程度（ EDY_{it} ）反映农村教育与文化水平；用每千农业人口乡镇卫生院床位数（ BTH_{it} ）和自然灾害救济费（ NDRF_{it} ）分别反映农村医疗与社会保障情况。当农业生态资本主动型投资（ AI_{it} ）为转换变量 q_{it} 时，对应非线性模型分别记为 NGR-AI、MPO-AI、EDY-AI、BTH-AI 和 NDRF-AI，考察农业生态资本主动型投资对农村社会发展的非线性影响；当农业生态资本被动型投资（ PI_{it} ）为转换变量 q_{it} 时，对应非线性模型分别记为 NGR-PI、MPO-PI、EDY-PI、BTH-PI 和 NDRF-PI，考察农业生态资本被动型投资对农村社会发展的非线性影响。

二、指标选取与数据来源

（1）被解释变量。农村社会发展分别从农村人口与生活、教育与文化、

医疗与社会保障三大方面考察，具体的指标分别为人口自然增长率（NGR_{it}）、每百人移动电话拥有量（MPO_{it}）、农村劳动力人均受教育程度（EDY_{it}）、每千农业人口乡镇卫生院床位数（BTH_{it}）和自然灾害救济费（$NDRF_{it}$）。其中农村劳动力人均受教育程度计算公式为：农村不识字或很少识字人数比重×1+小学程度人数比重×6+初中程度人数比重×9+高中程度（包括中专程度）人数比重×12+大专以上人数比重×16。数据来源于 EPS 数据库、各年份的《中国农村统计年鉴》《中国城乡建设统计年鉴》《中国人口和就业统计年鉴》以及《中国统计年鉴》。

（2）核心解释变量与转换变量。与第三章中的处理方法相同，农业生态资本主动型投资（AI_{it}）和被动型投资（PI_{it}）既作为核心解释变量又作为转换变量。即当农业生态资本主动型投资（AI_{it}）为核心解释变量和转换变量时，农业生态资本被动型投资（PI_{it}）作为解释变量。当农业生态资本被动型投资（PI_{it}）作为核心解释变量和转换变量时，农业生态资本主动型投资（AI_{it}）作为解释变量。数据同样来源于 EPS 数据库和《中国农村统计年鉴》。

（3）控制变量。选取第一产业从业人数（EPI_{it}）和农户固定资产投资（FAI_{it}）作为控制变量。数据来源于 EPS 数据库和《中国农村统计年鉴》。

由于西藏地区数据缺失严重，故选取 2007—2016 年除西藏外的 30 个省级行政区作为研究对象，部分指标的缺失数据采用移动平均法进行补齐。同样采用均值法消除变量量纲和数量级，采用取对数法消除数据可能存在的共线性和异方差，保证数据的可比性和平稳性。所有数据均采用 stata14.1 软件进行处理。

三、实证结果与分析

在使用 PSTR 模型进行分析前，首先需要对模型设定的正确性进行检验，以判定模型设定的合理性。和前文的分析思路相同，首先进行模型的线性效应检验，以判定模型是否存在线性效应，检验结果如表 6-6 所示。

表 6-6 线性效应检验

位置参数	m=1 原假设: H0: r=0 备择假设: H1: r=1			m=2 原假设: H0: r=0 备择假设: H1: r=1			m=3 原假设: H0: r=0 备择假设: H1: r=1		
假设检验 模型	LM	LMF	LRT	LM	LMF	LRT	LM	LMF	LRT
NGR-AI	4.371 7 (0.358 0)	0.983 4 (0.417 0)	4.403 8 (0.354 1)	21.587 5 (0.005 7)	2.539 4 (0.011 2)	22.403 6 (0.004 2)	72.007 2 (0.000 0)	6.790 4 (0.000 1)	82.340 5 (0.000 2)
MPO-AI	18.487 7 (0.001 0)	4.367 2 (0.001 9)	19.081 9 (0.000 8)	33.326 5 (0.000 1)	4.092 8 (0.000 1)	35.327 2 (0.000 0)	41.867 0 (0.000 0)	3.487 1 (0.000 1)	45.092 3 (0.000 0)
EDY-AI	19.021 2 (0.000 0)	4.501 8 (0.000 0)	19.650 9 (0.000 0)	56.821 1 (0.000 0)	7.652 4 (0.000 0)	62.995 5 (0.000 0)	102.668 9 (0.000 0)	11.186 2 (0.000 0)	125.669 8 (0.000 0)
BTH-AI	46.873 9 (0.000 0)	12.314 5 (0.000 0)	50.968 4 (0.000 0)	55.770 9 (0.000 0)	7.478 6 (0.000 0)	61.702 7 (0.000 0)	125.130 7 (0.000 0)	15.384 7 (0.000 0)	161.923 0 (0.000 0)
NDRF-AI	55.489 7 (0.000 0)	15.091 6 (0.000 0)	61.357 5 (0.000 0)	111.140 3 (0.000 0)	19.272 7 (0.000 0)	138.833 4 (0.000 0)	123.661 6 (0.000 0)	15.077 4 (0.000 0)	159.413 2 (0.000 0)
NGR-PI	11.694 4 (0.019 8)	2.697 4 (0.031 2)	11.928 5 (0.017 9)	12.279 3 (0.139 2)	1.397 7 (0.197 5)	12.537 7 (0.128 8)	20.917 5 (0.051 6)	1.611 4 (0.088 4)	21.682 5 (0.041 2)

表6-6（续）

位置参数	m=1			m=2			m=3		
假设检验	原假设: H0: r=0 备择假设: H1: r=1			原假设: H0: r=0 备择假设: H1: r=1			原假设: H0: r=0 备择假设: H1: r=1		
模型	LM	LMF	LRT	LM	LMF	LRT	LM	LMF	LRT
MPO-PI	29.432 3 (0.000 0)	7.233 9 (0.000 0)	30.978 0 (0.000 0)	46.823 8 (0.000 0)	6.057 0 (0.000 0)	50.909 0 (0.000 0)	57.268 2 (0.000 0)	5.072 5 (0.000 0)	63.547 6 (0.000 0)
EDY-PI	43.577 2 (0.000 0)	11.301 2 (0.000 0)	47.086 4 (0.000 0)	64.604 6 (0.000 0)	8.988 3 (0.000 0)	72.754 8 (0.000 0)	77.629 1 (0.000 0)	7.505 6 (0.000 0)	89.830 7 (0.000 0)
BTH-PI	40.570 8 (0.000 0)	10.399 6 (0.000 0)	43.589 6 (0.000 0)	79.161 1 (0.000 0)	11.739 4 (0.000 0)	91.904 7 (0.000 0)	95.105 7 (0.000 0)	9.979 6 (0.000 0)	114.386 5 (0.000 0)
NDRF-PI	59.470 4 (0.000 0)	16.442 (0.000 0)	66.281 8 (0.000 0)	65.396 9 (0.000 0)	9.129 2 (0.000 0)	73.766 2 (0.000 0)	87.749 7 (0.000 0)	8.888 6 (0.000 0)	103.804 8 (0.000 0)

注：括号中为对应的 P 值，下同。

需要说明的是，限于篇幅的原因，本书只给出位置参数个数最大为3时各个模型的线性效应检验。由表6-6检验结果可知，模型NGR-AI在位置参数个数$m=1$时在10%的显著性水平上不能拒绝原假设，因此，此时该模型不存在非线性效应。模型NGR-PI在位置参数个数$m=2$时所有检验统计量在5%的显著性水平上均不能拒绝原假设，此时该模型不存在非线性效应。在其他情形下，所有模型均拒绝原假设，模型存在非线性效应，面板数据的异质性明显。为考察不同位置参数情况下所有模型的非线性结构，下面分别就农业生态资本主动型投资（AI_{it}）和被动型投资（PI_{it}）为转换变量时模型的剩余非线性进行检验。首先对农业生态资本主动型投资（AI_{it}）为转换变量时的剩余非线性进行检验，检验结果如表6-7所示。

表6-7　剩余非线性检验与位置参数个数检验

模型	位置参数个数	原假设：H0: $r=1$ 备择假设：H1: $r=2$			原假设：H0: $r=2$ 备择假设：H1: $r=3$			判定准则	
		LM	LMF	LRT	LM	LMF	LRT	AIC	BIC
NGR-AI	1	13.165 4 (0.010 5)	2.960 5 (0.020 4)	13.463 1 (0.009 2)	13.164 3 (0.010 5)	2.914 3 (0.022 0)	13.461 9 (0.009 2)	-1.106 0	-0.908 4
	2	24.501 7 (0.001 9)	2.823 7 (0.005 1)	25.560 3 (0.001 2)	11.193 1 (0.191 0)	1.211 1 (0.292 8)	11.407 3 (0.179 7)	-1.188 5	-0.966 3
	3	29.414 1 (0.003 4)	2.264 7 (0.009 7)	30.957 9 (0.002 0)	15.712 8 (0.204 7)	1.133 1 (0.333 7)	16.139 3 (0.184 9)	-1.227 2	-0.980 2
	4	32.732 8 (0.008 0)	1.883 0 (0.022 5)	34.660 0 (0.004 4)	14.543 4 (0.558 3)	0.770 6 (0.718 2)	14.907 7 (0.531 4)	-1.249 2	-0.977 6
MPO-AI	1	21.765 0 (0.000 2)	5.045 5 (0.000 6)	22.594 9 (0.000 2)	2.543 3 (0.636 9)	0.542 9 (0.704 3)	2.554 2 (0.635 0)	-3.559 6	-3.362 1
	2	11.768 0 (0.161 9)	1.296 3 (0.245 7)	12.005 0 (0.151 0)				-3.524 9	-3.389 1
	3	31.382 7 (0.001 7)	2.434 0 (0.005 2)	33.148 4 (0.000 9)	11.437 7 (0.491 8)	0.812 6 (0.637 4)	11.661 4 (0.473 2)	-3.572 6	-3.325 7

表6-7(续)

模型	位置参数个数	原假设：H0: r=1 备择假设：H1: r=2			原假设：H0: r=2 备择假设：H1: r=3			判定准则	
		LM	LMF	LRT	LM	LMF	LRT	AIC	BIC
EDY-AI	1	44.6416 (0.0000)	11.2759 (0.0000)	48.3344 (0.0000)	9.6792 (0.0462)	2.1171 (0.0792)	9.8388 (0.0432)	-5.5625	-5.3650
	2	42.4525 (0.0000)	5.2335 (0.0000)	45.7734 (0.0000)	18.9874 (0.0149)	2.1115 (0.0353)	19.6149 (0.0119)	-5.7204	-5.4981
	3	40.843 (0.0001)	3.2833 (0.0002)	43.9046 (0.0000)	17.2247 (0.1413)	1.2487 (0.2504)	17.7390 (0.1238)	-5.7920	-5.5450
	4	49.3875 (0.0000)	3.0299 (0.0001)	53.9623 (0.0000)	15.5325 (0.4860)	0.8259 (0.6556)	15.9490 (0.4565)	-5.8644	-5.5928
	5	113.7044 (0.0000)	7.3852 (0.0001)	142.9344 (0.0000)	20.0981 (0.4518)	0.8545 (0.6452)	20.8030 (0.4088)	-5.8048	-5.5085
BTH-AI	1	18.5521 (0.0010)	4.2516 (0.0024)	19.1506 (0.0007)	14.8548 (0.0050)	3.3081 (0.0115)	15.2352 (0.0042)	-3.0504	-2.6307
	2	35.4370 (0.0000)	4.2528 (0.0001)	37.7109 (0.0000)	24.1708 (0.0021)	2.7384 (0.0065)	25.2001 (0.0014)	-2.8176	-2.5090
NDRF-AI	1	45.2544 (0.0000)	11.4581 (0.0000)	49.0551 (0.0000)	19.9904 (0.0005)	4.5334 (0.0015)	20.6876 (0.0004)	-0.9655	-0.6939
	2	44.1107 (0.0000)	5.4731 (0.0000)	47.7112 (0.0000)	2.5107 (0.9612)	0.2637 (0.9769)	2.5213 (0.9607)	-0.9553	-0.7331
	3	59.8773 (0.0000)	5.1950 (0.0000)	66.7898 (0.0000)	44.9579 (0.0000)	3.6137 (0.0001)	48.7062 (0.0000)	-0.8842	-0.5385

模型	位置参数个数	原假设：H0: r=3 备择假设：H1: r=4			原假设：H0: r=4 备择假设：H1: r=5			判定准则	
		LM	LMF	LRT	LM	LMF	LRT	AIC	BIC
BTH-AI	1	19.9506 (0.0005) (0.0033)	4.4525 (0.0017) (0.0107)	20.6449 (0.0004) (0.0023)	23.1528 (0.0001)	5.1433 (0.0005)	24.0950 (0.0001)	-3.0504	-2.6307
NDRF-AI	1	2.9720 (0.5625)	0.6254 (0.6448)	2.9868 (0.5600)				-0.9655	-0.6939
	3	21.5341 (0.0431)	1.5595 (0.1042)	22.3460 (0.0338)				-0.8842	-0.5385

由表6-7可知，对模型 NGR-AI 而言，AIC 值随着位置参数个数增加而递减，不能判断最佳位置参数个数；而位置参数个数 $m=3$ 时的 BIC 值小于 $m=4$ 时值，因此，据 BIC 判定准则该模型最佳的位置参数个数为 $m=3$。在 $m=3$ 时，易得到转换函数个数 $r=2$，该模型存在非线性剩余。对模型 MPO-AI 来

说，由于本书界定当 AIC 准则和 BIC 准则出现不一致时以 BIC 准则为基本依据，因此，因位置参数个数 $m=2$ 时 BIC 值小于 $m=3$ 时值，据此确定该模型最佳的位置参数个数为 $m=2$。当 $m=2$ 时，由于不能拒绝 $r=1$ 的原假设，确定该模型转换函数个数为 $r=1$，此时 PSTR 模型简化为简单的 PTR 模型，因此该模型不存在非线性剩余。对模型 EDY-AI 来说，由于 $m=4$ 时的 AIC 值和 BIC 值均小于 $m=5$ 时的二者值，因此确定该模型的最佳位置参数个数为 $m=4$。当 $m=4$ 时，易得到最优的转换函数个数 $r=2$，因此该模型存在非线性剩余。对模型 BTH-AI 来说，由于 $m=1$ 时的 AIC 和 BIC 值均小于 $m=2$ 时二者的值，因此确定最佳位置参数个数为 $m=1$。需要指出的是，考虑到表格空间的有限性和美观性，并未报告 $m=1$ 时原假设转换函数个数 $r=5$ 和被择假设 $r=6$ 的检验统计量结果，具体检验结果为：LM=3.0508（0.5494）、LMF=0.6216（0.6475）、LRT=3.0664（0.5468），括号中为对应的 P 值。可知当 $m=1$ 时，最优转换函数个数 $r=5$。对模型 NDRF-AI 来说，由于 $m=2$ 时 BIC 值小于 $m=3$ 时值，因此确定最佳位置参数个数 $m=2$。当 $m=2$ 时，易得最优转换函数个数 $r=2$，该模型存在非线性剩余。

下面对农业生态资本被动型投资（PI_{it}）为转换变量时的剩余非线性进行检验，检验结果如表 6-8 所示。

表 6-8　剩余非线性检验与位置参数个数检验

模型	位置参数个数	原假设：H0：$r=1$ 备择假设：H1：$r=2$			原假设：H0：$r=2$ 备择假设：H1：$r=3$			判定准则	
		LM	LMF	LRT	LM	LMF	LRT	AIC	BIC
NGR-PI	1	6.3504 (0.1745)	1.3949 (0.2361)	6.4186 (0.1700)				-1.0509	-0.9274
	2	14.0003 (0.0818)	1.5542 (0.1391)	14.3375 (0.0734)				-1.0864	-0.9506
	3	21.4704 (0.0439)	1.6059 (0.0902)	22.2774 (0.0345)				-1.1246	-0.9764
	4	23.6958 (0.0964)	1.3186 (0.1859)	24.6841 (0.0756)				-1.0640	-0.9035
MPO-PI	1	12.1723 (0.0161)	2.7277 (0.0298)	12.4261 (0.0144)				-3.5036	-3.3801
	2	26.2689 (0.0009)	3.0469 (0.0027)	27.4909 (0.0006)	9.1878 (0.3267)	0.9873 (0.4464)	9.3314 (0.3151)	-3.5648	-3.3426
	3	38.5999 (0.0001)	3.0764 (0.0004)	41.3191 (0.0000)	18.5009 (0.1013)	1.3473 (0.1924)	19.0960 (0.0862)	-3.5131	-3.2661

表6-8(续)

模型	位置参数个数	原假设：H0：$r=1$ 备择假设：H1：$r=2$			原假设：H0：$r=2$ 备择假设：H1：$r=3$			判定准则	
		LM	LMF	LRT	LM	LMF	LRT	AIC	BIC
EDY-PI	1	17.333 6 (0.001 7)	3.955 3 (0.003 9)	17.854 6 (0.001 3)	2.290 3 (0.682 5)	0.488 5 (0.744 2)	2.299 1 (0.680 9)	-5.395 3	-5.197 8
	2	26.210 8 (0.001 0)	3.039 5 (0.002 8)	27.427 2 (0.000 6)	1.592 1 (0.991 1)	0.166 7 (0.995 0)	1.596 4 (0.991 0)	-5.343 9	-5.121 7
BTH-PI	1	28.875 1 (0.000 0)	6.869 3 (0.000 0)	30.360 9 (0.000 0)	16.854 8 (0.002 1)	3.780 0 (0.005 3)	17.346 8 (0.001 7)	-2.901 4	-2.629 8
	2	42.265 4 (0.000 0)	5.206 6 (0.000 0)	45.555 6 (0.000 0)	13.540 3 (0.094 6)	1.477 1 (0.165 9)	13.855 4 (0.085 6)	-2.828 6	-2.606 3
NDRF-PI	1	1.655 3 (0.798 8)	0.357 9 (0.838 4)	1.659 9 (0.798 0)				-0.654 4	-0.530 9
	2	31.530 3 (0.000 1)	3.728 9 (0.000 4)	33.313 3 (0.000 1)	3.337 7 (0.911 4)	0.351 6 (0.944 5)	3.356 4 (0.910 0)	-0.709 3	-0.450 0
	3	36.058 3 (0.000 3)	2.846 1 (0.001 1)	38.416 3 (0.000 1)	19.312 2 (0.081 3)	1.410 5 (0.161 3)	19.961 9 (0.067 8)	-0.767 3	-0.520 4

从表6-8可以看出，对于模型 NGR-PI 来说，由于位置参数个数 $m=3$ 时的 AIC 和 BIC 值均小于 $m=4$ 时的二者值，因此确定最佳位置参数个数 $m=3$。当 $m=3$ 时，根据最优判定准则 LMF 统计量，不能在5%水平上拒绝原假设，因此，最优转换函数个数 $r=1$。此时，该模型简化为 PTR 模型，不具有非线性剩余。对模型 MPO-PI 来说，由于 $m=2$ 时的 AIC 和 BIC 值均小于 $m=3$ 时二者值，确定最佳位置参数个数 $m=2$。当 $m=2$ 时，易得最优转换函数个数 $r=2$，该模型具有非线性剩余。对模型 EDY-PI 来说，由于 $m=1$ 时 AIC 和 BIC 值均小于 $m=2$ 时二者值，确定最佳位置参数个数 $m=1$；在 $m=1$ 时，易得最优转换函数个数 $r=2$，该模型具有非线性剩余。同理，对模型 BTH-PI 来说最优位置参数个数 $m=1$。需要指出的是由于表格空间的有限性，表格中未给出 $m=1$ 时，转换函数个数 $r=3$ 与 $r=4$ 的相关检验。具体检验结果为：LM = 2.162 9（0.705 8）、LMF = 0.453 9（0.769 5）、LRT = 2.170 7（0.704 4），括号中为对应的 P 值，可知最优转换函数个数为 $r=3$。因此，该模型具有非线性剩余。对模型 NDRF-PI 来说，由于 $m=1$ 时 BIC 值小于 $m=2$ 时值，因此据 BIC 准则判定最优位置参数个数为 $m=1$。当 $m=1$ 时，易得最优转换函数个数 $r=1$，该模型不具有非线性剩余。

综上所述，表6-7和表6-8分别呈现农业生态资本主动型投资和被动型投资分别为转换变量时各个模型对应的位置参数以及存在的剩余非线性效应。为直观展现以上两个表格中确定的各个模型的最优位置参数个数和最优转换函数个数，下面给出以上检验的汇总结果，如表 6-9 所示。

表 6-9　最优位置参数个数与转换函数个数汇总

模型	位置参数个数 m	转换函数个数 r
NGR-AI	3	2
MPO-AI	2	1
EDY-AI	4	2
BTH-AI	1	5
NDRF-AI	2	2
NGR-PI	3	1
MPO-PI	2	2
EDY-PI	1	2
BTH-PI	1	3
NDRF-PI	1	1

　　下面根据评级指标体系的二级指标分类，分三部分分析农业生态资本投资的非线性社会效应。首先对人口与生活评价指标部分非线性模型的估计结果进行分析，估计结果如表 6-10 所示。

表 6-10　人口与生活非线性模型估计结果

模型	变量	系数	NGR-AI	NGR-PI	MPO-AI	MPO-PI
线性部分参数估计	LnAI	β_{00}	$-1.735\,6^{***}$ $(-5.339\,3)$	$-0.420\,9^{***}$ $(-4.366\,0)$	$-0.162\,8$ $(-1.376\,2)$	$-0.229\,0^{***}$ $(-3.014\,3)$
	LnPI	β_{10}	$-0.148\,2$ $(-0.966\,4)$	$0.017\,1$ $(0.305\,6)$	$0.141\,4^{***}$ $(3.770\,5)$	$-0.199\,1^{***}$ $(-3.449\,9)$
	LnEPI	β_{20}	$0.582\,3^{**}$ $(2.439\,4)$	$0.078\,9$ $(1.140\,8)$	$-0.312\,6^{***}$ $(-3.215\,6)$	$-0.048\,5$ $(-0.948\,8)$
	LnFAI	β_{30}	$0.716\,9^{***}$ $(2.604\,0)$	$0.105\,7^{**}$ $(2.351\,0)$	$0.108\,9^{**}$ $(2.178\,3)$	$0.156\,8^{***}$ $(3.535\,5)$

表6-10(续)

模型	变量	系数	NGR–AI	NGR–PI	MPO–AI	MPO–PI
第一个转换函数非线性部分参数估计	LnAI	β_{01}	2.184 2 *** (3.929 6)	−2.080 5 *** (−3.962 5)	0.279 4 * (1.906 0)	−0.010 5 (−0.110 2)
	LnPI	β_{11}	0.417 7 ** (2.191 6)	0.012 8 (0.082 4)	−0.232 6 *** (−4.906 4)	−0.069 6 * (−1.780 6)
	LnEPI	β_{21}	−1.439 9 *** (−4.752 4)	0.487 9 * (1.694 9)	0.233 0 ** (2.004 4)	0.440 2 *** (6.083 1)
	LnFAI	β_{31}	−0.898 9 *** (−3.811 3)	0.814 4 *** (4.562 6)	0.027 2 (0.420 5)	−0.229 5 *** (−3.839 3)
平滑参数		γ_1	34.352 3	25.452 8	15.458 9	2.341 2
位置参数		C_1	−1.122 6	−1.226 3	−0.367 6	−2.605 4
		C_2	0.097 6	−0.300 4	−1.120 5	0.336 6
		C_3	0.204 2	0.764 3		
第二个转换函数非线性部分参数估计	LnAI	β_{02}	−0.539 3 (−1.057 7)			0.545 7 *** (5.675 7)
	LnPI	β_{12}	−0.139 0 (−1.141 5)			0.147 7 ** (2.565 5)
	LnEPI	β_{22}	0.679 0 *** (2.623 2)			−0.304 0 *** (−4.133 0)
	LnFAI	β_{32}	0.393 1 * (1.667 2)			0.032 1 (0.497 6)
平滑参数		γ_2	49.799 4			15.877 3
位置参数		C_4	−0.806 6			−0.698 9
		C_5	0.421 9			0.289 5
		C_6	0.591 6			

（一）关于人口方面的非线性模型估计结果

1. 从核心解释变量看

（1）当农业生态资本主动型投资为转换变量时，该解释变量线性部分系

数 $\beta_{00}<0$，且显著；非线性部分系数 $\beta_{01}>0$，且显著，而 $\beta_{02}<0$ 不显著。这表明在农业生态资本主动型投资水平较低时将显著抑制（$\beta_{00}<0$）人口增长，而随着农业生态资本主动型投资提高到一定水平，该抑制作用减弱（$\beta_{01}>0$）并转变为显著的促进作用（$\beta_{00}+\beta_{01}>0$），将促进人口增长率增加；而当农业生态资本投资继续增加时，对人口增长不会有显著影响。农业生态资本主动型投资的门限值分别为 138.225 6（$e^{-1.122\,6}*424.727\,9$）、468.285 7（$e^{0.097\,6}*424.727\,9$）和 520.938 0（$e^{0.204\,2}*424.727\,9$），农业生态资本主动型投资水平在趋于或跨越以上三个门限值时，将显著促进人口增长率增加。而此时该转换函数的平滑参数 γ_1 为 34.352 3，数值较大，表明在以上三个门限值前后，农业生态资本主动型投资对人口增长率的促进作用将发生较快变化。农业生态资本被动型投资在农业生态资本主动型投资水平较低时对人口增长率无显著影响，当农业生态资本主动型投资水平在门限值 138.225 6、468.285 7 和 520.938 0 前后时，农业生态资本被动型投资对人口增长率将产生显著的促进作用（$\beta_{11}>0$）。需要指出的是，人口增长率作为衡量农村社会发展的逆向指标，该指标值的增加意味着农村社会发展程度的降低。因此，由以上分析可知，在其他条件不变的情况下，农业生态资本主动型投资水平较低时，农业和农村经济发展水平较低，不利于人口大幅增长，从人口增长方面看将有利于提高农村社会发展水平；而当农业生态资本主动型投资和被动型投资提高到较高水平时，农业和农村经济得到一定程度发展，人口具备较好的经济和社会基础，将促使人口出现快速增长，但此时不利于提高农业社会发展程度。

（2）当农业生态资本被动型投资为转换变量时，农业生态资本被动型投资的线性部分系数 $\beta_{10}>0$ 和非线性部分系数 $\beta_{11}>0$ 均不显著。这表明在其他条件不变的情况下，农业生态资本被动型投资在统计上不会对农村社会发展产生显著影响，反映出现阶段治理农业污染无益于农村社会发展水平的改善。农业生态资本主动型投资随着农业生态资本被动型投资水平的提高，其对农村社会发展的抑制作用增强（$\beta_{00}<0$，$\beta_{01}<0$，$\beta_{00}+\beta_{01}<0$）。当农业生态资本被动型投资跨越门限值 1.355 4（$e^{-1.226\,3}*4.620\,2$）、3.421 3（$e^{-0.300\,4}*4.620\,2$）和 9.922 1（$e^{0.764\,3}*4.620\,2$），农业生态资本主动型投资对农村社会发展的抑制作用将发生较快变化（γ_1 值较大）。因此，随着农业生态资本被动型投资水平处于以上三个门限值前后，农业生态资本主动型投资社会效应增大。

综述分析可知，在其他条件不变的情况下，农业生态资本主动型投资在处于较低水平时，将有利于提高人口增长率反映农村社会发展程度；随着农业生态资本主动型投资在其门限值 138.225 6、468.285 7 和 520.938 0 前后，该变量将显著降低农村社会发展程度。而农业生态资本被动型投资对农村社会发展程度无明显影响。

2. 从控制变量看

（1）当农业生态资本主动型投资为转换变量时，第一产业从业人数对农村社会发展的影响为显著的促进作用（$\beta_{20}>0$），且随着农业生态资本主动型投资水平跨越门限值 138.225 6、468.285 7 和 520.938 0，该促进作用减弱（$\beta_{21}<0$），且转变为抑制作用（$\beta_{20}+\beta_{21}<0$）。但当农业生态资本主动型投资水平跨越门限值 189.592 1（$e^{-0.806\,6} * 424.727\,9$）、647.679 3（$e^{0.421\,9} * 424.727\,9$）和 767.450 3（$e^{0.591\,6} * 424.727\,9$），该抑制作用减弱（$\beta_{20}+\beta_{21}<\beta_{20}+\beta_{21}+\beta_{22}<0$）。这表明在农业生态资本主动型投资水平较低时，第一产业从业人数的增加会提高农村社会发展程度，当农业生态资本主动型投资水平提高到以上门限值附近时，第一产业从业人数的增加会在一定程度上降低农村社会发展程度。但整体上看，第一产业从业人数的增加会增加农村社会发展程度。农户固定资产投资在农业生态资本投资水平较低时，对农村社会发展具有显著的促进作用（$\beta_{30}>0$）；当农业生态资本主动型投资在其门限值 138.225 6、468.285 7 和 520.938 0 前后时，该促进作用减弱（$\beta_{31}<0$）并转变为抑制作用（$\beta_{30}+\beta_{31}<0$）；当农业生态资本主动型投资在其门限值 189.592 1、647.679 3 和 767.450 3 前后，该抑制作用减弱（$\beta_{32}>0$）且转变为促进作用（$\beta_{30}+\beta_{31}+\beta_{32}>0$）。这表明在农业生态资本主动型投资水平较低时，增加农户固定资产投资会使农村社会发展程度增加；当农业生态资本主动型投资水平在其门限值 138.225 6、468.285 7 和 520.938 0 前后时，增加农户固定资产投资会显著降低农村社会发展程度；当农业生态资本主动型投资其门限值 189.592 1、647.679 3 和 767.450 3 前后时，再继续增加农户固定资产投资会使农村社会发展程度增加。

（2）当农业生态资本被动型投资为转换变量时，第一产业从业人数只在农业生态资本被动型投资处于其门限值 1.355 4、3.421 3 和 9.922 1 前后时，第一产业从业人数增加将显著增加（$\beta_{21}>0$）农村社会发展程度。农户固定资产投资始终对农村社会发展起到显著的促进作用（$\beta_{30}>0$，$\beta_{31}>0$），且随着农业生态资本被动型投资水平增加，该促进作用增强（$\beta_{30}+\beta_{31}>\beta_{30}>0$）。反映出在其他条件不变的情况下，随着农业生态资本被动型投资增加，第一产业从业人数和农户固定资产投资增加都将提高农村社会发展程度。

（二）关于生活方面的非线性模型估计结果

1. 从核心解释变量看

（1）当农业生态资本主动型投资为转换变量时，该变量在低水平情况下统计上不会对农村生活方面产生显著影响；当该变量跨越其门限值 138.507 3（$e^{-1.120\,5} * 424.727\,9$）和 294.083 7（$e^{-0.367\,6} * 424.727\,9$），才对农村生活水平产生显著的促进作用（$\beta_{01}>0$），即显著促进农村生活水平的提高，对农村社会发展程度具有明显的提高作用。农业生态资本主动投资增加，促使农业生产能力得到提高，而通过农业生产能力的提高最终促进农村整体生活条件的改善，需要农业生态资本主动型投资的不断投资积累。较小的平滑参数 γ 同样表明农业生态资本主动型投资对农村社会产生作用是长期积累的结果。当农业生态资本主动型投资水平较低时，农业生态资本被动型投资对农村生活水平的影响为显著的促进作用（$\beta_{10}>0$），随着农业生态资本主动型投资增加并处于门限值 138.507 3 和 294.083 7 附近，该促进作用减弱（$\beta_{11}<0$）并转变为显著的抑制作用（$\beta_{01}+\beta_{11}<0$）。这表明随着农业生态资本主动型投资的增加，农业生态资本被动型投资由降低农村社会发展程度的作用转变为增加作用。农业生态资本主动型投资水平较低时，农业生态资本被动型投资与其形成合力作用，共同作用提高农村社会发展水平。

（2）当农业生态资本被动型投资为转换变量时，该变量对农村社会发展程度的影响为显著的抑制作用（$\beta_{10}<0$）；随着农业生态资本被动型投资跨越门限值 0.341 3（$e^{-2.605\,4} * 4.620\,2$）和 6.469 0（$e^{0.336\,6} * 4.620\,2$），该抑制作用增强（$\beta_{11}<0$）；当农业生态资本被动型投资跨越门限值 2.296 9（$e^{-0.698\,9} * 4.620\,2$）和 6.171 4（$e^{0.289\,5} * 4.620\,2$），该抑制作用减弱（$\beta_{12}>0$）。这表明在其他条件不变的情况下，农业生态资本被动型投资水平在低于 0.341 3 时，增加该变量值会降低农村生活水平，不利于农村社会发展程度提高；当农业生态资本被动型投资水平增加至 2.296 9 和 6.171 4 前后时，该变量将有助于提高农村社会发展程度；当农业生态资本被动型投资继续增加到 6.469 0 前后时，将不利于农村社会发展程度的提高。且在门限值附近农业生态资本被动型投资对农村社会产生的作用变化较为平缓（γ_1、γ_2 值较小），表明农业生态资本被动型投资对农村社会产生的作用是其长期投资作用积累形成的。在其他条件不变的情况下，单纯增加农业生态资本被动型投资，即加大农业污染治理，在农业发展水平低、农民收入低和农村经济发展水平低，传统粗放型生产方式盛行的情形下，增加农业污染治理无疑会成为降低农村社会发展的拦路石。只有在农业、农民和农村具备一定发展水平和能力的条件下，农业污染的治理才在一定程度上会使农村社会发展程度提高。当农业生态资本被动型投资水平较低时，农业生态资本主动型投资将显著抑制农村社会发展程度（$\beta_{00}<0$）；当农业生态资本被动型投资处于门限值 2.296 9 和 6.171 4 前后时，农业生态资本主动型投资

对农村社会发展的抑制作用将减弱（$\beta_{12}>0$）并转变为显著的促进作用（$\beta_{00}+\beta_{12}>0$）。这表明农业生态资本被动型投资在此投资水平附近能显著提高农村生活水平，显著提高农村社会发展程度。

综合上述分析可知，农业生态资本主动型投资处于较高投资水平 138.507 3 和 294.083 7 前后时会明显提高农村社会发展程度，而这种提高作用是农业生态资本长期投资不断累积的结果。农业生态资本被动型投资只在 2.296 9 和 6.171 4 值前后对农村社会发展产生显著的提高作用，在其他投资水平时将显著抑制农村社会发展程度的提高。同样农业生态资本被动型投资对农村社会发展的作用是其长期缓慢累积作用的结果。

2. 从控制变量看

在农业生态资本被动型投资处于其门限值 0.341 3 和 6.469 0 前后时，第一产业从业人数的增加将显著提高农村生活水平，提高农村社会发展程度（$\beta_{21}>0$）；当农业生态资本被动型投资处于其门限值 2.296 9 和 6.171 4 前后时，第一产业从业人数对农村社会发展的促进作用将减弱（$\beta_{22}<0$，$\beta_{21}+\beta_{22}>0$）。当农业生态资本被动型投资水平低于 0.341 3 时，农户固定资产投资增加会改善农村生活状况，提高农村社会发展程度（$\beta_{30}>0$）；而当农业生态资本被动型投资水平跨越该门限值和在门限值 6.469 0 前后时，该提高社会作用减弱（$\beta_{31}<0$）并转变为阻碍作用（$\beta_{30}+\beta_{31}<0$）。

（三）对教育与文化的非线性模型估计结果进行分析

该模型估计结果如表 6-11 所示。

表 6-11 教育与文化非线性模型估计结果

模型	变量	系数	EDY-AI	EDY-PI
线性部分参数估计	LnAI	β_{00}	0.096 2 * (1.745 2)	2 203 499.069 8 (0.000 0)
	LnPI	β_{10}	0.056 8 *** (3.198 1)	1 115 607.541 5 *** ($+\infty$)
	LnEPI	β_{20}	0.105 8 ** (2.256 5)	-1 886 713.222 8 (0.000 0)
	LnFAI	β_{30}	-0.071 3 ** (-2.558 5)	-163 653.492 3 (0.000 0)

表6-11（续）

模型	变量	系数	EDY-AI	EDY-PI
第一个转换函数非线性部分参数估计	LnAI	β_{01}	-0.086 0 (-1.476 2)	-0.050 0 (0.000 0)
	LnPI	β_{11}	-0.056 0** (-2.575 9)	0.030 0 (0.000 0)
	LnEPI	β_{21}	-0.311 5*** (-5.930 6)	-0.090 0 (0.000 0)
	LnFAI	β_{31}	0.265 3*** (9.417 9)	0.139 2 (0.000 0)
平滑参数	γ_1		20.316 4	26 439.387 9
位置参数	C_1		-1.146 7	-0.129 3
	C_2		-0.705 9	
	C_3		0.424 0	
	C_4		0.360 0	
第二个转换函数非线性部分参数估计	LnAI	β_{02}	0.073 4*** (4.132 1)	-2 203 498.979 5 (0.000 0)
	LnPI	β_{12}	0.001 8 (0.196 6)	-1 115 607.544 6 (0.000 0)
	LnEPI	β_{22}	0.088 8*** (5.241 4)	1 886 713.193 4 (0.000 0)
	LnFAI	β_{32}	-0.163 8*** (-9.785 5)	163 653.481 2*** (+∞)
平滑参数	γ_2		0.133 9	1.570 1
位置参数	C_5		0.183 4	-13.548 6
	C_6		-0.038 4	
	C_7		-0.194 0	
	C_8		12 841.983 6	

1. 从核心解释变量看

（1）当农业生态资本主动型投资为转换变量时，该变量处于较低水平时对农村居民受教育年限的影响显著为正（$\beta_{00}>0$），随着农业生态资本主动型投资水平跨越门限值 349.815 1（$e^{-0.194\,0} * 424.727\,9$）、408.719 2（$e^{-00\,384} * 424.727\,9$）、510.239 4（$e^{0.183\,4} * 424.727\,9$）和 $e^{12\,841.983\,6} * 424.727\,9$（数值巨大未给出具体值）时，该促进作用进一步增强（$\beta_{02}>0$，$\beta_{00}+\beta_{02}>0$）。这表明在农业生态资本主动型投资在水平较低时以及在以上门限值前后时，该变量的增加将显著提高农村社会发展程度。农民受教育年限的增加既是农民教育意识提升的表现，也是农村经济发展水平提高的体现。农业生态资本主动型投资的增加反映出政府对农业生产和农村发展投入的加大，将在一定程度上提高农村社会发展程度。而较小的平滑参数 γ_2 反映出农业生态资本主动型投资在门限值前后转换较为平缓，其对农村社会的促进作用是长期投资累积的结果。当农业生态资本主动型投资低于其门限值 134.931 6（$e^{-1.146\,7} * 424.727\,9$）时，农业生态资本被动型投资对农村居民受教育年限反映的农村社会发展表现为显著的促进作用（$\beta_{10}>0$），但其系数值较小表明该变量对农村社会发展的促进作用较小。随着农业生态资本主动型投资在其门限值 134.931 6（$e^{-1.146\,7} * 424.727\,9$）、209.681 9（$e^{-0.705\,9} * 424.727\,9$）、608.748 4（$e^{0.360\,0} * 424.727\,9$）和 649.042 7（$e^{0.360\,0} * 424.727\,9$）前后，该变量促进农村社会发展的作用减弱（$\beta_{11}<0$）且近乎于零。这表明在农业生态资本主动型投资在以上门限值附近时，农业生态资本被动型投资农村居民受教育年限的影响几乎为零，对提高农村社会发展程度作用不大。农业生态资本主动型投资水平的增加为农业和农村经济发展提供一定的发展基础，农业和农村的发展将为农民提高受教育年限提供物质基础和现实基础。农民受教育年限的增加将提升劳动力质量，提高生产效率和劳动效率，反过来又促进农村发展，进而提高农村社会发展程度。但农业生态资本被动型投资的增加无疑近乎抵消了这种促进作用。原因是研究区间内农业的发展模型仍旧是高投入高消耗的模型，农村社会福利的高增长同时伴随着农村污染的高增加。若加大农村污染治理投资必定在一定时期内降低农村社会发展动力，农村社会发展程度会相对降低。

（2）当农业生态资本被动型投资为转换变量时，该变量在较低水平时将显著提高农民受教育年限（$\beta_{10}>0$），且系数巨大，表明该变量的促进作用巨大。而随着农业生态资本被动型投资的增加，该变量对农民受教育年限统计上无影响。原因是在其他条件不变的情况下，农业生态资本被动型投资较小时即农业污染治理力度较小时，能显著且较大程度地提高农村社会发展程度。也即是一定范围内的农业污染会显著提高农村社会发展程度。模型回归结果表明农业污染不一定是越小越好，背后的原因值得深思。农业生态资本主动型投资统计上对农民受教育年限无影响，无益于农村社会发展程度的改变。

综上分析可知，农业生态资本主动型投资和被动型投资均能显著提升农民受教育年限，明显提高农村社会发展程度。前者会随着其值的增加对农民受教育年限的促进作用增强，提高农村社会发展作用增强，而后者并不会随着其值增加而对农村社会发展产生显著影响。

2. 从控制变量看

（1）当农业生态资本主动型投资为转换变量时，在该变量小于其门限值134.931 6 的情形下，第一产业从业人数的增加会显著促进农民受教育年限的提高（$\beta_{20}>0$）；随着农业生态资本主动型投资水平增加并跨越门限值134.931 6、209.681 9、608.748 4 和649.042 7，该促进作用减弱并转变为显著的抑制作用（$\beta_{21}<0$，$\beta_{20}+\beta_{21}<0$）；随着农业生态资本主动型投资跨越其门限值349.815 1、408.719 2、510.239 4 和$e^{12\,841.983\,6} * 424.727\,9$，该抑制作用减弱（$\beta_{22}>0$）。由此反映出农业生态资本主动型投资较低时，第一产业从业人数的增加将有利于提高农村社会发展水平；而当农业生态资本主动型投资水平较高时第一产业从业人数的增加将阻碍农民受教育年限的增加，不利于提高农村社会发展程度。在农业生态资本主动型投资水平低于门限值134.931 6 时，农户固定资产投资的增加会因农业各类生产基础设施的不完善而成为农民负担，不利于农村社会发展程度的提高（$\beta_{30}<0$）。而当农业生态资本主动型投资水平提高，农业生产基础设施完善，农户固定资产投资的增加整体而言将有利于农户生产能力的发挥、提高农户受教育水平、提高农村社会发展水平。

（2）当农业生态资本被动型投资为转换变量时，该变量在其门限值近似于0（$e^{-13.548\,6} * 4.620\,2$）前后，农户固定资产投资对农户受教育年限产生显著的促进作用，且系数巨大，但同时平滑参数γ_2数值较小。这表明在其他条件不变，农业生态资本被动型投资水平较低的情况下，农户固定资产投资会对农民受教育年限产生明显的促进作用。反映出农户固定资产投资在农业污染治理水平很低的情况下，会显著提高农户受教育年限，提高农村社会发展水平。

（四）对农村医疗与社会保障方面的非线性模型估计结果进行分析

模型估计结果如表6-12所示。

表 6-12　医疗与社会保障非线性模型估计结果

模型	变量	系数	BTH-AI	BTH-PI	NDRF-AI	NDRF-PI
线性部分 参数估计	LnAI	β_{00}	-2.551 6 *** (-3.073 4)	-0.225 4 (-0.405 2)	-1 238 294.995 8 *** (-2.698 2)	1.301 3 *** (2.712 6)
	LnPI	β_{10}	-0.089 8 (-0.587 2)	1.405 4 *** (4.288 7)	-293 880.474 1 (-0.000 2)	-0.826 1 *** (-3.768 0)
	LnEPI	β_{20}	1.730 3 *** (9.442 2)	0.502 3 * (1.801 1)	-724 139.048 2 (0.000 0)	1.222 9 *** (4.160 5)
	LnFAI	β_{30}	-0.567 0 * (-1.865 6)	-1.601 0 *** (-6.052 8)	2 785 905.555 4 (0.000 0)	0.397 1 * (1.829 9)
第一个 转换函数 非线性 部分参数 估计	LnAI	β_{01}	2.361 9 *** (3.961 7)	-0.632 7 (-1.583 6)	2 476 585.210 7 (0.000 0)	-1 425 243 723 652.210 0 (-2.885 1)
	LnPI	β_{11}	-0.333 8 ** (-2.336 6)	-0.894 8 *** (-3.740 5)	587 760.336 5 (0.000 0)	642 584 667 210.953 0 *** (3.072 1)
	LnEPI	β_{21}	-1.640 2 *** (-4.506 7)	-1.540 4 *** (-5.252 5)	1 448 277.895 5 (0.000 0)	-51 423 048 431.884 8 (-0.183 0)
	LnFAI	β_{31}	2.061 7 *** (6.564 7)	2.301 3 *** (7.913 9)	-5 571 804.437 0 *** (-4.261 3)	-766 914 546 162.565 0 *** (-3.392 7)
平滑参数	γ_1		5.267 5	-1.845 9	0.000 0	0.381 3
位置参数	C_1		0.122 5	-1.969 4	144.849 1	72.080 3
	C_2				-2.940 8	
第二个 转换函数 非线性 部分参数 估计	LnAI	β_{02}	1.167 6 * (1.682 3)	0.212 1 * (1.859 7)	-0.991 8 *** (-3.167 3)	
	LnPI	β_{12}	0.037 5 (0.492 0)	-0.122 0 (-1.418 2)	-1.094 9 *** (-3.356 4)	
	LnEPI	β_{22}	-1.280 9 *** (-9.953 9)	-0.927 0 *** (-9.094 2)	2.556 6 *** (4.288 2)	
	LnFAI	β_{32}	1.116 9 *** (9.050 9)	0.761 6 *** (10.076 6)	-0.173 5 (-0.207 0)	
平滑参数	γ_2		-171.701 3	283.284 962 2	18.785 2	
位置参数	C_3		0.015 2	-0.135 737 072	-1.203 5	
	C_4				0.420 8	

表6-12(续)

模型	变量	系数	BTH-AI	BTH-PI	NDRF-AI	NDRF-PI
第三个转换函数非线性部分参数估计	LnAI	β_{03}	-0.656 8*** (-2.642 0)	0.334 7 (0.654 3)		
	LnPI	β_{13}	0.699 6*** (6.595 4)	-1.260 9*** (-4.428 0)		
	LnEPI	β_{23}	-0.654 5*** (-3.747 1)	0.249 3 (1.000 7)		
	LnFAI	β_{33}	-0.138 4 (-1.066 6)	0.928 4*** (4.012 4)		
平滑参数	γ_3		21.628 8	51.226 9		
位置参数	C_5		-0.255 1	-2.520 5		
第四个转换函数非线性部分参数估计	LnAI	β_{04}	-5.001 1*** (-5.485 6)			
	LnPI	β_{14}	-0.457 3* (-1.931 3)			
	LnEPI	β_{24}	1.006 3** (2.051 1)			
	LnFAI	β_{34}	2.631 6*** (5.752 3)			
平滑参数	γ_4		40.459 5			
位置参数	C_6		-1.129 5			
第五个转换函数非线性部分参数估计	LnAI	β_{05}	6.252 6*** (4.733 0)			
	LnPI	β_{15}	0.078 4 (0.246 9)			
	LnEPI	β_{25}	-0.749 3 (-1.097 6)			
	LnFAI	β_{35}	-3.405 0*** (-4.926 5)			
平滑参数	γ_5		5.671 2			
位置参数	C_7		-1.129 9			

首先对农村医疗的非线性模型估计结果进行分析，本书用每千农业人口乡镇卫生院床位数表示农村医疗水平。由表6-12估计结果可知，该变量的非线性模型中转换函数个数较多，反映出农村医疗状况会随着农业生态资本投资的变化发生多重非线性变化。

1. 从核心解释变量看

（1）当农业生态资本主动型投资为转换变量时，该变量的门限值分别为

137.209 7（$e^{-1.129\,9}*424.727\,9$）、137.267 8（$e^{-1.129\,5}*424.727\,9$）、329.095 6（$e^{-0.255\,1}*424.727\,9$）、431.227 7（$e^{0.015\,2}*424.727\,9$）和 480.067 0（$e^{0.122\,5}*424.727\,9$）。农业生态资本主动型投资水平低于 137.209 7 时，该解释变量对农村医疗水平的影响为显著的抑制作用（$\beta_{00}<0$）；当其跨越该门限值或在该门限值前后时，该抑制作用减弱（$\beta_{05}>0$）并转变为显著的促进作用（$\beta_{00}+\beta_{05}>0$）。这表明农业生态资本主动型投资水平低于其门限值 137.209 7 时，增加农业生态资本主动型投资不利于农村医疗保障水平的提高；当该变量值在该门限值前后时将显著促进农村医疗保障水平的提高。农业生态资本主动型投资水平在其门限值 137.267 8 前后时，该促进作用转变为显著的抑制作用（$\beta_{04}<0$，$\beta_{00}+\beta_{05}+\beta_{04}<0$）；当其在门限值 329.095 6 前后时，该抑制作用增强（$\beta_{03}<0$，$\beta_{00}+\beta_{05}+\beta_{04}+\beta_{03}<0$），表明农业生态资本主动型投资水平在以上两个门限值附近时将显著阻碍农村医疗保障水平的提高。平滑参数 γ_5、γ_4、γ_3 数值较小，表明农业生态资本主动型投资对农村医疗保障水平由抑制到促进再到抑制作用转变的过程较为平缓，且是该解释变量投资作用长期累积的结果。在该解释变量门限值 431.227 7 前后该抑制作用迅速（γ_2 值较大）减弱（$\beta_{02}>0$），但仍表现为抑制作用（$\beta_{00}+\beta_{05}+\beta_{04}+\beta_{03}+\beta_{02}<0$）；在该变量门限值 480.067 0 前后，该抑制作用进一步减弱（$\beta_{01}>0$），并转变为显著的促进作用（$\beta_{00}+\beta_{05}+\beta_{04}+\beta_{03}+\beta_{02}+\beta_{01}>0$）。农业生态资本主动型投资对农村医疗保障水平的影响随着农业生态资本主动型投资水平的增加，整体上大致呈现先抑制再促进然后再抑制最后抑制作用减弱直至转变为显著的促进作用，反映出农业生态资本主动型投资在不同投资水平对农村医疗保障水平的非线性影响。农村医疗保障的资金来源主要是地方财政支出，农业生态资本主动型投资水平较低且农业和农村经济不发达的时候，地方财政投入农村医疗的水平相对较低，农村医疗保障程度低。在整体农村经济不发达和地方财政有限的情况下，增加农业生态资本主动型投资在一定范围内会相对减少农村医疗支出，此时增加农业生态资本主动型投资不利于农村医疗保障水平的提高。随着农村经济发展和农业生态资本主动型投资经济效应的凸显，地方财政收入增加，农村医疗保障支出增加，二者出现同向变动趋势，从而促进农村医疗保障水平的提高，提高农村社会发展程度。但随着农业生态资本主动型投资增加，其对农村医疗保障的非线性作用也反映出农村医疗保障水平并不总是随着经济发展而一直得到足够重视，即农业和农村经济发展并没有和农村医疗保障水平保持同步增加，农村医疗保障在农村发展的一定阶段里未能得到重视，出现农村医疗贫困状况，阻碍农村社会发展进程。在农业生态资本主动型投资位于其门限值 137.267 8 时，农业生态资本被动型投资对农村医疗保障水平表现为显著的抑制作用（$\beta_{14}<0$）；随着农业生态资本主动型投资跨越其门限值 329.095 6，该抑制作用减弱（$\beta_{13}>0$）并转变为促进作用（$\beta_{13}+\beta_{14}>0$）；随着农业生态资本主动型投资跨越其门限值 480.067 0，该促进作用再次转变为抑制作用（$\beta_{13}+\beta_{14}+\beta_{11}<0$）。表明在农业生态资本主动型投资水平处于 329.095 6 前后时，农业生态资本被动型投资对农村医疗保障水平具有显著的促进作用，在其他水平下均为抑制作用。这反映出农村污染治理虽在一定程度上有利于农村医疗保障水平提高，但在其他条件不变的情况下，平均而言农业污染治理会随着农业生态资本主动型投资水平增加而阻碍农村医疗发展。农村污染的治理阻碍农村经济发展，限制地方财政对农村医疗的支出，不利于农村医疗保障水平的提升和农村社会发展水平的提高。

（2）当农业生态资本被动型投资为转换变量时，该变量的门限值分别为 0.371 6（$e^{-2.520 5} * 4.620 2$）、0.644 7（$e^{-1.969 4} * 4.620 2$）和 4.033 8（$e^{-0.135 7} * 4.620 2$）。当农业生态资本被动型投资水平低于 0.371 6 时，该变量对农村医疗保障的影响为显著的促进作用（$\beta_{10}>0$），表明在农村污染治理力度较低时，将有利于农村医疗保障的发展。城乡分割的二元结构，使得地方政府成为农村各项事业支出的主要力量，在总财政预算支出一定的情况下，减小农村污染治理投资就可能为农村医疗等其他事业发展提供资金。同时，农村污染治理力度较小又在一定程度上促使农业高增长高污染模式的发展，进而为增加地方政府财政收入提供可能。当该解释变量跨越其门限值 0.371 6 时，该促进作用减弱（$\beta_{13}<0$），表明随着该变量值的增加，其对农村医疗保障水平提高的抑制作用开始显现，不利于农村医疗保障水平的提高。当该解释变量跨越其门限值 0.644 7 时，其对农村医疗保障水平的促进作用继续减弱（$\beta_{11}<0$）并转变为显著的抑制作用（$\beta_{10}+\beta_{11}+\beta_{13}<0$）。这表明随着农业生态资本被动型投资水平的继续增加，其将显著抑制农村医疗保障水平的提高。在该变量门限值前后，地方财政对农村污染治理投资的增加和农村污染治理对农业和农村发展的阻碍作用的加大，二者共同作用下明显限制农村医疗事业的发展，阻碍农村医疗保障水平提高。而较小的平滑参数 γ_3、γ_1 表明该变量对农村医疗保障水平的非线性影响在其门限值前后转变较为平缓，是该变量长期投资作用的结果。农业生态资本主动型投资只在农业生态资本被动型投资位于门限值 4.033 8 附近时，才对农村医疗保障水平产生显著的促进作用（$\beta_{02}>0$）。这表明在其他条件不变的情况下，只有当农业生态资木被动型投资水平较高时，农业生态资本主动型投资才会显著提高农村医疗保障水平。农业污染治理虽然在一定范围内限制农业和农村经济发展，但随着长期以来不断的污染治理投资，在治污效应累积到一定程度时，农业生态资本主动型投资通过和治污产生的良好环境效应共同作用，将在门限值 4.033 8 前后对农村医疗保障水平的作用发生迅速转变（γ_2 值较大），表现为显著的促进作用。由此将提高农村医疗保障水平，提高农村社会发展水平。

综合上述分析可知，在其他条件不变的情况下，农业生态资本主动型投资对农村医疗保障水平的影响，虽会因农业生态资本主动型投资水平的不同而呈现显著的非线性变化，但最后会因该变量值的增大而显著提高农村医疗保障水平，提高农村社会发展水平。农业生态资本被动型投资只在其值较小时能显著提高农村医疗保障水平，促进农村社会发展；随着其值的增大将抑制农村医疗保障水平提高，进而降低农村社会发展程度。农业生态资本被动型投资会随着农业生态资本主动型投资增加而显著降低农村医疗保障水平；而农业生态资本主动型投资只在农业生态资本被动型投资处于较高水平时才显著提高农村医疗保障水平，进而显著提高农村社会发展程度。

2. 从控制变量看

（1）当农业生态资本主动型投资为转化变量时，在该解释变量值小于其门限值 137.209 7 的情况下，第一产业从业人数对农村医疗保障水平的影响为显著的促进作用（$\beta_{20}>0$），即在农业基础设施较为欠缺的情况下，增加劳动力可以替代其他生成要素的缺失，因此，此种情形下增加第一产业从业人数能促进农村经济发展，为农村医疗保障水平的提高提供一定的物质基础，从而有利于提高农村社会发展程度。当农业生态资本主动型投资在其他门限值前后时，第一产业从业人数的增加都将阻碍农村医疗保障水平的提高。这表明随着农业基础设施完善和农村经济发展，再继续增加劳动力将不利于农村经济发展，此时可以认为是其他生产要素的投入替代农业劳动力或由于技术进步导致生产方式现代化从而减少劳动力需求。在农业生态资本主动型投资低于其门限值 137.209 7 时，农户固定资产投资的增加将抑制（$\beta_{30}<0$）农村医疗保障水平的提高；随着该解释变量跨越门限值 137.209 7，该抑制作用增强（$\beta_{35}<0$）。这表明在农业生态资本主动型投资水平较低或在其门限值 137.209 7 前后时，在农业其他基础设施不完善的情况下，通过增加农户固定资产投资增加农民的可持续生产能力，并不能将该可持续生产能力转变为社会福利，反而成为农民负担，阻碍农村经济发展，不利于农村医疗保障水平提高，一定程度上降低农村

社会发展程度。随着农业生态资本主动型投资继续增加到其门限值329.095 6，该抑制作用减弱（$\beta_{34}>0$），但仍然为显著的抑制作用（$\beta_{30}+\beta_{34}+\beta_{35}<0$），表明在门限值329.095 6前后，农户固定资产投资的增加所提升的农民可持续生产能力能显著转变为现实生产力，提高农村社会福利。当农业生态资本主动型投资继续增加到其门限值480.067 0，农户固定资产投资的增加将显著促进（$\beta_{31}>0$）农村医疗保障水平的提高，且在该门限值前后，农户固定资产投资将显著提升（$\beta_{30}+\beta_{31}+\beta_{34}+\beta_{35}>0$）农村医疗保障水平，提高农村社会发展程度。这反映出在该门限值前后，农民可持续生产能力得到较大提高且很大程度上转变为现实生产力，促进农村经济发展，促进农村社会发展。

（2）当农业生态资本被动型投资为转换变量时，在该解释变量值处于较低水平的情形下，第一产业从业人数的增加会显著提升（$\beta_{20}>0$）农村医疗保障水平，原因与农业生态资本主动型投资为转换变量时情况相同。随着农业生态资本被动型投资跨越其门限值0.644 7，第一产业从业人数对农村医疗保障水平的促进作用转变为抑制作用（$\beta_{21}<0$，$\beta_{20}+\beta_{21}<0$）；当农业生态资本被动型投资水平继续增加并跨越其门限值4.033 8，该抑制作用增强（$\beta_{22}<0$，$\beta_{20}+\beta_{21}+\beta_{22}<\beta_{20}+\beta_{21}<0$）。这反映出随着农业污染治理力度的加大，将严重限制农户从事农业生产以及其可持续生产能力的发挥，阻碍农村经济发展和农村医疗保障水平提高。因此，应该想方设法将农业污染治理的环境效应等内外部作用转变为农村生产力而不应当任其成为阻碍农村经济发展的因素。当农业生态资本被动型投资水平低于其门限值0.371 6时，农户固定资产投资所增加的农民可持续生产能力并未能转变为生产力，投资的增加反而成为农民负担，因此抑制（$\beta_{30}<0$）农村医疗保障水平的提高。当农业生态资本被动型投资水平增加到其门限值0.644 7前后，农户固定资产投资对农村医疗保障水平的作用由抑制转变为促进（$\beta_{31}>0$，$\beta_{30}+\beta_{31}>0$）；当农业生态资本被动型投资增加到其门限值4.033 8前后，该促进作用增强（$\beta_{32}>0$，$\beta_{30}+\beta_{31}+\beta_{32}>\beta_{30}+\beta_{31}>0$）。由此表明在农业污染治理投资到达较高水平时，农民可通过其可持续生产能力提高以及该可持续生产能力转化为生产力水平提高来促进农村经济发展，增加农村医疗保障水平，提高农村社会发展水平。背后的原因是由于长期以来的农村环境治理，农村生态环境得到较大改善，促使农民可持续生产力转变为现实生产力的能力不断提高，进而提高农村社会福利水平，促进农村社会发展。

然后对农村社会保障的非线性模型进行分析，本书选取农村自然灾害救济费作为衡量农村社会保障水平的变量。随着经济的发展，自然灾害救济费逐渐由农村救济型费用转变为农村福利型费用，同时兼顾农业生态资本投资的属性和功能，一定程度上该指标可以衡量农村社会保障水平。

3. 从核心解释变量看

（1）当农业生态资本主动型投资为转换变量时，该解释变量的门限值分别为 3.43E + 65（$e^{144.8491} * 424.7279$）、22.4366（$e^{-2.9408} * 424.7279$）、127.4837（$e^{-1.2035} * 424.7279$）和646.9566（$e^{0.4208} * 424.7279$）。当农业生态资本主动型投资处于较低水平时，增加该解释变量能显著（系数值巨大）地降低（$\beta_{00} < 0$）自然灾害救济费。原因是在农业生产基础设施欠缺的情况下，增加农业生态资本主动型投资的边际效应巨大，能显著降低自然灾害发生率，从而降低自然灾害救济费。当农业生态资本主动型投资继续增加到其门限值127.4837 和646.9566 前后，该变量对农业自然灾害的边际效应递减，虽然仍能抑制（$\beta_{02} < 0$）自然灾害发生率的提高，但其较小是系数表明该抑制作用较小。较小的平滑参数 γ_2 表明农业生态资本主动型投资在以上门限值前后变化较为平缓，该抑制作用同样是农业生态资本主动型投资长期作用的结果。农业生态资本被动型投资仅在农业生态资本主动型投资处于其门限值127.4837 和646.9566 前后时，显著抑制（$\beta_{12} < 0$）自然灾害救济费的增加。表明在其他条件不变的情况下，随着农业生态资本主动型投资跨越以上两个门限值，农业生态资本被动型投资将会显著降低自然灾害救济，提高农村社会发展水平。

（2）当农业生态资本被动型投资为转换变量时，该变量的门限值为9.3054E+31（$e^{72.0803} * 4.6202$），数值巨大。该模型为两机制的 PTR 模型，不存在非线性剩余。当农业生态资本被动型投资水平低于其门限值9.3054E+31，该解释变量对自然灾害救济费的影响为显著的抑制作用（$\beta_{10} < 0$）；当该解释变量值跨域该门限值，其抑制作用将转变为显著的促进作用（$\beta_{11} > 0$，$\beta_{10} + \beta_{11} > 0$）。这表明当农业生态资本被动型投资水平低于其门限值时，该解释变量的增加会显著降低自然灾害救济费；当该解释变量值跨越其门限值，将显著巨大地提高自然灾害救济费，同样较小的平滑参数表明该作用是其长期累积作用的结果。原因是当农业污染治理水平在低于其门限值时，农业污染治理改善农业生态系统状况，提高农业生态环境质量，降低自然灾害发生率，从而使自然灾害救济费降低。而当农业污染治理水平超过其门限值以后，农业生态环境理应继续改善，自然灾害救济费会继续降低，但较大的为正的变量系数却表明将会显著增加农业灾害救济费，其深层次原因有待继续验证。在农业生态资本被动型投资水平较低时，农业生态资本主动型投资的增加将提升（$\beta_{00} > 0$）自然灾害救济费。

原因是在其他条件不变的情况下，当农业生态资本被动型投资水平较低时，其对农业生态环境的改善作用有限，而此时增加农业生态资本主动型投资，提高农业生产基础设施等水平会在一定程度上破坏农业生态环境。由此抵消农业生态资本被动型投资带来的环境改善作用，反而增加自然灾害发生率，增加自然灾害救济费支出。而当农业生态资本被动型投资跨越其门限值后，农业生态系统抵御外部影响的能力相对增强，此时农业生态资本主动型投资的增加，既能大幅提升农业自然灾害抵抗力，又能在农业生态系统承载力之内，从而降低农业灾害发生率和自然灾害救济费，提高农村社会发展程度。

综上分析可知，农业生态资本主动型投资能显著降低自然灾害救济费，促进农村社会发展。农业生态资本被动型投资仅在其较低水平时能显著降低自然灾害救济费，促进农村社会发展。农业生态资本主动型投资和被动型投资均在彼此在较高水平时才能显著产生降低自然灾害救济费、促进农村社会发展的作用。

4. 从控制变量看

（1）当农业生态资本主动型投资为转换变量时，第一产业从业人数仅在农业生态资本主动型投资为 127.483 7 和 646.956 6 的情形下，显著提高（$\beta_{22} > 0$）自然灾害救济费。这反映出在其他条件不变的情况下，随着农业生态资本主动型投资跨越以上两个门限值，第一产业从业人数的增加将会导致自然灾害救济费增加。农户固定资产投资仅在农业生态资本主动型投资位于其门限值 3.43E+65 和 22.436 6 前后显著巨大地降低（$\beta_{31} < 0$）农业自然灾害救济费。这表明在其他条件不变的情况下，随着农业生态资本主动型投资跨越以上两个门限值，农户固定资产投资水平的增加能显著降低自然灾害救济费，提高农村社会发展程度。

（2）当农业生态资本被动型投资为转换变量时，在该解释变量处于较低水平的情况下，第一产业从业人数的增加显著提高（$\beta_{20} > 0$）自然灾害救济费。这表明在农业污染治理力度较低时，农业粗放式发展，增加第一产业从业人数将导致农业生态环境的恶化，增加发生自然灾害的风险。农户固定资产投资在农业生态资本被动型投资处于较低水平时，将显著提高（$\beta_{30} > 0$）自然灾害救济费；而当农业生态资本被动型投资跨越其门限值 9.305 4E+31 时，农户固定资产投资将显著巨大地降低自然灾害救济费。在农业污染治理水平较低时，增加农户固定资产投资提升农户可持续生产能力，一定程度上增加了农民负担，不利于提高农村社会发展水平；而只有当农业污染治理持续推进，农业生态环境持续改善到一定水平，农户新增的可持续生产能力具备转化为生产力的时候，将能显著降低自然灾害救济费，促进农村社会发展。但应看到，农业生态资本被动型投资的该门限值巨大，表明通过治理农业污染的方法改善农业生态环境进而提高农业社会福利水平，促进农村社会发展是任重道远的。

综上所述，农业生态资本主动型投资在较低水平时能显著降低人口自然增长率，而该解释变量在较高水平时会明显提高人口自然增长率，不利于促进农村社会发展。农业生态资本主动型投资在较高水平时能显著提高农村居民生活水平，提高农村社会发展水平。该解释变量在较低水平和高水平时能显著提高农村居民受教育年限。虽然农村医疗保障水平会随着农业生态资本主动型投资水平不断提高而出现多重非线性变化，但最终会因该解释变量的增加而提高农村医疗保障水平。无论是在低投资水平还是在高投资水平，农业生态资本主动型投资的增加均显著降低了自然灾害救济费，促进农村社会发展。农业生态资本被动型投资在较低水平时，能显著降低人口自然增长率。而在其低水平时同样显著降低农民生活水平，只有在其处于较高水平时才能显著提高农村居民生活水平。农业生态资本被动型投资在其较低水平时能显著极大地增加农村居民受教育年限和农村医疗保障水平，而在其处于较高水平时将显著降低农村医疗保障水平。当农业生态资本被动型投资处于较低水平时能显著降低自然灾害救济费，提高农村社会发展水平，但处于较高水平时却显著增加自然灾害救济费，降低农村社会发展水平，背后的深层次原因有待进一步探索。

该研究结论具有一定的政策启示：①农业生态资本主动型投资和被动型投资对农村社会发展程度不同衡量指标具有不尽相同的非线性影响，需要正确认识不同农业生态资本投资类型对农村社会发展存在的门限效应。根据不同农业生态资本投资类型对不同农村社会发展指标产生的非线性影响，根据各地具体状况合理配置农业生态资本投资资源，以更好推进农村社会发展工作。②鉴于农业生态资本投资的主体为各地方政府，在各地方政府加大对农业生态资本主动型投资的同时，根据各地区发展水平合理增加农业生态资本被动型投资，最大可能发挥农业生态资本主动型投资和被动型投资的社会效应。同时，合理扩大农业生态资本投资主体，鼓励社会力量投入农业生态资本投资项目中来，以政府为主导，各种社会力量积极参与，共同推进农业生态资本投资，增强农业生态资本投资的社会效应。③加强农业生态资本主动型投资的同时，重点关注农业生态资本被动型投资社会效应的薄弱环节，积极寻求对策，多方面谋划，为协同推进农业生态资本两种投资类型产生良好的社会效应做好准备。

第四节　农业生态资本投资对农村社会影响的空间效应研究

考虑第二节中农村社会发展综合指数的区域性特征，有必要探索区间由于空间地理位置或经济发展水平的差异而在农村社会发展方面可能存在的空间关系。农业生态资本投资对农村社会发展的作用是否存在空间差异？区域间是否存在相互影响以及影响作用如何？接下来运用空间计量回归模型研究农业生态资本投资对农村社会发展可能存在的空间作用，以期为更好实现农村社会区域间协同发展提供参考。

一、普通面板与空间面板回归模型构建

（一）普通面板回归模型构建

构建普通面板回归模型以比较与空间面板回归模型存在的差异，比较验证空间面板回归模型设定的合理性。具体形式如下：

$$SP_{it} = \alpha + \beta_1 AI_{it} + \beta_2 PI_{it} + \beta_3 EPI_{it} + + \beta_4 FAI_{it} + \mu_i + \varepsilon_{it} \qquad (6-2)$$

式中，农村社会发展程度 SP_{it} 分别用人口自然增长率（NGR_{it}）、每百人移动电话拥有量（MPO_{it}）、农村劳动力人均受教育程度（EDY_{it}）、每千农业人口乡镇卫生院床位数（BTH_{it}）和自然灾害救济费（$NDRF_{it}$）来考察，其中，μ_i 为个体固定效应；ε_{it} 为服从 $iid(0, \sigma_\varepsilon^2)$ 的随机误差项。

（二）空间面板回归模型构建

与第三章和第四章中构建空间面板回归模型的思路和方法相同，首先使用全局莫兰指数（Global Moran's I）和局部莫兰指数（Local Moran's I）对主要变量的空间自相关性进行检验，然后构建空间面板回归模型。本节仍使用临接0-1空间权重矩阵构建空间面板回归模型，下面分别构建空间滞后模型（SLM）、空间误差模型（SEM）和空间杜宾模型（SDM）分析农业生态资本投资的社会效应。

（1）为探究农村社会发展在区域间可能存在扩散效应，构建如下空间滞后回归模型（SLM）：

$$SP_{it} = \alpha + \beta_1 AI_{it} + \beta_2 PI_{it} + \beta_3 EPI_{it} + \beta_4 FAI_{it} + v_{it} \qquad (6-3)$$

（2）为研究不同区域研究变量因区域空间位置的差异而产生的变量间相

互作用的差异性，构建如下空间误差模型（SEM）：

$$\mathrm{SP}_{it} = \alpha + \beta_1 \mathrm{AI}_{it} + \beta_2 \mathrm{PI}_{it} + \beta_3 \mathrm{EPI}_{it} + \beta_4 \mathrm{FAI}_{it} + u_{it} \qquad (6\text{-}4)$$

其中，$u_{it} = \rho \sum_{j=1}^{n} w_{ij} u_{it} + v_{it}$，$\rho$ 为空间自相关系数。

（3）当被解释变量和解释变量都存在空间自相关性，同时根据检验统计量在空间滞后和空间误差模型中进行选择时，一般常构建空间杜宾模型（SDM），具体形式如下：

$$\mathrm{SP}_{it} = \alpha + \beta_1 \mathrm{AI}_{it} + \beta_2 \mathrm{PI}_{it} + \beta_3 \mathrm{EPI}_{it} + \beta_4 \mathrm{FAI}_{it} +$$
$$\rho W \mathrm{SP}_{it} + \gamma_1 W \mathrm{AI}_{it} + \gamma_2 W \mathrm{PI}_{it} + \gamma_3 W \mathrm{EPI}_{it} + \gamma_4 W \mathrm{FAI}_{it} + \mu_l + \tau_t + \varepsilon_{it}$$

$$(6\text{-}5)$$

其中，ρ 表示衡量不同区域变量间依存度的空间自相关系数，μ_l 表示空间固定效应，τ_t 表示时间固定效应，ε_{it} 表示随机误差项，服从均值为 0，方差为 σ^2 的独立同分布。

二、空间相关检验与实证模型选择

（一）空间相关性检验

1. 全局空间自相关检验

采用 stata14.1 软件计算出所有变量的全局 Moran's I，检验结果如表 6-13 所示。

表 6-13　2007—2016 年所有变量的全局莫兰指数

指标	Moran's I								
年份	NGR	MPO	EDY	BTH	NDRF	AI	PI	EPI	FAI
2007	0.281 **	0.375 ***	0.386 ***	−0.114	0.402 ***	−0.055	0.042	0.250 **	0.067
	(0.010)	(0.001)	(0.000)	(0.463)	(0.000)	(0.860)	(0.518)	(0.018)	(0.398)
2008	0.302 ***	0.269 **	0.375 ***	−0.110	0.262 ***	−0.038	0.096	0.245 **	0.048
	(0.006)	(0.012)	(0.001)	(0.532)	(0.008)	(0.977)	(0.274)	(0.020)	(0.480)
2009	0.329 ***	0.206 **	0.379 ***	−0.086	0.397 ***	0.036	0.086	0.240 **	0.000
	(0.003)	(0.047)	(0.000)	(0.672)	(0.000)	(0.561)	(0.319)	(0.023)	(0.760)
2010	0.276 ***	0.210 **	0.371 ***	−0.058	0.445 ***	0.041	0.104	0.239 **	0.026
	(0.009)	(0.043)	(0.001)	(0.844)	(0.000)	(0.532)	(0.245)	(0.022)	(0.586)
2011	0.306 ***	−0.046	0.361 ***	0.022	0.406 ***	0.005	0.079	0.243 **	0.027
	(0.001)	(0.921)	(0.001)	(0.630)	(0.000)	(0.742)	(0.328)	(0.020)	(0.578)
2012	0.364 ***	−0.031	0.358 ***	0.115	0.240 **	0.032	0.032	0.248 **	0.062
	(0.000)	(0.976)	(0.001)	(0.198)	(0.017)	(0.583)	(0.580)	(0.019)	(0.390)
2013	0.442 ***	−0.030	0.360 ***	0.138	0.275 ***	−0.012	0.069	0.250 **	0.068

表6-13(续)

指标	Moran's I								
年份	NGR	MPO	EDY	BTH	NDRF	AI	PI	EPI	FAI
	(0.000)	(0.973)	(0.001)	(0.117)	(0.009)	(0.851)	(0.381)	(0.018)	(0.360)
2014	0.430 ***	0.009	0.347 ***	0.141	0.363 ***	−0.051	0.063	0.248 **	0.059
	(0.000)	(0.716)	(0.001)	(0.124)	(0.000)	(0.889)	(0.415)	(0.018)	(0.403)
2015	0.330 ***	0.060	0.351 ***	0.229 **	0.350 ***	−0.066	0.024	0.248 **	0.090
	(0.001)	(0.436)	(0.001)	(0.019)	(0.001)	(0.792)	(0.632)	(0.018)	(0.266)
2016	0.464 ***	0.100	0.362 ***	0.135	0.373 ***	−0.054	0.251 **	0.248 **	0.080
	(0.000)	(0.269)	(0.001)	(0.131)	(0.000)	(0.870)	(0.018)	(0.018)	(0.305)

注：括号中为对应的 P 值；***、** 和 * 分别表示在 1%、5% 和 10% 的水平上显著。

由表 6-13 可知，首先从考察农村社会发展的五个指标看，人口自然增长率（NGR）、人均受教育年限（EDY）和自然灾害救济费（NDRF）在研究期间的所有年份中均显著为正，表明在研究区间内以上三个指标具有显著的正自空间相关性，正向空间集聚特征明显。每百人移动电话拥有量（MPO）的全局莫兰指数逐渐减小并在 2011 年由显著转变为不显著，表明该指标由显著正向的空间自相关在 2011 年后转变为随机分布状态。每千农业人口乡镇卫生院床位数（BTH）的全局莫兰指数除在 2015 年为显著的正数外，其他年份均不显著，表明大部分该指标年份在空间上呈随机分布状态。解释变量中只有第一产业从业人数（EPI）的全局莫兰指数在研究区间内均为显著的正数，表明该解释变量在研究区间内呈现正自空间相关性，正向空间集聚特征显著。

2. 局部空间自相关检验

全局 Moran's I 衡量变量在整体分布上的空间关系，为分析相同变量在研究区域和临接区域间的空间关系，多采用局部 Moran's I 来考察。研究中多采用较为直观的莫兰散点图来分析，同样以 2016 年各被解释变量的局部莫兰指数散点图为例，简要分析变量在不同区域间呈现的空间聚集形式。

（1）被解释变量人口自然增长率（NGR）Moran's I 散点图

由图 6-4 可知，2016 年人口自然增长率的局部莫兰指数为 0.449，表明人口自然增长率在该年份为正空间自相关，呈正向空间集聚状态。位于第一象限的省份有安徽、福建、甘肃、广东、广西、贵州、河南、湖北、湖南、江西、宁夏、青海、山东、山西、陕西、新疆、云南、浙江和重庆共 19 个，属于本地区与临接地区人口自然增长率均较高的地区正向集聚的集群。位于第二象限的省份有江苏、四川和天津 3 个，属于本地区人口自然增长率较低但却被较高人口自然增长率的地区包围的集群。位于第三象限的省份有黑龙江、吉林、辽宁、内蒙古、北京和上海共计6个，属于本地区人口自然增长率较低并与人口自然增长率较低的地区集聚的集群。位于第四象限的省份有海南和河北2个，属于本地区人口自然增长率较高却被人口自然增长率较低的地区包围的区域。可以看出，我国人口自然增长率呈现出显著的空间异质性，且具有明显的正向空间集聚的特征，有超过80%的地区属于高—高和低—低的正空间集聚类型。

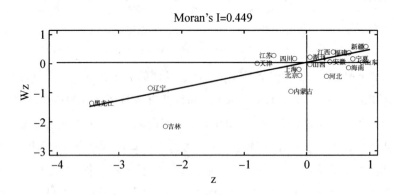

图6-4 2016年人口自然增长率 Moran's I 散点图

（2）被解释变量每百人移动电话拥有量（MPO_{it}）Moran's I 散点图

图6-5中，2016年每百人移动电话拥有量的局部莫兰指数为0.097，虽然该指数为正值，但其数值较小，表明该年份该变量的正向空间集聚状态不明显。具体地，位于第一象限的省份有福建、湖南、云南、贵州、广东、广西和宁夏7个，属于本地区与临接地区该变量值均较高的地区集聚的集群。位于第二象限的省份有新疆、山西、湖北、江西、重庆和四川6个，属于本地区该变量值较低但却被周围较高该衡量指标包围的地区。位于第三象限的省份有上海、辽宁、黑龙江、山东、安徽、浙江、江苏、河北、内蒙古和天津共计10个，属于本地区与临接地区该变量均较低的地区集聚。位于第四象限的省份有吉林、河南、北京、海南、陕西和青海6个，属于本地区该变量值较高与临接该变量值较低的地区集聚的集群。整体上看，该变量存在空间异质性，但正向空间集聚性不明显。有超过一半的地区属于高—高和低—低的正向空间集聚状态。

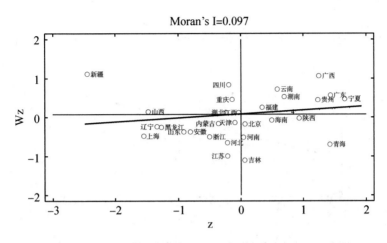

图 6-5   2016 年每百人移动电话拥有量 Moran's I 散点图

（3）被解释变量农村劳动力人均受教育程度（EDY_{it}）Moran's I 散点图

由图 6-6 可知，2016 年农村劳动力人均受教育程度的局部莫兰指数为
0.350，表明该年份该变量具有正向空间集聚的特征。位于第一象限的省份有
北京、天津、上海、河北、江苏、浙江、山西、河南、山东、广东、辽宁、湖
北、海南和福建共计 14 个地区，属于本地区与临接地区该变量值均高的区域
集聚的集群。位于第二象限的省份有安徽、江西和吉林 3 个，属于本地区该变
量值较低但却被该值较高的地区所包围的区域。位于第三象限的省份有黑龙
江、内蒙古、重庆、甘肃、四川、新疆、云南、贵州、宁夏和青海 10 个，属
于本地区与临接地区该变量值均较低的区域集聚的集群。位于第四象限的省份
有广西、陕西和湖南 3 个，属于本地区该变量值较高但与该变量值较低的地区
集聚的集群。整体上，该年份农村劳动力受教育程度具有明显的异质性，正向
空间集聚特征明显。有 80% 的地区属于高—高和低—低的正向空间集聚集群。

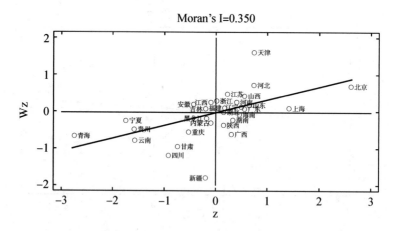

图 6-6 2016 年农村劳动力人均受教育程度 Moran's I 散点图

（4）被解释变量每千农业人口乡镇卫生院床位数（ BTH_{it} ） Moran's I 散点图

由图 6-7 可知，2016 年变量每千人农业人口乡镇卫生院床位数的局部莫兰指数为 0.130，表明该年份该变量具有正向空间集聚特征。位于第一象限的省份有重庆、四川、广西、湖北、湖南和陕西 6 个，属于本地区与临接区域该变量值均高的区域集聚的集群。位于第二象限的省份有北京、云南、贵州、青海、河北、广东、宁夏和河南 8 个，属于本地区该变量值较低但却被该变量值较高的地区包围的集群。位于第三象限的省份有上海、浙江、福建、黑龙江、内蒙古、安徽、吉林和海南 8 个，属于本地区与临接地区该变量值均较低的区域集聚的集群。位于第四象限的省份有江苏、天津、新疆、江西、辽宁、山西、山东和甘肃 8 个，属于本地区该变量值较高却与该变量值较低的区域集聚的集群。整体上看，2016 年变量每千农业人口乡镇卫生院床位数具有空间异质性，呈现正向空间集聚的特征。其中，有接近一半的地区属于高—高和低—低的正向空间集聚类型。

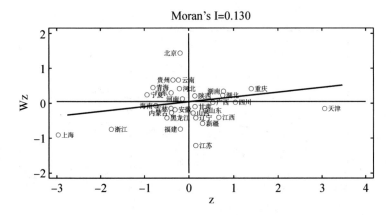

图 6-7　2016 年每千农业人口乡镇卫生院床位数 Moran's I 散点图

（5）被解释变量自然灾害救济费（ $NDRF_{it}$ ）Moran's I 散点图

由图 6-8 可知，2016 年变量自然灾害救济费的局部莫兰指数为 0.360，表明该年份该变量具有正向空间集聚特征。位于第一象限的省份有云南、四川、贵州、广西、重庆、内蒙古、湖南、甘肃、吉林、广东、黑龙江、湖北、辽宁和陕西共计 14 个，属于本地区与临接地区该变量值均较高的区域集聚的集群。位于第二象限的省份有青海、宁夏、新疆和福建 4 个，属于本地区该变量值较低但却被该变量值较高的地区包围的集群。位于第三象限的省份有北京、天津、上海、江苏、浙江、山东、海南、安徽、山西和河南 10 个，属于本地区与临接地区该变量值均较低的区域集聚的集群。位于第四象限的省份有河北和江西 2 个，属于本地区该变量值较高但却被该变量值较低的区域集聚的集群。可以看出，2016 年自然灾害救济费具有明显的空间异质性，呈现正向空间集聚的特征。其中，有 80% 的地区属于高—高和低—低集聚的空间集聚类型，正向空间集聚特征显著。

综上所述，考察农村社会发展的五个指标在 2016 年均呈现正向空间集聚的特征。但变量的局部莫兰指数散点图只是初步判定变量空间集聚特征的工具，并不能作为衡量不同区域间空间溢出等空间效应的统计量。因此，为进一步考察不同区域间变量的空间效应，需借助相关检验统计量来进行判定和模型选择。

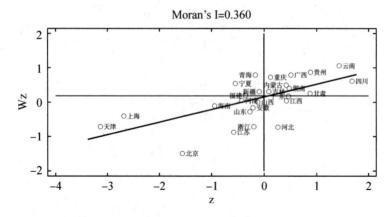

図6-8　2016年自然灾害救济费 Moran's I 散点图

（二）实证模型选择

与第三章和第四章中的研究思路和方法相同，接下来运用相关检验统计量对考察农村社会发展的五个变量进行检验，以选择合宜的面板回归模型。

1. 当农村社会发展程度 SP_{it} 由人口自然增长率（NGR_{it}）来考察时

由前文构建的普通面板回归模型，当人口自然增长率为被解释变量时，实证模型的形式为

$$NGR_{it} = \alpha + \beta_1 AI_{it} + \beta_2 PI_{it} + \beta_3 EPI_{it} + \beta_4 FAI_{it} + \mu_i + \varepsilon_{it} \quad (6-6)$$

其中，μ_i 为个体固定效应；ε_{it} 为服从 $iid(0, \sigma_\varepsilon^2)$ 的随机误差项。

下面使用 stata14.1 软件对该普通面板回归模型的混合效应、随机效应和固定效应进行判定。采用 LR 检验统计量判定混合效应模型还是固定效应模型，检验结果（LR = 469.28，P = 0.000 0）表明选择固定效应模型。判定混合效应模型还是随机效应模型时，检验统计量（BP = 752.74，P = 0.000 0；LR = 320.91，P = 0.000 0）检验结果表明采用随机效应模型。采用 Hausman 检验判定采用固定效应还是随机效应模型，检验结果（Hausman = 11.42，P = 0.022 2）在 5% 的显著性水平上拒绝原假设，采用固定效应模型。结合前文分析的思路和方法，初步判定采用固定效应的空间面板回归模型，然后根据空间面板回归模型的相关检验统计量确定具体的固定效应形式，最后结合空间面板随机效应和固定效应检验结果（Hausman = 25.511 9，P = 0.002 5），表明与普通面板检验结果一致。采用 Lagrange multiplier（LM）检验对空间面板回归模型的空间效应进行检验，检验结果如表 6-14 所示。

表 6-14　Lagrange multiplier（LM）检验

效应	类别	LM 值	P 值
混合 OLS pooled OLS	LM spatial lag	76. 936 7	0. 000
	LM spatial error	57. 298 6	0. 000
	robust LM spatial lag	46. 613	0. 000
	robust LM spatial error	26. 974 9	0. 000
空间固定效应 spatial fixed effects	LM spatial lag	34. 616 9	0. 000
	LM spatial error	24. 151 2	0. 000
	robust LM spatial lag	25. 162 4	0. 000
	robust LM spatial error	14. 696 7	0. 000
时间固定效应 time-period fixed effects	LM spatial lag	75. 570 5	0. 000
	LM spatial error	56. 269 6	0. 000
	robust LM spatial lag	45. 766 3	0. 000
	robust LM spatial error	26. 465 5	0. 000
双向固定效应 spatial and time period fixed effects	LM spatial lag	28. 877 5	0. 000
	LM spatial error	18. 765 2	0. 000
	robust LM spatial lag	25. 854 5	0. 000
	robust LM spatial error	15. 742 3	0. 000

表 6-14 结果表明，在混合 OLS 模型下，经典 LM 检验和稳健 LM 检验均在 1%的显著性水平上拒绝原假设，表明面板回归模型存在空间效应，宜采用空间面板回归模型。在空间固定效应、时间固定效应和双向固定效应下，经典 LM 检验和稳健 LM 检验均在 1%的显著性水平上拒绝原假设，表明在以上三种空间效应下使用空间滞后或空间误差模型，而较稳妥的做法是首先使用空间杜宾模型检验是否能简化为空间滞后或空间误差模型。下面使用 LR 检验判定空间面板回归模型使用空间固定效应、时间固定效应还是双向固定效应，然后再判定该模型的具体形式。LR 检验结果如表 6-15 所示。

表 6-15 Likelihood ratio (LR) 检验

假设检验	LR 值	P 值
原假设 H0：空间固定效应不显著	483.187 2	0.000 0
备择假设 H1：空间固定效应显著		
原假设 H0：时间固定效应不显著	18.006	0.054 9
备择假设 H1：时间固定效应显著		

由表 6-15 可知，LR 检验结果在 10% 的显著性水平上拒绝原假设，因此，采用双向固定效应模型较为合适。

结合表 6-14 和表 6-15 检验结果，初步判定采用双向固定效应的空间杜宾模型，具体形式为

$$NGR_{it} = \alpha + \beta_1 AI_{it} + \beta_2 PI_{it} + \beta_3 EPI_{it} + \beta_4 FAI_{it} + \rho W NGR_{it} +$$

$$\gamma_1 W AI_{it} + \gamma_2 W PI_{it} + \gamma_3 W EPI_{it} + \gamma_4 W FAI_{it} + \mu_I + \tau_t + \varepsilon_{it} \quad (6-7)$$

其中，ρ 表示衡量不同区域变量间依存度的空间自相关系数，μ_i 表示空间固定效应，τ_t 表示时间固定效应，ε_{it} 表示随机误差项，服从均值为 0，方差为 σ^2 的独立同分布。

为进一步确定使用空间杜宾模型的合理性，使用 Wald 检验和 LR 检验判定空间杜宾模型能否简化为空间误差或空间滞后模型，检验结果如表 6-16 所示。

表 6-16 Wald 检验与 LR 检验

假设检验	Wald 检验		LR 检验	
	Wald 值	P 值	LR 值	P 值
原假设 H0：模型可简化为空间滞后模型	24.515 5	0.000 1	24.507 5	0.000 1
备择假设 H1：模型不可简化为空间滞后模型				
原假设 H0：模型可简化为空间误差模型	31.745 9	0.000 0	31.551 0	0.000 0
备择假设 H1：模型不可简化为空间误差模型				

表 6-16 检验结果显示，Wald 检验和 LR 检验均在 1% 的显著性水平上拒绝原假设，因此确定采用双向固定效应下的空间杜宾模型。

综上所述，当农村社会发展程度由变量人口自然增长率来考察时，实证模型形式为双向固定效应下的空间杜宾模型。

2. 当农村社会发展程度 SP_{it} 由每百人移动电话拥有量（MPO_{it}）来考察时

普通面板回归模型形式为

$$MPO_{it} = \alpha + \beta_1\,AI_{it} + \beta_2\,PI_{it} + \beta_3\,EPI_{it} + \beta_4\,FAI_{it} + \mu_i + \varepsilon_{it} \qquad (6-8)$$

其中，μ_i 为个体固定效应；ε_{it} 为服从 $iid(0,\ \sigma_\varepsilon^2)$ 的随机误差项。

同样使用 stata14.1 软件对该普通面板回归模型的混合效应、随机效应和固定效应进行检验。在混合效应和固定效应模型之间选择时，LR 检验（LR = 296.37，P = 0.000 0）拒绝原假设，采用固定效应模型。在判定使用混合效应还是随机效应模型时，BP 检验（BP = 274.70，P = 0.000 0）和 LR 检验（LR = 133.03，P = 0.000 0）表明采用随机效应模型。Hausman 检验（Hausman = 36.55，P = 0.000 0）表明拒绝原假设，采用固定效应模型。该检验结果与空间面板回归模型固定效应和随机效应检验结果一致（Hausman = 83.112 5，P = 0.000 0），因此，采用固定效应模型。下面使用 LM 检验判定使用何种固定效应下的实证模型进行分析，检验结果如表 6-17 所示。

表 6-17　Lagrange multiplier（LM）检验

效应	类别	LM 值	P 值
混合 OLS pooled OLS	LM spatial lag	36.232 2	0.000
	LM spatial error	29.854 9	0.000
	robust LM spatial lag	7.943 9	0.005
	robust LM spatial error	1.566 6	0.211
空间固定效应 spatial fixed effects	LM spatial lag	64.251 6	0.000
	LM spatial error	31.068 9	0.000
	robust LM spatial lag	78.854 5	0.000
	robust LM spatial error	45.671 8	0.000
时间固定效应 time-period fixed effects	LM spatial lag	33.906 8	0.000
	LM spatial error	27.722 4	0.000
	robust LM spatial lag	7.856	0.005
	robust LM spatial error	1.671 5	0.196

表6-17(续)

效应	类别	LM 值	P 值
双向固定效应 spatial and time period fixed effects	LM spatial lag	57.877 3	0.000
	LM spatial error	26.340 9	0.000
	robust LM spatial lag	73.026 2	0.000
	robust LM spatial error	41.489 9	0.000

由表 6-17 可知，就混合 OLS 模型而言，经典 LM 检验均在 1% 的显著性水平上拒绝原假设，空间误差的稳健 LM 检验不能拒绝原假设，因此，模型存在空间效应，使用空间模型较为合适。在空间固定效应和双向固定效应下，经典 LM 和稳健 LM 检验均在 1% 的显著性水平上拒绝原假设，表明空间模型至少存在空间滞后或空间误差效应。在时间固定效应下，只有空间误差的稳健 LM 不能拒绝原假设，因此，空间模型至少存在空间滞后效应。接下来使用 LR 检验确定使用何种空间固定效应，检验结果如表 6-18 所示。

表 6-18　Likelihood ratio（LR）检验

假设检验	LR 值	P 值
原假设 H0：空间固定效应不显著	289.066 6	0.000 0
备择假设 H1：空间固定效应显著		
原假设 H0：时间固定效应不显著	4.088 1	0.943 3
备择假设 H1：时间固定效应显著		

表 6-18 中 LR 检验结果表明使用空间固定效应。同时有表 6-17 检验结果可知，在空间固定效应下，空间面板回归模型可能为空间滞后、空间误差模型或空间杜宾模型中的一种。采用前文分析方法，设定为空间固定效应下的杜宾模型，然后再用 Wald 检验和 LR 检验来判断空间杜宾模型设定的合理性。空间固定效应下的空间杜宾模型具体形式为

$$MPO_{it} = \alpha + \beta_1 AI_{it} + \beta_2 PI_{it} + \beta_3 EPI_{it} + \beta_4 FAI_{it} + \rho W MPO_{it} +$$
$$\gamma_1 W AI_{it} + \gamma_2 W PI_{it} + \gamma_3 W EPI_{it} + \gamma_4 W FAI_{it} + \mu_I + \varepsilon_{it} \quad (6\text{-}9)$$

其中，ρ 表示衡量不同区域变量间依存度的空间自相关系数，μ_i 表示空间固定效应，ε_{it} 表示随机误差项，服从均值为 0，方差为 σ^2 的独立同分布。

下面使用 Wald 检验与 LR 检验来进一步判断该模型设定的合理性，检验结果如表 6-19 所示。

表 6-19　Wald 检验与 LR 检验

假设检验	Wald 检验		LR 检验	
	Wald 值	P 值	LR 值	P 值
原假设 H0： 模型可简化为空间滞后模型	79. 673 6	0. 000 0	80. 763 2	0. 000 0
备择假设 H1： 模型不可简化为空间滞后模型				
原假设 H0： 模型可简化为空间误差模型	99. 648 9	0. 000 0	94. 857 4	0. 000 0
备择假设 H1： 模型不可简化为空间误差模型				

从表6-19可以看出，Wald 检验和 LR 检验结果均在1%的显著性水平上拒绝原假设，表明空间杜宾模型设定合理。

综上所述，当农村社会发展程度由每百人移动电话拥有量来考察时，实证模型为空间固定效应下的空间杜宾模型。

3. 当农村社会发展程度 SP_{it} 由农村劳动力人均受教育程度（EDY_{it}）来考察时

设定普通面板回归模型形式为

$$EDY_{it} = \alpha + \beta_1 AI_{it} + \beta_2 PI_{it} + \beta_3 EPI_{it} + \beta_4 FAI_{it} + \mu_i + \varepsilon_{it} \qquad (6-10)$$

其中，μ_i 为个体固定效应；ε_{it} 为服从 $iid(0, \sigma_\varepsilon^2)$ 的随机误差项。

接下来使用相关检验统计量确定使用混合效应、随机效应还是固定效应模型。在混合效应和固定效应模型间选择时，LR 检验（LR = 1 200.74，P = 0.000 0）结果表明使用固定效应模型。在混合效应和随机效应模型之间选择时，BP 检验（BP = 1 245.76，P = 0.000 0）和 LR 检验（LR = 962.94，P = 0.000 0）结果表明使用随机效应模型。在固定效应和随机效应模型间选择时，Hausman 检验（Hausman = 13.65，P = 0.008 5）结果表明使用固定效应模型，与空间面板回归模型的该检验结果一致。因此，初步判定空间面板回归模型为固定效应下的回归模型。实证模型是否具有空间效应、空间面板回归模型使用何种形式以及使用固定效应形式，需借助 LM 检验进行判定，LM 检验结果如表6-20所示。

表 6-20 Lagrange multiplier (LM) 检验

效应	类别	LM 值	P 值
混合 OLS pooled OLS	LM spatial lag	77. 2	0. 000
	LM spatial error	55. 918 1	0. 000
	robust LM spatial lag	25. 645 6	0. 000
	robust LM spatial error	4. 363 7	0. 037
空间固定效应 spatial fixed effects	LM spatial lag	26. 288 4	0. 000
	LM spatial error	18. 259 6	0. 000
	robust LM spatial lag	15. 730 1	0. 000
	robust LM spatial error	7. 701 3	0. 006
时间固定效应 time-period fixed effects	LM spatial lag	75. 972 1	0. 000
	LM spatial error	55. 925 4	0. 000
	robust LM spatial lag	23. 567 8	0. 000
	robust LM spatial error	3. 521 2	0. 061
双向固定效应 spatial and time period fixed effects	LM spatial lag	25. 693	0. 000
	LM spatial error	17. 948 2	0. 000
	robust LM spatial lag	13. 945	0. 000
	robust LM spatial error	6. 200 1	0. 013

由表 6-20 的检验结果可知，在普通面板混合 OLS 模型下，经典 LM 检验和稳健 LM 检验均在 5% 的显著性水平上拒绝原假设，表明模型存在空间效应，宜使用空间面板回归模型。在空间固定效应下，经典 LM 检验和稳健 LM 检验均在 1% 的显著性水平上拒绝原假设，表明空间面板回归模型至少存在空间滞后或空间误差项。同理，在时间固定效应和双向固定效应下，经典 LM 检验和稳健 LM 检验分别在 10% 和 5% 的显著性水平上拒绝原假设，表明空间面板回归模型至少存在空间滞后或空间误差项。

接下来使用 LR 检验判定使用何种空间固定效应，检验结果如表 6-21 所示。

表 6-21 Likelihood ratio（LR）检验

假设检验	LR 值	P 值
原假设 H0：空间固定效应不显著	1 192.928 0	0.000 0
备择假设 H1：空间固定效应显著		
原假设 H0：时间固定效应不显著	0.696 9	1.000 0
备择假设 H1：时间固定效应显著		

从表 6-21 检验结果可知，LR 检验结果表明使用空间固定效应。在空间固定效应下，空间面板回归模型可能为空间滞后模型、空间误差模型或空间杜宾模型中的一种，设定该空间面板回归模型为空间固定效应下的空间杜宾模型，其形式为

$$EDY_{it} = \alpha + \beta_1 AI_{it} + \beta_2 PI_{it} + \beta_3 EPI_{it} + \beta_4 FAI_{it} +$$
$$\rho W EDY_{it} + \gamma_1 W AI_{it} + \gamma_2 W PI_{it} + \gamma_3 W EPI_{it} + \gamma_4 W FAI_{it} + \mu_I + \varepsilon_{it}$$

$$(6-11)$$

其中，ρ 表示衡量不同区域变量间依存度的空间自相关系数，μ_i 表示空间固定效应，ε_{it} 表示随机误差项，服从均值为 0，方差为 σ^2 的独立同分布。

使用 Wald 检验和 LR 检验判定以上空间杜宾模型设定的合理性，检验结果如表 6-22 所示。

表 6-22 Wald 检验与 LR 检验

假设检验	Wald 检验		LR 检验	
	Wald 值	P 值	LR 值	P 值
原假设 H0：模型可简化为空间滞后模型	9.447 6	0.050 8	10.168 9	0.037 7
备择假设 H1：模型不可简化为空间滞后模型				
原假设 H0：模型可简化为空间误差模型	14.465 9	0.005 9	15.474 5	0.003 8
备择假设 H1：模型不可简化为空间误差模型				

由表 6-22 可知，在检验模型是否能简化为空间滞后模型的检验中，Wald 检验和 LR 检验分别在 10% 和 5% 的显著性水平上拒绝原假设；在检验模型能否简化为空间误差模型的检验中，Wald 检验和 LR 检验均在 1% 的显著性水平

上拒绝原假设。因此，使用空间杜宾模型具有合理性。

综上所述，当农村社会发展程度由农村劳动力人均受教育程度考察时，实证模型形式为空间固定效应下的空间杜宾模型。

4. 当农村社会发展程度 SP_{it} 由每千农业人口乡镇卫生院床位数（BTH_{it}）来考察时

设定普通面板回归模型形式为

$$BTH_{it} = \alpha + \beta_1 AI_{it} + \beta_2 PI_{it} + \beta_3 EPI_{it} + \beta_4 FAI_{it} + \mu_i + \varepsilon_{it} \qquad (6-12)$$

其中，μ_i 为个体固定效应；ε_{it} 为服从 $iid(0, \sigma_\varepsilon^2)$ 的随机误差项。

接下来检验该普通面板回归模型的混合效应、随机效应和固定效应。判定使用混合效应模型还是固定效应模型，LR 检验（LR = 382.06，P = 0.000 0）结果表明使用固定效应。在混合效应模型和随机效应模型之间选择时，BP 检验（BP = 578.16，P = 0.000 0）和 LR 检验（LR = 241.69，P = 0.000 0）结果表明使用随机效应。在固定效应和随机效应之间选择时，Hausman 检验（Hausman = 17.75，P = 0.001 4）结果表明使用固定效应。其检验结果与空间面板回归模型 Hausman 检验结果一致，因此初步设定实证模型为固定效应模型。同样使用 LM 检验判定实证模型的空间效应以及空间模型形式，LM 检验结果如表 6-23 所示。

表 6-23 Lagrange multiplier（LM）检验

效应	类别	LM 值	P 值
混合 OLS pooled OLS	LM spatial lag	3.522 7	0.061
	LM spatial error	7.423 9	0.006
	robust LM spatial lag	16.262 5	0.000
	robust LM spatial error	20.163 6	0.000
空间固定效应 spatial fixed effects	LM spatial lag	7.027 7	0.008
	LM spatial error	8.494 2	0.004
	robust LM spatial lag	0.893 2	0.345
	robust LM spatial error	2.359 7	0.125
时间固定效应 time-period fixed effects	LM spatial lag	3.103 4	0.078
	LM spatial error	7.083 7	0.008
	robust LM spatial lag	11.270 7	0.001
	robust LM spatial error	15.251	0.000

表6-23(续)

效应	类别	LM 值	P 值
双向固定效应 spatial and time period fixed effects	LM spatial lag	5.694 2	0.017
	LM spatial error	6.439 5	0.011
	robust LM spatial lag	0.190 8	0.662
	robust LM spatial error	0.936 2	0.333

由表 6-23 可知，在实证模型空间效应的检验中，经典 LM 检验和稳健 LM 检验分别在 10% 和 1% 的显著性水平上拒绝原假设，使用空间面板回归模型合适。在空间固定效应下，经典 LM 检验在 1% 的显著性水平上拒绝原假设，而稳健 LM 检验接受原假设。根据本书判定规则，在空间固定效应下空间面板回归模型至少存在空间滞后或空间误差项。在时间固定效应下，经典 LM 检验和稳健 LM 检验均在 10% 的显著性水平上拒绝原假设，表明空间面板回归模型至少存在空间滞后或空间误差项。在双向固定效应下，经典 LM 检验在 5% 的显著性水平上拒绝原假设，而稳健 LM 检验接受原假设，表明空间面板回归模型至少存在空间滞后或空间误差项。

而要判定使用何种空间固定效应形式，需要 LR 检验统计量检验结果进行判定。LR 检验结果如表 6-24 所示。

表 6-24　Likelihood ratio（LR）检验

假设检验	LR 值	P 值
原假设 H0：空间固定效应不显著	384.424 6	0.000 0
备择假设 H1：空间固定效应显著		
原假设 H0：时间固定效应不显著	4.280 9	0.933 8
备择假设 H1：时间固定效应显著		

表 6-24 检验结果表明使用空间固定效应模型。根据表 6-23 检验结果设定实证模型为空间固定效应下的杜宾模型，其形式为

$$\text{BTH}_{it} = \alpha + \beta_1 \text{AI}_{it} + \beta_2 \text{PI}_{it} + \beta_3 \text{EPI}_{it} + \beta_4 \text{FAI}_{it} + \rho W \text{BTH}_{it} +$$
$$\gamma_1 W \text{AI}_{it} + \gamma_2 W \text{PI}_{it} + \gamma_3 W \text{EPI}_{it} + \gamma_4 W \text{FAI}_{it} + \mu_I + \varepsilon_{it} \quad (6\text{-}13)$$

其中，ρ 表示衡量不同区域变量间依存度的空间自相关系数，μ_i 表示空间固定效应，ε_{it} 表示随机误差项，服从均值为 0，方差为 σ^2 的独立同分布。

下面使用 Wald 检验和 LR 检验判定该模型设定的合理性，检验结果如

表 6-25 所示。

表 6-25　Wald 检验与 LR 检验

假设检验	Wald 检验		LR 检验	
	Wald 值	P 值	LR 值	P 值
原假设 H0： 模型可简化为空间滞后模型	28.514 8	0.000 0	28.875 7	0.000 0
备择假设 H1： 模型不可简化为空间滞后模型				
原假设 H0： 模型可简化为空间误差模型	26.936 8	0.000 0	26.673 0	0.000 0
备择假设 H1： 模型不可简化为空间误差模型				

从表 6-25 检验结果可知，Wald 检验和 LR 检验均在 1% 的显著性水平上拒绝原假设，表明使用空间杜宾模型为最优选择。

综上所述，当农村社会发展程度由每千农业人口乡镇卫生院床位数考察时，实证模型选择为空间固定效应下的空间杜宾模型。

5. 当农村社会发展程度 SP_{it} 由自然灾害救济费（$NDRF_{it}$）来考察时

同上，设定普通面板回归模型，其形式为

$$NDRF_{it} = \alpha + \beta_1 AI_{it} + \beta_2 PI_{it} + \beta_3 EPI_{it} + \beta_4 FAI_{it} + \mu_i + \varepsilon_{it} \quad (6\text{-}14)$$

其中，μ_i 为个体固定效应；ε_{it} 为服从 $iid(0, \sigma_\varepsilon^2)$ 的随机误差项。

下面对该模型的混合效应、随机效应和固定效应进行检验。判定选择混合效应或者固定效应模型，LR 检验（LR = 267.15，P = 0.000 0）结果表明选择固定效应模型。在混合效应模型和随机效应模型之间选择时，BP 检验（BP = 314.61，P = 0.000 0）和 LR 检验（LR = 131.19，P = 0.000 0）结果表明选择随机效应模型。在固定效应和随机效应模型间选择时，Hausman 检验（Hausman = 3.10，P = 0.541 0），表明使用随机效应模型。该检验结果与空间面板回归模型 Hausman 检验（Hausman = 28.641 5，P = 0.000 7）结果不一致。根据空间面板回归模型 Hausman 检验结果判定使用空间固定效应模型，而要得出该结论首先应检验模型是否具有空间效应，然后再确定模型的具体固定效应形式以及模型形式。同样使用 LM 检验进行判定，检验结果如表 6-26 所示。

表 6-26　Lagrange multiplier（LM）检验

效应	类别	LM 值	P 值
混合 OLS pooled OLS	LM spatial lag	108.638 8	0.000
	LM spatial error	114.200 3	0.000
	robust LM spatial lag	2.800 5	0.094
	robust LM spatial error	8.362 1	0.004
空间固定效应 spatial fixed effects	LM spatial lag	120.742 0	0.000
	LM spatial error	120.845 1	0.000
	robust LM spatial lag	0.168 9	0.681
	robust LM spatial error	0.272 0	0.602
时间固定效应 time-period fixed effects	LM spatial lag	54.294 1	0.000
	LM spatial error	55.142 0	0.000
	robust LM spatial lag	3.783 3	0.052
	robust LM spatial error	4.631 2	0.031
双向固定效应 spatial and time period fixed effects	LM spatial lag	2.885 7	0.089
	LM spatial error	2.943 4	0.086
	robust LM spatial lag	0.023 4	0.878
	robust LM spatial error	0.081 1	0.776

据表 6-26 检验结果，就检验回归模型的空间效应而言，经典 LM 检验和稳健 LM 检验分别在 1% 和 10% 的显著性水平上拒绝原假设，表明模型存在空间效应，宜使用空间模型。在空间固定效应下，经典 LM 检验在 1% 的显著性水平上拒绝原假设，而稳健 LM 检验接受原假设，本书判定空间模型至少存在空间滞后或空间误差项。在时间固定效应下，经典 LM 检验和稳健 LM 检验分别在 1% 和 10% 的显著性水平上拒绝原假设，表明空间模型至少存在空间滞后或空间误差项。在双向固定效应下，经典 LM 检验在 10% 的显著性水平上拒绝原假设，而稳健 LM 检验接受原假设，同样表明空间模型至少存在空间滞后或空间误差项。

为判定空间面板回归模型具体的空间效应形式，使用 LR 检验统计量进行检验，检验结果如表 6-27 所示。

表 6-27 Likelihood ratio（LR）检验

假设检验	LR 值	P 值
原假设 H0：空间固定效应不显著	341.848 1	0.000 0
备择假设 H1：空间固定效应显著		
原假设 H0：时间固定效应不显著	172.949 0	0.000 0
备择假设 H1：时间固定效应显著		

由表 6-27 可知，LR 检验均在 1% 的显著性水平上拒绝原假设，表明使用双向固定效应。据表 6-26 和表 6-27 检验结果，初步设定实证模型为双向固定效应下的空间杜宾模型，其具体形式为

$$\text{NDRF}_{it} = \alpha + \beta_1\,\text{AI}_{it} + \beta_2\,\text{PI}_{it} + \beta_3\,\text{EPI}_{it} + \beta_4\,\text{FAI}_{it} + \rho W\,\text{NDRF}_{it} +$$

$$\gamma_1 W\,\text{AI}_{it} + \gamma_2 W\,\text{PI}_{it} + \gamma_3 W\,\text{EPI}_{it} + \gamma_4 W\,\text{FAI}_{it} + \mu_l + \tau_t + \varepsilon_{it} \quad (6\text{-}15)$$

其中，ρ 表示衡量不同区域变量间依存度的空间自相关系数，μ_i 表示空间固定效应，τ_t 表示时间固定效应，ε_{it} 表示随机误差项，服从均值为 0，方差为 σ^2 的独立同分布。

使用 Wald 检验和 LR 检验判定该模型设定的合理性，检验结果如表 6-28 所示。

表 6-28 Wald 检验与 LR 检验

假设检验	Wald 检验		LR 检验	
	Wald 值	P 值	LR 值	P 值
原假设 H0：模型可简化为空间滞后模型	28.928 8	0.000 0	28.008 1	0.000 0
备择假设 H1：模型不可简化为空间滞后模型				
原假设 H0：模型可简化为空间误差模型	28.046 0	0.000 0	27.395 9	0.000 0
备择假设 H1：模型不可简化为空间误差模型				

由表 6-28 可知，Wald 检验和 LR 检验均在 1% 的显著性水平上拒绝原假设，表明使用空间杜宾模型最为合理。

综上所述，当农村社会发展程度由自然灾害救济费来考察时，选择双向固定效应下的空间杜宾模型作为实证模型。

三、实证结果与分析

根据上节模型检验结果，本节使用 MATLAB2015b 软件对考察农村社会发展的 6 个指标所构建的空间面板回归模型分别进行估计，实证分析如下。

（一）当农村社会发展程度 SP_{it} 由人口自然增长率（NGR_{it}）来考察时

由上节分析，此种情况下选择双向固定效应下的空间杜宾模型最为合适。使用误差修正的 ML 进行估计，估计结果如表 6-29 所示。

表 6-29 计量模型估计结果

变量	空间杜宾模型			普通面板模型
	双向固定效应模型	空间固定效应模型	时间固定效应模型	简单 OLS 模型
AI	0.005 7	−0.019 2	−0.516 3 ***	−0.757 4 ***
	(0.028 2)	(−0.089 1)	(−4.981 4)	(−6.244 5)
PI	−0.048 1	−0.048 1	0.062 5	−0.016 9
	(−1.285 1)	(−1.197 0)	(1.303 7)	(−0.290 7)
EPI	−0.432 5	−0.510 3	−0.118 7	0.169 0 *
	(−1.376 8)	(−1.530 8)	(−1.236 2)	(1.181 7)
FAI	0.321 2 ***	0.292 3 ***	0.174 5 ***	0.182 8 **
	(4.035 2)	(3.448 1)	(2.897 0)	(2.520 5)
$W * AI$	−0.450 3	−0.562 5	−1.330 9 ***	
	(−0.941 4)	(−1.103 9)	(−5.140 0)	
$W * PI$	−0.054 6	−0.032 9	−0.027 2	
	(−0.674 3)	(−0.383 8)	(−0.288 0)	
$W * EPI$	−2.650 7 ***	−2.393 3 ***	0.574 6 ***	
	(−4.595 1)	(−3.893 7)	(3.620 4)	
$W * FAI$	0.364 6 **	0.331 2 **	0.156 1	
	(2.303 0)	(1.978 0)	(1.072 8)	
$W * NGR$	0.331 0 ***	0.388 0 ***	0.604 0 ***	
	(4.834 5)	(5.907 1)	(11.995 3)	
截距				0.023 2
				(0.569 0)
R-squared	0.861 5	0.855 6	0.489 4	0.130 9

注：***、**、* 分别表示在 1%、5% 和 10% 的显著性水平上显著；括号中为对应 t 值；下同。

从表6-29可知，就拟合优度 R^2 而言，空间面板回归模型优于普通面板回归模型，且在空间面板回归模型中，双向固定效应下的空间杜宾模型为最优，表明模型选择合理。被解释变量人口自然增长率的空间滞后项系数为正，且在1%的显著性水平上显著，表明人口自然增长率在临接省份间存在显著的正向空间溢出效应，即临接省份人口自然增长率的增加会显著促进本省该变量值的增加。临接省份间在空间地理位置、经济发展、文化背景和传统习俗方面具有较大的趋同性，在其他条件不变的情况下，临接省份人口自然增长率的增加会促使本省效仿，致使本省人口自然增长率增加，降低本省农村社会发展水平。

从核心解释变量的空间滞后项看，农业生态资本主动型投资和被动型投资的空间滞后项系数虽然均为负值，但均不显著，表明临接省份以上该核心解释变量的变化不会对本省人口自然增产率产生显著影响。人口增长率虽然作为考察农村社会发展的一个方面，但农业生态资本投资主要作用于农业领域，而通过农业或农村方面的变化进而对人口增产率产生影响，尤其是通过临接省份该变量的变化而对本省人口增长率产生影响的间接作用微小。

从控制变量的空间滞后项看，第一产业从业人数的空间滞后项系数为负且在1%水平上显著，表明临接省份该解释变量的增加会导致本省人口自然增长率显著降低。在短期内其他条件不变的情况下，临接省份第一产业从业人数需求增加，将导致本省农村劳动力向临接省份转移，本省劳动力的转移无疑还导致本省人口自然增长率的降低。即在人口流动方面，省份间存在显著的竞争关系，且该竞争关系显著强于省份间的空间溢出作用。农户固定资产投资的空间滞后项系数为正且在5%的显著性水平上显著，表明临接省份该解释变量的增加会显著增加本省人口自然增长率。临接省份农户固定资产投资增加，使得临接省份农户可持续生产能力增加，一方面临接省份富裕的生产力会向本省转移，另一方面本省农户同样会效仿临接省份增加农户固定资产投资。可以预见的是，在一定范围内随着农户固定资产投资增加，农户生活水平得到一定提高，同时伴随着新生人口的增加，人口自然增长率增加，而人口自然增减率的增加一定程度上会降低农村社会发展程度。

下面将农业生态资本投资对人口自然增长率的影响分解为直接效应、间接效应和总效应，结果如表6-30所示。

表 6-30 空间杜宾模型直接效应、间接效应与总效应

变量	直接效应	间接效应	总效应
	系数	系数	系数
AI	−0.036 2	−0.602 1	−0.638 2
	(−0.181 4)	(−0.868 7)	(−0.842 9)
PI	−0.054 0	−0.094 1	−0.148 2
	(−1.337 9)	(−0.790 2)	(−1.087 9)
EPI	−0.691 5**	−3.924 0***	−4.615 5***
	(−2.197 9)	(−5.063 5)	(−5.174 7)
FAI	0.358 6***	0.667 9***	1.026 6***
	(4.352 3)	(3.040 6)	(4.112 7)

从核心解释变量看,农业生态资本主动型投资和被动型投资的直接效应、间接效应和总效应系数均为负且均不显著,表明核心解释变量在统计学意义上不会对人口自然增长率产生显著影响。农业生态资本投资作用于农业和农村经济等方面,而人口自然增长率的变化受多种因素的影响,显然农业生态资本投资并不是影响人口自然增长率变化的重要因素。

从控制变量看,第一产业从业人数的直接效应、间接效应和总效应系数均为负且显著,同时间接效应的作用明显大于直接效应。这表明研究区间内本省份第一产业从业人数的增加会显著抑制本省份人口自然增长率的增长,而临接省份该解释变量的增加对本省份人口自然增长率的抑制作用大于本省份该解释变量的抑制作用。间接效应作用大于直接效应作用反映出在通过增加劳动力提高经济发展水平的阶段,省份间劳动力存在明显的竞争关系,临接省份通过吸引本省份劳动力转移或省份间在人口控制上的模仿作用,导致本省份人口自然增长率下降。在空间作用相互作用的情况下,第一产业从业人数的增加将显著降低人口自然增长率,明显提高农村社会发展程度。农户固定资产投资的直接效应、间接效应和总效应的系数为正且显著,表明本省份和临接省份农户固定资产投资的增加都将促进本省人口自然增长率的增加。本省农户固定资产投资水平的增加,提高本省农业发展和农民生活水平,在研究区间内农民生活水平的提高会在一定程度上增强生育意愿和生育能力,本省人口自然增长率增加。同样的原因,临接省份人口增加,而增加的过剩人口将会向本省份转移,同时由于本省份农户对增加生育产生的模仿行为,共同促进本省份人口增长率增加。因此,在考虑省份间空间作用的情况下,农户固定资产投资水平的增加会明显提高人口自然增长率,降低农村社会发展水平。

（二）当农村社会发展程度 SP_{it} 由每百人移动电话拥有量（ MPO_{it} ）考察时

本部分使用的实证模型为空间固定效应下的空间杜宾模型，模型估计结果如表 6-31 所示。

表 6-31　计量模型估计结果

变量	空间杜宾模型			普通面板模型
	空间固定 效应模型	时间固定 效应模型	双向固定 效应模型	简单 OLS 模型
AI	−0.015 9	0.077 7**	−0.020 5	0.031 1
	(−0.222 2)	(2.420 3)	(−0.303 2)	(0.920 0)
PI	0.024 6*	−0.027 2*	0.023 7*	−0.055 0***
	(1.839 8)	(−1.794 7)	(1.869 5)	(−3.404 2)
EPI	0.411 2***	−0.188 5***	0.404 4***	−0.092 9***
	(3.744 0)	(−6.275 3)	(3.861 1)	(−3.574 8)
FAI	0.091 8***	0.128 6***	0.098 0***	0.094 9***
	(3.187 9)	(6.675 6)	(3.558 8)	(4.699 2)
$W*AI$	−0.410 6**	−0.178 8**	−0.406 9**	
	(−2.428 4)	(−2.239 3)	(−2.521 5)	
$W*PI$	−0.056 5**	−0.011 9	−0.053 6**	
	(−1.990 0)	(−0.392 0)	(−1.971 7)	
$W*EPI$	0.657 1***	0.021 9	0.686 1***	
	(3.194 0)	(0.431 1)	(3.492 6)	
$W*FAI$	0.423 6***	0.197 6***	0.435 4***	
	(7.342 4)	(4.123 2)	(7.858 8)	
$W*MPO$	0.298 0***	0.337 0***	0.279 0***	
	(4.422 1)	(5.016 3)	(4.100 7)	
截距				−0.034 3***
				(−3.018 5)
R-squared	0.796 3	0.346 0	0.798 2	0.136 3

注：***、**、*分别表示在1%、5%和10%的显著性水平上显著；括号中为对应 t 值；下同。

从表 6-31 模型估计结果可以看出，在拟合优度 R^2 方面，空间面板回归模型明显优于普通面板回归模型，选择空间固定效应下的空间杜宾模型较合理。被解释变量每百人移动电话拥有量的空间滞后项系数为正且在 1% 的显著性水平上显著，反映出该变量在省份间存在显著的空间溢出效应。临接省份农民生活水平的提高同样会显著提高本省份农民生活水平，原因是相邻省份间在人口、经济和社会生产活动等方面存在密切交流和联系。在发展经济提高农民生活水平方面，既相互竞争又相互促进，显然在研究区间内在农民生活水平方面相邻省份间存在显著的相互促进作用。

从核心解释变量的空间滞后项看，农业生态资本主动型投资和被动型投资的系数均为负且显著，同时农业生态资本主动型投资的系数绝对值大于农业生态资本被动型投资系数的绝对值。这表明临接省份农业生态资本主动型投资和被动型投资的增加会显著降低本省农民生活水平，且农业生态资本主动型投资的降低作用明显强于农业生态资本被动型投资的降低作用。临接省份农业生态资本投资的增加促使临接省份农业经济发展水平提高，导致本省份农业生产诸如资金、技术等资源向临接省份转移，不利于本省份农业经济发展，农民生活水平降低，抑制农村社会发展。

从控制变量的空间滞后项看，临接省份第一产业从业人数和农户固定资产投资水平的增加均显著提高本省农民生活水平，表明以上控制变量存在显著的空间溢出效应。第一产业从业人员人数和农户固定投资水平分别反映农业生产劳动力数量和劳动力的可持续生产能力，临接省份以上变量的增加会促使临接省份农业和农村得到一定发展，会对本省份产生示范作用。进而通过诸如人口转移、技术溢出等促使本省份农民生活水平得到提高，促进农村社会发展。

下面从直接效应、间接效应和总效应分析农业生态资本主动型投资和被动型投资对农民生活水平的影响。结果如表6-32所示。

表6-32　空间杜宾模型直接效应、间接效应与总效应

变量	直接效应	间接效应	总效应
	系数	系数	系数
AI	−0.042 3	−0.556 8**	−0.599 2**
	(−0.604 5)	(−2.349 2)	(−2.328 4)
PI	0.020 3	−0.066 3*	−0.046 0
	(1.447 7)	(−1.701 6)	(−1.036 7)
EPI	0.475 0***	1.050 2***	1.525 1***
	(4.115 2)	(3.914 3)	(5.137 7)
FAI	0.126 1***	0.608 0***	0.734 0***
	(4.249 6)	(7.769 0)	(8.390 9)

从核心解释变量看，农业生态资本主动型投资的直接效应、间接效应和总效应系数为负但只有直接效应系数不显著。这表明研究区间内本省份农业生态资本主动型投资不会对本省份农民生活产生显著影响；而临接省份该解释变量的增加，会导致本省农业生产资金、技术等要素的流出，将明显阻碍本省份农业经济发展，降低本省份农民生活水平。在省份间空间作用下，农业生态资本主动型投资将显著降低农民生活水平，降低农村社会发展程度。

农业生态资本被动型投资的直接效应系数为正但不显著，其间接效应系数为负且显著，总效应系数为负不显著。这表明本省增加该解释变量投入在统计上并不会对农民生活水平产生显著影响；而临接省份该解释变量的增加将导致本省份农业重要生产要素转移到临接省份，阻碍本省份农业和农村经济发展，不利于提高本省份农民生活水平。为正的直接效应和为负的间接效应相互作用导致总效应不显著。

从控制变量看，第一产业从业人数和农户固定资产投资的直接效应、间接效应和总效应系数为正且均显著。这反映出本省份和临接省份以上两个变量的增加都将显著提高本省份农民生活水平，提高本省份农村社会发展水平。第一产业从业人数和农户固定资产投资水平的增加，在研究区间内其他条件不变的情况下，将显著提高农业经济和农村社会发展水平，增加社会福利，促进农村社会发展。因此，考虑省份间空间影响情况下，以上控制变量的增加将明显提高农民生活水平，促进农村社会发展。

（三）当农村社会发展程度 SP_{it} 由农村劳动力人均受教育程度（ EDY_{it} ）考察时

根据上节模型检验结果，本部分使用的实证模型为空间固定效应下的空间杜宾模型，计量模型估计结果如表 6-33 所示。

表 6-33　计量模型估计结果

变量	空间杜宾模型			普通面板模型
	空间固定效应模型	时间固定效应模型	双向固定效应模型	简单 OLS 模型
AI	0.016 2**	0.112 1***	0.016 2**	0.133 4***
	−1.963 6	(8.945 6)	(2.070 0)	(8.967 7)
PI	−0.000 4	0.009 7	−0.000 4	0.000 2
	(−0.246 5)	(1.642 0)	(−0.280 0)	(0.034 4)
EPI	0.001 4	−0.054 0***	0.001 6	−0.071 6***
	−0.113 7	(−4.527 9)	(0.131 5)	(−6.255 4)

表6-33(续)

变量	空间杜宾模型			普通面板模型
	空间固定效应模型	时间固定效应模型	双向固定效应模型	简单 OLS 模型
FAI	0.013 8***	0.002 3	0.014 1***	0.009 0
	-4.284	(0.300 6)	(4.582 3)	(1.013 4)
$W*AI$	-0.000 7	-0.134 8***	0.000 0	
	(-0.034 8)	(-4.235 1)	(0.000 7)	
$W*PI$	-0.002 0	-0.031 8***	-0.002 0	
	(-0.613 0)	(-2.731 7)	(-0.647 7)	
$W*EPI$	0.048 8**	-0.071 8***	0.048 6**	
	(2.131 3)	(-3.498 2)	(2.224 5)	
$W*FAI$	0.011 8*	0.140 2***	0.012 1**	
	(1.847 8)	(7.573 9)	(1.967 5)	
$W*EDY$	0.329 0***	0.450 0***	0.329 0***	
	(4.742 2)	(7.368 9)	(4.746 0)	
截距				-0.014 6***
				(-2.910 3)
R-squared	0.987 9	0.556 2	0.987 9	0.253 5

注: ***、**、* 分别表示在1%、5%和10%的显著性水平上显著; 括号中为对应 t 值; 下同。

从拟合优度 R^2 可以看出空间面板回归模型优于普通面板回归模型, 且采用空间固定效应下的空间杜宾模型最为合适。被解释变量农村劳动力人均受教育程度的空间滞后项系数为正且在1%的显著性水平上显著。这表明该变量具有显著的空间溢出效益, 即临接省份该变量值的增加会显著增加本省份农村劳动力人均受教育水平。在其他条件保持不变的情况下, 临接省份农村教育的发展会对本省份形成示范作用, 促使本省份农村教育水平的提高, 农村劳动力人均受教育水平增加, 提高农村社会发展程度。

从核心解释变量的空间滞后项看, 农业生态资本主动型投资和被动型投资的系数值小, 且不显著。这表明临接省份农业生态资本主动型投资和被动型投资的变动无益于本省份农村劳动力人均受教育程度的变化。

从控制变量的空间滞后项看, 临接省份第一产业从业人数和农户固定资产投资均对本省份农村劳动力人均受教育程度产生显著的正向影响, 空间溢出效应明显。由此表明临接省份第一产业从业人数和农户固定资产投资的增加通过人口转移和示范效应促使本省份提高农村发展水平, 提高农村劳动力受教育水平，促进农村社会发展。

将农业生态资本主动型投资和被动型投资对农村劳动力人均受教育程度的影响分解为直接效应、间接效应和总效应进行分析，分解结果如表6-34所示。

表6-34　空间杜宾模型直接效应、间接效应与总效应

变量	直接效应	间接效应	总效应
	系数	系数	系数
AI	0.016 9**	0.006 0	0.022 8
	(2.102 9)	(0.216 3)	(0.758 5)
PI	−0.000 6	−0.003 2	−0.003 7
	(−0.362 3)	(−0.657 1)	(−0.683 6)
EPI	0.005 6	0.069 8**	0.075 3**
	(0.442 2)	(2.154 1)	(2.096 0)
FAI	0.015 2***	0.023 1**	0.038 3***
	(4.555 5)	(2.590 5)	(3.829 1)

从核心解释变量看，农业生态资本主动型投资的直接效应为正且显著但系数值较小，表明本省该解释变量的增加会显著提高本省份农村劳动力人均受教育程度但作用程度较小。农业生态资本主动型投资将使本省份农业和农村经济得到一定发展，当地政府和农村劳动力将具备提高教育投资和受教育的较大的物质基础，农村劳动力受教育程度增加。而该解释变量的间接效应不显著，在考虑空间作用的影响下，不显著的间接作用抵消了显著的直接效应，因此该变量的总效应不显著，农业生态资本主动型投资对农村劳动力受教育程度无明显影响。

农业生态资本被动型投资的直接效应、间接效应和总效应的系数为负且不显著，同时系数值较小。这表明研究区间内在其他条件不变的情况下，农业生态资本被动型投资无益于农村劳动力受教育程度的改变。

（四）当农村社会发展程度 SP_{it} 由每千农业人口乡镇卫生院床位数（BTH_{it}）考察时

本部分的实证模型为空间固定效应下的空间杜宾模型，计量模型估计结果如表6-35所示。

表 6-35　计量模型估计结果

变量	空间杜宾模型			普通面板模型
	空间固定效应模型	时间固定效应模型	双向固定效应模型	简单 OLS 模型
AI	0.291 7 **	0.001 7	0.298 8 **	0.065 0
	(2.347 1)	(0.029 4)	(2.542 3)	(1.130 7)
PI	-0.069 9 ***	-0.024 7	-0.071 9 ***	-0.020 6
	(-2.995 2)	(-0.888 5)	(-3.252 9)	(-0.749 8)
EPI	-0.544 7 ***	0.173 0 ***	-0.515 2 ***	0.076 0 *
	(-2.856 8)	(3.143 9)	(-2.836 9)	(1.719 0)
FAI	-0.095 0 *	-0.023 9	-0.083 4 *	0.033 3
	(-1.946 4)	(-0.686 1)	(-1.798 4)	(0.967 9)
$W*AI$	-0.216 6	-0.468 7 ***	-0.185 8	
	(-0.734 0)	(-3.206 5)	(-0.660 1)	
$W*PI$	-0.123 1 **	-0.109 2 **	-0.136 2 ***	
	(-2.446 2)	(-1.994 3)	(-2.824 0)	
$W*EPI$	0.863 4 **	-0.028 2	0.853 4 ***	
	(2.502 4)	(-0.307 5)	(2.608 0)	
$W*FAI$	0.309 4 ***	0.092 0	0.309 9 ***	
	(3.301 7)	(1.091 9)	(3.474 7)	
$W*BTH$	0.134 0 *	0.171 0 **	0.103 0	
	(1.726 9)	(2.288 0)	(1.321 6)	
截距				-0.007 2
				(-0.374 8)
R-squared	0.789 9	0.252 7	0.792 3	0.149 0

注:***、**、*分别表示在1%、5%和10%的显著性水平上显著;括号中为对应 t 值;下同。

　　从表 6-35 可知,空间面板回归模型的拟合优度 R^2 明显高于普通面板回归模型,表明选择空间面板回归模型最为恰当。被解释变量每千农业人口乡镇卫生院床位数的空间滞后项系数为正且显著,表明临接省份该变量值的增加会显著提高本省份农村医疗设施水平,但较小的系数同时表明该提高作用不明显。农村医疗设施水平的改善很大程度上受地方政府财政收支的影响。受地方政府政绩考核的督促,临接省份农村医疗设施水平的提高,将促使本省进行模仿,提高本省份农村医疗设施水平,但由于受地方政府财政收支预算的限制,该提高作用不明显。

从核心解释变量的空间滞后项看，农业生态资本主动型投资的系数为负且不显著，表明临接省份该解释变量的变化不会对本省份农村医疗设施水平产生明显作用。农业生态资本被动型投资的系数为负且显著，表明临接省份该解释变量的增加将显著降低本省份农村医疗设施水平，但较小的系数显示该降低作用程度有限。临接省份农业污染治理投资力度的加大，在省份间尤其是临接省份间地方政府存在竞争的压力下，本省份将在有限的财政支出中增加农业污染治理投资，短期内一定程度上会降低农村医疗投资水平，将不利于农村医疗设施水平的改善。

从控制变量的空间滞后项看，第一产业从业人数和农户固定资产投资的系数为正且显著，但系数值较小。这表明临接省份第一产业从业人数和固定资本投资水平的增加会在一定程度上促进本省份农村医疗设施水平的提高，提高本省份农村社会发展程度。

接下来将从农业生态资本投资对农村医疗设施水平影响的直接效应、间接效应和总效应分析其对农村社会发展的作用，结果如表6-36所示。

表6-36　空间杜宾模型直接效应、间接效应与总效应

变量	直接效应	间接效应	总效应
	系数	系数	系数
AI	0.290 1 **	−0.194 6	0.095 5
	(2.389 9)	(−0.598 9)	(0.271 4)
PI	−0.073 1 ***	−0.146 5 **	−0.219 6 ***
	(−3.112 3)	(−2.648 7)	(−3.550 2)
EPI	−0.523 8 ***	0.891 9 **	0.368 1
	(−2.758 1)	(2.373 7)	(0.886 5)
FAI	−0.087 2 *	0.338 6 ***	0.251 4 **
	(−1.812 9)	(3.136 5)	(2.082 1)

从核心解释变量看，农业生态资本主动型投资的直接效应为正且显著，表明本省份该解释变量的增加会显著提高本省份农村医疗设施水平，但较小的系数同时表明该提高作用不大。农业生态资本主动型投资的增加将有助于提高本省份农业经济和农村社会的发展水平，增加地方政府财政收入，为增加农村医疗设施投资，提高农村医疗设施水平提供财政支持，从而提高本省份农村医疗设施水平。但不显著且为负的间接效应，在考虑省份间空间作用的情况下，抵消了显著为正的直接效应导致总效应不显著，即在考虑空间影响的情形下，农

业生态资本主动型投资不会对农村医疗设施水平产生显著影响。

农业生态资本被动型投资的直接效应、间接效应和总效应的系数为负且显著，但系数值均较小。这表明研究区间内本省份增加农业污染治理投资将在一定程度上减少地方政府对农村医疗设施的投资，阻碍农村医疗设施水平的提高。但直接效应系数值较小，表明该阻碍作用微弱，原因是虽然近年来农业污染治理力度有所加大，但限于地方政府有限的财力物力，农业污染治理投资水平仍旧较低，整体上对农村医疗设施的改善影响不大。但应看到间接效应的作用大于直接效应，一定程度上反映出地方政府间政绩的竞争作用对农村医疗发展的影响要大于地方政府主动发展本地医疗的动力，其背后的原因值得深思。在考虑空间影响下，农业生态资本被动型投资的增加将不利于农村医疗的发展，阻碍农村社会发展。

从控制变量看，第一产业从业人数的直接效应系数为负且显著，表明本省该解释变量的增加会降低本省份农村医疗的发展。在研究区间内，虽然第一产业从业人数的增加可以提高本省份农业和农村经济发展水平，增加地方财政收入，间接增加农村医疗发展的财政支出。但随着农村医疗保险等农村居民医疗保障的逐步完善，第一产业从业人数的增加在增加地方政府财政收入的同时也加大了地方政府对农村医疗的投入。从系数为负的符号来看，表明后者的投入大于前者的收入增加水平，综合看不利于农村医疗发展。而显著为正的间接效应系数表明临接省份该解释变量的增加会促使本省份农村医疗的发展。临接省份该解释变量的增加同样不利于临接省份农村医疗的发展，但这种不利的作用会在地方政府政绩的竞争中，促使本省份增加农村医疗投入，改善农村医疗水平。在综合考虑省域间空间影响的情况下，由于正向显著的间接效应抵消了负向显著的直接效应，整体上，第一产业从业人数的变化无益于农村医疗设施水平的改变。

农户固定资产投资的直接效应系数为负且显著但系数值较小，表明本省份农户固定资产投资水平的增加将不利于本省份农村医疗设施的改善。该解释变量的间接效应为正且显著，表明临接省份该解释变量的增加将提高本省份农村医疗设施水平。由于显著为正的间接效应大于显著为负的直接效应，因此总效应为正且显著。农户固定资产投资水平的增加提高农户可持续生产能力，为农村经济持续发展提供动力，同时也为地方政府增加财政收入提供可能，理应促进农村医疗发展，但该解释变量为负的系数与该结论不一致，原因有待继续验证。临接省份农户可持续生产能力的提高会通过人口流动或示范作用等方式影响本省份农户固定资产投资水平，促使本省份农户固定资产投资增加，有助于本省份农村医疗发展。因此，在考虑空间影响的情况下，农户固定资产投资对农村医疗发展产生显著的促进作用，将有利于提高农村社会发展水平。

（五）当农村社会发展程度 SP_{it} 由自然灾害救济费（$NDRF_{it}$）考察时

根据上节模型检验结果，本部分实证模型为双向固定效应下的空间杜宾模型，计量模型估计结果如表 6-37 所示。

表 6-37　计量模型估计结果

变量	空间杜宾模型			普通面板模型
	双向固定效应模型	空间固定效应模型	时间固定效应模型	简单 OLS 模型
AI	0.217 1	0.080 5	0.341 7 ***	−0.050 7
	(0.655 2)	(0.207 8)	(2.646 0)	(−0.303 9)
PI	0.062 0	0.078 1	0.016 2	−0.007 7
	(1.001 8)	(1.078 7)	(0.270 1)	(−0.095 9)
EPI	−0.643 0	−0.944 0	0.612 4 ***	0.913 3 ***
	(−1.236 8)	(−1.583 2)	(5.020 8)	(7.118 3)
FAI	0.161 9	0.312 6 **	−0.162 1 **	−0.103 7
	(1.239 7)	(2.065 5)	(−2.096 1)	(−1.040 0)
$W * AI$	0.503 6	0.439 3	−1.623 7 ***	
	(0.636 8)	(0.479 3)	(−5.142 6)	
$W * PI$	0.026 1	−0.136 1	0.155 3	
	(0.195 5)	(−0.883 5)	(1.314 9)	
$W * EPI$	4.911 8 ***	4.257 5 ***	1.052 8 ***	
	(5.293 4)	(3.940 1)	(4.961 3)	
$W * FAI$	−0.356 1	−0.235 4	−0.677 0 ***	
	(−1.416 5)	(−0.805 8)	(−3.607 6)	
$W * NDRF$	0.098 0	0.586 0 ***	0.327 0 ***	
	(1.245 0)	(11.142 2)	(5.454 5)	
截距				−0.314 0 ***
				(−5.595 2)
R-squared	0.880 3	0.852 1	0.746 9	0.479 7

注：***、**、* 分别表示在1%、5%和10%的显著性水平上显著；括号中为对应 t 值；下同。

由表 6-37 可知，就模型的拟合优度 R^2 而言，空间面板回归模型明显优于普通面板回归模型，且双向固定效应下的空间杜宾模型拟合效果最优，表明实证模型设定合理。被解释变量自然灾害救济费的空间滞后项系数为正但不显著，表明在统计学意义上该变量无明显的空间溢出效应。

从核心解释变量的空间滞后项看，农业生态资本主动型投资和被动型投资的系数均不显著，表明临接省份该解释变量的变化不会对本省份自然灾害救济费产生影响。

从控制变量的空间滞后项看，第一产业从业人数的系数为正且显著，表明临接省份该解释变量的增加将是本省自然灾害救济费显著增加。临接省份第一产业从业人数的增加在提升临接省份农业和农村经济发展的同时，也在一定程度上造成生态环境的破坏，而生态环境在一定区域内具有很强的关联性。因此，临接省份由于第一产业从业人数增加会对本省份和临接省份生态环境产生负向影响，由此使本省份自然灾害救济费增加。农户固定资产投资的系数不显著，表明临接省份农户固定资产投资不会对本省份自然灾害救济费产生影响。

接下来将农业生态资本投资对自然灾害救济费的影响分解为直接效应、间接效应和总效应，分解结果如表6-38所示。

表6-38 空间杜宾模型直接效应、间接效应与总效应

变量	直接效应	间接效应	总效应
	系数	系数	系数
AI	0.230 1	0.590 4	0.820 6
	(0.698 8)	(0.677 6)	(0.898 9)
PI	0.063 9	0.036 5	0.100 4
	(1.011 2)	(0.248 1)	(0.615 0)
EPI	−0.533 3	5.251 2***	4.718 0***
	(−1.060 1)	(5.129 6)	(4.331 6)
FAI	0.160 4	−0.368 5	−0.208 1
	(1.209 3)	(−1.341 0)	(−0.702 8)

从核心解释变量看，农业生态资本主动型投资和被动型投资的直接效应、间接效应和总效应系数均为正但均不显著，表明统计学意义上农业生态资本主动型投资和被动型投资对自然灾害救济费无影响。农业生态资本投资理论上起到改善农业生态环境的作用，将会降低自然灾害发生率，从而降低自然灾害救济费。但实证结果却均不显著，深层次原因有待继续验证。

从控制变量看，第一产业从业人数的直接效应系数为负且不显著，表明本省该解释变量的增加不会对自然灾害救济费产生明显影响。而该解释变量的间接效应系数为正且显著，表明临接省份第一产业从业人数的增加将导致本省份

自然灾害救济费的显著增加，原因如前文所述。从该解释变量为负且不显著的直接效应和为正且显著的间接效应可以认为，第一产业从业人数增加对环境的负外部效应远大于其正外部效应。因此，综合空间作用的影响，第一产业从业人数的增加将显著增加自然灾害救济费，阻碍农村社会发展，反映出人类活动对自然环境较大的负向影响的现实。农户固定资产投资的直接效应、间接效应和总效应均不显著，表明在统计学意义上该变量的变化无益于自然灾害救济费的变化。

综上所述，农业生态资本投资对农村社会发展的五个指标产生不同的影响。农业生态资本主动型投资和被动型投资并未对人口自然增长率和自然灾害救济费产生明显影响。农业生态资本主动型投资的增加，在考虑空间作用下，将不利于农村居民生活水平的提高；而该解释变量值的增加将显著提高本地区农村劳动力人均受教育水平和农村医疗设施水平，但在考虑空间作用的情况下，该解释变量对以上两个指标无明显影响。农业生态资本被动型投资的增加，会通过省份间的竞争作用降低本省农村居民生活水平，但在考虑整体空间影响下，该解释变量对此指标无明显影响。农业生态资本被动型投资无益于农村劳动力受教育程度，但却显著降低农村医疗设施发展水平。从以上分析结果可以看出，农业生态资本主动型投资只对本省份农村教育和农村医疗指标产生显著的促进作用，即能在以上两个指标方面显著促进农村社会发展。而农业生态资本被动型投资并未起到促进农村社会发展的作用，相反会阻碍农村医疗发展，降低农村社会发展水平。由此，得出以下启示：①继续加强农业生态资本主动型投资对农村教育和医疗的促进作用，同时降低临接省份间在该投资上的竞争作用，加强省份间合作，共同促进农村居民生活水平的提高。②提高地方政府对农村医疗的投入水平，弥补由于农业污染治理而对农村医疗投入产生的挤出效应。③寻找农业生态资本投资对人口和农村社会保障等影响不明显或未达预期效果的深层次原因，并尽快采取相应措施，尽最大可能发挥或提高农业生态资本投资对农村社会影响的正向效应。

第七章　研究结论与展望

第一节　主要结论

本书从农业生态资本投资及其效应的基本内涵入手，结合农业生态资本投资的相关理论构建农业生态资本投资效应的分析框架，系统分析农业生态资本投资与农村生态、经济和社会发展的关系以及农业生态资本投资效应的实现机理。在此基础上，考虑到农业生态资本投资的现状和农村整体发展的多维性，首先构建农村生态、经济和社会发展的评价指标体系，其次采用熵权综合指数法进行测算，最后采用省级面板数据，借助 PSTR 模型和空间面板回归模型实证分析农业生态资本投资的生态、经济和社会效应。通过理论分析和实证检验主要得出以下四个方面的结论：

（1）研究发现区间内各地区农村生态状况、经济发展状况和社会发展状况以及其变动率存在明显的区域差异。农业生态资本主动型投资和被动型投资的生态效应、经济效应和社会效应具有非线性和空间特性；农业生态资本主动型投资和被动型投资的生态效应、经济效应和社会效应不具有完全一致性，且对各考察指标的影响也存在差异。

（2）就农业生态资本投资的生态效应而言：①各省份的农村生态状况以及生态状况变化率不尽相同。从农村生态状况的区域分布看，农村生态状况由差到优依次为西北、华北、华南、西南、华中、华东和东北，农村生态状况区域差异明显。②农业生态资本主动型投资能显著降低沙化土地面积占比，但随着该变量值增加到较高水平，该降低作用减弱，整体来说显著提高自然生态环境质量；农业生态资本主动型投资平均来说普遍提高农业用水量和有效灌溉面积占比。农业生态资本被动型投资产生生态效应过程中，平均来说普遍降低沙化土地面积占比，能有效改善自然生态环境；同时能显著降低农业用水量，但无益于有效灌溉面积占比的改变。③考虑空间作用下，农业生态资本主动型投资总体上无益于沙化土地面积占比、农业用水量和有效灌溉面积占比的改变，但区域间存在差异性；在区域空间影响下，农业生态资本被动型投资总体上对农业用水量和有效灌溉面积占比影响不显著，而却显著促进沙化土地面积占比值，且跨区域差异明显。④整体上，农业生态资本主动型投资和被动型的生态作用的非线性和空间效应已然显现，且存在差异，同时具有一定的提升空间。

（3）从农业生态资本投资的经济效应看：①不同研究区域农村经济发展程度存在区域差异，经济发展程度不同的地区其经济发展程度变动幅度呈现不同的变动趋势。就农村经济发展程度的区域分布来说，农村经济发展程度依照东北、东部、中部和西部的顺序依次降低，且四大经济区农村经济发展程度呈现不同的降低趋势。东北、中部和西部地区农村经济发展程度呈现大致相同的降低趋势；而东部地区整体上看农村经济发展程度平稳中有增强的趋势。②随着农业生态资本主动型投资的增加，其对农村恩格尔系数的抑制作用增强，农村经济发展程度增强，但在跨越第一个门限值 20.598 5 后，抑制作用逐渐转变为促进作用，即该变量的继续增加将导致农村恩格尔系数增大，抑制农村经济发展；农业生态资本主动型投资增加将显著提高谷物单产水平，提高农村经济发展水平，且在其跨越门限值后，该促进作用将大幅提升；农业生态资本主动型投资在较高水平上将显著降低第一产业所占比重，且在门限值前后该影响会发生迅速转变；但整体上该变量的增加会降低第一产业所占比重，促进农村经济发展。农业生态资本被动型投资对农村恩格尔系数无显著影响，即无益于改变农村经济发展程度；农业生态资本被动型投资的增加将不利于谷物单产的提高，随着该变量处于较高水平，该抑制作用并未得到显著改变；农业生态资本被动型投资无益于农业产业结构的改变。③农业生态资本主动型投资能显著降低本省农村恩格尔系数，但降低程度较小，考虑区域间空间作用的情形下，该变量的降低作用不明显；该变量虽能促进本省谷物单产水平的提高，但现阶段促进作用不明显，由于空间竞争关系的存在，对提高谷物单产水平存在微弱的抑制作用；该变量对第一产业所占比重存在显著有限度的抑制作用。考虑空间作用下，农业生态资本被动型投资能显著促进第一产业所占比重的提高，但促进作用很小；而该变量无益于农村恩格尔系数和谷物单产水平的改变。④农业生态资本主动型投资经济效应的非线性和空间特性均强于农业生态资本被动型投资的作用，农业生态资本投资的经济效应还有待进一步提升。

（4）从农业生态资本投资的社会效应看：①农村社会发展程度的变动程度会因农村社会发展程度的不同而呈现不同的变动情形，且不同省份间农村社会发展程度的变动程度又存在一定的地区差异。从农村社会发展的区域分布看，研究区间内东部、中部、东北和西部地区农村社会发展程度依次减弱。四大经济区的农村社会发展程度变动趋势在2013年之前基本呈现稳步降低，但在2013年后四大经济区农村社会发展程度均不同程度地降低。②农业生态资本主动型投资在处于较低水平时，将有利于降低人口增长率，随着农业生态资本主动型投资在其门限值138.225 6、468.285 7和520.938 0前后，该变量将显著抑制农村社会发展；而农业生态资本被动型投资对农村社会发展程度无明显影响。农业生态资本主动型投资处于较高投资水平138.507 3和294.083 7前后时会明显提升农村居民生活水平，提高农村社会发展水平；农业生态资本被动型投资只在其门限值2.296 9和6.171 4前后时会显著提升农村居民生活水平，对农村社会发展产生显著的促进作用。农业生态资本主动型投资和被动型投资均能显著提升农民受教育年限，明显提高农村社会发展程度。前者会随着其值的增加对农民受教育年限的促进作用增强，提高农村社会发展的作用增强，而后者并不会随着其值增加而对农村社会发展产生显著影响。农业生态资本主动型投资对农村医疗保障水平的影响，虽会因农业生态资本主动型投资水平的不同而呈现显著的非线性变化，但最后会因该变量值的增大而显著提高农村医疗保障水平，提高农村社会发展程度的提升。农业生态资本被动型投资只在其值较小时能显著提高农村医疗保障水平，提高农村社会发展程度；随着其值的增大将抑制农村医疗保障水平提高，进而抑制农村社会发展。农业生态资本被动型投资会随着农业生态资本主动型投资增加而显著降低农村医疗保障水平；而农业生态资本主动型投资只在农业生态资本被动型投资处于较高水平时才显著提高农村医疗保障水平，进而显著促进农村社会发展程度。农业生态资本主动型投资能显著降低自然灾害救济费，提高农村社会发展程度。农业生态资本被动型投资仅在其较低水平时能显著降低自然灾害救济费，促进农村社会发展。农业生态资本主动型投资和被动型投资均在彼此在较高水平时才能显著产生降低自然灾害救济费、提高农村社会发展的作用。③农业生态资本主动型投资和被动型投资并未对人口自然增长率和自然灾害救济费产生明显影响。农业生态资本主动型投资的增加，在考虑空间作用下，将不利于农村居民生活水平的提高；而该解释变量值的增加将显著提高本地区农村劳动力人均受教育水平和农村医疗设施水平，但在考虑空间作用的情况下，该解释变量对以上两个指标无明显影响。农业生态资本被动型投资的增加，会通过省份间的竞争作用降低本省农村居民生活水平，但在考虑整体空间影响下，该解释变量对此指标无明显影响。农业生态资本被动型投资无益于农村劳动力受教育程度，但却能显著降低农村医疗设施发展水平。④整体上看，农业生态资本主动型投资和被动型投资对农村社会发展的非线性作用明显，而空间作用结果不理想。

第二节　政策启示

（1）农业生态资本主动型投资和被动型投资的生态效应存在差异性，生态效应的非线性特征要求在进行农业生态资本投资以及制定相应政策时，要重点关注农业生态资本主动型投资和被动型投资存在的门限值，根据农业生态资本主动型和被动型投资的不同发展阶段，准确进行生态资本投资，提高生态资本投资生态效应水平。考虑到生态环境影响的广泛性和空间相关性，各省份在各自治理生态环境的同时，更应注重省份间的相互合作，统筹规划，增强农业生态资本投资作用的靶向性，从而提高农业生态资本投资资金的使用效率；生态环境污染的空间溢出性以及生态环境的公共性，需要政府加强行政干预，加强监管，做到惩治污染地区和奖励生态保护地区间利益平衡，比如实行跨流域生态补偿。就当前分析结果来说，应该进一步探究农业生态资本主动型投资和被动型投资在整个地理空间上对农业用水量和有效灌溉面积占比影响不显著的深层次原因，为农业生态资本投资在整体空间作用下实现良好生态效应做好铺垫。

（2）一方面在进行农业生态资本投资时，应注重提高农业生态资本主动型投资的经济效应，充分发挥该投资类型在农村经济发展中的重要作用；另一方面继续探究或深入研究农业生态资本被动型投资经济效应不明显的深层次原因，积极采取有效措施，提升被动型投资的经济效应。因此，在通过农业生态资本投资促进农村经济发展过程中，既要考虑不同农业生态资本投资类型经济效应的差异，各地区根据自身优势充分发挥两种投资类型的经济效应，又要从大局着眼，认清农村经济发展存在的区域差异性，统筹规划，加强不同区域间合作交流，提高农业生态资本投资经济效应的空间关联性，从而提高农业生态资本投资的经济效率，提升其对农村经济发展的促进作用。

（3）考虑到农业生态资本投资经济效应的空间关联性，在进行农业生态资本投资时应该对投资类型进行细分，然后根据各个投资类型产生经济效应的大小再因地施策。通过农业生态资本投资促进农村经济发展应该加强区域间协作，特别是临接省份间的合作，消除在不同省份间投资所产生的竞争关系，提高协同作用。扬长避短，在发挥农业生态资本主动型投资经济效应长处的同时，深究农业生态资本被动型投资经济效应不明显短处的原因。综合各地区发展状况和农村经济发展特征，有所侧重地进行农业生态资本主动型投资和被动型投资，最大限度地发挥各种农业生态资本投资的经济效应，为发挥农业生态资本投资的经济效应做好周详规划和全面准备。

（4）首先，农业生态资本主动型投资和被动型投资对农村社会发展程度不同衡量指标具有不尽相同的非线性影响，需要正确认识不同农业生态资本投资类型对农村社会发展存在的非线性效应。根据不同农业生态资本投资类型对不同农村社会发展指标产生的非线性影响，根据各地具体状况合理配置农业生态资本投资资源，以更好推进农村社会发展工作。其次，鉴于农业生态资本投资的主体为各地方政府，在各地方政府加大对农业生态资本主动型投资的同时，根据各地区发展水平合理增加农业生态资本被动型投资，最大限度发挥农业生态资本主动型投资和被动型投资的社会效应。同时，合理扩大农业生态资本投资主体，鼓励社会力量投入农业生态资本投资项目中来，以政府为主导，各种社会力量积极参与，共同推进农业生态资本投资，增强农业生态资本投资的社会效应。最后，加强农业生态资本主动型投资的同时，重点关注农业生态资本被动型投资产生社会效应的薄弱环节，积极寻求对策，多方面谋划，为协同推进农业生态资本两种投资类型的社会效应做好准备。

（5）继续加强农业生态资本主动型投资对农村教育和医疗的促进作用，同时降低临接省份间在该投资上的竞争作用，加强省份间合作，共同促进农村居民生活水平的提高。提高地方政府对农村医疗的投入水平，弥补由于农业污染治理而对农村医疗投入产生的挤出效应。寻找农业生态资本投资对人口和农村社会保障等影响不明显或未达预期效果的深层次原因，并尽快采取相应措施，尽最大可能发挥或提高农业生态资本投资对农村社会发展的积极作用。

（6）农业生态资本主动型投资和被动型投资对农村生态、经济和社会产生不同的作用，对考察农村生态、经济和社会的不同指标具有不同的门限值和空间效应。因此，仅仅依靠农业生态资本投资就实现农村生态、经济和社会三方面同时降低是不现实的，故而，各地应根据各地区农村经济发展状况和未来发展规划，结合多种资源，采取多种措施，一定时期内有目的有侧重地进行农村生态、经济和社会的发展工作，力求实现农业生态资本投资生态、经济和社会效应的协调化和最大化。

第三节　研究展望

本书初步构建了农业生态资本投资的农村生态、经济和社会效应实现的理论分析框架，并采用 PSTR 模型和空间面板回归模型进行检验分析，最后根据农业生态资本投资的生态效应、经济效应和社会效应分析结果分别提出相应的对策建议。但是由于农村生态、经济和社会发展的复杂性和系统性，以及个人水平的有限性，本书还存在一定的局限性有待进一步研究。

（1）农业生态资本投资的内涵尚存在一定的争议，基于不同内涵而进行的研究可能得出不尽相同的结论。因此，为使农业生态资本投资相关研究能进行深入开展和研究成果的广泛传播，需要进一步研究减少农业生态资本投资基本内涵的分歧。

（2）由于目前关于农业生态资本投资效应的研究很少，本书也只是仅做初步的探索性研究。在农业生态资本主动型投资和被动型投资指标数据的选取上虽做初步尝试，但还有存在不足有待进一步研究。由于关于农村生态、经济和社会发展方面的衡量指标体系较少，本书虽构建相应的评价指标体系，但受限于部分指标数据获取的不可获取性，舍弃部分对农村发展有重大影响的指标，使研究结果出现一定的偏误。因此，为进一步提高农业生态资本投资对农村生态、经济和社会产生效应的科学性和准确性，需要对农业生态资本投资以及农村生态、经济和社会发展指标和数据做不断改进和完善。

（3）研究层面上，本书以省级层面作为基本研究单元，研究结论虽然能为相关研究人员和决策部分提供一定理论参考，但研究层面相对较为宏观，研究结论的可操作性不强。因此，今后可通过实地调研来获取微观数据进行研究，比如针对某乡村或县乡或某地区农户等，多层次多角度地来研究农业生态资本投资效应。

（4）研究方法上，首先是采用熵权综合指数法获取农村生态、经济和社会三个不同层面相应的指标，虽然指标获取较为客观，但如果能结合相应地区的实际状况，同时再考虑将主观和客观因素融合在一起综合考虑后获取指标，将使研究结果更具科学性。其次，本书均是采用静态分析方法研究农业生态资本投资效应，且在空间权重的使用上较为单一。因此，后续可以在农业生态投资效应的动态性和空间权重的多样性上做进一步研究，丰富农业生态资本投资效应的研究成果。

参考文献

[1] 博迪，凯思，马库斯. 投资学 [M]. 朱宝宪，吴洪，赵冬青，译. 北京：北京机械工业出版社，2000：3.

[2] 白雪梅. 关于对线性加权组合赋权法的探讨 [J]. 统计与信息，1998 (3)：5-6.

[3] 蔡中华. 可持续发展视角下的自然资本投资模型 [C] //中国系统工程学会. 和谐发展与系统工程：中国系统工程学会第十五届年会论文集：上海：上海系统科学出版社，2008：7.

[4] 曾志红，曾福生. 我国农村贫困现状及致贫因素分析 [J]. 安徽农业科学，2013，41 (13)：6012-6014.

[5] 陈光炬. 农业生态资本运营：内涵、条件及过程 [J]. 云南社会科学，2014 (2)：111-115.

[6] 陈南岳. 我国农村生态贫困研究 [J]. 中国人口·资源与环境，2003 (4)：45-48.

[7] 陈锡文. 环境问题与中国农村发展 [J]. 管理世界，2002 (1)：5-8.

[8] 陈兴华. 自然资本投资与可持续发展理论的实现 [C] //中华环保联合会 (All-China Environment Federation). 第七届环境与发展论坛论文集. 北京：中国环境出版社，2011：4.

[9] 陈志刚，周丹. 基于环比倍乘评分法的上海市创新型城市阶段评价 [J]. 消费导刊，2008 (16)：175.

[10] 成升魁，丁贤忠. 贫困本质与贫困地区发展 [J]. 自然资源，1996 (2)：29-34.

[11] 程明熙. 处理多目标决策问题的二项系数加权和法 [J]. 系统工程理论与实践，1983 (4)：23-26.

[12] 邓宏海. 马克思主义的农业理论与农业生态经济学 [J]. 经济科学，1984 (5)：1-4.

[13] 邓玲，何卫东，尹明. 生态资本经营与环境导向的企业管理 [J].
软科学，2000（1）：25-27.

[14] 邓远建，肖锐，陈杰. 生态脆弱地区农业生态资本运营安全调控机
理分析 [J]. 中国地质大学学报（社会科学版），2015，15（5）：62-70.

[15] 邓远建."益贫式"农业生态资本运营模式研究 [C] //中国生态经
济学学会. 生态经济与美丽中国：中国生态经济学学会成立30周年暨2014年
学术年会论文集. 北京：社会科学文献出版社，2014：9.

[16] 邓远建. 绿色农业生态资本安全运营的生态原理分析 [A] //中国
生态经济学学会."生态经济与转变经济发展方式"：中国生态经济学学会第八届
会员代表大会暨生态经济与转变经济发展方式研讨会论文集 [C]. 中国生态
经济学学会：中国生态经济学学会，2012：7.

[17] 邓远建. 生态资本运营机制：一个基于绿色发展的分析框架
[A] //中国可持续发展研究会. 2011中国可持续发展论坛2011年专刊（一）
[C]. [出版者不详]，2011：7.

[18] 第宝锋，宁堆虎，鲁胜力. 中国水土流失与贫困的关系分析 [J].
水土保持通报，2006（3）：67-72.

[19] 董捷. 论自然资本投入与农业可持续发展 [J]. 农业技术经济，
2003（1）：28-30.

[20] 段传庆. 基于属性权重和转换关系的多属性决策方法研究 [D]. 合
肥：合肥工业大学，2017.

[21] 樊怀玉，等. 贫困论 贫困与反贫困的理论与实践 [M]. 北京：民族
出版社，2002：30.

[22] 范金，周忠民，包振强. 生态资本研究综述 [J]. 预测，2000（5）：
30-35.

[23] 冯静. 生态发展是实现经济可持续发展的物质基础 [J]. 生态经济，
2000（12）：30-32.

[24] 高远东，温涛，王小华. 中国财政金融支农政策减贫效应的空间计
量研究 [J]. 经济科学，2013（1）：36-46.

[25] 巩芳，常青，盖志毅，等. 基于生态资本化理论的草原生态环境补
偿机制研究 [J]. 干旱区资源与环境，2009，23（12）：167-171.

[26] 何逢标. 综合评价方法的MATLAB实现 [M]. 北京：中国社会科学
出版社，2010.

[27] 何景熙. 西部大开发：农村发展模式思考 [J]. 中共云南省委党校

学报，2001（2）：55-60.

［28］胡明.黄土沟壑丘陵区水土保持对农业的影响：以安塞县为例［J］.安徽农业科学，2012，40（9）：5512-5514.

［29］华志芹，温作民.基于碳市场模式构建生态经济增长模型［J］.生态经济，2011（5）：56-58，88.

［30］黄九渊.流域生态经济战略初探［J］.开放导报，1999（11）：44-45.

［31］黄茂兴，林寿富.污染损害、环境管理与经济可持续增长：基于五部门内生经济增长模型的分析［J］.经济研究，2013，48（12）：30-41.

［32］黄铭，白林.生态资本价值的计量［J］.特区经济，2008（12）：262-264.

［33］姜楠.环保财政支出有助于实现经济和环境双赢吗？［J］.中南财经政法大学学报，2018（1）：95-103.

［34］蒋高明.以生态循环农业破解农村环保难题［J］.环境保护，2010（19）：15-17.

［35］蒋洪强，曹东，王金南，等.环保投资对国民经济的作用机理与贡献度模型研究［J］.环境科学研究，2005（1）：71-74+90.

［36］李海涛，许学工，肖笃宁.基于能值理论的生态资本价值：以阜康市天山北坡中段森林区生态系统为例［J］.生态学报，2005（6）：1383-1390.

［37］李洪涛，何宏.基于权的最小平方法的沈阳市土地利用现状评价［J］.中国人口·资源与环境，2010，20（S2）：115-118.

［38］李建良.论环境保护与人权保障之关系［J］.东吴法律学报，2000（2）：1-46.

［39］李世聪，易旭东.期权交易下的生态资本价值计量模型研究［J］.工业技术经济，2006（3）：102-105.

［40］李世聪，易旭东.生态资本价值核算理论研究［J］.统计与决策，2005（18）：4-6.

［41］李玉红.中国工业污染的空间分布与治理研究［J］.经济学家，2018（9）：59-65.

［42］梁杰，侯志伟.AHP法专家调查法与神经网络相结合的综合定权方法［J］.系统工程理论与实践，2001（3）：59-63.

［43］林海明，杜子芳.主成分分析综合评价应该注意的问题［J］.统计研究，2013，30（8）：25-31.

［44］蔺叶坤.马克思、列宁的对外投资思想及其现实意义［J］.学理论，

2013 (25)：68-69.

[45] 刘海林，王志琴. 需要引起人们重视的农村土壤污染问题 [J]. 环境教育，2007 (7)：25-27.

[46] 刘加林."四化两型"视角下区域生态资本投资机制创新探讨 [J]. 科技管理研究，2015，35 (4)：208-211，237.

[47] 刘江宜，余瑞祥. 西部地区生态资本、人力资本、金融资本比较评价 [J]. 云南财贸学院学报，2004 (6)：96-100.

[48] 刘思华. 对可持续发展经济的理论思考 [J]. 经济研究，1997 (3)：46-54.

[49] 刘燕，梁双陆，张利军. 生态资本积累、创新与地区经济增长 [J]. 资源开发与市场，2018，34 (3)：347-354.

[50] 刘玉龙. 生态补偿与流域生态共建共享 [M]. 北京：中国水利水电出版社，2007：10.

[51] 卢江勇，陈功. 水土流失对农村贫困的影响 [J]. 安徽农业科学，2012，40 (32)：15935-15938.

[52] 骆永民，樊丽明. 中国农村基础设施增收效应的空间特征：基于空间相关性和空间异质性的实证研究 [J]. 管理世界，2012 (5)：71-87.

[53] 马传栋. 论农业生态经济学的几个基本理论问题 [J]. 农业经济问题，1984 (3)：47-52.

[54] 马兆良，田淑英，王展祥. 生态资本与长期经济增长：基于中国省际面板数据的实证研究 [J]. 经济问题探索，2017 (5)：164-171.

[55] 马兆良，田淑英. 生态资本影响长期经济增长的机制研究：基于外部性视角 [J]. 安徽大学学报（哲学社会科学版），2017，41 (5)：149-156.

[56] 毛建华. 指标赋权方法比较 [J]. 广西大学学报（哲学社会科学版），2007 (4)：136.

[57] 莫欣岳. 中国农村地区的生态环境问题与可持续发展战略 [C] //中国环境科学学会. 2016 中国环境科学学会学术年会论文集（第一卷）. 北京：中国环境科学出版社，2016：4.

[58] 穆治辊. 增进生态资本：可持续发展的基本要求 [J]. 科技导报，2004 (1)：55-57.

[59] 牛文元. 可持续发展理论的内涵认知：纪念联合国里约环发大会20周年 [J]. 中国人口·资源与环境，2012，22 (5)：9-14.

[60] 牛新国，杨贵生，刘志健，等. 略论生态资本 [J]. 中国环境管理，

2002（1）：18-19.

[61] 牛新国，杨贵生，刘志健，等. 生态资本化与资本生态化 [J]. 经济论坛，2003（3）：12-13.

[62] 彭秀丽，王莹. 中国核心通货膨胀的度量及效果评价研究 [J]. 经济问题，2018（7）：22-26.

[63] 屈志光，陈光炬，刘甜. 农业生态资本效率测度及其影响因素分析 [J]. 中国地质大学学报（社会科学版），2014，14（4）：81-87.

[64] 屈志光. 生态资本投资收益研究 [M]. 北京：中国社会科学出版社，2015.

[65] 任景明，喻元秀，王如松. 我国农业环境问题及其防治对策 [J]. 生态学杂志，2009，28（7）：1399-1405.

[66] 任龙. 以生态资本为基础的经济可持续发展理论研究 [D]. 青岛：青岛大学，2016.

[67] 商红岩，宁宣熙. 基于乘法合成的层次分析模型的第三方物流企业绩效评价 [J]. 科技进步与对策，2005（11）：94-96.

[68] 沈能，王艳. 中国农业增长与污染排放的 EKC 曲线检验：以农药投入为例 [J]. 数理统计与管理，2016，35（4）：614-622.

[69] 沈体雁，冯等田，孙铁山. 空间计量经济学 [M]. 北京：北京大学出版社，2010：41-43.

[70] 史仕新，刘鸿渊. 人力资本、生态资本及技术进步的经济增长模型 [J]. 财经科学，2004（5）：62-66.

[71] 世界环境与发展委员会. 我们共同的未来 [M]. 吉林：吉林人民出版社，1997：52.

[72] 宋冬梅，刘春晓，沈晨，等. 基于主客观赋权法的多目标多属性决策方法 [J]. 山东大学学报（工学版），2015，45（4）：1-9.

[73] 宋宪萍，李健. 生态资本逻辑的形成及其超越：基于马克思的资本逻辑 [J]. 云南社会科学，2011（3）：46-49+58.

[74] 苏高华，陈方正，郑新奇. 中国耕地资源危机及其战略对策 [J]. 农机化研究，2008（4）：1-4.

[75] 苏静. 中国农村金融发展的减贫效应研究 [D]. 长沙：湖南大学，2015.

[76] 谭灵芝，金国华，饶光明. 气候减贫投入对农户收入结构及差异影响研究 [J]. 经济问题探索，2018（6）：164-174.

[77] 唐月红，薛茜，汪平，等．加权综合指数法在平衡计分卡评价医院绩效中的应用 [J]．中国医院统计，2007 (4)：301-303．

[78] 田帝，周苑，周典．基于秩和比法和多元联系数法评价某医院2012—2016 年医疗质量 [J]．中国卫生统计，2018，35 (1)：80-82．

[79] 田东芳，程宝良．生态资本与经济增长模型研究 [J]．环境科学与管理，2009，34 (6)：140-144．

[80] 田雪莹．基于熵值法的中国城镇化水平测度 [J]．改革，2018 (5)：151-159．

[81] 田志会，杨志新．城郊区农业环境问题的成因与对策研究 [J]．生态经济，2005 (1)：80-82．

[82] 汪三贵．贫困地区农业发展的资源约束 [J]．经济地理，1992 (3)：39-42．

[83] 汪泽波．城镇化过程中能源消费、环境治理与绿色税收：一个绿色内生经济增长模型 [J]．云南财经大学学报，2016，32 (2)：49-61．

[84] 王碧玉．中国农村反贫困问题研究 [D]．哈尔滨：东北林业大学，2006．

[85] 王海滨．生态资本及其运营的理论与实践 [D]．北京：中国农业大学，2005．

[86] 王敏，陈尚，夏涛，等．山东近海生态资本价值评估：供给服务价值 [J]．生态学报，2011，31 (19)：5561-5570．

[87] 王涛．投资理论与投资函数 [J]．统计与咨询，2012 (4)：30-31．

[88] 王万山．生态经济理论与生态经济发展走势探讨 [J]．生态经济，2001 (5)：14-16．

[89] 王永刚，王旭，孙长虹，等．IPAT 及其扩展模型的应用研究进展 [J]．应用生态学报，2015，26 (3)：949-957．

[90] 王瑜，汪三贵．特殊类型贫困地区农户的贫困决定与收入增长 [J]．贵州社会科学，2016 (5)：145-155．

[91] 魏后凯．中国农业发展的结构性矛盾及其政策转型 [J]．中国农村经济，2017 (5)：2-17．

[92] 温素彬，方苑．企业社会责任与财务绩效关系的实证研究：利益相关者视角的面板数据分析 [J]．中国工业经济，2008 (10)：150-160．

[93] 武晓明，罗剑朝，邓颖．关于生态资本投资的几点思考 [J]．陕西农业科学，2005 (3)：120-121，125．

[94] 武晓明，罗剑朝，邓颖. 生态资本及其价值评估方法研究综述 [J]. 西北农林科技大学学报（社会科学版），2005（4）：57-61.

[95] 肖国兴. 中国自然资本投资法律制度研究 [D]. 青岛：中国海洋大学，2006.

[96] 谢斐. 生态系统服务价值评估理论的发展现状 [J]. 经济研究导刊，2013（16）：207-209.

[97] 谢忠秋. Cov-AHP：层次分析法的一种改进 [J]. 数量经济技术经济研究，2015，32（8）：137-148.

[98] 许飞琼. 中国的贫困问题与缓贫对策 [J]. 中国软科学，2000（10）：19-22.

[99] 严立冬，陈光炬，刘加林，等. 生态资本构成要素解析：基于生态经济学文献的综述 [J]. 中南财经政法大学学报，2010（5）：3-9，142.

[100] 严立冬，陈胜，邓力. 绿色农业生态资本运营收益的持续量：规律约束与动态控制 [J]. 中国地质大学学报（社会科学版），2015，15（5）：55-61.

[101] 严立冬，邓远建，屈志光. 绿色农业生态资本积累机制与政策研究 [J]. 中国农业科学，2011，44（5）：1046-1055.

[102] 严立冬，孟慧君，刘加林，等. 绿色农业生态资本化运营探讨 [J]. 农业经济问题，2009，30（8）：18-24.

[103] 严立冬，谭波，刘加林. 生态资本化：生态资源的价值实现 [J]. 中南财经政法大学学报，2009（2）：3-8，142.

[104] 严立冬，张亦工，邓远建. 农业生态资本价值评估与定价模型 [J]. 中国人口·资源与环境，2009，19（4）：77-81.

[105] 严立冬. 环境管理战略转型中的生态资本投资方式探讨 [C] // 中国环境科学学会. 2013 中国环境科学学会学术年会论文集（第三卷）：北京：中国环境科学出版社，2013：6.

[106] 严立冬. 农业生态经济学 [M]. 武汉：武汉大学出版社. 2015.

[107] 严以绥. 贫困地区扶贫开发的系统辨析 [J]. 农业现代化研究，1996（6）：347-350.

[108] 杨飞，杨世琦，诸云强，等. 中国近 30 年畜禽养殖量及其耕地氮污染负荷分析 [J]. 农业工程学报，2013，29（5）：1-11.

[109] 杨林章，薛利红，施卫明，等. 农村面源污染治理的"4R"理论与工程实践：案例分析 [J]. 农业环境科学学报，2013，32（12）：2309-

2315.

[110] 杨宇. 多指标综合评价中赋权方法评析 [J]. 统计与决策, 2006
(13): 17-19.

[111] 姚爽, 黄玮强, 张展, 等. 区域金融生态环境评价: 基于修正变异
系数法 [J]. 技术经济, 2015, 34 (10): 61-67.

[112] 叶永刚, 李林, 舒莉. 中非法郎区银行风险预警研究: 基于层次法
和熵值法的组合分析 [J]. 国际金融研究, 2018 (4): 66-75.

[113] 于法稳. 新型城镇化背景下农村生态治理的对策研究 [J]. 城市与
环境研究, 2017 (2): 34-49.

[114] 余华银. 生态创新: 农业可持续发展的必然选择 [J]. 经济问题,
1998 (8): 48-50.

[115] 袁青, 王雪. 生态资本投资 [J]. 环境保护与循环经济, 2014, 34
(9): 4-9.

[116] 张娣英. 转型时期反农村贫困的体制作用 [J]. 学术交流, 2007
(7): 80-83.

[117] 张嫒. 森林生态补偿的新视角: 生态资本理论的应用 [J]. 生态经
济, 2015, 31 (1): 176-179.

[118] 张宗斌, 王鑫. 马克思、列宁对外投资理论及其当代价值 [J]. 前
线, 2018 (1): 33-36.

[119] 章穗, 张梅, 迟国泰. 基于熵权法的科学技术评价模型及其实证研
究 [J]. 管理学报, 2010, 7 (1): 34-42.

[120] 赵济. 中国自然地理 [M]. 北京: 高等教育出版社出版, 1995:
176-187.

[121] 赵志远. 生态资本投资初探 [J]. 全国商情 (理论研究), 2012
(3): 24-25.

[122] 郑梦山. 善待生态资本促进山西经济可持续发展 [J]. 山西财经大
学学报, 2001 (2): 19-22.

[123] 钟水映, 冯英杰. 中国省际间绿色发展福利测量与评价 [J]. 中国
人口·资源与环境, 2017, 27 (9): 196-204.

[124] 钟兴菊, 龙少波. 环境影响的 IPAT 模型再认识 [J]. 中国人口·
资源与环境, 2016, 26 (3): 61-68.

[125] 周继红. 不可逆投资理论及其启示 [J]. 理论月刊, 2003 (9): 60-
61.

［126］周淑景. 自然资本与农业的可持续增长 ［J］. 东北财经大学学报, 2007 （6）：45-49.

［127］朱波, 郭瑛. 文化小康内涵、评价体系构建及指数编制：基于中部六省数据的实证研究 ［J］. 经济问题, 2017 （8）：123-129.

［128］朱洪革. 基于自然资本投资观的林业长线及短线投资分析 ［J］. 林业经济问题, 2007 （2）：112-116.

［129］朱兰保, 盛蒂, 周开胜. 当前农村环境问题及对策 ［J］. 特区经济, 2007 （12）：175-176.

［130］诸大建. 倡导投资自然资本的新经济 ［N］. 解放日报, 2015-03-12 （11）.

［131］诸大建. 生态文明与绿色发展 ［M］. 上海：上海人民出版社, 2008：6.

［132］AARON K K. Perspective：Big oil, rural poverty, and environmental degradation in the Niger Delta region of Nigeria ［J］. Journal of Agricultural Safety & Health, 2005, 11 （2）：127.

［133］ALUKO, M A O. Sustainable Development, Environmental Degradation and the Entrenchment of Poverty in the Niger Delta of Nigeria ［J］. Journal of Human Ecology, 2004, 15 （1）：63-68.

［134］ANSELIN L. Lagrange multiplier test diagnostics for spatial dependence and spatial heterogeneity ［J］. Geographical analysis, 1988, 20 （1）：1-17.

［135］BELT M V D, BLAKE D. Investing in Natural Capital and Getting Returns：An Ecosystem Service Approach ［J］. Business Strategy & the Environment, 2015, 24 （7）：667-677.

［136］BERGMEIR C, HYNDMAN R J, BENíTEZ J M. Bagging exponential smoothing methods using STL decomposition and Box-Cox transformation ［J］. International journal of forecasting, 2016, 32 （2）：303-312.

［137］BOERNER J, MENDOZA A, VOSTI S A. Ecosystem services, agriculture, and rural poverty in the Eastern Brazilian Amazon：Interrelationships and policy prescriptions ［J］. Ecological economics, 2007, 64 （2）：356-373.

［138］BOURGUIGNON F. The growth elasticity of poverty reduction：explaining heterogeneity across countries and time periods ［J］. Inequality and growth：Theory and policy implications, 2003, 1 （1）：3-26.

［139］KEVIN J. Fox；Nicola Brandt；Paul Schreyer and Vera Zipperer. Productivity Measurement with Natural Capital [J]. Review of Income and Wealth. 2017, Vol. 63 (Suppl 1): S7-S21.

[140] BREUSCH T S, PAGAN A R. The Lagrange multiplier test and its applications to model specification in econometrics [J]. The Review of Economic Studies, 1980, 47 (1): 239-253.

[141] BRYAN B A. Development and application of a model for robust, cost-effective investment in natural capital and ecosystem services [J]. Biological Conservation, 2010, 143 (7): 0-1750.

[142] CHAVAS J P. On Impatience, Economic Growth and the Environmental Kuznets Curve: A Dynamic Analysis of Resource Management [J]. Environmental & Resource Economics, 2004, 28 (2): 123-152.

[143] CLOTHIER B E, HALL A J, DEURER M, et al. Soil ecosystem services: sustaining returns on investment into natural capital [J]. Sustaining Soil Productivity in Response to Global Climate Change: Science, Policy, and Ethics, 2011: 117-139.

[144] COLLETAZ G, HURLIN C. Threshold Effects of the Public Capital Productivity: An International Panel Smooth Transition Approach [R]. 13th International Conférence on Panel Data. HAL, 2006.

[145] COSTANZA R, D'ARGE R, DE GROOT R, et al. The value of the world's ecosystem services and natural capital [J]. nature, 1997, 387 (6630): 253.

[146] CRAIG P L. Beyond growth: The economics of sustainable development [J]. Communities, 2006 (133): 64.

[147] CROSSMAN N D, BRYAN B A, KING D. Contribution of site assessment toward prioritising investment in natural capital [J]. Environmental Modelling & Software, 2011, 26 (1): 30-37.

[148] DÖRING R, EGELKRAUT T M. Investing in natural capital as management strategy in fisheries: The case of the Baltic Sea cod fishery [J]. Ecological Economics, 2008, 64 (3): 634-642.

[149] DAILY G C, ANIYAR S, et al. The Value of Nature and the Nature of Value [J]. Science, 2000, 289 (5478): 395-6.

[150] DIETZ T, ROSA E A. Rethinking the environmental impacts of population, affluence and technology [J]. Human ecology review, 1994, 1 (2): 277-

300.

[151] ENGLAND R W. Natural capital and the theory of economic growth [J]. Ecological Economics, 2000, 34 (3): 425-431.

[152] FENECH A, FOSTER J, HAMILTON K, et al. Natural capital in ecology and economics: an overview [J]. Environmental monitoring and assessment, 2003, 86 (1-2): 3-17.

[153] FENICHEL E P, ABBOTT J K, BAYHAM J, et al. Measuring the value of groundwater and other forms of natural capital [Sustainability Science] [J]. Proc Natl Acad Sci U S A, 2016, 113 (9): 2382-2387.

[154] FENICHEL E P, ABBOTT J K. Natural Capital: From Metaphor to Measurement [J]. Journal of the Association of Environmental & Resource Economists, 2014, 1 (1): 1-27.

[155] FOK D, VAN DIJK D, FRANSES P H. A multi-level panel STAR model for US manufacturing sectors [J]. Journal of Applied Econometrics, 2005, 20 (6): 811-827.

[156] FOUQUAU J, HURLIN C, RABAUD I. The Feldstein-Horioka puzzle: a panel smooth transition regression approach [J]. Economic Modelling, 2008, 25 (2): 284-299.

[157] GAO C K, WANG D, CAI J J, et al. Scenario analysis on economic growth and environmental load in China [J]. Procedia Environmental Sciences, 2010, 2: 1335-1343.

[158] GERBER N, NKONYA E, VON BRAUN J. Land degradation, poverty and marginality [M] //Marginality. Springer, Dordrecht, 2014: 181-202.

[159] GIDDINGS B, HOPWOOD B, O'BRIEN G. Environment, economy and society: fitting them together into sustainable development [J]. Sustainable development, 2002, 10 (4): 187-196.

[160] GILBERTHORPE E, PAPYRAKIS E. The extractive industries and development: The resource curse at the micro, meso and macro levels [J]. The Extractive Industries and Society, 2015, 2 (2): 381-390.

[161] GONZáLES A, TERASVIRTA T, DIJK D V. Panel smooth transition regression model and an application to investment under credit constraints [R]. working papers, 2004.

[162] GONZáLEZ A, DIJK D. Panel smooth transition regression models

[R]. SSE/EFI Working Paper Series in Economics and Finance, 2005.

[163] GOWDY J M. Natural capital and the growth economy [J]. Sustainable Development, 2010, 2 (1): 12-16.

[164] GRADINARU G. A Business Perspective of a Natural Capital Restoration [J]. Procedia Economics & Finance, 2014, 10: 97-103.

[165] GRANGER C W J, TERASVIRTA T. Modelling non-linear economic relationships [J]. OUP Catalogue, 1993.

[166] GRIFFITH D A. Some Guideline for Specifying the Geographic Weights Matrix Contained in Spatial Statistical Models [J]. Practical Handbook of Spatial Statistics, 1996: 65-82.

[167] HANSEN B E. Threshold effects in non-dynamic panels: Estimation, testing, and inference [J]. Journal of econometrics, 1999, 93 (2): 345-368.

[168] HAUSMAN J A. Specification tests in econometrics [J]. Econometrica: Journal of the econometric society, 1978: 1251-1271.

[169] HINTERBERGER F, LUKS F, SCHMIDT-BLEEK F. Material flows vs. 'natural capital': What makes an economy sustainable? [J]. Ecological Economics, 1996, 23 (1): 1-14.

[170] HOLMBERG, J. Making development sustainable: Redefining institutions policy and economics [M]. Washington: Island Press, 1992.

[171] KAISER C. NatureVest: Natural Capital Investment Solutions to Transform The Way We Protect Nature [J]. Social Research An International Quarterly, 2015, 82 (3): 749-760.

[172] KAMARUZZAMAN S N, LOU E C W, WONG P F, et al. Developing weighting system for refurbishment building assessment scheme in Malaysia through analytic hierarchy process (AHP) approach [J]. Energy Policy, 2018, 112: 280-290.

[173] KIM D H, LIN S C, BATEMAN I J. Natural Resources and Economic Development: New Panel Evidence [J]. Environmental & Resource Economics, 2017, 66 (2): 363-391.

[174] KNEESE, ALLEN V ROBERT U, AYRES & RALPHY C. Economics and the Environment: A Materials Balance Approach/Baltimore [M]. Md.: The Johns Hopkins University Press for Resources for the Futures, 1970.

[175] KRAUTKRAEMER J A. Optimal Growth, Resource Amenities and the

Preservation of Natural Environments [J]. Review of Economic Studies, 1985, 52 (1): 153-170.

[176] KRONENBERG T. The curse of natural resources in the transition economies [J]. Economics of Transition, 2010, 12 (3): 399-426.

[177] KRUTILLA. Conservation Reconsidered Environmental Resources and Applied welfare Economics: Essays in Honor of John V. Krutilla. Washington. DC: Resources for the Future. 1988: 263-273.

[178] KUMAR P. Measuring natural capital: accounting of Inland wetland ecosystems from selected states of India [J]. Economic and Political Weekly, 2012: 77-84.

[179] LESAGE J, PACE R K. Introduction to spatial econometrics [M]. Boca Raton, FL: Chapman and Hall/CRC, 2009.

[180] MAO H J, LV Z Q, WANG C H, et al. The Small Town of Biomass Heating Evaluation Based on the Multi-Level Fuzzy Analysis Method [C] //Advanced Materials Research. Trans Tech Publications, 2014, 953: 275-280.

[181] MCCARTHY D P, DONALD P F, et al. Financial Costs of Meeting Global Biodiversity Conservation Targets: Current Spending and Unmet Needs [J]. Science, 2012, 338 (6109): 946-9.

[182] MCMILLAN S S, KING M, TULLY M P. How to use the nominal group and Delphi techniques [J]. International journal of clinical pharmacy, 2016, 38 (3): 655-662.

[183] MILEWSKI R, KUCZYńSKA A, STANKIEWICZ B, et al. How much information about embryo implantation potential is included in morphokinetic data? A prediction model based on artificial neural networks and principal component analysis [J]. Advances in medical sciences, 2017, 62 (1): 202-206.

[184] MOHR J J, METCALF E C. The business perspective in ecological restoration: issues and challenges [J]. Restoration Ecology, 2017, 26 (2).

[185] MUSU I, LINES M. Endogenous Growth and Environmental Preservation [M] // Environmental Economics. Palgrave Macmillan UK, 1995.

[186] NAYAK B B, ABHISHEK K, MAHAPATRA S S. Parametric Appraisal of WEDM Taper Cutting Process Using Maximum Deviation Method [J]. Materials Today: Proceedings, 2018, 5 (5): 11601-11607.

[187] OLSON L J. Environmental preservation with production [J]. Journal of

Environmental Economics & Management, 1990, 18 (1): 0-96.

[188] OSTERTAGOVA E, OSTERTAG O. Forecasting using simple exponential smoothing method [J]. Acta Electrotechnica et Informatica, 2012, 12 (3): 62.

[189] PAOLI C, POVERO P, BURGOS E, et al. Natural capital and environmental flows assessment in marine protected areas: The case study of Liguria region (NW Mediterranean Sea) [J]. Ecological Modelling, 2018, 368: 121-135.

[190] PARAYNO P P. Rural poverty and environmental degradation in the Philippines: A system dynamics approach [D]. Philadelphia: University of Pennsylvania, 1997.

[191] PAUTREL X. Reconsidering the Impact of the Environment on Long-run Growth when Pollution Influences Health and Agents have a Finite-lifetime [J]. Environmental and Resource Economics, 2008, 40 (1): 37-52.

[192] PEARCE D W, TURNER R K. Economics of natural resources and the environment [J]. International Journal of Clinical & Experimental Hypnosis, 1990, 40 (1): 21-43.

[193] Rudolf de Groot; Johan van der Perk; Anna Chiesura; Sophie Marguliew. Ecological Functions and Socioeconomic Values of Critical Natural Capital as a Measure for Ecological Integrity and Environmental Health [J]. Implementing Ecological Integrity. 2000: 191-214.

[194] PESARAN M H, SMITH R. Estimating long-run relationships from dynamic heterogeneous panels [J]. Journal of econometrics, 1995, 68 (1): 79-113.

[195] RAVNBORG H M. Poverty and Environmental Degradation in the Nicaraguan Hillsides [J]. World Development, 2003, 31 (11): 1933-1946.

[196] REDCLIFT, M. R. Sustainable development: Exploring the contradictions [M]. London: Methuen, 1987: 221.

[197] SARAGELDIN I. Sustainability and the Wealth of Nations-First Steps in an Ongoing Journey [M]. Washington, DC: World Bank, 1995: 18-19.

[198] SCHULTZ T W. Investment in Human Capital [J]. Economic Journal, 1961, 82 (326): 787.

[199] SELF S G, LIANG K Y. Asymptotic properties of maximum likelihood estimators and likelihood ratio tests under nonstandard conditions [J]. Journal of the American Statistical Association, 1987, 82 (398): 605-610.

[200] SIMOENS S. Using the Delphi technique in economic evaluation: time to

revisit the oracle? [J]. Journal of clinical pharmacy and therapeutics, 2006, 31 (6): 519-522.

[201] SMITH V. Kerry. Resource Evaluation at a Crossroads [J]. Estimating economic values for nature: Methods for non-market valuation. 1996: 3-41.

[202] UNITED NATIONS. A Better World for All [R]. NewYork: United Nations, 2000.

[203] VEMURI A W. The contribution of natural capital to quality of life: A multiscale analysis at the county, region, and global scales [D]. University of Maryland; College Park, 2004.

[204] VÍCTOR P A. Indicators of sustainable development: some lessons from capital theory [J]. Ecological Economics, 1991, 4 (3): 191-213.

[205] VOGT W. Road to survival [M]. New York: William Sloan, 1948: 54.

[206] WAGGONER P E. Agricultural technology and its societal implications [J]. Technology in Society, 2004, 26 (2-3): 123-136.

[207] WATSON S C L, GRANDFIELD F G C, HERBERT R J H, et al. Detecting ecological thresholds and tipping points in the natural capital assets of a protected coastal ecosystem [J]. Estuarine, Coastal and Shelf Science, 2018, 215: 112-123.

[208] WU S S, ANNIS D H. Asymptotic efficiency of majority rule relative to rank-sum method for selecting the best population [J]. Journal of statistical planning and inference, 2007, 137 (6): 1838-1850.

[209] WU T, KIM Y S, HURTEAU M D. Investing in natural capital: using economic incentives to overcome barriers to forest restoration [J]. Restoration Ecology, 2011, 19 (4): 441-445.

[210] YUMOTO M. Decision Support Method with AHP According to Similar Preference [J]. Electronics and Communications in Japan, 2017, 100 (5): 51-61.

后 记

本书为本人博士毕业论文修改出版,在此衷心感谢在本人博士求学期间给予无私帮助的师长、同门、同学以及亲朋们。

感恩恩师严立冬教授,先生崇高严谨的治学之道、宽厚博大的胸怀和积极豁达的人生态度,时时刻刻感召着我;每每遇到学业和人生困惑,恩师总是耳提面命、循循善诱,至今想来,依然感激不尽,没齿难忘。本书从选题到提纲,从提纲到章节,从章节到字段,字字句句均饱含着恩师的心血。在本书即将完成之际,谨以我最虔诚的心向恩师致以最真诚的感谢!

感谢导师组陈池波教授、丁士军教授、郑家喜教授、陈玉萍教授、吴海涛教授、张开华教授对本人的精心指导,使本人受益匪浅。同时,对多年来对本人学业和生活提供诸多帮助的各位老师,在此一并感谢。

感谢邓远建老师、屈志光老师以及李平衡、梅怡明、田甜、马翼飞、金海林等师兄、师姐、师弟、师妹们的陪伴和帮助。三年来,师门朝气蓬勃、学术氛围浓厚,每一次讨论都能碰撞出思想的火花,师兄、师姐、师弟、师妹们对学术的执着追求和对生活的满腔热忱,深深感染和激励着我,使我在困惑和迷茫中找到前进的方向和动力,让我时刻感受到大家庭的温暖。同时感谢三年来的同窗好友,彼此关照,受益良多。

感恩父母和家人一如既往无私的支持和帮助。没有天哪有地,没有你们哪有我,感恩父母养育之恩,此生报答不尽。感谢手足兄弟,此生相伴相随,相携相成。

雄关漫道真如铁,而今迈步从头越。纵然是人生总有限,只愿今生无悔!

潘世磊

2023 年 1 月